Cuaderno de actividades
to accompany

Tu mundo

español sin fronteras

Tu mundo

español sin fronteras

Cuaderno de actividades
to accompany

Tu mundo

español sin fronteras

Second Edition

Magdalena Andrade
Irvine Valley College

Jeanne Egasse
Irvine Valley college

María José Cabrera Puche
West Chester University of Pennsylvania

Elías Miguel Muñoz

Mc
Graw
Hill
Education

CUADERNO DE ACTIVIDADES TO ACCOMPANY TU MUNDO: ESPAÑOL SIN FRONTERAS, SECOND EDITION

Published by McGraw-Hill Education, 2 Penn Plaza, New York, NY 10121. Copyright ©2019 by McGraw-Hill Education. All rights reserved. Printed in the United States of America. Previous edition ©2014. No part of this publication may be reproduced or distributed in any form or by any means, or stored in a database or retrieval system, without the prior written consent of McGraw-Hill Education, including, but not limited to, in any network or other electronic storage or transmission, or broadcast for distance learning.

Some ancillaries, including electronic and print components, may not be available to customers outside the United States.

This book is printed on acid-free paper.

1 2 3 4 5 6 QVS 22 21 20 19 18

ISBN   978-1-260-11127-9
MHID   1-260-11127-X

Senior Brand Manager: *Katherine K. Crouch*
Faculty Development Manager: *Jorge Arbujas*
Product Developer: *Pennie Nichols*
Content Project Manager: *Erin Melloy DeHeck*
Senior Buyer: *Sandy Ludovissy*
Design: *Matt Backhaus*
Content Licensing Specialist: *Melisa Seegmiller*
Cover Images: (Communication map): ©Maxger/Shutterstock RF; (Nebelwald): ©OMeidl/Getty Images RF; (Perito Moreno glacier in southern Argentina): ©Image Source RF; (Machu Picchu): ©Rob Kroenert/Getty Images RF; (Ahu Tongarik): ©Bryan Busovicki/Shutterstock RF; (Atacama Desert): ©Steve Allen/Getty Images RF; (Galapagos tortoises): ©Westend61/Fotofeeling/Getty Images RF; (Beach on Sans Blas Islands): ©Image Source RF; (computer): ©D. Hurst/Alamy RF.
Compositor: Lumina Datamatics, Inc.

The Internet addresses listed in the text were accurate at the time of publication. The inclusion of a website does not indicate an endorsement by the authors or McGraw-Hill, and McGraw-Hill does not guarantee the accuracy of the information presented at these sites.

Contents

To the Student

The *Cuaderno de actividades* (workbook/laboratory manual) is intended for use outside the classroom. It is designed to give you additional practice reading, writing, speaking, and listening to Spanish in a variety of meaningful contexts.

How to get the most out of the *Cuaderno*

¡A escribir! and **Exprésate.** These sections give you the opportunity to express yourself in written Spanish on the topics presented in each chapter. When doing each activity, try to use the vocabulary and structures that you have acquired in the current chapter as well as those from previous chapters. The **Lee** *Gramática* notes will refer you to the specific grammar points that you need to study in the main text.

When you've finished the assignment, check your answers against the Answer Key in the back of the *Cuaderno.* Bear in mind that in some cases your answers should reflect your own life and experiences. Use the Answer Key to correct errors in form, not differences in content.

Pronunciación y ortografía. The **Ejercicios de pronunciación** include a series of pronunciation activities designed to attune your ear to the differences between English and Spanish and to improve your Spanish pronunciation. The **Ejercicios** group familiar or easily recognizable words so you can practice the pronunciation of a particular sound that those words have in common. First, an explanation of the pronunciation is given, followed by examples for you to repeat aloud. Keep the following suggestions and facts in mind when reading these activities:

- Your goal is to develop a feel for good pronunciation in Spanish, not to memorize pronunciation rules.
- Most people achieve good pronunciation in a new language by interacting in a normal communicative situation with native speakers of that language.
- The more spoken Spanish you hear, the more you will become used to the rhythm, intonation, and sound of the language.
- Do not attempt to pay close attention to details of pronunciation when you are speaking Spanish; it is far more important to pay attention to what you are trying to express.

The **Ejercicios de ortografía** consist of spelling rules and examples, followed by dictation exercises. You will be familiar with the words in these dictation exercises from the communicative activities done in class. Again, the idea is not to memorize a large number of spelling rules, but rather to concentrate on items that may be a problem for you.

Actividades auditivas consists of listening activities that help you check your comprehension of recorded passages. These passages include commercials, conversations, and narratives, and they give you more opportunities to listen to and understand spoken Spanish outside the classroom. These activities simulate real-life experiences, giving you exposure to authentic speech in a variety of contexts and to the different accents of the Spanish-speaking world.

Videoteca. This section will help you to work with the chapter's **Amigos sin Fronteras** and **Mi país** video segments. Both videos, **Amigos sin Fronteras** and **Mi país,** are divided into several segments in the *Cuaderno.* There is a variety of pre-viewing and comprehension (post-viewing) activities in the **Videoteca** sections of the *Cuaderno.*

The **¡A leer!** section contains three readings: **¿Sabías que..?, Conexión cultural,** and **Galería. ¿Sabías que..?** is usually short and focuses on Spanish or other regional languages; **Conexión cultural** focuses on some aspect of Hispanic culture; **Galería** readings consist of photos with captions and discuss the various opportunities for exploring the country's natural and cultural points of interest. Comprehension questions follow all readings.

The more Spanish you read, the more you will be able to understand and speak. But keep in mind that reading is not translation. If you are translating into English as you go, you are not really reading. Many of the words and phrases in these readings have appeared in classroom activities. Some words are included in the **Vocabulario de consulta** list and bolded in the text. You do not need to learn these; just use them to help you understand what you're reading. There will also be some words that you will not know and that are not part of the vocabulary list. Try to understand the main idea of the reading without looking up such words. More often than not, you will be able to get the main idea by using context.

Your instructor will ask you to do some of the readings at home so you can discuss them in class. The better you prepare yourself, the more you will learn from these discussions and the more Spanish you will acquire. The following suggestions will help you with the readings.

- **Cues.** Look at the title, photos, and any other cues outside the main text for an introduction to what the reading is about.
- **Familiar words.** Scan the text for familiar words and cognates. Cognates are words that are similar in English and Spanish. Use them to make predictions about content and to help you anticipate.
- **Main idea.** Pay attention to the first paragraph: it will present the main idea of the reading. The remaining paragraphs develop that idea with more details.
- **Context.** Use context to make intelligent guesses regarding unfamiliar words.
- **Read with a purpose.** The first time, read to get the main idea; the second, to clarify the main idea and notice important details; the third, to answer questions and relate content to your own experiences.
- **Visualize.** If you are reading a story, picture it in your mind instead of trying to translate as you go.
- **Be an active reader.** Anticipate, predict. An active reader asks him- or herself questions: Why is this said? Who says it? An active reader predicts the outcome and incorporates clues to reformulate predictions as he or she continues to read.
- **Be adventurous.** Try your hand at the different types of questions and post-reading activities. Let your reading be an enjoyable experience!

¡Bienvenidos!

¡A escribir!°

A... *Let's Write!*

¿Cómo te llamas?

A. Orden. Indica el orden correcto (1–5) para formar un diálogo.

_____ —Encantada.

_____ —Hola, ¿cómo te llamas?

_____ —Igualmente.

_____ —Me llamo Eloy.

_____ —Soy Claudia, ¿y tú?

¿Cómo estás?

B. Varios diálogos. Completa con la forma correcta.

Buenas	**Cómo se llama**	**Hola**	**Muy**
Cómo está	**gracias**	**Mucho gusto**	**Qué tal**

Muy mal, doctora.

Buenos días, señora García. ¿_____ _____¹?

_____² noches.

¿_____³?

Me llamo Franklin.

_____,⁴ Luis ¡Mira! Es mi amigo Pedro.

_____,⁵

Igualmente.

_____⁷ bien, _____.⁸

Buenas tardes.

¿_____⁶?

C. Diálogo. Completa el diálogo con palabras (*words*) de la lista.

adiós   buenos días   gracias   nos vemos   regular

CLAUDIA: _____,¹ profesora. ¿Cómo está usted?

PROFESORA: Muy bien, _____.² ¿Y usted?

CLAUDIA: _____.³

PROFESORA: Lo siento (*I am sorry*). ¡_____⁴!

CLAUDIA: _____.⁵

¿Quién es?

D. Descripciones. Empareja cada (*Match each*) descripción con la persona correspondiente.

Roberto   el señor López   Raulito   Mónica   el señor Rosales   la señora Mendoza   Ximena

_____ **1.** Es alto, delgado, moreno, atlético y muy fuerte.

_____ **2.** Es bajo y gordo. Tiene el pelo canoso y tiene barba.

_____ **3.** Es joven, alto y delgado. Tiene el pelo corto y ondulado. Es guapo.

_____ **4.** Es de estatura mediana y un poco vieja. Tiene el pelo canoso y lleva lentes.

_____ **5.** Es una niña bonita y delgada. Tiene el pelo largo, rubio y rizado.

_____ **6.** Es joven, alta y delgada. Tiene el pelo largo, castaño y lacio. Es bonita.

_____ **7.** Es un niño bajo y rubio. Lleva lentes.

a. la señora Mendoza

b. Mónica

c. Raulito

d. Ximena

e. el señor López

f. el señor Rosales

g. Roberto

Muévete

E. En la clase de educación física. La profesora Martínez les da (*gives*) una serie de mandatos a los estudiantes. Indica los mandatos.

a. caminen
b. corran
c. dense la vuelta
d. levanten la mano
e. miren hacia arriba
f. salten

_____ **1.**
_____ **2.**
_____ **3.**
_____ **4.**
_____ **5.**
_____ **6.**

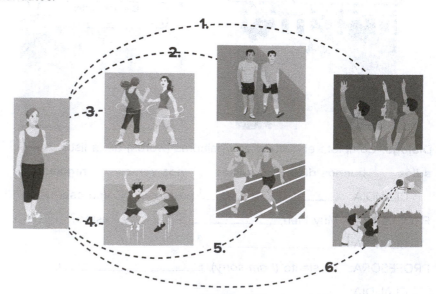

¿Qué ropa llevas?

F. La ropa y los colores. Escribe (*Write*) cada palabra en la categoría correspondiente.

abrigo	blusa	camiseta	gris	rosado	vaqueros
amarillo	botas	corbata	morado	saco	verde
anaranjado	bufanda	chaqueta	negro	sandalias	vestido
azul	café	falda	pantalones	sombrero	violeta
blanco	camisa	gorro	rojo	traje	zapatos

Los colores

La ropa

_____ _____ _____ _____ _____

_____ _____ _____ _____ _____

_____ _____ _____ _____ _____

_____ _____ _____ _____ _____

_____ _____ _____ _____ _____

G. La ropa. Empareja cada descripción con el nombre correcto.

_____ **1.** Camila y Eloy   **a.** lleva camiseta y es delgado.

_____ **2.** Camila y Antonella   **b.** lleva chaqueta y sandalias.

_____ **3.** Antonella   **c.** lleva un abrigo largo y sombrero.

_____ **4.** Ángela   **d.** llevan chaqueta.

_____ **5.** Camila   **e.** lleva vestido.

_____ **6.** Eloy   **f.** llevan falda.

Ángela   Antonella   Camila   Eloy

¿Cuántos hay?

H. En el salón de clase. La profesora cuenta (*counts*) los materiales que (*that*) hay en el salón de clase. Escribe el número (usa palabras) y el nombre del material.

bolígrafos   borradores   cuadernos   *lápices*   libros   marcadores   tizas

MODELO: 45   Hay *cuarenta y cinco lápices.*

1. 30

Hay _____.

2. 15

Hay _____.

3. 40

Hay _____.

4. 2

Hay _____.

5. 48

Hay _____.

6. 24

Hay _____.

Enlace auditivo

Actividad auditiva

En el salón de clase del profesor Sotomayor. Professor Sotomayor is practicing commands with his class. Listen and mark the parts of the image that correspond to the commands he gives.

El profesor Sotomayor habla con (*talks to*) su clase de español.

¡A conversar!

¡A escribir!

Los compañeros de clase

Lee *Gramática 1.1*

A. Nombres y apellidos. Eloy y Claudia están en el gimnasio de la universidad. La persona del gimnasio habla con Eloy. Empareja cada pregunta con la respuesta correspondiente de Eloy.

Claudia Cuéllar Arapí   Eloy Ramírez Ovando

LA PERSONA DEL GIMNASIO

_____ **1.** Hola, ¿cómo te llamas?

_____ **2.** ¿Cuáles son tus apellidos?

_____ **3.** Y, ¿cómo se llama tu amiga?

_____ **4.** ¿Cuáles son sus apellidos (los apellidos de tu amiga)?

ELOY

a. Ramírez Ovando.

b. Sus apellidos son Cuéllar Arapí.

c. Me llamo Eloy.

d. Se llama Claudia.

B. ¿Cómo se escribe tu nombre?

Parte 1. Lee los nombres de los amigos del club. Indica cómo se escriben sus nombres/apellidos.

Nombres y apellidos

_____ **1.** Claudia Cuéllar Arapí

_____ **2.** Nayeli Rivas Orozco

_____ **3.** Radamés Fernández Saborit

_____ **4.** Rodrigo Yassín Lara

_____ **5.** Ana sofía Torroja Méndez

_____ **6.** Xiomara Asencio Elías

¿Cómo se escribe?

a. Su nombre se escribe con equis.

b. Su apellido se escribe con dos eses.

c. Su nombre se escribe con i griega.

d. Su apellido se escribe con jota.

e. Su apellido se escribe con doble ele (elle).

f. Su apellido se escribe con be grande.

Parte 2. Escribe los números 1 a 6 para ordenar la conversación.

Nombre	Primer apellido	Segundo apellido
CLAUDIA	**CUÉLLAR**	**ARAPÍ**

_____ ¿Cómo se escribe tu nombre?

_____ Gracias, ¿y cómo se escribe tu primer apellido?

_____ Hola, ¿cómo te llamas?

_____ Me llamo Claudia Cuéllar Arapí.

_____ Mi primer apellido se escribe así: *ce, u, e, doble ele* (*elle*), *a, ere*

_____ Mi nombre se escribe así: *ce, ele, a, u, de, i latina, a*

Los saludos y las presentaciones

Lee *Gramática 1.1*

C. Conversaciones en acción. Completa las conversaciones con las expresiones de la lista.

cómo estás	gusto	igualmente	muy bien, ¿y tú?
días	hola	me llamo	te presento a mi amiga

Claudia Cuéllar Arapí   Eloy Ramírez Ovando

CLAUDIA: Hola.

ELOY: _____, [1]
¿Cómo te llamas?

CLAUDIA: _____ [2]
Claudia. ¿Y tú?

ELOY: Me llamo Eloy. ¡Mucho gusto, Claudia!

CLAUDIA: _____, [3]

CLAUDIA: Buenos _____, [4]
Eloy.

ELOY: Hola, Claudia. Gusto
de verte. ¿ _____ [5]?

Claudia Cuéllar Arapí   **Eloy Ramírez Ovando**

Ángela McNeil-Mendívil

CLAUDIA: _____. [6]

ELOY: Muy bien, también, gracias.

CLAUDIA: Mira, _____ [7] Ángela, Eloy.

ELOY: Mucho _____. [8]

ÁNGELA: Igualmente.

D. Conversaciones incompletas. Usa las expresiones de la lista para responderle a Eloy en cada (*each*) situación.

Adiós	**Encantado/a**	**Muy bien, gracias, ¿y tú?**
Buenas noches	**Hasta luego**	**No muy bien, un poco**
Buenas tardes	**Hola**	**cansado/a**
Buenos días	**Igualmente**	**Regular, ¿y tú?**
Chao	**Mucho gusto**	

Expresiones para …		Tú respondes (*You answer*):
saludar (*to greet*)	¡Hola!	
hablar de cómo está una persona (*to talk about how someone is*)	¿Cómo estás? ¿Cómo está usted? ¿Qué tal?	
presentar (*to introduce someone*)	Me llamo... Te presento a mi amigo/a... Mucho gusto...	
despedirse (*to say goodbye*)	¡Adiós!	

Descripción: La familia y los amigos

Lee *Gramática 1.2, 1.4*

E. ¿Quiénes son los miembros de la familia de Eloy? Lee cada descripción y escribe el nombre de la persona.

Antonio Ramírez del Valle

Eloy Ramírez Ovando

Eduardo Antonio Ramírez Ovando

Patricia Ramírez Ovando

Ricardo Alberto Ramírez Ovando

Estela Ovando Hernández

1. Es muy joven, delgada y no muy alta. Tiene el pelo largo, castaño y lacio. Lleva vaqueros azules y una sudadera. ¿Quién es? _____

2. Es alto y un poco gordo. Tiene bigote y lleva lentes. Hoy lleva pantalones color café, una camiseta azul y zapatos color café. ¿Quién es? _____

3. Es joven, alto y delgado. Tiene el pelo corto y castaño. Lleva pantalones color kaki, una camisa azul y corbata. ¿Quién es? _____

4. Es joven, alto y delgado. Tiene el pelo corto y castaño. Lleva unos pantalones cortos blancos, una camiseta azul oscuro y sandalias. ¿Quién es? _____

5. Es de estatura mediana y un poco gorda. No es muy joven y tiene el pelo canoso. Lleva un vestido verde y unos zapatos de tacón alto. ¿Quién es? _____

6. Es muy joven, bajo y delgado. Tiene el pelo corto y castaño. Lleva vaqueros azules, una camiseta blanca y zapatos de tenis. ¿Quién es? _____

F. Detective. Lee las descripciones con cuidado (*carefully*) y escribe el nombre de cada persona.

1. Es joven, alta y delgada. Tiene el pelo corto y los ojos verdes. Es una mujer creativa y práctica.

    Con frecuencia lleva ropa informal, por ejemplo, vaqueros y una camiseta de muchos colores.

    ¿Quién es?

    Es _____

2. Es joven, alta y muy delgada. Tiene el pelo corto y lleva lentes. Es muy idealista. ¿Quién es?

    Es _____

3. Es joven, tiene el pelo corto y los ojos pequeños. Es delgado y bajo. Es muy inteligente.

    ¿Quién es?

    Es _____

4. Es muy optimista. Es joven, tiene el pelo corto y los ojos azules. Es delgado y alto. ¿Quién es?

    Es _____

5. Es muy entusiasta y simpática. Tiene el pelo corto y es un poco gorda. No es muy joven.

    ¿Quién es?

    Es _____

6. Es muy divertido y un poco viejo. Tiene el pelo corto, es delgado y no muy alto. ¿Quién es?

    Es _____

G. La familia de Eloy. Completa las oraciones (*sentences*) con las palabras de la lista. ¡Mira bien los apellidos!

familia hermana hermanos hija hijos (×2) madre padre

La familia de Eloy

Eloy
Ramírez Ovando

Ricardo Alberto
Ramírez
Ovando

Estela
Ovando Hernán

Antonio
Ramírez del Valle

Patricia
Ramírez Ovando

Eduardo Antonio
Ramírez Ovando

1. En la _____ de Eloy hay seis miembros: los dos padres (el padre y la madre) y cuatro _____.

2. Antonio y Estela tienen cuatro _____: tres hijos y una _____.

3. La _____ de Eloy se llama Estela. Tiene el pelo canoso.

4. Antonio es el _____ de Eloy. Tiene bigote y lleva lentes.

5. Eloy tiene tres _____: dos hermanos y una _____.

¿Cuánto cuesta?

Lee *Gramática 1.2*

H. ¿Qué llevan y cuánto cuesta?

Parte 1. Mira los maniquíes (*mannequins*) y escribe la ropa que (*that*) llevan.

Tienda de Ropa
El Modelo

Ropa de hombre

Ropa de mujer

Ropa de niño

Ropa de niña

$30,14
$49,13
$15,75
$42,25
$12,00
$8,00
$13,20
$18.00
$23,15
$35,89
$25,00
$20,00
$37,00 $111,65 $45,00

unas botas
una bufanda
una camiseta
una chaqueta
una corbata
un gorro
unos pantalones cortos
unas sandalias
un sombrero
una sudadera
un traje muy elegante
unos vaqueros azules
un vestido
unos zapatos de tenis blancos
unos zapatos grises

1. ¿Qué ropa lleva el niño?

_____

2. ¿Qué ropa lleva la niña?

_____

3. ¿Qué ropa lleva el hombre?

_____

4. ¿Qué ropa lleva la mujer?

_____

Parte 2. Mira el dibujo y contesta las preguntas. Usa palabras para expresar los números.

> MODELO: De los maniquíes, ¿quién lleva el traje? (el niño, la niña, el hombre, la mujer)
>
> *El hombre* lleva el traje.
>
> ¿Cuánto cuesta el traje?
>
> Cuesta *cuarenta y nueve* dólares y *trece* centavos.

1. ¿Quién lleva la corbata? (el niño, la niña, el hombre, la mujer)

_____ lleva la corbata.

2. ¿Cuánto cuesta la corbata?

Cuesta _____ dólares y _____ centavos.

3. ¿Quién lleva el vestido? (el niño, la niña, el hombre, la mujer)

_____ lleva el vestido.

4. ¿Cuánto cuesta el vestido?

Cuesta _____ dólares y _____ centavos.

5. ¿Quién lleva el gorro y la bufanda? (el niño, la niña, el hombre, la mujer)

_____ lleva el gorro y la bufanda.

6. ¿Cuánto cuestan el gorro y la bufanda juntos (*together*)?

Cuestan _____ dólares y _____ centavos.

7. ¿Quién lleva las botas? (el niño, la niña, el hombre, la mujer)

_____ lleva las botas.

8. ¿Cuánto cuestan las botas?

Cuestan _____ dólares y _____ centavos.

En resumen

I. **¿Dónde está mi amigo?** Eloy está en una fiesta con su amigo pero su amigo desaparece (*disappears*). Eloy habla del problema con un chico de la fiesta. Completa la conversación entre (*between*) Eloy y el chico con las oraciones de la lista.

Vocabulario

preocupado	worried
no veo	I don't see
allá	over there

Hola, ¿cómo estás?

_____ 1

Bien pero estoy preocupado. No veo a mi amigo en la fiesta.

a. ¡Ay, no! Y, ¿cómo es tu amigo?

b. De nada, chico. ¡Adiós!

c. Gracias por la descripción. Y ¿qué ropa lleva hoy?

d. Hola, muy bien gracias, ¿y tú?

e. Mira allá. ¿Es tu amigo?

Es alto, delgado y tiene el pelo castaño y lacio. Es muy extrovertido, muy divertido y muy trabajador.

_____ 2

Lleva unos vaqueros negros, unos zapatos color café y una camiseta azul y roja.

_____ 3

¡Sí, ese es mi amigo! ¡Qué bien! Muchas gracias.

_____ 4

Chao.

_____ 5

J. Comunicación personal: En la cafetería de la universidad. Imagínate (*Imagine*) que estás en la cafetería de la universidad con tu amigo/a pero él o ella desaparece. Completa la conversación con otro estudiante de la cafetería y describe a tu amigo/a.

Vocabulario

triste	sad
desapareció	disappeared
allí	there

Saludar	TÚ: _____
	ESTUDIANTE: Hola, muy bien gracias, ¿y tú?
	TÚ: _____ pero estoy triste. ¡Mi amigo/a desapareció!
Describir	ESTUDIANTE: ¿Cómo es tu amigo/a? (*descripción física y de personalidad*)
	TÚ: _____
	_____
	_____
	ESTUDIANTE: ¿Qué ropa lleva?
	TÚ: _____
	_____
	ESTUDIANTE: Mira, allí está.
	TÚ: ¡Bien! Muchas gracias.
	ESTUDIANTE: De nada.
Despedirse	TÚ: _____
	ESTUDIANTE: Adiós.

Exprésate

Escríbelo tú

Presenta a tu familia

Escríbele un correo electrónico (*Write an e-mail*) a tu nuevo amigo (nueva amiga) de intercambio (*exchange student*). Describe a tu familia y describe cómo eres tú. Usa la tabla para organizar tus ideas. Opcional: Incluye (*Include*) una foto de tu familia.

Completa la tabla para organizar las ideas.

Mi familia y yo		
Saluda		
Di cómo te llamas		
Los miembros de tu familia	¿Cuántos miembros hay? ¿Cómo se llaman?	
Tu descripción	Describe tu apariencia física	
	Describe tu personalidad	
	Describe la ropa que llevas frecuentemente	

Mensaje nuevo ⬚ ⬚ ✕

Para : cc cco

Asunto :

Sans Serif - | AA - | **B** *I* U̲ A̲ - | ≡ - | ⅈ≡ ⅈ≡ ⅈ≡ ⅈ≡ 〟 | *Ix*

Enviar A̲ 🖉 📅 ≡ % ⊞ | 📶   🗑 | ⚙

Enlace auditivo

Pronunciación y ortografía (*Pronunciation and Writing*)

This section of *Tu mundo* offers rules to help you pronounce and write words correctly in Spanish. Read the explanations, then listen carefully to how the sample words and letters are pronounced. This section will teach you some preliminary pronunciation rules, which will be especially useful if you need to pronounce a word you have not heard yet. Each rule will be explained in more detail in subsequent pronunciation and spelling exercises.

Ejercicios de pronunciación

I. *Vowels.* The Spanish vowels are **a, e, i, o,** and **u.** They are pronounced as short, crisp sounds, unlike their equivalent English vowels, which are often drawn out. Notice the difference when the same vowels are pronounced in Spanish then English words.

	SOUND IN SPANISH	SOUND IN ENGLISH
a	alta	halt
e	pelo	pay
i	sí	see
o	como	comb
u	mucho	mood

II. *Consonants.* The pronunciation of most Spanish consonants is close to that of English. However, Spanish sounds are never exactly the same as English sounds. For this reason the following rules are offered only as guidelines.

A. The pronunciation of the consonants **ch, f, l, m, n, p, s,** and **t** is almost identical in Spanish and English.

	SPANISH	ENGLISH MEANING
ch	chile	chili
f	familia	family
l	lista	list
m	mapa	map
n	no	no
p	patio	patio
s	sopa	soup
t	tiempo	time

B. The consonants **c, g,** and **x** have more than one pronunciation in Spanish, depending on the letter that follows.

	SOUNDS LIKE ENGLISH	SPANISH	ENGLISH MEANING
c (before **a, o, u**)	*k*	<u>c</u>arro	*car*
c (before **e, i***)	*s,* or *c* before *e, i, y*	<u>c</u>inco	*five*
g (before **e, i**)	*h*	<u>g</u>eneral	*general*
g (before **a, o, u**)	*g,* but pronounced softer than in English	<u>g</u>as	*gas*
x (before a vowel)	*ks*	ta<u>x</u>i	*taxi*
x (before a consonant)	*ks, s*	e<u>x</u>perto	*expert*
x	*h*	Mé<u>x</u>ico[†]	*Mexico*

C. The sounds of the Spanish consonants **q** and **z** are almost identical to sounds in English that are represented by different letters.

	SOUNDS LIKE ENGLISH	SPANISH	ENGLISH MEANING
q (before **ue, ui**)	*k;* never *kw*	<u>q</u>ué	*what*
z	*s;* never **z**[‡]	<u>z</u>apato	*shoe*

D. The sounds of the Spanish consonants **d, j, ll,** and **ñ** are similar to English sounds that are represented by different letters.

	SOUNDS LIKE ENGLISH	SPANISH	ENGLISH MEANING
d	*fa<u>th</u>er*	to<u>d</u>o	*everything*
j	*<u>h</u>appy*	rojo	*red*
ll	*<u>y</u>es*	<u>ll</u>ama	*call(s)*
ñ	*ca<u>ny</u>on*	ca<u>ñ</u>ón	*canyon*

E. These Spanish sounds have no close or exact English equivalents.

	PRONUNCIATION	SPANISH	ENGLISH MEANING
b, v	Similar to English *b* but softer; lips do not always close. No difference between **b** and **v** in Spanish	ca<u>b</u>eza, ca<u>v</u>ar	*head, to dig*
r	single tap of the tongue	pe<u>r</u>o	*but*
rr	trill	pe<u>rr</u>o	*dog*

---

*In some regions of Spain, **c** before **e** or **i** and **z** are pronounced similar to the English *th*.
†The **x** in the word **México** is pronounced like an English *h*, using the same sound as for the **g** before **e** or **i**.
‡In some regions of Spain, as **c** before **e** and **i**, **z** is also pronounced similar to the English *th*.

F. In Spanish, the letter **h,** and the **u** in the combination **qu,** are always silent.

	SPANISH	ENGLISH MEANING
h	hablar	*to talk*
u (in **qu**)	que	*that*

III. *Rhythm and Intonation.* English pronunciation follows a *stress-timed rhythm*. This means that stressed syllables are longer (more drawn out) than unstressed syllables. Spanish follows a *syllable-timed rhythm*. This means that each syllable in Spanish is about equal in length when pronounced.

A. Listen to the sentences in the following dialogues and note the difference between English stress-timed rhythm and Spanish syllable-timed rhythm. Note especially that each syllable in Spanish is about equal in length when pronounced.

Hello, how are you?
Fine, thanks. And you?
I'm fine. Are you a friend of Omar Acosta?

Yes, he's a very nice person and also very intelligent.

—Hola, ¿cómo está usted?
—Muy bien, gracias. ¿Y usted?
—Estoy bien. ¿Es usted amigo de
  Omar Acosta?
—Sí, es una persona muy simpática
  y muy inteligente también.

B. Listen and then pronounce the following sentences. Concentrate on making the syllables equal in length.

1. Claudia lleva una chaqueta azul.
2. Lucía tiene el pelo negro.
3. El profesor Sotomayor es muy inteligente.
4. Eloy lleva una camisa verde.
5. Los pantalones de Lucía son blancos.

Ejercicios de ortografía

Interrogatives: Accent Marks. When writing question words (*who?, where?, when?, why?, how?, what?, which?*) in Spanish, always use question marks before and after the question and write an accent mark on the vowel in the stressed syllable of the question word: **¿Qué es? ¿Cuáles son?**

Listen and then write the question words you hear beside the English equivalents.

1. *How?* _____

2. *What?* _____

3. *Who?* _____

4. *How many?* _____

5. *Which?* _____

Actividades auditivas°

Actividades... *Listening Comprehension Activities*

A. ¿Cuánto cuesta la ropa? Professor Franklin Sotomayor is asking his beginning Spanish class to number drawings of clothes. Listen to what he says and write the appropriate number (digits, not words) under the correct clothing article.

Vocabulario de consulta

¿Repito? Should I repeat / say it again?

Cal *UC Berkeley nickname*

El profesor Sotomayor habla de la ropa en su clase de español. Escucha y escribe el precio de la ropa.

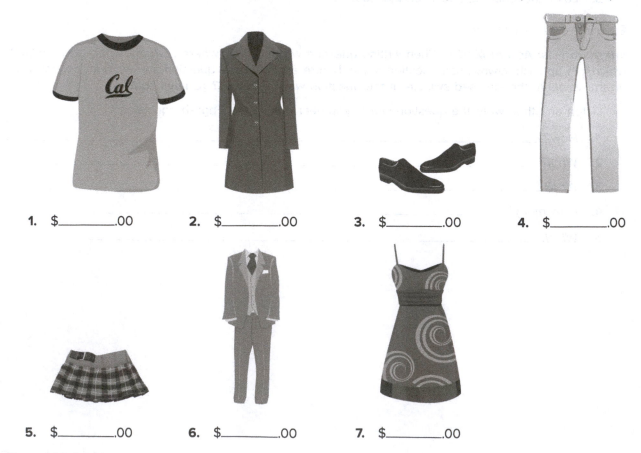

1. $_____.00   2. $_____.00   3. $_____.00   4. $_____.00

5. $_____.00   6. $_____.00   7. $_____.00

B. **Una reunión de los Amigos sin Fronteras.** Claudia and Eloy, the founders of the club **Amigos sin Fronteras**, are giving a small party so the members get to meet each other. Claudia is telling Eloy the names of the new members. Listen to their dialogue and answer the questions.

Vocabulario de consulta

fabulosa   fabulous
idea   idea

Claudia y Eloy hablan de los nuevos miembros del Club Amigos sin Fronteras. Contesta las preguntas.

1. ¿Cómo se llama la joven rubia que lleva una falda corta?

_____

2. ¿Cómo se llama el chico guapo que lleva camisa blanca?

_____

3. ¿Se llama Nayeli o Camila la chica morena y bonita?

_____

4. ¿Quién es tímida, Nayeli o Camila?

_____

5. ¿Cuántas personas hay en la fiesta?

_____

Videoteca

Amigos sin Fronteras°

Amigos... *Friends without Borders*

Episodio 1: Los nuevos amigos

Resumen (*Summary*). In the student lounge, Mexican-American student Eloy Ramírez Ovando is watching a soccer game on TV while he studies and does his homework. He is cheering for the Spanish national team. Claudia Cuéllar Arapí, a student from Paraguay, passes by. They meet, exchange personal information, and come up with the idea of starting the **Amigos sin Fronteras** club.

SEGMENTO 1

Preparación para el video

Vocabulario de consulta

Vamos	Let's go	**No te preocupes**	Don´t worry
Tú puedes	You can do it	**vos**	You (*fam. sing.*)
Dale	Go for it!	**No entiendo**	I don't understand
A la izquierda	To the left	**Mi familia es de...**	My family is from...
¡Qué nervios!	It's nerve-racking!	**(yo) soy de...**	I am from...
¡Arriba!	Go! (*in the context of a game*)	**equipo**	team
Gol	Score		
¡Ay, Dios mío!	Oh my goodness!		

A. ¡Comencemos! Mira la foto y contesta las preguntas.

1. ¿De qué color son las camisetas de Eloy y Claudia?

   a. azules   **b.** rojas   **c.** amarillas   **d.** blancas

2. ¿El nombre de qué país (*country*) está en la camiseta?

   a. México   **b.** Estados Unidos   **c.** España   **d.** Paraguay

3. ¿Cuál es tu equipo favorito?

   _____

4. ¿De qué color es la camiseta de tu equipo (de fútbol/béisbol/...) favorito?

   _____

5. Escribe tres expresiones del **Vocabulario de consulta** para usar en un partido de fútbol (*soccer game*).

   _____

Comprensión del video

B. La idea principal. Mira (*Watch*) el **Segmento 1** del **Episodio 1: Los nuevos amigos.** ¿Cuál es la idea principal?

   ☐ Eloy tiene clase en la universidad.

   ☐ Eloy y Claudia se conocen (*meet*).

   ☐ El color favorito de Claudia es el rojo.

   ☐ Eloy es chicano.

C. **Selección múltiple.** Completa las oraciones con la respuesta correcta.

1. El equipo de fútbol favorito de Eloy es el equipo de (**México / España / Paraguay**).

2. Claudia es de (**Estados Unidos / México / Paraguay**).

3. Eloy es (**chicano / paraguayo / mexicano**).

4. El (**azul / amarillo / rojo**) es el color favorito de Claudia y de Eloy.

D. **Detalles.** Completa las oraciones con palabras de la lista. **OJO:** Hay palabras extra.

el amarillo	béisbol	la camiseta	fútbol	los pantalones	el rojo	los tenis
el azul	California	España	México	Paraguay		tenis

El color favorito de Eloy es _____¹ porque (*because*) es el color

de _____² de su equipo de _____³ favorito. Claudia es de

_____⁴ y Eloy es de Estados Unidos, de _____⁵

SEGMENTO 2

Preparación para el video

Vocabulario de consulta

mi número de teléfono	my telephone number
tu turno	your turn
correo electrónico	e-mail
arroba	@
punto	dot
mañana te llamo	I'll call you tomorrow
tengo clase pronto	I have class soon
Vamos/Ándale	Let´s go
a la derecha	to the right

©McGraw-Hill Education/Klic Video Productions

E. **¡Comencemos!** Empareja cada pregunta o expresión con la respuesta más lógica.

_____ 1. ¿Cómo te llamas?

_____ 2. ¿Cuál es tu apellido?

_____ 3. ¿Cómo se escribe tu apellido?

_____ 4. Mucho gusto.

_____ 5. ¿Qué estudias en la universidad?

_____ 6. ¿Cuál es tu número de teléfono?

_____ 7. ¿Cuál es tu correo electrónico?

a. Es 5-1-0-5-5-5-1-7-6-4.

b. Es eramo@berkeley.edu

c. Estudio biología/economía/español,...

d. Me llamo Eloy.

e. Mi apellido es Ramírez.

f. Igualmente.

g. r-a-m-i con acento-r-e-z.

Comprensión del video

F. La idea principal. Mira el **Segmento 2** del **Episodio 1: Los nuevos amigos.** ¿Cuál es la idea principal de este segmento?

☐ Eloy tiene clase en la universidad.

☐ Claudia habla español muy bien, pero Eloy no habla español.

☐ Eloy y Claudia deciden formar un club.

☐ Eloy y Claudia son estudiantes de biología en la universidad.

G. Detalles. Completa la información de Eloy y Claudia.

	ELOY	CLAUDIA
Los apellidos		
Son estudiantes de...		
Números de teléfono		
Correo electrónico		ccuea@berkeley.edu

Mi país

Estados Unidos

SEGMENTO 1

Preparación para el video

La Placita Olvera en Los Ángeles

A. Datos (*Facts*). Empareja las frases para formar oraciones correctas.

_____ **1.** La comida (*food*) latina incluye...

_____ **2.** Algunas (*Some*) ciudades en Estados Unidos con nombres en español son...

_____ **3.** En la Placita Olvera (Los Ángeles) hay...

a. Los Ángeles, El Paso y Las Vegas.

b. restaurantes, muchas personas, tiendas (*stores*) y una iglesia (*church*).

c. tacos, enchiladas, tamales, pupusas y tapas.

Comprensión del video

B. La idea principal. Mira el **Segmento 1** de **Mi país: Estados Unidos.** ¿Cuál es la idea principal de este segmento?

☐ Eloy es de Estados Unidos y su familia es de México.

☐ La cultura hispana está muy presente en Estados Unidos.

☐ Hay muchos restaurantes latinos en Estados Unidos.

☐ Eloy es estudiante en Berkeley, California.

C. Fotos. Empareja las leyendas (*captions*) con las fotos.

a. Muchos sitios de Estados Unidos tienen nombres en español, por ejemplo, Los Ángeles.

b. En la Placita Olvera hay una iglesia, restaurantes, tiendas y ¡muchas personas!

c. En Estados Unidos hay comida de muchos países hispanos: tacos, enchiladas, tamales, pupusas, tapas, etc.

d. Eloy, estudiante de biología en Berkeley (CA), es de Estados Unidos.

©McGraw-Hill Education/Klic Video Productions

_____ **1.**

©Ian Dagnall/Alamy

_____ **2.**

Estados Unidos
Las Vegas
Los Ángeles
El Paso
San Antonio

_____ **3.**

©holbox/Shutterstock RF

_____ **4.**

D. Detalles. Completa las siguientes oraciones con palabras de la lista. **OJO:** Hay palabras extra.

California	**Los Ángeles**	**Ohio**	**San Antonio**
España	**México**	**Paraguay**	

1. La familia de Eloy es de _____.

2. En _____ la cultura mexicana está muy presente.

3. La Placita Olvera está en _____.

SEGMENTO 2

Preparación para el video

E. Las banderas (*flags*). Mira la foto (*see this same photo in the textbook*) y lee la leyenda y contesta.

1. ¿Qué colores tienen las banderas? _____

2. Las banderas de la foto son de...

   ☐ Estados Unidos ☐ México ☐ Puerto Rico

La parada puertorriqueña en Nueva York

F. Las celebraciones. ¿Qué celebraciones hispanas se celebran en Estados Unidos?

_____

Comprensión del video

G. La idea principal. Mira el **Segmento 2** de **Mi país: Estados Unidos.** ¿Cuál es la idea principal de este segmento?

☐ En el festival de la Calle Ocho se celebra la cultura cubana.
☐ Los colores rojo, blanco y azul invaden la parada puertorriqueña de Nueva York.
☐ La celebración del Cinco de Mayo es muy importante.
☐ Hay muchas celebraciones hispanas en Estados Unidos.

H. Oraciones. Indica la respuesta correcta para completar cada oración, según (*according to*) el video.

1. En el festival de la Calle Ocho, las personas bailan salsa y merengue y celebran la cultura **(cubana / mexicana / española)**.
2. La comunidad mexicana tiene una celebración muy grande en **(Los Ángeles / Boston / San Antonio)** durante el Cinco de Mayo.
3. Los colores rojo, blanco y azul invaden las calles de **(Los Ángeles / Nueva York / Hollywood)** en la famosa Parada Puertorriqueña.
4. Penélope Cruz, Shakira, Cristina Saralegui y Don Francisco son ejemplos de **(doctores / profesores / hispanos)** famosos que tienen estrellas en el paseo de la fama.

Estrellas (*Stars*) en el paseo de la fama

I. **Detalles.** Completa la siguiente tabla con palabras y oraciones de la lista, según el video.

Bailan salsa y meringue.   Los colores rojo, blanco y azul   mucha comida
Cuba   invaden la celebración.   Nueva York
Florida   México   Puerto Rico
Los Ángeles y otros sitios

	¿DÓNDE?	SE CELEBRA LA CULTURA DE...	INFORMACIÓN EXTRA
El festival de la Calle Ocho			
La Parada Puertorriqueña			
Cinco de Mayo			

¡A leer!

¿Sabías que... ?°

Un mundo de ropa

¿Sabías... *Did You Know That . . . ?*

¿Sabías que hay ropa tradicional en cada país[a] hispano? En el Caribe muchos hombres llevan guayabera,[b] un tipo de camisa. En el sur de México y Guatemala está la bonita ropa maya, como el huipil,[c] que es una blusa larga de muchos colores. En Bolivia se usan mucho el poncho y el sombrero de fieltro.[d] Y hay mujeres en Bolivia que llevan muchas faldas a la vez[e]: una pollera y varias combinaciones.[f]

Pero no todos[g] los hispanos llevan ropa tradicional. Es muy popular llevar ropa informal: una camiseta, una falda o un pantalón y zapatos de tenis o sandalias. Algunos hispanos llevan ropa más formal: vestido y zapatos elegantes o un traje con corbata. Entre los jóvenes, lo más popular son los vaqueros. Los vaqueros tienen muchos nombres: en Cuba es «bluyín», en el norte de México son «jeans» y en Puerto Rico son «mahones». Los vaqueros son muy prácticos ¡para todas las personas!

[a]*cada... every country*   [b]*lightweight man's shirt*   [c]*Mayan tunic*   [d]*felt (fabric)*   [e]*a... at once*   [f]*pollera... embroidered skirt and various underskirts*   [g]*no... not all*

Comprensión

1. Un huipil es un tipo de _____.
   a. pantalón maya
   b. falda de colores
   c. blusa larga de colores

2. Las guayaberas se usan más en _____.
   a. Bolivia
   b. el Caribe
   c. España

3. En Puerto Rico los vaqueros son _____.
   a. los mahones
   b. un bluyín
   c. los jeans

Conexión cultural°

La presencia vital de los hispanos

Conexión... *Cultural Connection*

Vocabulario de consulta

Entre	Among
ascendencia	ancestry
escritores	writers
Algunos	Some
cine	movies
primera	first
ganador	winner
Premio	Prize
gimnasta	gymnast
Sur	South
trabajos	jobs
sea cual sea	whatever may be

Hay cincuenta millones de hispanos en Estados Unidos, especialmente en Texas, California, Florida, Nueva Jersey, Nueva York y Maryland. La presencia de todos ellos y sus contribuciones culturales y económicas son vitales para Estados Unidos.

Entre los hispanos de **ascendencia** mexicana, o chicanos, hay muchos **escritores**, actores, músicos, artistas, políticos y una astronauta. **Algunos** buenos ejemplos: Salma Hayek, actriz y productora de **cine** y el famoso guitarrista Carlos Santana. También hay escritores famosos como Sandra Cisneros, autora chicana de la novela *The House on Mango Street*. Hay políticos y activistas de gran impacto, como Antonio Villaraigosa, César Chávez, y Joaquín y Julián Castro. La astronauta chicana Ellen Ochoa es la **primera** hispana en el espacio.

Insignia de una misión de Ellen Ochoa

En la comunidad dominicana (las personas de República Dominicana), hay tres personas muy célebres en tres profesiones diferentes: en el cine, la actriz Zoe Saldana, que triunfa con *Avatar*, *Star Trek* y *Guardians of the Galaxy* (*Vol. 1* y *2*); en la literatura, Junot Díaz, **ganador** del **Premio** Pulitzer en 2008 por su novela *The Brief Wondrous Life of Oscar Wao*; y en el mundo de los deportes, Alex «A-Rod» Rodríguez, beisbolista del equipo New York Yankees.

La actriz dominicana
Zoe Saldana

Los puertorriqueños (las personas de Puerto Rico) forman otro grupo. Hay políticos como Luis V. Gutiérrez, miembro del Congreso. También está Sonia Sotomayor, miembro de la Suprema Corte de Justicia de Estados Unidos; el cantante Marc Anthony; la escritora Esmeralda Santiago; la actriz del programa *Jane the Virgin*, Gina Rodríguez; y la actriz de cine Jennifer López.

Los cubanos forman otro grupo, que reside especialmente en Florida, Nueva Jersey y California. Entre ellos hay novelistas muy famosos como Oscar Hijuelos (Premio Pulitzer, 1990) y Cristina García, autora de *Dreaming in Cuban*. Y en la música, Gloria Estefan y Pitbull son dos cubanoamericanos muy famosos. Pero también hay un **gimnasta** olímpico, Danell Leyva.

Un grupo más heterogéneo incluye inmigrantes de España, América Central y América del **Sur**. En la música dos famosos son Shakira y Juanes y en el cine John Leguizamo; los tres son de Colombia. En medicina, el español Severo Ochoa recibe el Premio Nobel de 1959. También está el astronauta de Costa Rica, Franklin Chang-Díaz.

Otro grupo indispensable para el progreso de Estados Unidos está formado por hispanos en una gran variedad de **trabajos** y profesiones: en la medicina, en la educación, en la agricultura, en los servicios (por ejemplo, en hoteles y restaurantes), etcétera.

En una plantación de frutas

Algunas personas de esta comunidad prefieren llamarse *Hispanic* o *Hispanic American*; otras usan las palabras *Latino* y *U.S. Latino*; otros son más específicos y mencionan su nacionalidad: peruano, cubano, salvadoreño. Pero **sea cual sea** la palabra preferida o el término oficial, la presencia hispana es cada día más visible y vital en Estados Unidos.

Comprensión. Completa las siguientes oraciones con las palabras de la lista. **OJO:** Hay palabras extra.

Alex Rodríguez	**Ellen Ochoa**	**Marc Anthony**	**Sandra Cisneros**
colombiana	**Gloria Estefan**	**Oscar Hijuelos**	**Zoe Saldana**
cubana	**Jennifer López**	**Pitbull**	
dominicana	**Junot Díaz**	**puertorriqueña**	

1. La astronauta de ascendencia mexicana, _____, es la primera hispana en el espacio.

2. Los escritores _____ (dominicano) y _____ (cubano) son ganadores del Premio Pulitzer.

3. Sonia Sotomayor, de ascendencia _____, es miembro de la Corte Suprema de Justicia de Estados Unidos.

4. Shakira y Juanes son dos artistas famosos de ascendencia _____.

Galería
Estados Unidos

El festival de la Calle Ocho, en Miami, Florida, celebra la cultura cubana y la cultura latina en general.

En Manhattan, Nueva York, se celebra la Parada, un festival en honor a la cultura y a la tradición puertorriqueñas.

Placita Olvera, es una plaza tradicional mexicana en Los Ángeles, California.

El Via Crucis, en Langley Park, Maryland, es un evento religioso interesante y muy importante para la comunidad latina de Centroamérica.

A. Comprensión. Completa cada oración con la respuesta correcta de la lista. **OJO:** Hay respuestas extra.

| Cuba | El Salvador, Guatemala | Estados Unidos | México | Puerto Rico |

1. El festival de la Calle Ocho se celebra en honor a la cultura latina, en general, y de la comunidad de _____.

2. Muchas personas de _____ viven en Langley Park, Maryland, y celebran el Via Crucis.

B. Un toque (touch) creativo. Escribe una palabra representativa de cada foto, por ejemplo, los colores de la foto, música, religión, el nombre de un país (country), etcétera.

Placita Olvera _____

Calle Ocho _____

La Parada _____

Via Crucis _____

Amigos y compañeros 2

¡A escribir!

En el salón de clase

Lee *Gramática 2.1*

A. **¿Dónde están las cosas en el salón de clase?** Empareja cada dibujo con la oración correcta para contestar la pregunta **¿Dónde está el libro?**

a. El libro está encima de la mesa y el bolígrafo está debajo de la mesa.

b. El libro está debajo de la mesa y el bolígrafo está encima de la mesa.

c. El libro está al lado de la mesa y la silla está detrás de la mesa.

d. La silla y el libro están entre las mesas.

e. El libro y el bolígrafo están encima de la mesa, pero el libro está delante del bolígrafo.

f. El libro y el bolígrafo están encima de la mesa, pero el bolígrafo está delante del libro.

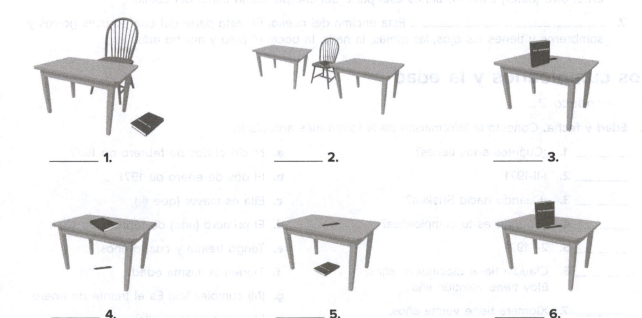

_____ **1.**   _____ **2.**   _____ **3.**

_____ **4.**   _____ **5.**   _____ **6.**

B. Mandatos. Indica si cada mandato requiere (*requires*) solo el cuerpo (*only the body*) (**SC**) o el cuerpo y un objeto (**CO**).

_____ **1.** Abran el libro.

_____ **2.** Caminen.

_____ **3.** Corran.

_____ **4.** Dense una vuelta.

_____ **5.** Escriban su nombre en la pizarra.

_____ **6.** Miren hacia arriba.

_____ **7.** Muéstrenme el reloj.

_____ **8.** Muéstrenme la pizarra.

_____ **9.** Salten.

_____ **10.** Saquen el bolígrafo.

C. Adivinanza (*Riddle*). Lee las descripciones de estas partes del cuerpo y escribe qué parte del cuerpo es. **OJO:** Hay palabras extra.

la boca	la cara	el estómago	la nariz	el pelo
los brazos	el cuello	los hombros	los ojos	las piernas
la cabeza	el cuerpo	las manos	las orejas	los pies

1. _____ Esta parte del cuerpo está en la cabeza. Tienes dos. Están encima de la nariz y debajo del pelo. Usas lentes en esta parte del cuerpo.

2. _____ Tienes dos. Están debajo de las piernas. Llevas los zapatos en esta parte del cuerpo.

3. _____ Está debajo de la cabeza y cerca de los hombros. Usas bufandas en esta parte del cuerpo.

4. _____ Esta parte del cuerpo está en la cabeza, entre la boca y los ojos.

5. _____ Esta parte del cuerpo está encima del cuello y es parte de la cabeza. En esta parte del cuerpo tienes los ojos, las orejas, la nariz, la boca y el pelo.

6. _____ Tienes dos. En un extremo de los brazos tienes las manos y en el otro (*other*) extremo tienes esta parte del cuerpo. Están cerca del cuello.

7. _____ Está encima del cuello. En esta parte del cuerpo usas gorros y sombreros y tienes los ojos, las orejas, la nariz, la boca, el pelo y mucho más.

Los cumpleaños y la edad

Lee *Gramática 2.2*

D. Edad y fecha. Conecta la información de la forma más apropiada.

_____ **1.** ¿Cuántos años tienes?

_____ **2.** 1-II-1971

_____ **3.** ¿Cuándo nació Shakira?

_____ **4.** ¿Cuándo es tu cumpleaños?

_____ **5.** 2-I-1971

_____ **6.** Claudia tiene diecinueve años. Eloy tiene veintiún años.

_____ **7.** Xiomara tiene veinte años. Ana Sofía tiene veinte años.

_____ **8.** Lucía tiene veintitrés años. Sebastián tiene dieciocho años.

a. Nació el dos de febrero de 1977.

b. El dos de enero de 1971.

c. Ella es mayor (que él).

d. El primero (uno) de febrero de 1971.

e. Tengo treinta y cuatro años.

f. Tienen la misma edad.

g. (Mi cumpleaños) Es el treinta de enero.

h. Él es mayor (que ella).

E. Conversaciones sobre la edad. Completa las conversaciones con las expresiones que faltan (*missing*).

a. cuántos años tiene
b. cuántos años tiene usted
c. cuántos años tienes
d. Tenemos veinte años.
e. Tengo dieciocho años.
f. Tengo veinticuatro años.

Las actividades favoritas

Lee *Gramática 2.3*

F. Los deportes. Lee las descripciones y escribe el deporte que les gusta practicar a los Amigos sin Fronteras o a sus familias/amigos. **OJO:** Hay deportes extra.

el baloncesto	el ciclismo	la natación
el béisbol	el fútbol	el tenis
el boxeo	la gimnasia	el voleibol

¿QUÉ DEPORTE LES GUSTA PRACTICAR A ELLOS?

1. *Marcela, la esposa de Omar:* **A Omar y a mis hijos les gusta jugar** este deporte en el parque. Es un deporte muy popular en los países hispanos. Para jugar este deporte se necesita un balón y dos equipos. En los partidos es normal escuchar «¡¡Gol!!». _____

2. *Franklin:* **A las personas de Puerto Rico les gusta mucho jugar y ver** este deporte. Para jugar este deporte es necesario tener una pelota pequeña, un bate y un guante (*glove*) grande. _____

3. *Ana Sofía:* **A las personas de España les gusta mucho ver** este deporte. Para practicar este deporte es necesario una bicicleta y un casco. _____

¿QUÉ DEPORTE LES GUSTA PRACTICAR A USTEDES?

4. *Ángela:* **A mis hijos y a mí nos gusta practicar** este deporte en la piscina pero también es posible practicar este deporte en el mar. _____

5. *Camila:* **A mi hermana Antonella y a mí nos gusta mucho practicar** este deporte. Es necesario tener una raqueta y una pelota pequeña. Normalmente la pelota es amarilla. _____

G. Las actividades favoritas. Los amigos del club hablan de sus actividades favoritas.

Parte 1. Conecta los dibujos (1-6) y las oraciones (a-f). **OJO:** Pon atención a las formas verbales **me/te/le/nos/les gusta**.

_____ **1.**

Xiomara dice: «A Estefanía y a Franklin...

_____ **2.**

Sebastián dice: «A Ángela y a mí...

_____ **3.**

Eloy dice: «Omar, a ti...

_____ **4.**

Claudia dice: «A Xiomara...

_____ **5.**

Ana Sofía dice: «A mí...

_____ **6.**

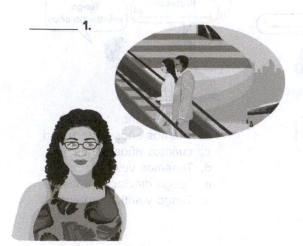

Camila dice: «A Eloy y a mí...

a. ... nos gusta mucho cocinar en casa.»

b. ... le gusta leer novelas latinoamericanas.»

c. ... me gusta mucho ir a conciertos con los amigos.»

d. ... les gusta viajar.»

e. ... te gusta jugar al fútbol con tus hijos, ¿no?»

f. ... nos gusta textear.

Parte 2. Ahora indica si son ciertas (**C**) o falsas (**F**) las oraciones según la información de **Parte 1**. Corrige (*Correct*) las oraciones falsas.

C   F   **1.** A Estefanía le gusta viajar.

_____

C   F   **2.** A Ana Sofía le gusta mucho jugar al fútbol.

_____

C   F   **3.** A Camila y a Eloy les gusta jugar a fútbol en el parque.

_____

C   F   **4.** A Sebastián y a Ángela les gusta mucho ir a conciertos con los amigos.

_____

C   F   **5.** A Xiomara le gusta cocinar en casa.

_____

Amigos sin Fronteras

Lee *Gramática 2.4*

H. **¿De dónde son? Conversaciones.** Completa las conversaciones con las frases apropiadas.

de dónde es	**es de México**	**son de Ecuador**
soy de Los Ángeles	**Soy de Paraguay**	

ELOY: ¡¿De dónde eres, Claudia?

CLAUDIA: _____.[1]

CLAUDIA: Eloy, ¡escucha la música de Radamés[2]!

ELOY: Sí, gracias. Y ¿_____ Radamés?

CLAUDIA: Radamés es de Miami, pero su familia es de Cuba. Es cubanoamericano. ¡Qué interesante!, ¿no?

ELOY: Sí, muy interesante. Y yo _____,[3] pero mi familia _____.[4] Soy mexicanoamericano.

CLAUDIA: Mira, él es Omar. Su familia y él _____,[5] de Quito, la capital.

I. **¿De dónde son los estudiantes del club Amigos sin Fronteras?** Mira el mapa y completa las oraciones con la información necesaria.

NORTEAMÉRICA, CENTROAMÉRICA y EL CARIBE

EUROPA

ESTADOS UNIDOS
estadounidense

CUBA
cubano/a

MÉXICO
mexicano/a

PUERTO RICO
puertorriqueño/a

ESPAÑA
español(a)

GUATEMALA
guatemalteco/a

LA REPÚBLICA DOMINICANA
dominicano/a

PANAMÁ
panameño/a

EL SALVADOR
salvadoreño/a

HONDURAS
hondureño/a

COSTA RICA
costarricense

NICARAGUA
nicaragüense

COLOMBIA
colombiano/a

VENEZUELA
venezolano/a

ECUADOR
ecuatoriano/a

BRASIL
brasileño/a

PERÚ
peruano/a

PARAGUAY
paraguayo/a

BOLIVIA
boliviano/a

URUGUAY
uruguayo/a

CHILE
chileno/a

ARGENTINA
argentino/a

SUDAMÉRICA

1. Claudia es de _____. Está en Sudamérica, arriba de Argentina, a la izquierda de Brasil y lejos del océano Pacífico.

2. Nayeli es de _____. Está en Norteamérica, arriba de Guatemala.

3. Juan Fernando es de _____ Está en Centroamérica, entre Panamá y Nicaragua.

4. Camila es de _____ Está a la derecha de Chile y al lado de Uruguay y Paraguay.

5. Rodrigo es de _____ Está a la izquierda de Venezuela, al lado de Ecuador y arriba de Perú.

6. Estefanía es de _____ Está en medio de México, Honduras y El Salvador.

7. Lucía es de _____ Está al lado del océano Pacífico y al lado de Argentina.

En resumen

J. **Comunicación personal: Mi descripción.** Describe cómo eres, qué ropa llevas hoy y tus actividades favoritas.

Nombre: ¿Cómo te llamas?	Me llamo _____.
Edad: ¿ Cuántos años tienes?	(Yo) Tengo años _____. Nací el __(día)__ de __(mes)__.
Nacionalidad: ¿De dónde eres?	(Yo) Soy de __(país)__. Soy __(nacionalidad)__.

Descripción física: ¿Cómo eres físicamente?	(Yo) Soy...
	    alto/a, bajo/a, delgado/a, gordo/a, fuerte, débil, viejo/a, joven, moreno/a
	(Yo) Tengo...
	    el pelo...
	    corto, largo/lacio, ondulado, rizado/castaño, negro, rubio
	los ojos...
	    grandes, pequeños/azules, castaños, negros, verdes

Ropa: ¿Qué ropa llevas hoy?	Hoy (yo) llevo...
	    una blusa/camisa/camiseta/chaqueta: bonita, elegante, fea, blanca, negra, verde, ...
	    un suéter/saco: nuevo, práctico, viejo, color café, morado, rosado, ...
	    una falda: corta, larga, negra, roja, verde, ...
	    unos pantalones: cortos, largos, amarillos, azules, blancos, ...
	    un vestido: bonito, corto, elegante, feo, largo, ...
	    un traje/uniforme: elegante, conservador, azul, gris, negro, ...
	    unos zapatos (de tacón: de tenis): elegantes, color café, grises, morados, ...
	    unas botas: altas, bajas, color café, negras, ...
	    unas sandalias
	    una gorra/bufanda: bonita, de colores, fea, anaranjada, blanca, gris, azul, roja, verde, ...
	    gafas (de sol)

Descripción de personalidad: ¿Cómo eres?	(Yo) Soy... divertido/a, entusiasta, generoso/a, idealista, reservado/a, tímido/a, trabajador(a) ...
Las actividades favoritas: ¿Qué te gusta hacer?	Me gusta... acampar, cenar en restaurantes, cocinar, escuchar música, nadar, salir a bailar, ver la televisión, viajar...

_____

_____

_____

_____

_____

_____

Exprésate

Escríbelo tú

Amigos hispanos

Descripción. Describe a un amigo hispano o a una amiga hispana. ¿Cómo se llama? ¿De dónde es? ¿Cuántos años tiene? Incluye cinco características físicas y tres características de su personalidad. ¿Es hombre o mujer? ¿Es alto/a, delgado/a, creativo/a, entusiasta, talentoso/a? ¿Cuáles son sus actividades favoritas? Si no tienes amigos hispanos, inventa uno. Usa la tabla para organizar tus ideas, luego escribe tu composición en el espacio de abajo.

Mi amigo hispano / amiga hispana se llama _____.			
¿De dónde es?	Es de... (*país*).	Es... (*nacionalidad*).	
¿Cuándo es su cumpleaños?	Nació... (*día y mes*).	Tiene... años.	Es.... (*mayor/menor*) que yo.
Descripción física	Es... (alto/a, bajo/a, gordo/a, delgado/a, etcétera).	Tiene el pelo...	Tiene los ojos...
Descripción de personalidad	Es...		
Ropa favorita	Lleva...		
Actividades favoritas	Le gusta..		

_____

_____

_____

_____

_____

Enlace auditivo

Pronunciación y ortografía

Ejercicios de pronunciación

I. *Vowels*

A. Vowels in Spanish are represented by five letters: **a, e, i, o,** and u.

Listen to the vowel sounds in these words.

a   mira, largo, azul, abrigo
e   café, clase, negro, mujer
i   sí, bonito, chica, rizado
o   gordo, pelo, corto, rojo
u   rubia, blusa, mucho, gusto

B. When vowels are pronounced in Spanish, they are shorter than they are in English. For example, in English the word *go* is pronounced like *gouw* and the word *late* as if it were written *layte*. Such lengthening of vowel sounds does not occur in Spanish.

Listen and compare the following English and Spanish vowel sounds.

ENGLISH	SPANISH	MEANING
day	de	*of*
say	sé	*I know*
low	lo	*it*
mallow	malo	*bad*

C. Listen and then repeat the following words. Concentrate on producing short vowel sounds in Spanish.

a   tarde, amiga, camisa, blanca, llama
e   clase, lee, pelo, lentes, generoso
i   idealista, inteligente, bonita, simpático, tímido
o   noche, compañero, ojo, otro, como, poco
u   azul, su, usted, blusa, uno

D. Now listen and pronounce the following sentences. Remember to produce short vowels and use syllable-timed rhythm.

1. Me llamo Eloy.
2. Ella se llama Susana. Es muy bonita.
3. Claudia es mi amiga.
4. Ella es una persona entusiasta.
5. También es muy sincera.

II. *Consonants:* ñ, ll, ch*

A. The letter **ñ** is very similar to the combination *ny* in English, as in the word *canyon*.

Listen and then pronounce the following words with the letter **ñ**.

castaño   niña   señor   año   compañera

B. The letter combination **ll** (or **doble ele**) is pronounced the same as the Spanish letter **y**[†] by most speakers of Spanish and is very similar to the English *y* in words such as *you, year*.

Listen and then pronounce the following words with the letter combination **ll** (or **doble ele**).

llama   amarillo   lleva   ellas   apellido

C. The letter combination **ch** is pronounced by most Spanish speakers the same as the letter combination *ch* in the English words *chair, church*.

Listen and then pronounce the following words with the letter combination **ch**.

mucho   chico   chaqueta   muchacha   ocho

_____

*The letter **ñ** is a separate letter of the Spanish alphabet. The letter combinations **ll** and **ch** are not separate letters, but each is pronounced as one sound.
†For more about the pronunciation of Spanish **y**, see the **Enlace auditivo** in **Capítulo 3**.

D. Concentrate on the correct pronunciation of **ñ, ll** and **ch.** as you listen to and pronounce these sentences.

1. La niña pequeña lleva una blusa blanca y una falda amarilla.
2. La señorita tiene ojos castaños.
3. Los niños llevan chaqueta.
4. El niño alto se llama Toño.
5. El chico guapo lleva una chaqueta gris.

III. *Consonants:* **h**

A. You have seen that Spanish has the letter combination **ch.** However, the letter **h** (when not as part of the letter combination **ch**) is never pronounced in Spanish.

Listen and then pronounce the following words that are written with the letter **h.**

habla	hombro	hispano	hombres	Honduras
hospital	hola	hermano	hasta luego	ahora

B. Listen and then pronounce the following sentences. Be sure not to pronounce the letter **h.**

1. Honduras es un país hispano.
2. Los hombros del hombre son muy grandes.
3. Mi hermano habla español.
4. Hablamos mañana. Hasta luego.

Ejercicios de ortografía

I. **ñ, ll, ch**

A. Listen and write the words you hear with the letter **ñ.**

1. _____   4. _____

2. _____   5. _____

3. _____

B. Now listen and write the words you hear with the letter combination **ll.**

1. _____   4. _____

2. _____   5. _____

3. _____

C. Now listen and write the words you hear with the letter combination **ch.**

1. _____   4. _____

2. _____   5. _____

3. _____

II. *Silent* **h.** Remember that the letter **h** is silent in Spanish. If a word is spelled with an **h,** however, you must remember to write it, even though you do not hear it.

Listen and write the following words and phrases.

1. _____   5. _____

2. _____   6. _____

3. _____   7. _____

4. _____   8. _____

Actividades auditivas

A. Una actividad... ¡divertida! Professor Sotomayor's students are doing a TPR (Total Physical Response) activity. Listen to Professor Sotomayor and number the parts of the body in the order that he mentions them.

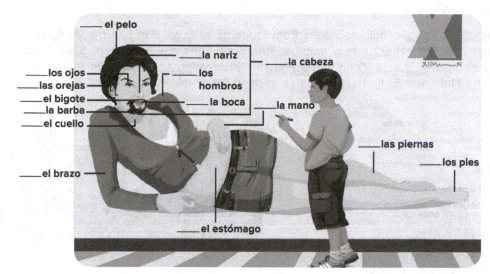

Vocabulario de consulta

¡Alto!	Stop!
Tóquense	Touch
pónganse	put
rápidamente	quickly

B. El parque, un lugar ideal. Camila, Radamés, and Rodrigo are seated on the grass at the university, having lunch and chatting.

Vocabulario de consulta

ideal	ideal
más o menos	more or less
hacer la tarea	to do homework
es verdad	it's true
merendar	to have a picnic
vive	he lives
¡Por supuesto!	Of course!

Listen to their conversation and then select a word from the box to complete the sentences. **OJO:** There are some extra words.

andar en bicicleta	Colombia	estudiar	julio	Venezuela
caminar	cuatro	hermano	junio	viajar
cinco	domingos	hijo	sábados	

1. Este semestre Rodrigo tiene _____ clases.

2. A Camila le gusta mucho _____ los fines de semana.

3. A Radamés le gusta tocar la guitarra y escuchar música los _____.

4. Camila dice que el parque es un lugar ideal para _____.

5. Jugar al fútbol con su _____ es la actividad favorita de Rodrigo en el parque.

6. El cumpleaños de Ricardito es en _____.

7. Ricardito vive en _____.

8. A Rodrigo le gusta _____ a Colombia todos los veranos para estar con su hijo.

Videoteca

Amigos sin Fronteras

Episodio 2: ¡Buenos días, profesor!

Resumen. Claudia and Eloy are reading e-mail messages from students who want to join the **Amigos sin Fronteras** club. Two days later, they meet a new member Ana Sofía Torroja, who is from Spain. Ana Sofía tells Claudia and Eloy about her Puerto Rican friend Franklin Sotomayor, a professor at Alameda College who wants to join the club. Ana Sofía has a surprise in mind for Franklin...

SEGMENTO 1

Preparación para el video

©McGraw-Hill Education/Klic Video Productions

Vocabulario de consulta

buen día	buenos días
paciencia	patience
historia	history
músico	musician
ciencias sociales	social sciences
miembros	members (*of a club*)

A. ¡Comencemos! Empareja cada país con la región correspondiente.

_____ **1.** Norteamérica		**a.**	Cuba
_____ **2.** Centroamérica		**b.**	España
_____ **3.** El Caribe		**c.**	México
_____ **4.** Europa		**d.**	Nicaragua
_____ **5.** Sudamérica		**e.**	Perú

Comprensión del video

B. La idea principal. Indica el título más apropiado para el primer segmento del **Episodio 2.**

- ☐ Claudia tiene un I-Pad nuevo.
- ☐ Nuevos miembros para el club
- ☐ El grupo de música Cumbancha

C. ¡A completar! Indica la palabra correcta. **OJO:** Hay palabras extra.

cinco	cuatro	país	videos
club	mensajes electrónicos (emails)	preguntas	

1. Eloy está impaciente y hace muchas _____.
2. Eloy y Claudia miran los _____ de los nuevos miembros del club.
3. Eloy y Claudia conversan sobre (*about*) _____ amigos nuevos.
4. Los nuevos amigos del _____ tienen diferentes nacionalidades.

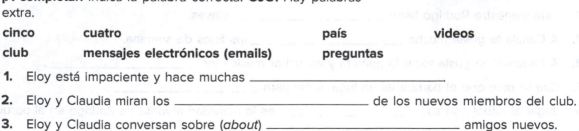

D. Detalles. Completa la tabla con palabras y expresiones de la lista.

cubanos   historia   mexicana   peruano   veinticuatro años
dieciocho años (x2)   inglés   música   veinte años

NOMBRE	EDAD	NACIONALIDAD	ESTUDIA...
Claudia	diecinueve años	paraguaya	economía
Eloy	veintiún años	mexicanoamericano	biología
Nayeli			
Radamés		Padres _____. Él nació en Miami.	
Sebastián			ciencias sociales
Ana Sofía		española	

SEGMENTO 2

Preparación para el video

©McGraw-Hill Education/Klic Video Productions

Vocabulario de consulta

vosotros	you (*fam. pl. Sp.*)
bienvenida	welcome
A propósito, ¡escuchad!	By the way, listen to this!
quiere estar	He wants to be
sorpresa	surprise
español de primer año	first-year Spanish
he pensado que...	I've been thinking that...

E. ¡Comencemos! Contesta las preguntas.
1. Mira la foto, ¿dónde están los tres amigos?
   a. En un hospital.
   b. En una cafetería.
   c. En clase de español.

2. ¿Qué dices cuando conoces (*meet*) a una persona? Indica dos respuestas.
   a. Gracias.
   b. Mucho gusto.
   c. ¿Cómo estás?
   d. ¿Cuánto cuesta?

Comprensión del video

F. Detalles. Completa las oraciones con la información adecuada.

Franklin es un _____¹ de Ana Sofía que también quiere ser parte del club Amigos

sin Fronteras. Él es de _____² Franklin es _____³ en el College

de Alameda. Hoy tiene una clase de _____⁴ Ana Sofía, Claudia y Eloy deciden

darle una sorpresa...

SEGMENTO 3

Preparación para el video

Vocabulario de consulta

no aparecen en mi lista	(they) are not in my roster
¿Saben...?	Do you know...?
hermoso	beautiful

G. ¡Comencemos! Mira la lista de palabras o expresiones e indica los mandatos (*commands*). ¡Hay cuatro!

- ☐ buen
- ☐ caminen
- ☐ cien
- ☐ cierren los ojos
- ☐ cuestan
- ☐ encantado
- ☐ gracias
- ☐ joven
- ☐ levanten la mano
- ☐ perdón
- ☐ pongan el lápiz en el pupitre
- ☐ se llaman

©McGraw-Hill Education/Klic Video Productions

Comprensión del video

H. ¡A completar! Indica la palabra correcta. **OJO:** Hay palabras extra.

amiga	Madrid (España)	Murcia (España)	tres
dos	mamá	rápido	

1. Hay _____ estudiantes nuevos en la clase del profesor Franklin.

2. Ana Sofía es _____ de Franklin.

3. Ana Sofía habla de _____ con los estudiantes.

4. Franklin dice que Claudia habla mucho y muy _____.

I. Detalles. Completa las oraciones con palabras de la lista, según el video.

Ana Sofía	Eloy	español	geografía
educación física	España	Franklin	Paraguay

1. Claudia y Eloy están en la clase de _____ del profesor Franklin Sotomayor.

2. Claudia es de _____ y muestra en el mapa dónde está su país.

3. Los miembros del club Amigos sin Fronteras hablan _____.

4. El miembro más nuevo (*newest, latest*) del club Amigos sin Fronteras es _____.

Mi país

Paraguay

SEGMENTO 1

Preparación para el video

Vocabulario de consulta

estoy segura	I am sure
ciudad	city
la bahía	bay
el río	river
toco la campana	I ring the bell

La represa y el lago Itaipú

©Prisma Bildagentur AG/Alamy

A. La capital. ¿Cuál es la capital de Paraguay?

☐ Encarnación ☐ Ciudad del Este ☐ Asunción ☐ Buenos Aires

Comprensión del video

B. Oraciones. Completa cada oración con la opción correcta, según el video.

_____ **1.** Claudia es de _____, la ciudad más grande de Paraguay.

_____ **2.** _____ es el río que divide Paraguay.

_____ **3.** A Claudia le gusta tocar la campana cuando visita...

_____ **4.** La parte al norte de Paraguay donde no hay muchas personas se llama...

_____ **5.** Santísima Trinidad del Paraná es un ejemplo de ruinas de...

_____ **6.** En las misiones, los padres jesuitas le enseñan religión, español, matemáticas y más a...

a. la Estación Central del Ferrocarril

b. Asunción

c. el Chaco

d. las misiones jesuíticas

e. los indios guaraníes

f. el río Paraguay

SEGMENTO 2

Preparación para el video

Vocabulario de consulta

las cataratas	waterfall
la frontera	border
la represa	dam
centro hidroeléctrico	hydro(electric) station

C. Los países vecinos (*neighboring*). ¿Qué tres países están al lado de Paraguay?

☐ Argentina ☐ Bolivia ☐ Colombia ☐ Brasil

Comprensión del video

D. Oraciones. Completa las oraciones con las palabras de la lista. **OJO:** ¡Hay palabras extra!

Asunción	**Ciudad del Este**	**el Salto Cristal**	**Itaipú**
las Cataratas del Iguazú	**río Paraguay**	**río Paraná**	

1. Cerca de Ciudad del Este, en la frontera de Brasil y Argentina están _____.

2. El centro _____ en el río Paraná genera electricidad para la gente de Paraguay y Brasil.

3. Un lugar muy tranquilo que visita Claudia es _____.

¡A leer!

¿Sabías que... ?

Paraguay, un país bilingüe°

bilingual

¿Sabías en varios países hispanos como México, Venezuela y Perú hay millones de hablantes[a] de idiomas indígenas? Pero el único país oficialmente bilingüe en América Latina es Paraguay. En ese país la Constitución de 1992 (mil novecientos noventa y dos) declara el guaraní como idioma oficial con el español. Hay más de diez millones de hablantes de guaraní en Brasil, Argentina, Paraguay y Bolivia. Pero es en Paraguay donde más influencia tiene este idioma: el cincuenta por ciento[b] de la población[c] paraguaya es bilingüe, el cuarenta y seis por ciento habla solo[d] guaraní y el cuatro por ciento de los habitantes habla solo español.

La Ley[e] de Lenguas del 2010 (dos mil diez) protege todos[f] los idiomas indígenas de Paraguay. Además, la nueva Academia de la Lengua Guaraní tiene la responsabilidad de crear[g] un alfabeto del guaraní y fomentar[h] su estudio. Hay periódicos, sitios Web, emisoras de radio y escuelas[i] con clases en guaraní. ¡Los paraguayos aprecian su cultura indígena!

[a]*speakers* [b]*por... percent* [c]*population* [d]*only* [e]*La... The Law* [f]*protege... protects all of* [g]*creating* [h]*promoting* [i]*periódicos... newspapers, websites, radio stations and schools*

Comprensión

1. En este país *no* hay hablantes del guaraní.

    a. Argentina   **b.** Brasil   **c.** Cuba   **d.** Paraguay   **e.** Bolivia.

2. ¿Cuál es el porcentaje de personas bilingües en Paraguay?

    a. 46%   **b.** 60%   **c.** 4%   **d.** 50%   **e.** 89%

Conexión cultural

Paraguay, corazón de América

Vocabulario de consulta

corazón	heart	**pueblos**	towns
mestizo	mixed race (European and indigenous)	**menonitas**	Mennonites
		Guerra	War
raza	race	**pierde**	loses
alemanes	Germans (*people*)	**campaña**	campaign
alemana	German	**atraer a los extranjeros**	attract foreigners

Menonitas paraguayas

©Christopher Pillitz/Getty Images

Mucha gente llama a Paraguay el «corazón de América» porque este país está en el centro del continente latinoamericano. Paraguay, país de seis millones de habitantes, tiene dos idiomas oficiales: el español y el guaraní, que es un idioma indígena. Pero en Paraguay también hay variedad de culturas.

El noventa y cinco por ciento de los paraguayos es **mestizo,** personas de **raza** indígena y raza blanca. El cinco por ciento está formado por la población indígena: diecisiete grupos tribales. ¡Pero hay más! También hay 63.000 (sesenta y tres mil) afroparaguayos y otros grupos étnicos: italianos, ucranianos, japoneses, coreanos, brasileños y **alemanes**, entre otros. Estas comunidades hablan su idioma y también español y guaraní.

Los brasileños forman el grupo más grande, pero la comunidad **alemana** también está muy presente en Paraguay. Los inmigrantes alemanes fundan varios **pueblos** que reflejan su cultura y su nacionalidad, como por ejemplo Nueva Germanía, Hohenau y Neuland. Muchos alemanes de Paraguay son **menonitas**. En Paraguay la religión oficial es la católica, pero el país tiene mucha diversidad religiosa.

¿Por qué hay tanta diversidad en Paraguay? Las razones son históricas. Paraguay sufre mucho durante **Guerra** de la Triple Alianza (1865–1870) con Argentina, Brasil y Uruguay. El pequeño país **pierde** la guerra y pierde a mucha gente: el noventa por ciento de su población masculina adulta. Por esta razón el gobierno necesita estimular la inmigración y crea una **campaña** para **atraer a los extranjeros**. Así llegan a Paraguay españoles, italianos, árabes, argentinos, ingleses, y muchos más de Europa y Asia. Estos inmigrantes revitalizan la economía y se incorporan a la cultura bilingüe de Paraguay.

¿Entiendes por qué Paraguay es el corazón de Sudamérica? Es por su situación geográfica, sí, pero también porque este país es símbolo de la diversidad que caracteriza al continente latinoamericano.

Comprensión. Indica la respuesta correcta.

1. Paraguay es un país bilingüe donde hay dos idiomas oficiales. ¿Cuáles son?

   a. el español y varios idiomas indígenas
   b. el guaraní y el español
   c. el español y el alemán

2. Este grupo de inmigrantes funda varios pueblos en Paraguay.

   a. los brasileños
   b. los alemanes
   c. los japoneses

3. En la Guerra de la Triple Alianza, Paraguay hace la guerra con estos tres países.

   a. Argentina, Chile, Perú
   b. Brasil, Uruguay, Bolivia
   c. Argentina, Brasil, Uruguay

4. En Paraguay hay diversidad religiosa, pero su religión oficial es...

   a. la católica
   b. la protestante
   c. la menonita

5. Estos inmigrantes forman el grupo más grande en Paraguay.

   a. los coreanos
   b. los brasileños
   c. los árabes

Galería

Paraguay

El lago (*lake*) Itaipú: ¡Los lagos paraguayos son espectaculares!

Misión Jesuítica de la Santísima Trinidad, cerca de la ciudad (*close to the city*) de Encarnación

Estación de trenes (*Train station*), Asunción

Danza de las Botellas (*Bottles*), una danza muy famosa con mujeres que tienen doce botellas en la cabeza. ¡Impresionante!

El «tereré», un te frío (*iced tea*) muy popular en Paraguay

A. Comprensión. Contesta las preguntas.

1. Esta misión está cerca de la ciudad de Encarnación.

_____

2. ¿Cómo se llama la danza famosa de Paraguay?

_____

B. Un toque creativo. Escribe una leyenda (*caption*) para la foto del «tereré». Algunas ideas a considerar: ¿Cuál es la nacionalidad de este hombre? ¿Cómo está en este momento? ¿Qué le gusta hacer todos los días?

_____

_____

Las actividades en familia 3

¡A escribir!

En familia

Lee *Gramática 3.1*

A. ¿De quién es?

Parte 1. Empareja cada posesión con el dueño (la dueña) (*owner*) correspondiente, según la descripción.

a. Es del estudiante de veterinaria. A él le gustan mucho los animales.

b. Es de la estudiante. Ella estudia español en la universidad con el Profesor Sotomayor.

c. Son de Ana Sofía. En invierno, cuando nieva, ella esquía con su familia.

d. Son de Eloy. Tiene dos (un chihuahua y un dálmata) y pasea con ellos por el parque todos los días. Se llaman Chulis y Pecas.

e. Es de Radamés. Él toca con su grupo de música Cumbancha.

f. Son de Xiomara. A ella le gusta mucho leer, especialmente literatura latinoamericana.

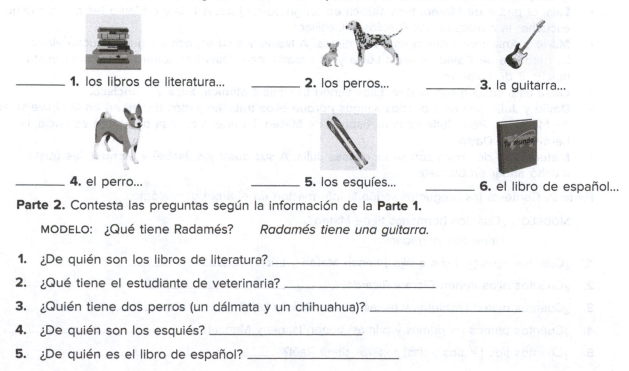

_____ **1.** los libros de literatura...   _____ **2.** los perros...   _____ **3.** la guitarra...

_____ **4.** el perro...   _____ **5.** los esquíes...   _____ **6.** el libro de español...

Parte 2. Contesta las preguntas según la información de la **Parte 1.**

    MODELO: ¿Qué tiene Radamés?   *Radamés tiene una guitarra.*

1. ¿De quién son los libros de literatura? _____

2. ¿Qué tiene el estudiante de veterinaria? _____

3. ¿Quién tiene dos perros (un dálmata y un chihuahua)? _____

4. ¿De quién son los esquiés? _____

5. ¿De quién es el libro de español? _____

B. ¡Qué familia!

Parte 1. Lee las descripciones de estas familias, amigos de Omar, y completa el árbol genealógico (*family tree*) con el nombre de cada persona.

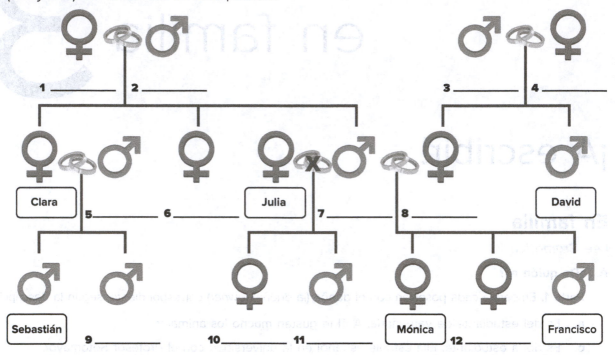

- **Luis** vive en Mendoza, Argentina con su esposa **Rosa** y con su hija soltera, **Marta. Marta** trabaja en el cine.
- La hija mayor (*oldest*) de **Rosa** y **Luis** se llama **Clara.** El esposo de Clara es Ricardo.
- A **Luis** le gusta ir al cine con sus siete nietos todos los sábados porque su hija **Marta** trabaja en el cine.
- **Clara** y **Ricardo** tienen dos hijos gemelos, que se llaman **Sebastián** y **Raúl.** A sus hijos les gusta patinar.
- **Luis**, el padre de **Mateo,** toca música en un grupo de jazz. A Luis y a Mateo les gusta mucho escuchar la música de los Fabulosos Cadillacs.
- **Mario** y **Ana** tienen dos hijos y tres nietos. A **Mario** y a su esposa les gusta mucho viajar.
- La hermana de **David** se llama **Lucía** y es casada, pero **David** es soltero. A **Lucía** le gusta mucho ir de compras.
- **Lucía** está casada con **Mateo.** Ellos tienen tres hijos: **Mónica, Elisa** y **Francisco.**
- **David** y **Julia** son muy buenos amigos porque ellos trabajan juntos (*together*) en la Universidad de Mendoza. Pero **Julia** es la ex esposa de **Mateo.** La nueva esposa de Mateo es Lucía, la hermana de David.
- **Mateo** tiene dos hijos con su ex esposa Julia. A sus dos hijos, **Isabel** y **Manuel,** les gusta mucho andar en bicicleta.

Parte 2. Contesta las preguntas según la información en el árbol genealógico.

> MODELO: ¿Cuántos hermanos tiene Mateo?
> *Tiene dos hermanas.*

1. ¿Cuántos hijos (= hijos e hijas) tienen Mateo y Lucía? _____
2. ¿Cuántos hijos tienen Clara y Ricardo? _____
3. ¿Cuántos nietos (= nietos y nietas) tienen Rosa y Luis? _____
4. ¿Cuántos primos (= primos y primas) tienen Isabel y Manuel? _____
5. ¿Cuántos tíos (= tíos y tías) solteros tiene Raúl? _____

La hora

Lee *Gramática 3.2*

C. Preguntas y respuestas sobre la hora

Parte 1. Empareja cada oración con la hora correspondiente. Luego, asocia la oración con la pregunta correcta. Las primeras dos oraciones sirven como modelos.

___j___	**1.** Es a las cinco menos cuarto de la tarde.	**a.**	17:30h
___i___	**2.** Son las diez de la noche.	**b.**	00:00h
_____	**3.** Son las cinco y media de la mañana.	**c.**	12:00h
_____	**4.** Es a mediodía.	**d.**	22:15h
_____	**5.** Es a la una menos diez de la tarde.	**e.**	20:45h
_____	**6.** Es medianoche.	**f.**	05:30h
_____	**7.** Es la una de la tarde.	**g.**	12:50h
_____	**8.** Son las nueve menos cuarto de la noche.	**h.**	13:00h
_____	**9.** Es a las diez y cuarto de la noche	**i.**	22:00h
_____	**10.** Es a las cinco y media de la tarde.	**j.**	16:45h

¿Qué hora es?   ¿A qué hora es la fiesta?

_2,_____   _1,_____

Parte 2. Contesta las preguntas.

MODELOS: ¿Qué hora es? (13:15h)   *Es la una y cuarto de la tarde.*

¿A qué hora es la clase? (9:30h)   *Es a las nueve y media de la mañana.*

1.   ¿Qué hora es? (06:30h)

_____

2.   ¿Qué hora es? (12:45h)

_____

3.   ¿A qué hora estudias? (20:00h)

_____

4.   ¿A qué hora te gusta andar en bicicleta? (9:00h)

_____

5.   ¿A qué hora es tu clase de español? (12:00h)

_____

6.   ¿A qué hora es la nueva película? (21:45h)

_____

D. Horarios (*Schedules*) de televisión. Mira la programación (*program listings*) de un canal de televisión argentino, Canal 9. Después responde a las preguntas. Usa las expresiones *de la mañana, de la tarde* o *de la noche* en tus respuestas. Mira el modelo.

MODELO: ¿A qué hora es *Implacables* los fines de semana (los sábados y los domingos)?
Es *a las* dos de la tarde.

		lunes-viernes	sábado	domingo
6:00	:00 :15 :30 :45	¡Qué mañana! (magazine)	Una vuelta por el universo (dibujos animados)	El Chapulín colorado (niños)
7:00	:00 :15 :30 :45		Aristonautas (dibujos animados)	3, 2, 1, ¡Vamos! Plaza Sésamo
8:00	:00 :15 :30 :45	Telenueve Noticiero	Doraemon, el gato cósmico (dibujos animados)	
9:00	:00 :15 :30 :45	El show del problema	Clave argentina (viajes)	Hoy ganas vos
10:00	:00 :15 :30 :45	Tres veces Ana (drama)	El Café de San Juan (cocina)	Deportes en vivo (:45)
11:00	:00 :15 :30 :45	Amores con trampa (reality)	Alerta cobra (detective) Deportes en vivo (:45)	
12:00	:00 :15 :30 :45	Un camino hacia el destino (drama)		
13:00	:00 :15 :30 :45	Amo despertar contigo (telenovela)		Alerta cobra
14:00	:00 :15 :30 :45		Implacables (espectáculo)	Implacables
15:00	:00 :15 :30 :45	Telenueve central		
16:00	:00 :15 :30 :45	Bendita (espectáculo) (:30)	Combate (competencia deportes)	Combate
17:00	:00 :15 :30 :45			
18:00	:00 :15 :30 :45	Los caballeros del zodiac		Historias de la historia
19:00	:00 :15 :30 :45	Mejor de noche (entretenimiento) (:30)		Cartoneros (documental) (:30)
20:00	:00 :15 :30 :45	Telenueve La hora del milagro (religioso)	En estéreo (música)	Campeones (la carretera de autos)
21:00	:00 :15 :30 :45	23 Plan M (periodístico)	Combate (:30)	Flashpoint (suspenso)
22:00	:00 :15 :30 :45	Telenueve central	Telenueve central (:30)	En estéreo (:30)
23:00	:00 :15 :30 :45	El show del problema		
00:00	:00 :15 :30 :45	Informes	Informes	Informes

1. ¿A qué hora es *¡Qué mañana!* de lunes a viernes?

_____

2. ¿A qué hora es el programa *Doraemon, el gato cósmico* los fines de semana (los sábados y los domingos)?

_____

3. ¿A qué hora es *En estéreo* los domingos?

_____

4. ¿A qué hora es *Mejor de noche* de lunes a viernes?

_____

5. ¿A qué hora es el programa *Deportes en vivo* los sábados?

_____

6. ¿A qué hora es *Amo despertar contigo* de lunes a viernes?

_____

Las actividades y los lugares

Lee *Gramática 3.3, 3.4*

E. Camila y su familia. Completa la conversación entre Eloy y Camila con las oraciones (a–f) apropiadas.

ELOY: ¿_____¹ en esta universidad?

CAMILA: Sí, estudio psicología.

ELOY: Y ¿_____²?

CAMILA: Sí, vivo aquí pero no vivo con mi familia. Ellos viven en Argentina.

ELOY: ¡En Argentina! ¿Con qué frecuencia hablas con ellos?

CAMILA: Yo _____³

ELOY: ¿Y qué hace tu familia en Argentina?

CAMILA: Mis padres _____⁴

ELOY: ¿Y tienes hermanos?

CAMILA: Sí, tengo una hermana de ocho años que se llama Antonella. Ella _____⁵

ELOY: Y cuando estás en Argentina, ¿qué actividades haces con tu hermana?

CAMILA: Antonella y yo _____⁶ ¡Es muy divertido estar con ella!

a. hablo con ellos todas las noches

b. viven en Buenos Aires y trabajan allí

c. hacemos muchas cosas juntas: patinamos, cocinamos y a veces jugamos al tenis

d. Estudias

e. estudia y vive con mis padres

f. vives aquí con tu familia

F. Eloy y un nuevo compañero de apartamento. Eloy busca (*is looking for*) un compañero de apartamento. Un chico hispano llama por teléfono a Eloy y ellos conversan. Completa su conversación
con la forma correcta de los verbos.

ELOY: Hola, ¿quién habla?

LUIS: Hola, soy Luis. Llamo porque estoy interesado en vivir[a] en tu apartamento.

ELOY: ¡Qué bien, Luis! Quiero hacerte unas preguntas.[b] ¿Está bien?

LUIS: Sí, por supuesto.

ELOY: Luis, ¿**(escucha / escuchas / escucho)[1]** música muy alta[c] por la noche?

LUIS: Bueno, sí, pero solo cuando mis amigos me. **(visitan / visitas visitamos)[2]**

ELOY: Y cuando tus amigos te visitan, ¿**(bebemos / beben / bebes)[3]** (ustedes) alcohol?

LUIS: A veces, pero nosotros también **(beben / bebemos / bebo)[4]** refrescos.[d]

ELOY: Ah, sí, entiendo. Y ¿**(dan / damos / das)[5]** (tú) fiestas muy frecuentemente?

LUIS: Más o menos. Mis amigos y yo siempre celebramos las victorias de nuestro equipo de
fútbol. Yo **(juego / juegas / jugamos)[6]** en un equipo.

ELOY: ¡Qué bien! ¡Te gusta el fútbol! Luis, y ¿**(practica / practico / practicas)[7]** otros deportes?

LUIS: No, no practico otros deportes, solo fútbol, pero a veces **(levantas / levantan / levanto)[8]**
pesas en el gimnasio.

ELOY: Ya veo. Hablemos de tu rutina. ¿A qué hora **(sale / sales / salimos)[9]** de casa por la
mañana?

LUIS: A las diez y media aproximadamente.

ELOY: ¿Y a qué hora **(regresan / regresas / regreso)[10]** por la noche?

LUIS: No tengo una hora específica. Muchas veces regreso a medianoche.

ELOY: ¡A medianoche! Bueno, Luis, hablamos en unos días. Gracias.

LUIS: Está bien. Adiós y gracias.

ELOY: De nada. Chao.

[a]Llamo... *I'm calling because I'm interested in living*   [b]Quiero... *I want to ask you some questions*
[c]*loud*   [d]*sodas*

¿Qué tiempo hace?

G. El tiempo en Argentina y Uruguay

Parte 1. Mira las imágenes y escribe qué tiempo hace en cada imagen.

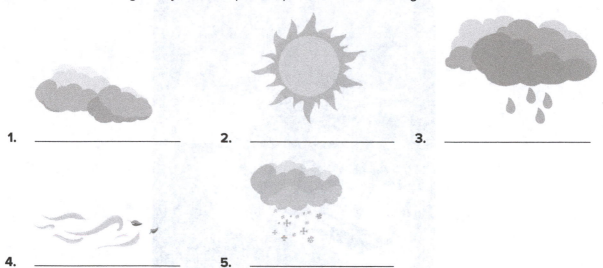

1. _____   2. _____   3. _____

4. _____   5. _____

Parte 2. Ahora mira el mapa y responde a las preguntas sobre el tiempo en Argentina y Uruguay. Usa los símbolos y la temperatura para determinar qué tiempo hace en cada ciudad.

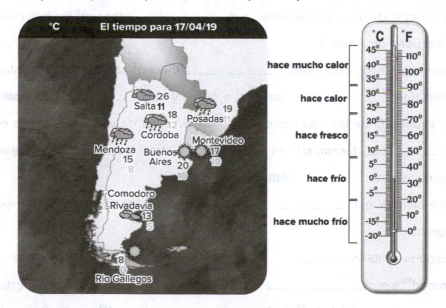

1. ¿Qué tiempo hace en la capital de Uruguay, Montevideo, a mediodía? _____

2. ¿Y qué tiempo hace en Salta, Argentina, durante el día? _____

3. ¿Qué tiempo hace en Río Gallegos? _____

4. Y en Mendoza por la noche, ¿qué tiempo hace? _____

5. ¿Qué tiempo hace en Córdoba? _____

H. Las actividades en verano. Omar conversa con Camila por Skype sobre las actividades que los otros estudiantes hacen en verano. Completa la conversación con la forma correcta del verbo entre paréntesis.

OMAR: En Estados Unidos, normalmente ¿qué _____ (hacer)[1] los estudiantes de la universidad en verano?

CAMILA: Bueno, todos los estudiantes _____ (hacer)[2] actividades diferentes. Algunos[a] estudiantes _____ (asistir)[3] a clases y otros _____ (salir)[4] de vacaciones. Entre los estudiantes que prefieren estar de vacaciones, unos estudiantes _____ (acampar)[5] en las montañas y otros _____ (viajar)[6] a diferentes lugares o _____ (visitar)[7] a sus familias.

OMAR: ¡Qué bien! ¿Y qué _____ (hacer)[8] ustedes, los miembros de Amigos sin Fronteras?

CAMILA: Nosotros también _____ (hacer)[9] muchas actividades diferentes: _____ (comer)[10] juntos, _____ (charlar),[11] _____ (hacer)[12] fiestas, _____ (viajar)...[13] En fin, _____ (pasar)[14] mucho tiempo juntos.

OMAR: ¿Y Radamés _____ (tocar)[15] con su grupo en verano?

CAMILA: Claro, es lo mejor[b] del verano. Cuando Radamés _____ (tocar)[16] con Cumbancha, todos nosotros _____ (asistir)[17] a sus conciertos, _____ (bailar)[18] y _____ (cantar).[19] Y a veces Ana Sofía y Radamés _____ (tocar)[20] la guitarra y cantan juntos en la casa de los amigos del club. ¡Es muy divertido!

[a]Some   [b]lo... the best

En resumen

I. **Mis actividades diarias en primavera, verano, otoño o invierno.** Completa el cuadro para organizar tus ideas y escribir una narración sobre qué haces en una de las cuatro estaciones: primavera, verano, otolo o invierno.

MIS ACTIVIDADES DIARIAS EN PRIMAVERA, VERANO, OTOÑO O INVIERNO		
¿Te gusta la primavera, (el verano, el otoño o el invierno)? ¿Por qué (no)?		
¿Qué tiempo hace en primavera (verano, otoño o invierno)? ¿Cuál es la temperatura máxima/mínima normalmente?		
¿Qué ropa llevas?	*En primavera, (verano, otoño, invierno) normalmente llevo...*	
¿Qué actividades haces generalmente en primavea (verano, otoño o invierno)? (asistir a, andar en bicicleta/ motocicleta, caminar, charlar, escribir, estudiar, mirar videos en el Internet, hablar, hacer (la tarea), hacer senderismo, jugar, leer, llegar, manejar, regresar, salir, trabajar)*	**¿A qué hora? ¿Cuándo?** (a la(s)..., por la mañana/tarde/ noche, primero, después, más tarde, luego)	
	¿Con qué frecuencia? (siempre, con frecuencia, a veces, (casi) nunca)	
	¿Con quién?	
	¿Dónde?	
Conclusión:	*El otoño/La primavera (no) me gusta porque...*	

_____

_____

_____

_____

_____

_____

_____

_____

_____

*****OJO:** Es necesario usar las formas que corresponden al pronombre **yo:** asisto, charlo, escribo, hago, etcétera.

Exprésate

Escríbelo tú

Actividades típicas

Escribe sobre las actividades típicas de los jóvenes de tu edad (por ejemplo, tú y tus amigos) y las de los adultos como tus padres o tu profesor(a). Primero, haz una lista de cinco actividades de los jóvenes de tu edad. Luego haz otra lista con cinco actividades de los adultos de la edad de tus padres o de tu profesor(a). Puedes usar el vocabulario de las **Actividades 8, 9** y **11** del libro de texto para saber qué hacen los jóvenes. También puedes entrevistar (*interview*) a tus padres o a tu profesor(a) para decir qué hacen los adultos. Después, escribe dos párrafos con la información de tu lista y agrega (*add*) detalles importantes e interesantes.

_____

_____

_____

_____

_____

_____

_____

_____

_____

Enlace auditivo

Pronunciación y ortografía

Ejercicios de pronunciación

I. *Consonants:* **r**

A. The Spanish **r** is not at all like the American English *r*. In Spanish, there are two basic **r** sounds: one is a trill, typically represented by the double **r*** (**rr**); and the other is a tap, typically represented by the single **r** (**r**).

Listen and then pronounce the following words with double **r** (**rr**).

arriba   cierren   pizarra   correcto   gorro

B. If the letter **r** begins a word, it is usually pronounced with a trill, but it is written as a single **r** rather than as a double **r**.

Listen and then pronounce the following words that begin with a trill.

rizado   roja   rubia   reloj   regular   ropa

_____

*As with **ll** and **ch,** the letter combination **rr** is not a separate letter, but is pronounced as one sound.

C. In Spanish the single **r** at the beginning of a word and the double **r** are trilled. Most other **r**'s are pronounced as a tap, that is, the tongue lightly strikes the ridge just behind the teeth. It is very similar to the way Americans pronounce some *d*'s and *t*'s (which sound very much like *d*'s) in the middle of words: *butter, pretty, water, latter, ladder, body.* Say the expression *pot of tea* very quickly and pay attention to the *t* of *pot.* This rapid pronunciation of the words *pot of tea* approximates the phrase in Spanish **para ti** (*for you*).

Listen and then pronounce the following words with Spanish single **r**.

mira   nariz   enero   orejas   claro   cara   eres

D. Now practice the tap **r** sound when it comes at the end of the word. Listen and then pronounce the following words.

bailar   señor   cocinar   hablar   ver   leer   mayor   menor   tener   mejor   ser

E. Listen to the following sentences and then pronounce them, concentrating on pronouncing the **r** and **rr** correctly. Remember that the **r** at the beginning of a word is pronounced as a trill. And don't forget to pronounce vowels short and to use syllable-timed rhythm!

1. Cierra la puerta.
2. Xiomara tiene el pelo rizado.
3. El carro de Omar es grande.
4. No tengo reloj. ¿Qué hora es?
5. Miren arriba.

II. *Consonants: y*

A. In Spanish, the letter **y** is pronounced just like the Spanish vowel **i** when it is a word by itself. When it appears at the end of a word it is also pronounced like the Spanish **i,** but together in a diphthong (a double vowel sound) with the preceding vowel.

Listen and then pronounce the following words, in which **y** is pronounced **i**.

y   hay   soy   muy   estoy

B. When the **y** is not at the end of a word, it is usually pronounced the same as the the English *y.**

Listen and pronounce these words, in which **y** is pronounced like **ll**.

playa   mayo   yo   uruguayo   desayunar

Ejercicios de ortografía

I. *The Letter **r** and the Letter Combination* **rr**. Write the words you hear, paying attention to the single and double **r** sounds and how they are written.

1. _____
2. _____
3. _____
4. _____
5. _____

6. _____
7. _____
8. _____
9. _____
10. _____

---

*Remember that the Spanish letter combination **ll** is also pronounced like the English *y.*

II. *The Letter y and the letter combination* **ll.** Listen to the following words and write them with either **y** or **ll.**

1. _____
2. _____
3. _____
4. _____
5. _____
6. _____
7. _____
8. _____
9. _____
10. _____

11. _____
12. _____
13. _____
14. _____
15. _____
16. _____
17. _____
18. _____
19. _____
20. _____

Actividades auditivas

A. Nuestras familias. Es una mañana de primavera y Camila toma café en el patio de la cafetería de la universidad. Llega Radamés con su desayuno.

Vocabulario de consulta

me recuerda	that reminds me
extraño	I miss
somos muy unidos	we are very close
judío	Jewish
combinan	they combine
quiero	I want
pronto	soon
quizás	maybe

Mi familia vive en Miami.

Extraño a mi familia en Buenos Aires.

Completa cada oración con la palabra correcta de la lista. **OJO:** Hay varias palabras extra.

Adrián	**cinco**	**Estados Unidos**	**Liliana**	**parques**
Antonella	**conversan**	**gemelos**	**marzo**	**seis**
casados	**Cuba**	**judías**	**novia**	**Sergio**
católicas	**cuatro**	**Julián**	**ocho**	**solteros**
cenan	**Eliana**	**Juliana**	**octubre**	**textean**

1. Camila y Radamés toman café y _____ en el patio de la cafetería.

2. Camila recuerda la primavera en Buenos Aires en _____ cuando mucha gente camina en los _____.

3. Los padres de Camila se llaman _____ y Natalia.

4. Los sobrinos _____ de Camila se llaman Leonardo y Martín. Ellos tienen _____ años

5. La familia de Radamés combina las tradiciones de _____ con las de los _____.

6. Los hermanos de Radamés se llaman _____, Iraida y _____.

7. Radamés tiene _____ sobrinos que viven en Miami. Él los extraña mucho.

8. Radamés y su hermana Iraida son _____.

9. Ahora Radamés no tiene _____, quizás en el futuro.

B. El tiempo libre. Camila y Eloy hablan de sus clases y sus actividades diarias. Escucha su conversación.

Vocabulario de consulta

¿estás muy ocupada?	are you very busy?
entre	between
tercera	third
a veces	sometimes
sola	alone
paso mucho tiempo	I spend a lot of time
la biblioteca	library
ayuda	help
nos vemos	see you (*Lit.*, we see each other)
claro	of course
entonces	then

Ahora, contesta las preguntas.

1. ¿A qué hora desayuna Camila los lunes, miércoles y viernes?

   Ella desayuna _____.

2. ¿Cuántas clases tiene Camila por la mañana?

   Camila tiene _____.

3. ¿Con quién almuerza Camila a veces?

   Ella almuerza con _____.

4. ¿Cuántas clases tiene Camila por la tarde?

   Camila tiene _____.

5. ¿Qué días tiene tiempo libre Camila?

   Tiene tiempo libre los _____.

6. ¿Qué hace Camila los sábados?

   Ella _____.

7. ¿Cuándo tiene tiempo libre Eloy?

   Él tiene tiempo libre _____.

Videoteca

Amigos sin Fronteras

Episodio 3: Una noche de juegos

Resumen. Claudia invita a sus amigos del club **Amigos sin Fronteras** a una reunión en casa de Sebastián Saldívar, estudiante de Perú. Allí están Claudia, Ana Sofía y Radamés Fernández, estudiante cubanoamericano. Estos cuatro amigos juegan al Wii y al Cranium. Después... ¡Sebastián ordena pizza para todos!

©McGraw-Hill Education/
Klic Video Productions

SEGMENTO 1

Preparación para el video

Vocabulario de consulta

prácticas de laboratorio	lab practice
futuros médicos	future doctors
mandona	bossy

A. ¡Comencemos! Mira la foto y contesta las preguntas.

1. ¿Quién escribe el mensaje?

   a. Ana Sofía Torroja   **b.** Eloy Ramírez   **c.** Claudia Cuéllar

2. ¿Cómo planeas las actividades del fin de semana con tus amigos?

   ☐ via mensajes electrónicos   ☐ via otros medios sociales   ☐ en persona
   ☐ via Whatsapp   ☐ via mensajes de texto   ☐ otros

3. El mensaje del teléfono dice: «Chicos, hoy viernes a las cinco, reunión en casa de Sebastián para planear el fin de semana». ¿Qué tipo de actividades te gusta hacer los fines de semana? ¿Con quién?

   ☐ bailar   ☐ jugar juegos en casa (Monopolio, Cranium, Wii,...)
   ☐ chatear   ☐ ver televisión en casa
   ☐ ir al cine   ☐ otros

Comprensión del video

B. La idea principal. Mira el **Segmento 1** del **Episodio 3: Una noche de juegos.** ¿Cuál es la idea principal de este segmento?

   ☐ Los amigos del club hablan sobre qué hacer el viernes por la noche.
   ☐ Claudia es muy mandona.
   ☐ Sebastián es un buen chef.

C. Detalles. Empareja cada amigo/a del club con la actividad que quiere hacer.

a. prefiere bailar.

b. tiene prácticas de laboratorio.

c. quiere jugar en casa de Sebastián.

d. prefiere estar en su casa y cocinar.

_____ **1.** Eloy...   _____ **2.** Sebastián...

_____ **3.** Ana Sofía...   _____ **4.** Claudia...

SEGMENTO 2

Preparación para el video

Vocabulario de consulta

juegos	board games
refrescos	refreshments, sodas
limonada	lemonade
¡Quién sabe!	Who knows!
azúcar	sugar
café instantáneo	instant coffee

D. ¡Comencemos! Mira la foto y contesta las preguntas.

1. ¿Dónde están los amigos del club?

   ☐ en un club nocturno ☐ en un salón de clase
   ☐ en la casa de Sebastián ☐ en un parque

2. De acuerdo a la foto, ¿qué actividades planean hacer?

   ☐ ver televisión ☐ jugar juegos de mesa (*board games*)
   ☐ bailar ☐ estudiar

Comprensión del video

E. La idea principal. Mira el **Segmento 2** del **Episodio 3: Una noche de juegos.** ¿Cuál es la idea principal de este segmento?

☐ Los amigos del club deciden ir a tomar café a una cafetería.

☐ Los amigos del club se preparan para jugar juegos en la casa de Sebastián.

☐ A Radamés le gusta mucho el café cubano que prepara Sebastián.

F. Leyendas (*Captions*). Empareja cada leyenda con la imagen correspondiente.

a. A Radamés no le gusta el café que le prepara Sebastián.
b. Claudia necesita buscar (*look for*) el Cranium.
c. Sebastián le muestra a Radamés que es café cubano, según la taza (*mug*).
d. Sebastián le prepara un café cubano a Radamés.

©McGraw-Hill Education/Klic Video Productions

_____ **1.** _____ **2.** _____ **3.** _____ **4.**

G. ¡En orden! Pon en orden las siguientes oraciones, según los eventos del video.

_____ A Radamés no le gusta el café de Sebastián (es café instantáneo).

_____ Claudia necesita buscar el Cranium.

_____ Los chicos deciden jugar Cranium primero (*first*).

_____ Sebastián le ofrece café cubano a Radamés.

_____ Sebastián les ofrece refrescos, limonada y café a sus amigos.

_____ Sebastián tiene dos juegos que le gustan mucho a Ana Sofía: Cranium y Wii.

SEGMENTO 3

Preparación para el video

Vocabulario de consulta

contra	against
¡Vale!	OK (*used mainly in Spain*)
mímica	charades
¡Recordá!	Remember! (*vos form*)
Tiren el dado.	Roll the dice.
¡Socorro!	Help!

©McGraw-Hill Education/Klic Video Productions

H. ¡Comencemos! Las estaciones son diferentes para Claudia y sus amigos porque Claudia es del hemisferio sur y los otros tres amigos del club son del hemisferio norte. ¿Qué estación es en cada hemisferio?

Cuando en el hemisferio norte es...

_____ **1.** primavera

_____ **2.** verano

_____ **3.** otoño

_____ **4.** invierno

en el hemisferio sur es...

a. invierno

b. otoño

c. primavera

d. verano

Comprensión del video

I. La idea principal. Mira el **Segmento 3** del **Episodio 3: Una noche de juegos.** ¿Cuál es la idea principal de este segmento?

☐ A Ana Sofía le gusta esquiar en las montañas en invierno.

☐ Claudia y Ana Sofía pierden (*lose*) su turno en Cranium.

☐ Sebastián y Radamés preparan pizza para todos.

J. Detalles. Completa las siguientes oraciones. **OJO:** Hay palabras extra.

| altos | Cranium | hemisferios | pasta | Paraguay |
| chicos | enero | julio | pizza | Wii |

1. Los cuatro chicos deciden jugar al _____ en la casa de Sebastián.

2. Hacen dos equipos (*teams*): _____ contra (*against*) chicas.

3. En el turno de las chicas, Ana Sofía necesita hacer mímica de una palabra:

_____

4. Claudia no acierta (*does not get*) la mímica de Ana Sofía porque las dos son de

_____ diferentes y el clima es diferente.

5. Al final del episodio, ¡Sebastián quiere preparar _____ en su casa!

Mi país

Argentina y Uruguay

SEGMENTO 1

Preparación para el video

Vocabulario de consulta

| el estado | state | plantaciones | plantations |
| mate | a type of tea | bombilla | metal straw |

A. ¡Comencemos! Empareja las frases para formar oraciones. Consulta el mapa de Argentina y Uruguay, si quieres.

_____ **1.** La capital de Argentina es...

_____ **2.** La capital de Uruguay es...

_____ **3.** Argentina es...

_____ **4.** Uruguay es...

a. el país hispano más pequeño de Sudamérica (más pequeño que el estado de Missouri).

b. uno de los diez países más grandes del mundo.

c. Buenos Aires.

d. Montevideo.

Comprensión del video

B. La idea principal. Mira el **Segmento 1** del **Episodio 3, Mi país: Argentina y Uruguay.** ¿Cuál es la idea principal de este segmento?

☐ Camila se presenta y habla un poco de Argentina y Uruguay.

☐ Camila habla de su país favorito: Uruguay.

☐ Camila habla de las actividades que hace su familia en Argentina.

C. Leyendas. Empareja cada leyenda con la foto correspondiente.

a. El famoso Café Tortoni
b. La bandera de Argentina
c. La bandera de Uruguay
d. Una pareja baila tango.
e. Una persona prepara un mate.

_____ 1.   _____ 2.

©McGraw-Hill Education/Klic Video Productions

_____ 3.   _____ 4.   _____ 5.

D. Oraciones. Indica la palabra o frase correcta para completar cada oración.

1. Camila es de **(Argentina / Uruguay / Estados Unidos)**.
2. Uno de los diez países más grandes del mundo es **(Argentina / Uruguay / Ecuador)**.
3. Una actividad tradicional y común de Argentina y Uruguay es **(bailar salsa / tomar café con leche por la noche / tomar mate)**.
4. Un tipo de baile muy común de Argentina y Uruguay es **(la salsa / el flamenco / el tango)**.

E. Detalles. Completa cada oración con la palabra o expresión de la lista, según el video. **OJO:** Hay palabras extra. Recuerda que «argentina» es una nacionalidad y «Argentina» es el nombre de un país.

agua caliente	ciento cincuenta	Jennifer López	salsa
argentina	el Barrio Reus	la misma bombilla	tango
Argentina	el Barrio San Telmo	ochenta	una bombilla diferente
café	Hillary Clinton	paraguaya	Uruguay

1. Claudia es una estudiante _____ (nacionalidad).

2. _____ es el país hispano más pequeño de Sudamérica.

3. Para beber mate es necesario: _____ y el mate (una planta).

4. Cuando varios amigos argentinos o uruguayos beben mate, todos usan

_____.

5. El Café Tortoni es ideal para tomar café y ver espectáculos profesionales de

_____.

6. _____ es una persona famosa que visitó el Café Tortoni.

7. El Café Tortoni tiene más de _____ años.

SEGMENTO 2

Preparación para el video

Vocabulario de consulta

los gauchos	Argentinean/Uruguayan cowboys
feria con artesanías	artisans' fair
el equipo	team

F. **¡Comencemos!** Contesta las preguntas siguientes.

1. ¿Qué tipos de comida te gusta comer en las ferias?

_____

2. ¿Quiénes son Diego Maradona y Lionel Messi?

a. dos actores famoso **c.** dos políticos famosos

b. dos futbolistas famosos **d.** dos estudiantes uruguayos

3. ¿Qué deporte les gusta mucho a los argentinos y a los uruguayos? Marca uno.

a. el béisbol **b.** el fútbol **c.** el golf

Comprensión del video

G. **Las ideas principales.** Pon las ideas principales en el orden en que aparecen en el video.

_____ El fútbol es un deporte muy popular en Argentina y Uruguay.

_____ Hay casas de muchos colores en el Barrio Reus, de Montevideo.

_____ Los gauchos son similares a los *cowboys* en Estados Unidos.

_____ Hablan de comidas típicas en la Feria de Mataderos.

H. **Leyendas** Empareja cada foto con la leyenda correspondiente.

a. Casas de colores en el Barrio de la Boca, Buenos Aires
b. Casas de colores en el Barrio Reus, Montevideo
c. El choripán, la versión argentina del *hotdog*
d. El estadio de la Bombonera, del equipo Boca Juniors

e. El fútbol
f. La parrillada
g. Las empanadas
h. Los gauchos

_____ **1.**

_____ **2.**

_____ **3.**

_____ **4.**

_____ **5.**

_____ **6.**

_____ **7.**

_____ **8.**

SEGMENTO 3

Preparación para el video

Vocabulario de consulta

querido	lovely
la avenida	avenue
las cataratas	waterfalls
campera	jacket (in Argentina)
influencia	influence
carnaval	carnival

I. **¡Comencemos!** Empareja cada foto con la leyenda correspondiente.

a. El Glaciar Perito Moreno, en la Patagonia

b. El presidente de Argentina trabaja en la Casa Rosada (Buenos Aires).

c. La influencia de África se observa en la fiesta de carnaval de Uruguay.

d. La influencia europea se observa en Colonia del Sacramento, Uruguay.

e. Las Cataratas del Iguazú

f. Las playas de Punta del Este (Uruguay)

g. Una de las avenidas más grandes del mundo, la Avenida Nueve de Julio (Buenos Aires)

 _____ **1.**  _____ **2.**  **3.**  _____ **4.**

 _____ **5.**  _____ **6.**  _____ **7.**

Comprensión del video

J. **Las ideas principales.** Marca los temas (*topics*) que aparecen en el **Segmento 3** del video.

☐ Tres lugares interesantes de Buenos Aires: la Avenida Nueve de Julio, la Plaza de Mayo y la Casa Rosada.

☐ Un lugar muy popular para bailar tango.

☐ Una playa del Caribe con muchos turistas.

☐ Dos lugares naturales: las Cataratas del Iguazú y el Glaciar Perito Moreno.

☐ Tres lugares y/o eventos interesantes de Uruguay: Punta del Este, Colonia del Sacramento (una ciudad histórica) y el famoso carnival.

K. **Detalles.** Contesta las preguntas según el video.

1. ¿Cómo se llama una de las avenidas más grandes del mundo que está en Buenos Aires?

_____

2. ¿Dónde trabaja el presidente de Argentina?

_____

3. ¿Cuántas cataratas hay en las Cataratas del Iguazú?

_____

4. ¿Dónde es necesario llevar una buena chaqueta (o campera) porque hace mucho frío?

_____

5. ¿En qué lugar de Uruguay vemos influencia europea?

_____

6. ¿En qué evento de Uruguay vemos influencia africana?

_____

¡A leer!

¿Sabías que... ?

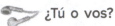

¿Tú o vos?

En español usamos dos palabras para decir _you:_ **tú** y **usted.** Estas palabras son pronombres.[a] **Tú** se usa[b] con los amigos y la familia; **usted** se usa con personas que no conocemos[c] bien. Pero, ¿sabías que en algunas[d] partes del mundo hispano se usa **vos** en vez de[e] **tú**? En México, España, Cuba y muchos otros países dicen[f] «¿Dónde vives?», «¿Qué almuerzas?» o «¿Cuántos años tienes?». Pero en partes de Sudamérica (Argentina, Uruguay y Paraguay, por ejemplo), las personas dicen: «¿Dónde vivís vos?», «¿Qué almorzás vos?» y «¿Cuántos años tenés vos?». En vez de preguntar[g] «¿De dónde eres?», los argentinos preguntan «¿De dónde sos vos?». Y en vez de preguntar «¿Cómo te llamas?», un paraguayo pregunta: «Vos, ¿cómo te llamás?».

Las formas de **vos** no son tan diferentes de las formas de **tú.** Para las formas de **vos,** solo tienes que quitar[h] **-ar, -er** o **-ir** y agregar[i] **-ás, -és,** o **-ís.** Las formas de **vos** también se usan en casi todos los países de América Central. ¡Qué divertida es la variedad![j]

TÚ	VOS
¿De dónde eres?	¿De dónde **sos vos**?
¿Cómo te llamas?	¿Cómo te **llamás vos**?
¿Cuántos años tienes?	¿Cuántos años **tenés vos**?
¿Tocas la guitarra?	**¿Tocás** la guitarra **vos**?

[a]_pronouns_ [b]_se... is used_ [c]_no... we don't know_ [d]_some_ [e]_en... instead of_ [f]_they say_ [g]_En... Instead of asking_
[h]_solo... you only have to remove_ [i]_add_ [j]_¡Qué... Variety is such fun!_

Comprensión

1. Las formas de **vos** se usan en...

   a. España y Argentina

   b. Argentina, Uruguay y América Central

   c. Colombia, Venezuela y Panamá

2. En México se le dice a un amigo «¿Cuántos años tienes?»; en Argentina y Paraguay dicen...

   a. «¿Cuántos años tiene Ud.?»

   b. «¿Cuántos años tenéis vosotros?»

   c. «¿Cuántos años tenés vos?»

Conexión cultural

¡A tomar mate!

Vocabulario de consulta

Cono Sur	Southern Cone: Uruguay, Argentina, Paraguay, Chile	**creen**	believe
bebida	drink	**recipiente**	container
llegada	arrival	**madera**	wood
de hecho	in fact	**sorbete**	drinking straw
calabaza	gourd, pumpkin	**sorprende**	surprises
rioplatense	relating to the region of the River Plate	**¡Pruébalo!**	Try it!

En muchos países del **Cono Sur** es común tomar mate, la **bebida** nacional de tres países de esta región: Argentina, Paraguay y Uruguay. El mate es una infusión hecha con hojas hecha con a planta *yerba mate* y agua caliente o fría, según la región. La planta viene del territorio de los indígenas guaraníes en lo que hoy es el sur de Brasil, el norte de Paraguay y parte de Uruguay. Los indígenas guaraní la cultivan durante siglos antes de la **llegada** de los españoles y es conocida también en la cultura de los incas en Perú. **De hecho,** el origen de la palabra mate es del quechua* *mati*, que significa **calabaza.**

Con la llegada de los españoles en el siglo dieciséis, el consumo del mate pasa de la región guaraní a la región **rioplatense** de Uruguay y Argentina y eventualmente a Chile. Como el té, el café o el chocolate, el mate posee un efecto estimulante porque tiene cafeína, pero también está lleno de antioxidantes y muchas personas **creen** que es muy bueno para la digestion.

El mate o la yerba, como lo llaman muchos, se prepara en un **recipiente** que se llama también *mate* o *porongo*. Tradicionalmente este recipiente se hace de la fruta de una planta similar a la calabaza, pero también hay mates (porongos) de **madera** y de metal. Se mezcla la yerba mate con agua caliente y se toma con una bombilla, un tipo de **sorbete** de metal que permite absorber el agua sin comer la planta.

Tomar mate es una costumbre social muy importante para muchos uruguayos y argentinos. Los amigos o familiares se reúnen por la tarde en casa o en un parque para tomar mate juntos. Normalmente las personas lo toman en grupo y charlan sobre sus planes y su vida. Algo que **sorprende** a muchos estadounidenses es que al tomar mate todos toman de la misma bombilla pues el porongo se pasa de persona en persona en un ritual de amistad. Para muchos uruguayos y argentinos tomar mate es el símbolo de las buenas relaciones sociales. **¡Pruébalo!**

Comprensión. Completa las oraciones según la lectura.

1. El mate es la bebida nacional de tres países: _____, _____ y _____ en quechua.

2. Los indígenas _____ cultivan el mate antes de la llegada de los españoles.

3. El origen de la palabra mate es *mati* que significa _____ en quechua.

4. Muchas personas creen que el mate es bueno para la _____.

5. Se mezcla el mate con _____ y se toma con una bombilla, un tipo de sorbete de metal.

6. Para muchos uruguayos y argentinos tomar mate es un símbolo de las _____.

_____

*idioma de los indígenas quechuas o incas de Perú y Bolivia.

Galería

Argentina y Uruguay

Una pareja baila el tango, el baile nacional de Argentina

Glaciar Perito Moreno, Patagonia, Argentina: Muchas personas van a Patagonia para hacer senderismo.

Escultura *La Mano* en la playa de Punta del Este, Uruguay

Montevideo, con una población de 3.453.000 habitantes es la capital de Uruguay.

A. Comprensión. Contesta las preguntas.

1. ¿Cómo se llama el baile nacional de Argentina?

   _____

2. ¿Dónde está la escultura *La Mano*?

   _____

B. Un toque creativo. Escribe una leyenda para la foto del Glaciar perito Moreno.
Algunas ideas a considerar: ¿Dónde está el glaciar? ¿Cómo es? ¿Qué les gusta hacer a las personas que van a la Patagonia?

_____

_____

La rutina y los planes 4

¡A escribir!

La rutina diaria

Lee *Gramática 4.1, 4.2*

A. Conversaciones. Xiomara tiene problemas para dormir bien. Llama por teléfono a su mamá y su mamá le da diferentes recomendaciones. Completa su conversación con los verbos de la lista, según el contexto.

acostarte	estudio
almuerzas	haces
cierras	hago la tarea
comes	juego
como	leo
corro	me despierto
desayunan	prendo (*I turn on*)
desayunas	te duchas
despertarte	te levantas
duermo	tomas
empiezo	tomo

XIOMARA: Hola, mami.

MAMÁ: Hola, hija. ¿Cómo estás?

XIOMARA: Más o menos. No _____[1] muy bien por las noches.

MAMÁ: ¡Qué raro! ¿A qué hora _____[2] por la mañana?

XIOMARA: A las cinco aproximadamente. Pero _____[3] muchas veces[a] durante la noche, también.

MAMÁ: ¿Y qué haces después de _____[4]? ¿ _____[5] los ojos para dormirte otra vez[b]?

XIOMARA: No, mami. _____[6] a pensar en todas mis tareas para la universidad, así que[c] _____[7] la lámpara de mi mesa y _____[8] una novela.

[a]*times* [b]*again* [c]*so*

(*Continúa*)

MAMÁ: ¿ _____[9] ejercicio antes de acostarte?

XIOMARA: No, no tengo mucho tiempo. A veces _____[10] al tenis con mis amigos del club, pero por la tarde.

MAMÁ: Bueno, bueno. ¿Y la comida? ¿ _____[11] una dieta balanceada?

¿ _____[12] por la mañana antes de ir a la universidad?

¿ _____[13] bien a mediodía?

XIOMARA: Sí, mami, _____[14] muy bien todo el día.[d]

MAMÁ: ¿ _____[15] café?

XIOMARA: Sí, _____[16] mucho café durante el día.

MAMÁ: Ese es el problema, el café. No tomes[e] café después de las tres de la tarde, hija. Y otra recomendación, ¿por qué no _____[17] con agua tibia antes de _____[18]? El agua tibia se usa para relajarse.[f]

XIOMARA: Buena idea, mami. ¡Muchas gracias por tus recomendaciones, ¡son muy buenas! Te quiero mucho, mami. ¡Hablamos mañana!

MAMÁ: Yo también, hija. Sí, hablamos mañana.

[d]todo... *all day*   [e]No... *Don't drink*   [f]*relax*

B. La rutina diaria

Parte 1. Los miembros del club Amigos sin Fronteras nos hablan de las rutinas diarias de diferentes estudiantes. Completa sus declaraciones (*statements*).

a. duermes solamente cuatro horas porque te gusta mucho ver televisión por la noche, tomas mucho café, a veces no almuerzas y no haces ejercicio.

b. se despiertan temprano, se duchan, desayunan mientras leen las noticias en línea y empiezan a trabajar en sus tareas —no pierden tiempo. Luego, asisten a clases y, cuando regresan de la universidad, tienen su vida social con los amigos del club.

c. escuchamos música cuando nos levantamos, cantamos mientras nos duchamos y escuchamos música en el móvil cuando vamos a la universidad. Por la noche, antes de ponernos el pijama y acostarnos, los dos practicamos con la guitarra: yo practico en mi dormitorio y tú en tu apartamento.

d. se levanta a mediodía, no asiste a todas las clases, no toma todos los exámenes, regresa a casa tarde y no hace la tarea.

e. te levantas a las siete y media, después de dormir ocho horas, te pones ropa deportiva y sales a correr por el parque. Cuando regresas a casa, te duchas, te secas, te pones la ropa y desayunas muy bien. Luego, estudias y vas a la universidad. Después, almuerzas con los amigos y, cuando regresas a casa, vas al gimnasio por una hora y, después, cenas y descansas.

f. todos los días hace la tarea y estudia antes de acostarse. Por la mañana, se levanta muy temprano, se ducha y, antes de desayunar, estudia un poco más y pone sus libros en la mochila.

_____ **1.** ELOY: En mi clase de anatomía hay un estudiante muy irresponsable: ...

_____ **2.** XIOMARA: (*hablando con su amiga Rosa*) Rosa, no tienes una buena rutina: ...

_____ **3.** XIOMARA: (*hablando con Claudia y Eloy*) Chicos, ustedes son unos estudiantes excelentes, son muy responsables. Todos los días...

_____ **4.** RADAMÉS: (*hablando por teléfono con Ana Sofía*) Sí, chica, tú y yo somos fanáticos de la música porque...

_____ **5.** ÁNGELA: (*hablando con Nayeli*) Mi hijo Andrés, que tiene catorce años, es muy buen estudiante: ...

_____ **6.** RODRIGO: (*hablando por teléfono con Juan Fernando, el amigo costarricense del club*) Juan Fernando, tú sí que eres atlético y tienes una buena rutina: ...

Parte 2. Ahora contesta las preguntas según las declaraciones de los amigos.

1. ¿Qué hace el estudiante irresponsable a mediodía?

_____

2. ¿Cuánto tiempo duerme Rosa?

_____

3. ¿Qué actividades hacen Claudia y Eloy antes de desayunar? Escribe las dos actividades.

_____

4. ¿Qué actividades hacen Radamés y Ana Sofía por la noche después de practicar con sus instrumentos musicales? Escribe las dos actividades.

_____

5. ¿Qué hace Juan Fernando, el estudiante más atlético del club, después de ir a la universidad? Escribe las cuatro actividades.

_____

Datos personales

Lee *Gramática 4.2*

C. Datos personales de algunos líderes del mundo. Usa la información de la tabla para contestar las preguntas.

NOMBRE Y NACIONALIDAD	FECHA DE NACIMIENTO	LUGAR DE NACIMIENTO	OCUPACIÓN	ESTADO CIVIL	IDIOMAS
Theresa May, inglesa	2-X-1956	Inglaterra	Primer Ministro de Inglaterra	casada	inglés
Vladimir Putin, ruso	7-X-1952	Rusia	Presidente de Rusia	divorciado	ruso, alemán
Felipe VI, español	30-I-1968	España	Rey de España	casado	español, inglés, francés y catalán
Shinzo Abe, japonés	21-IX-1954	Japón	Primer Ministro de Japón	casado	japonés, inglés
Justin Trudeau, canadiense	25-XII-1971	Canadá	Canadá Primer Ministro de Canadá	casado	francés, inglés
Li Keqiang, chino	1-VII-1955	China	Primer Ministro (Premier) de China	casado	chino, inglés
Angela Merkel, alemana	17-VII-1954	Alemania	Primer Ministro (Canciller) de	casada	alemán, ruso
Emanuel Macron, francés	22-XII-1977	Francia	Presidente de Francia	casado	francés, inglés

1. ¿Cuándo nació Theresa May? ¿Y Angela Merkel? ¿Quién es mayor?

_____

2. ¿Cuántos idiomas habla el rey de España, Felipe VI?

_____

3. ¿Dónde y cuándo nació Justin Trudeau?

_____

4. ¿Cuál es el estado civil de Vladimir Putin? ¿Y el de Emmanuel Macron?

_____

5. ¿Quién es el menor (el más joven) de estos políticos? ¿Y el mayor?

_____

6. ¿Cuál(es) de estos políticos habla(n) solamente un idioma?

_____

7. ¿Cuántos de esos políticos hablan inglés? ¿Y francés?

_____

8. ¿Dónde nació Shinzo Abe y qué idiomas habla?

_____

D. En el aeropuerto *(airport)*. Omar y su esposa Marcela están en el aeropuerto de Miami. Completa la conversación entre Omar y el oficial del aeropuerto con las preguntas de la lista.

¿Cómo se llama su
    esposa?
¿Cómo se llama usted?
¿Cuál es su dirección?
¿Cuál es su estado civil?
¿Cuál es su fecha de
    nacimiento?
¿Cuáles son sus apellidos?

¿De dónde es usted?
¿De quién es esa maleta
    (suitcase)?
Hola, ¿habla usted inglés?
¿Por qué viajan ustedes a
    Estados Unidos?
¿Tiene hijos?
¿Y dónde están sus hijos?

OFICIAL DEL AEROPUERTO: _____ 1

OMAR ACOSTA LUNA: Sí, hablo un poco, pero prefiero hablar en español si es posible.

OFICIAL: _____ 2

OMAR: Omar. Me llamo Omar.

OFICIAL: _____ 3

OMAR: Acosta Luna.

OFICIAL: _____ 4

OMAR: Soy de Quito, Ecuador.

OFICIAL: _____ 5

OMAR: Nací el treinta y uno de octubre.

OFICIAL: _____ 6

OMAR: Calle Andalucía, número 24-359, en el barrio La Floresta, en Quito, Ecuador.

OFICIAL: _____ 7

OMAR: Casado.

OFICIAL: _____ 8

OMAR: Se llama Marcela Arellano Macías.

OFICIAL: _____ 9

OMAR: Sí, tengo dos hijos: un hijo de seis años y una hija de cuatro años.

OFICIAL: _____ 10

OMAR: Ellos están con mi familia en Quito.

OFICIAL: _____ 11

OMAR: Esa maleta roja es de mi esposa. Y aquella maleta es mía.

OFICIAL: _____ 12

OMAR: Porque tenemos amigos en California y queremos visitarlos.

OFICIAL: Está bien, señor Acosta Luna. Muchas gracias. Bienvenidos a Estados Unidos!

OMAR: De nada, oficial. Gracias a usted.

Las preferencias y los deseos

Lee *Gramática 4.3*

E. **Los comentarios de varios amigos del club.** Completa de forma lógica lo que dicen los miembros del club con información de las dos columnas y escribe las oraciones completas abajo (*below*). **OJO:** Pon atención (*Pay attention*) a la persona que habla y a las formas de los verbos **querer** y **preferir.**

... siempre quiere ver videos en YouTube, pero tú...

... queremos ir de compras, pero ellos...

... quieren viajar por Europa, pero mis hermanos y yo...

... quiero ir a la montaña, pero mi esposo...

... siempre quieres comer en casa, pero yo...

... prefiere ir a la playa.

... preferimos visitar países de Latinoamérica.

... a veces prefiero comer en un restaurante.

... prefieren descansar y leer un libro interesante.

... prefieres ir al cine.

1. ÁNGELA: Yo _____

_____

2. OMAR: Marcela, tú _____

3. ANA SOFÍA (A ELOY): Te comprendo, Eloy. Sebastián _____

4. VARIOS AMIGOS DEL CLUB: Nosotros _____

_____

5. ELOY: Mis padres _____

_____

F. Conversaciones. Completa las conversaciones con las formas apropiadas de **querer** y **preferir**.

ELOY: Hola, Omar. ¿Tienes planes este fin de semana?

OMAR: Bueno, mi hija Maritza y mi hijo Carlitos

_____ (querer)[1] hacer actividades

fueraª de casa, pero mi esposa y yo

_____ (preferir)[2] descansar en

casa.

ELOY: ¿Qué actividades _____ (querer)[3] hacer tus hijos?

OMAR: Pues, Carlitos _____ (querer)[4] ir a la Ciudad Mitad del Mundo, como

siempre,ᵇ pero mi hija Maritza _____ (preferir)[5] caminar por la naturaleza.ᶜ

ELOY: ¡Uy, qué situación más difícil! ¡Disfrutaᵈ del

tiempo con tu familia! Hablamos el lunes.

OMAR: Hola, Radamés. ¿Qué estudias?

RADAMÉS: Estudio música. _____ (querer)[6]

ser músico profesional.

OMAR: ¡Fantástico! ¡Un músico profesional en el club!

LUCÍA: Chicos, ¿qué _____ (querer)[7]

hacer hoy que hace frío: jugar al Cranium en

casa de Sebastián o ir a La Peña?

SEBASTIÁN: Yo _____ (preferir)[8] jugar al

Cranium en mi casa y ¡cocinar!

ANA SOFÍA: Si Radamés toca con Cumbancha en La Peña,

¡yo _____ (preferir)[9] ir alláᵉ y bailar!

CLAUDIA: Propongo jugar al Cranium primero y luego ir al concierto de Cumbancha.

¿ _____ (querer)[10] ustedes hacer eso?

SEBASTIÁN: Buena idea, Claudia.

ᵃ*outside* ᵇ*como... as always* ᶜ*nature* ᵈ*enjoy* ᵉ*there*

Los planes

Lee *Gramática 4.4*

G. Las vacaciones. Mira las imágenes y contesta cada pregunta con una oración completa. Usa frases de la lista y las formas correctas de **pensar, ir a** y **tener ganas de. OJO:** Hay frases extra en la lista.

andar en bicicleta
bailar en un concierto de Cumbancha
comer helado (*ice cream*)
escuchar su música favorita
lavar el carro con sus hijos
lavar la ropa leer un libro en el parque
limpiar la casa

tomar fotos en la ciudad Mitad del Mundo
ver las tortugas (*tortoises*) **de las islas Galápagos**
ver un volcán activo
visitar a la familia de Estefanía en Guatemala

1. ¿Qué tiene ganas de hacer Marcela esta tarde?

Marcela _____

_____

_____

2. ¿Qué piensa hacer Omar mañana por la mañana?

Omar _____

_____

_____

3. ¿Qué va a hacer Maritza en las vacaciones?

Maritza _____

_____

_____

4. ¿Qué va a hacer Carlitos este fin de semana?

Carlitos _____

_____

5. ¿Qué van a hacer los Amigos sin Fronteras este fin de semana?

Los Amigos sin Fronteras _____

_____

_____

6. ¿Qué piensan hacer Ana Sofía y Claudia este fin de semana?

Ana Sofía y Claudia _____

_____

_____

7. ¿Qué tienen ganas de hacer Franklin y Estefanía?

Franklin y Estefanía _____

_____

_____

H. Planes y deseos. Mira la tabla con los planes y deseos de la familia de Omar para el lunes. Contesta las preguntas con la información de la tabla usando oraciones completas.

EL LUNES...		¿Adónde va(n) a ir?	¿Qué piensa(n) hacer allí?	Pero, ¿qué tiene(n) ganas de hacer?
por la mañana	Omar	a la universidad	tomar un examen de economía	jugar al fútbol con sus hijos en el parque
	Marcela	a la casa de su madre	pasear y jugar con los perros de su madre	pasear por el parque con sus hijos
	Carlitos y Maritza	a la escuela	estudiar y jugar con sus amigos	estar en el parque y jugar al fútbol con su padre
por la tarde	Marcela y Omar	al hospital	visitar a un amigo	hacer la tarea con sus hijos y jugar videojuegos con ellos

MODELOS: ¿Adónde va a ir Omar el lunes por la mañana?

Va a ir a la universidad.

¿Qué piensa hacer allí?

Piensa tomar un examen de economía.

Pero, ¿qué tiene ganas de hacer Omar el lunes por la mañana?

Tiene ganas de jugar al fútbol con sus hijos en el parque.

1. **a.** ¿Adónde va a ir Marcela el lunes por la mañana? _____

_____

b. ¿Qué piensa hacer allí? _____

_____

c. Pero, ¿qué tiene ganas de hacer Marcela el lunes por la mañana? _____

_____

2. **a.** ¿Adónde van a ir Carlitos y Maritza el lunes por la mañana? _____

_____

b. ¿Qué piensan hacer allí? _____

_____

c. Pero, ¿qué tienen ganas de hacer Carlitos y Maritza el lunes por la mañana? _____

_____

3. **a.** ¿Adónde van a ir Omar y Marcela el lunes por la tarde? _____

_____

b. ¿Qué piensan hacer allí? _____

_____

c. Pero, ¿qué tienen ganas de hacer Omar y Marcela el lunes por la tarde? _____

_____

En resumen

I. Comunicación personal: Tu rutina por la mañana. Usa la forma correcta de estos verbos para describir lo que haces por la mañana: **despertarse, levantarse, quitarse el pijama, ducharse, afeitarse y lavarse el pelo, secarse, ponerse la ropa, peinarse, desayunar, salir (salgo).** Escribe oraciones completas e incluye detalles importantes, por ejemplo, a qué hora, dónde, con quién, etcétera.

_____

_____

_____

_____

_____

_____

J. Comunicación personal: Preferencias, deseos y futuro. Responde a las preguntas sobre los planes, los deseos y el futuro de cada persona.

1. ¿Qué quieres hacer tú en las próximas vacaciones?

_____

2. ¿Qué quieren hacer tu mejor amigo/a y tú el próximo fin de semana?

_____

3. ¿Qué prefieres hacer tú: chatear o textear?

_____

4. ¿Qué prefieren hacer tus padres: cocinar o salir a cenar?

_____

5. ¿Qué vas a hacer después de graduarte?

_____

6. ¿Tienes ganas de viajar en el futuro? ¿adónde? ¿con quién?

_____

7. ¿Piensas vivir en otra ciudad / otro estado / otro país? ¿Dónde?

_____

8. ¿Qué vas a hacer hoy después de terminar la tarea de español?

_____

Exprésate

Escríbelo tú

Un semestre en Ecuador

Imagínate que vas pasar un semestre en Ecuador con la familia Acosta. Ellos quieren saber algo de ti. Incluye tus datos personales: ¿Cómo te llamas? ¿Cuántos años tienes? Di cómo eres (descripción física y de tu personalidad). Menciona también tus actividades favoritas. Luego, habla un poco de tu rutina diaria aquí en Estados Unidos. Termina con dos o tres cosas divertidas que vas a / quieres hacer en Ecuador. Usa la tabla para organizar tus ideas. Luego, escribe tu ensayo.

UN SEMESTRE EN ECUADOR	
Introducción (Párrafo 1): (1) Pequeño resumen del contenido.	En este ensayo voy a hablar de cómo soy(descripción), mis actividades favoritas, ...
Cuerpo (Párrafos 2, 3 y 4) (2) Mi descripción: física y de mi personalidad; mis actividades favoritas...	Soy alto/a, bajo/a ... también soy entusiasta... Me gusta...
(3) Mi rutina diaria en casa. (Di; a qué hora te levantas todos los días y durante los fines de semana; qué haces después de tus clases / del trabajo; qué haces los viernes por la noche; a qué hora te acuestas.)	Todos los días...
(4) Las actividades divertidas que quiero / tengo ganas de / voy a hacer en Ecuador.	En Ecuador quiero... Tengo ganas de... También voy a...
Conclusión (Párrafo 5) (5) Resumen corto del contenido y un comentario final.	

_____

_____

_____

_____

_____

_____

_____

_____

_____

_____

_____

_____

_____

Enlace auditivo

Pronunciación y ortografía

Ejercicios de pronunciación

Consonants: j and g + e, i*

In Spanish, the letter **j** before all vowels and the letter **g** before the vowels **e** and **i** are both pronounced similarly to the letter *h* in English. The pronunciation of the **j** and **g** sound varies somewhat in different parts of the Spanish-speaking world. In some countries, it is pronounced more strongly, with more friction in the throat, than in others. The pronunciation taught in *Tu mundo* will be understood by all Spanish speakers.

A. Listen and then pronounce the following words with the letters **g** (followed by **e** or **i**) and **j**.

gente	generoso	roja	traje	viejo	dibujo
gemelo	gimnasio	ejercicios	ojos	bajo	junio
inteligente	anaranjado	mujer	joven	hijo	

B. Listen and then pronounce the following sentences. Be sure to pronounce the **g** and **j** correctly.

1. Hay mucha gente hoy en el gimnasio.
2. Esa mujer del traje anaranjado hace ejercicio.
3. Señora, sus hijos tienen los ojos muy bonitos.
4. Son gemelos. Nacieron en junio.
5. Ese joven es muy inteligente y le gusta jugar al tenis.

Ejercicios de ortografía

I. **The Letters j and g + e, i.** The letter **j** before all vowels and the letter **g** before the vowels **e** or **i** are pronounced the same.

Listen to these words and write them with the letter **j** or the letter **g**.

1. _____
2. _____
3. _____
4. _____
5. _____
6. _____
7. _____
8. _____

9. _____
10. _____
11. _____
12. _____
13. _____
14. _____
15. _____

---

*See the **Enlace auditivo** for **Capítulo 7** for information on the pronunciation of the letter **g** before **a, o,** and **u,** and the combinations **gue** and **gui.**

II. Accent Marks: Question Words. Questions words in Spanish have an accent mark on the stressed vowel: **¿Cómo?, ¿Cuál?, ¿Cuándo?, ¿Cuántos?, ¿Dónde?, ¿Por qué?, ¿Qué?, ¿Quién?, ¿Quiénes?*** Note that the question word *Why?* in Spanish is written as two words, with an accent mark on the stressed vowel of the second word: **¿Por qué?**

Listen and then write the questions words you hear. Be sure to include accent marks on the stressed vowel and an inverted question mark before the word.

1. _____ sales con tu novia?
2. _____ idiomas habla usted?
3. _____ estudias español?
4. _____ vives?
5. _____ se llama la hermana de Camila?
6. _____ son estas personas?
7. _____ años tienes?
8. _____ es su estado civil?

III. Use of Capital Letters in Spanish. In Spanish, only names are capitalized: names of countries or other geographical areas, businesses, people, pets, and so on: **Colombia, el Museo del Prado, el Cine Maremagnum, Omar Acosta Luna.** Unlike English, Spanish does not use capital letters for days of the week, months, languages, or nationalities: **viernes, agosto, el inglés, guatemaltecas,** unless the word begins a sentence: **Agosto es mi mes favorito.**

Listen and write the words you hear, using an upper case initial letter only for names of people or places.

1. _____
2. _____
3. _____
4. _____
5. _____
6. _____
7. _____
8. _____

9. _____
10. _____
11. _____
12. _____
13. _____
14. _____
15. _____

---

*Remember that you learned in the **Pronunciación y ortografía** section of **Capítulo 1** of this *Cuaderno de actividades* that Spanish always uses an inverted question mark at the beginning of a question: **¿A qué hora desayunas?**

Actividades auditivas

A. ¡Omar es un hombre ocupado!

Parte 1. Omar y Camila conversan sobre la rutina diaria. Escucha su conversación.

Vocabulario de consulta

ocupado	busy
yo tampoco	I don't either
pronto	soon
¡Qué bueno!	That's good!
divertirnos	have fun, enjoy ourselves

Ahora, completa las oraciones para indicar quién hace cada actividad, según la conversación: Camila, Omar o los dos.

1. _____ asiste(n) a clase(s).

2. _____ tiene(n) cinco clases.

3. _____ no tiene(n) tiempo libre durante la semana.

4. _____ trabaja(n).

5. _____ juega(n) con sus hijos.

6. _____ tiene(n) una hora para almorzar.

Parte 2. Completa cada oración con la frase correcta de la lista. **OJO:** Hay palabras y frases extra.

a. asiste a sus clases y estudia

b. de las seis a las nueve de la noche

c. desayuna con sus amigos

d. durante la semana

e. estudia

f. va a terminar la maestría

g. no tiene tiempo para almorzar

h. tiempo libre

i. tiene una clase los lunes y los miércoles

j. todos los días

_____ **1.** Durante la semana, Camila no tiene tiempo libre. Ella...

_____ **2.** Omar no tiene _____ porque estudia y trabaja.

_____ **3.** Omar pasa tiempo con su familia _____ durante el desayuno y la cena.

_____ **4.** Los martes y los jueves Omar tiene una clase...

_____ **5.** Antes de acostarse, Omar...

_____ **6.** Muy pronto Omar va a tener más tiempo libre porque...

B. Los planes de los Amigos sin Fronteras para el fin de semana. Es un jueves por la tarde. Radamés, Claudia, Ana Sofía y Rodrigo hablan de los planes para el fin de semana en el apartamento de Claudia. Escucha el diálogo.

Vocabulario de consulta

La Peña	*a cultural center and performance space in Berkeley*
Está bien.	That's cool/fine.
exhibición	exhibit
oro	gold
acompañarnos	to go with us
sos un amor	you're a sweetheart
valioso	valuable
¿Está bien?	(Is that) OK?
Oigan	Hey, listen (*directed to a group*)
probar	taste, try (*food*)
¡Que pasen una buena noche!	Have a good night!

Indica la respuesta correcta para cada pregunta.

1. ¿Dónde va a tocar el grupo musical de Radamés?
   - **a.** en la universidad
   - **b.** en La Peña
   - **c.** en la casa de Sebastián

2. ¿Qué van a hacer los chicos el viernes por la noche?
   - **a.** escuchar música
   - **b.** cocinar en casa
   - **c.** jugar al Cranium

3. ¿Qué piensa hacer Claudia con Cumbancha?
   - **a.** tocar la guitarra
   - **b.** bailar
   - **c.** cantar

4. ¿Qué va a hacer Ana Sofía toda la noche el viernes?
   - **a.** estudiar
   - **b.** bailar
   - **c.** cocinar

5. ¿Qué va a hacer Ana Sofía el sábado?
   - **a.** estudiar
   - **b.** bailar
   - **c.** cocinar

6. Radamés va a estudiar el sábado. ¿Qué más piensa hacer?
   - **a.** cocinar y comer
   - **b.** lavar la ropa y limpiar
   - **c.** leer y ver la televisión

7. ¿Adónde invita Rodrigo a Claudia el sábado?
   - **a.** al museo
   - **b.** a Colombia
   - **c.** a una tienda de oro

8. ¿Qué va a hacer Claudia el sábado por la mañana?
   - **a.** estudiar
   - **b.** cocinar
   - **c.** limpiar la casa

9. ¿Qué tiene ganas de hacer Claudia el domingo?
   - **a.** salir a comer
   - **b.** salir a bailar
   - **c.** cenar en casa

10. ¿Qué tipo de restaurante es Caña?
   - **a.** peruano
   - **b.** cubano
   - **c.** mexicano

Videoteca

Amigos sin Fronteras

Episodio 4: El nuevo equipo de fútbol

Resumen. En el centro estudiantil, Ana Sofía y Eloy juegan al tenis con el programa Wii. Radamés y Claudia animan (*cheer*) a los jugadores. Reciben una llamada de Omar Acosta, nuevo miembro del club, por Skype. Omar es de Ecuador y les anuncia que va a viajar a Berkeley en marzo. Al final, los cuatro amigos del club deciden jugar al fútbol.

SEGMENTO 1

Vocabulario de consulta

¡Dale!	Go on!
¡Viva Ana Sofía!	Hooray for Ana Sofía!
¡Fuera de aquí!	Get out of here!
mandona	bossy
Piensa	She thinks
¡Ándale, chamaca!	Go for it, girl!

Preparación para el video

A. ¡Comencemos! Mira la foto y contesta las preguntas.

1. ¿A qué juego de Wii están jugando Eloy y Ana Sofía?

   a. al fútbol   **b.** al tenis   **c.** al golf   **d.** al béisbol

2. ¿Prefieres jugar al Wii o practicar deportes al aire libre? ¿Por qué? ¿Con quién te gusta jugar?

   _____

3. Mira el vocabulario de consulta. ¿Qué expresiones usan en español para animar (*cheer up*) en los deportes? (3)

   _____

Comprensión del video

B. Los amigos del club. Escribe el nombre de los amigos del club, según el **Segmento 1** del **Episodio 4.**

Ana Sofía   **Claudia** (x2)   **Eloy y Ana Sofía**   **Radamés**

1. Claudia dice que Radamés es una distracción para _____, los tenistas.

2. ¿Quién le echa porras a (*cheers for*) Ana Sofía? _____

3. ¿Quién es de España? _____

4. ¿Quién dice «Fuera de aquí»? _____

5. ¿Quién es muy mandona y dominante? _____

SEGMENTO 2

Preparación para el video

Vocabulario de consulta

muy buena gente	a very good person
¡Por fin voy a conocerlo!	I´m finally going to meet him!
va ganando	(she) is winning
asistir a un congreso	attend a conference
Se fue la luz	The lights went out
perdimos la conexión de Internet	we lost Internet connection
Nos podemos conectar después	We can connect back later

©McGraw-Hill Education/Klic Video Productions

C. **¡Comencemos!** Mira la foto y contesta las preguntas:

1. En la foto vemos a cinco amigos del club. ¿Cómo se llaman? Marca los nombres de los amigos del club que hay en la foto.

☐ Eloy ☐ Pedro ☐ Carmen ☐ Omar

☐ Claudia ☐ Radamés ☐ Ana Sofía

2. ¿Qué usas para hablar con tus amigos que viven en otra ciudad o en otro país?

☐ Skype ☐ teléfono ☐ Facetime ☐ Otros: _____

Comprensión del video

D. La idea principal. Indica la idea principal.

☐ Omar quiere comprarle un Wii a su hijo.

☐ Omar habla con sus amigos del club y les informa de su viaje en marzo.

☐ Ana Sofía le explica a Omar datos interesantes del Wii.

E. Orden. Pon en orden las siguientes oraciones, según el video.

_____ Eloy y Ana Sofía le dicen «Hola» a Omar.

_____ Hablan del Wii: diferentes juegos y a quiénes les gusta jugar (a Eloy, a Ana Sofía y a Carlitos, el hijo de Omar)

_____ Hay un problema con la luz y con el Internet.

_____ Omar dice que en marzo tiene planes de ir a Berkeley, a un congreso.

_____ Omar llama por Skype a sus amigos del club.

_____ Radamés conoce a Omar.

F. Detalles. Empareja las frases para formar oraciones basadas en este segmento del video.

_____ **1.** Omar tiene...

_____ **2.** En marzo, Omar planea viajar con...

_____ **3.** Omar es de...

_____ **4.** Los padres de Radamés son de...

_____ **5.** Con el Wii las personas juegan...

_____ **6.** El juego favorito de Wii de Carlitos es...

a. Ecuador.

b. dos hijos.

c. Cuba.

d. Rock Band.

e. su esposa Marcela.

f. al golf, al béisbol, al tenis y al ráquetbol.

SEGMENTO 3

Preparación para el video

Vocabulario de consulta

una pelota	a ball
No te preocupes	Do not worry
Pásalo	Pass it (*the ball*)

©McGraw-Hill Education/Klic Video Productions

G. ¡Comencemos! Lee el título del episodio, mira la foto y contesta las preguntas:

1. ¿A qué deporte están jugando los amigos del club?

a. al fútbol   **b.** al tenis   **c.** al golf   **d.** al béisbol

2. ¿Dónde están jugando?

a. en un gimnasio   **b.** en un estadio   **c.** en el parque

Comprensión del video

H. La idea principal. Indica la idea principal.

☐ Los amigos juegan al fútbol y deciden formar un equipo.

☐ Ana Sofía explica que no es buena jugando al fútbol.

☐ Eloy tiene una pelota en su mochila.

I. Detalles. Indica la palabra correcta.

1. (**Claudia / Eloy / Radamés**) sugiere jugar al fútbol.

2. (**Eloy / Radamés / Ana Sofía**) sugiere formar un equipo de fútbol.

3. Claudia propone (*proposes*) jugar al fútbol (**los viernes / los sábados / los domingos**) por la tarde.

4. Después de jugar al fútbol, Eloy propone ir a cenar a su restaurante favorito, (**Sabor / Picante / Platillos**).

Mi país

Ecuador

SEGMENTO 1

Preparación para el video

Vocabulario de consulta

la cordillera	mountain (ridge)
a 3.000 metros de altura	at 3,000 meters above sea level (9,842 feet)
fue fundada	was founded
siglo	century
galerías de arte	art galleries
iglesias	churches
volcán	volcano
teleférico	cable car
grupos indígenas	indigenous groups
mercado	market

A. ¡Comencemos! Mira la foto y el mapa del **Capítulo 4** y contesta las preguntas.

1. ¿Qué país hay al norte de Ecuador? _____

2. ¿Qué país hay al sur de Ecuador? _____

3. ¿Cuál es la capital de Ecuador? _____

Comprensión del video

B. Algunos detalles. Indica las respuestas correctas, según el video.

1. En Quito <u>no</u> hay...

   a. galerías de arte   **c.** jardines   **e.** glesias   **g.** plaza

   b. museos   **d.** playa   **f.** naturaleza   **h.** restaurantes

2. Los grupos indígenas de Ecuador *no*...

   a. hablan misquito   **c.** hablan quechua

   b. conservan tradiciones indígenas   **d.** usan técnicas artesanales

3. En el mercado de Otavalo <u>no</u> venden (*sell*)...

   a. coches usados (*used*)   **c.** textiles de colores vivos

   b. instrumentos de música (ej. la flauta andina)

C. Detalles. Completa las oraciones con la palabra de la lista. **OJO:** Hay palabras extra.

13.000 metros	la Sierra Madre	los españoles	Otavalo	teleférico
3.000 metros	los Andes	los franceses	Quito	tren (*train*)

1. Omar vive con su familia en _____

2. Ecuador forma parte de la cordillera de _____

3. Quito está a _____ de altura.

4. _____ fundan Quito en el siglo dieciséis.

5. Es interesante subir al _____ para ver el volcán Pichincha.

SEGMENTO 2

Preparación para el video

Vocabulario de consulta

una laguna   lagoon
las islas   islands

D. ¡Comencemos! Contesta las preguntas.

1. Mira la foto. ¿Por qué son especiales las tortugas de las islas Galápagos? Porque...

   a. son grises

   b. son gigantes (muy grandes)

   c. son rápidas

2. ¿Qué es el ecuador?

   a. Una línea que divide el mundo en dos hemisferios, norte y sur.

   b. Una frontera entre dos países (Ecuador y Colombia).

   c. Una línea que divide a Centroamérica de Sudamérica.

Una tortuga en las islas Galápagos

©Paul Franklin/Latin Focus.com

Comprensión del video

E. Algunos detalles. Empareja las frases para formar oraciones basadas en el video.

_____ **1.** En la ciudad Mitad del Mundo...

_____ **2.** Cotopaxi...

_____ **3.** Quilotoa...

_____ **4.** Las tortugas gigantes...

_____ **5.** Los piqueros de patas azules...

_____ **6.** El fútbol...

a. es el deporte favorito de Omar, Carlitos y Maritza.

b. es el volcán más alto del país y ¡está activo!

c. puedes estar en los dos hemisferios a la misma vez (*at the same time*).

d. es un volcán con una laguna adentro.

e. son muy famosas en las islas Galápagos. Son muy grandes.

f. son una especie de pájaros que viven en las islas Galápagos.

©McGraw-Hill Education/Klic Video Productions

¡A leer!

¿Sabías que... ?

El quechua, idioma de los incas

¿Sabías que el idioma quechua se habla en cinco países de Sudamérica? El quechua (o quichua) es el idioma del imperio inca. En 1531 los españoles llegan a Sudamérica y conquistan el territorio de los incas, pero no pueden[a] eliminar su idioma. Hoy diez millones de personas en Colombia, Ecuador, Perú, Bolivia, Chile y Argentina todavía lo hablan.

La palabra *quechua* es el nombre que los españoles le dan a este idioma de los incas; *qich wa* quiere decir[b] **valle templado**[c] en su idioma. Pero los hablantes[d] de quechua llaman su idioma *runa simi,* que quiere decir **lengua de la gente.** El quechua tiene una gramática muy complicada y hay muchos dialectos diferentes.

El quechua se incorpora al vocabulario del español de Sudamérica con palabras como *charqui, choclo, cancha* y *poroto.*[e] El español de Ecuador también usa palabras del quechua como *ñaño/a* **(hermano/a)**, *guata* **(estómago)**, *guambra* **(muchacho)** y *taita* **(padre)**. En Quito hay grupos de hablantes de quechua que combinan el vocabulario del español con la gramática del quechua para crear[f] un nuevo idioma: media lengua. Este idioma mixto nace en los años 1920 pero hoy en día solo tiene 1.000 hablantes. Por el contrario, el quechua sigue muy vivo[g] y tanto Bolivia como[h] Perú y Ecuador promueven[i] la educación en este idioma. ¡Hay varias páginas de Wikipedia en quechua!

[a]no... *they cannot*   [b]quiere... *means*   [c]*temperate*   [d]*speakers*   [e]charqui... *jerkey, corn, court/field (for sports),* and *bean*   [f]*create*   [g]sigue... *is still very much alive*   [h]tanto... *both Bolivia and*   [i]*promote*

Comprensión

1. Indica el país donde *no* hay hablantes del quechua.

   a. Argentina   **b.** Venezuela   **c.** Chile   **d.** Ecuador   **e.** Bolivia

2. Una lengua que combina elementos del español con elementos del quechua es el...

   a. guaraní   **b.** tupi   **c.** maya   **d.** media lengua   **e.** castellano

Conexión cultural

Las Galápagos, tesoro de la naturaleza

Vocabulario de consulta

tesoro	treasure
tortugas gigantes	giant tortoises
todavía están creciendo	are still growing
creció	grew
endémicas	endemic (*belonging to a particular place*)
depredadores	predators
tres cuartos	three quarters
un tercio	one third

©John Freeman/Getty Images

Tortuga gigante de las islas Galápagos

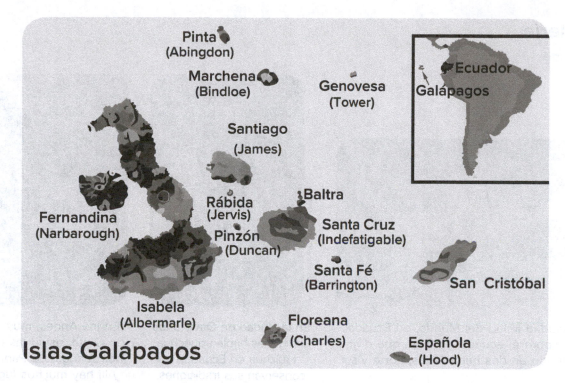

Islas Galápagos

Las islas Galápagos, la inspiración para la teoría de la evolución de Charles Darwin y para su famoso libro *El origen de las especies* (1859), forman un archipiélago de islas volcánicas a 972 kilómetros al oeste de Ecuador. Son parte de este país desde 1832 y están sobre el ecuador.

Este archipiélago de islas volcánicas se llama ahora islas Galápagos por las **tortugas gigantes** que viven allí, pero este lugar tiene otros nombres: Encantadas, Archipiélago del Ecuador y, el nombre oficial, Archipiélago de Colón. Hasta los años 1800 (siglo XIX) es refugio de piratas.

Las islas son relativamente jóvenes. La más antigua (vieja) tiene más o menos tres millones de años. Las más jóvenes, Isabela y Fernandina por ejemplo, **todavía están creciendo.** Fernandina **creció** en abril del 2009 con una erupción volcánica.

En las islas hay casi 9.000 especies y muchas de ellas son **endémicas.** Esas especies endémicas aparecen en las islas gracias a la evolución natural de los animales y también porque no existen **depredadores** en la isla. Hay gran variedad de animales terrestres. **Tres cuartos** de los pájaros y reptiles son endémicos. Hay animales marinos también: tortugas gigantes, pingüinos, leones marinos, iguanas marinas, manta rayas, corales, y muchos más.

Hay menos flora que fauna por la índole (naturaleza) volcánica de la isla y porque hay pocos insectos para polinizar las plantas. Hay solamente 500 especies y, de ellas, 166 o **un tercio**, más o menos, son endémicas.

UNESCO nombra al archipiélago patrimonio de la humanidad en el 2007. Visita estas fascinantes islas en persona o de manera virtual, ¡son increíbles!

Comprensión

1. ¿Quién se inspiró en las islas Galápagos para escribir el libro *El origen de las especies*?

   _____

2. ¿De dónde viene el nombre islas Galápagos?

   _____

3. ¿Cuáles son otros nombres para este archipiélago?

   _____

4. ¿Por qué hay solamente (*only*) 500 especies de flora en las islas Galápagos?

   _____

Galería

Ecuador

La ciudad Mitad del Mundo, en Ecuador, está sobre el ecuador, la línea que divide al mundo en dos hemisferios, norte y sur.

En la ciudad de Otavalo los indígenas hablan quechua (quichua en Ecuador) y conservan sus tradiciones. Estos indígenas son famosos por sus textiles.

En los Andes, muy cerca de Quito, están las termas (hot springs) de Papallacta. Allí hay muchos lugares adonde va la gente para relajarse porque el agua caliente de los volcanes tiene minerales que benefician la salud.

Las islas Galápagos son parte de Ecuador. Su nombre viene de las tortugas gigantes que viven allí.

El Tungurahua es un volcán activo en la zona andina de Ecuador. Tiene erupciones violentas en 2006, 2008, 2010, 2012, 2014 y 2016.

A. Comprensión. Contesta las preguntas.

1. Mira la foto de las islas Galápagos. Escribe tres palabras en español para lo que hay en la foto.

2. ¿En qué parte de Ecuador puedes estar en dos hemisferios al mismo tiempo?

B. Un toque creativo. ¿Cuál es tu foto favorita? ¿Por qué?

Las celebraciones y las comidas 5

¡A escribir!

Los días feriados

Lee *Gramática 5.1*

A. La agenda de Xiomara. En la agenda de su teléfono, Xiomara anota (*makes a note of*) los días importantes para ella y su familia. Completa su agenda con palabras de la lista. Para los días indicados con asterisco (*), usa la fecha en que se celebra en El Salvador, país de origen de los padres de Xiomara. **OJO:** Si es necesario, usa la información de **Comunícate: Los días feriados** en el **Capítulo 5** de tu libro de texto.

a. el Año Nuevo
b. el Día de la Independencia*
c. el Día de la Madre*
d. el Día de San Valentín
e. el Día de las Brujas
f. el Día de los Muertos
g. el Día de los Reyes Magos

h. el Día del Padre*
i. el Día del Trabajador
j. la Navidad
k. la Nochebuena
l. la Nochevieja
m. la Semana Santa (y el domingo de Pascua)

enero	febrero	marzo	abril
1. _____ **2.** _____	**3.** _____	*el cumpleaños de mi hermana Leticia*	**4.** _____
mayo	**junio**	**julio**	**agosto**
5. _____ **6.** _____	**7.** _____	*el Día del Santo de mi mami*	*el cumpleaños de mi papi*
septiembre	**octubre**	**noviembre**	**diciembre**
mi cumpleaños **8.** _____	**9.** _____	**10.** _____	**11.** _____ **12.** _____ **13.** _____

B. **Las actividades durante los días feriados.** Los miembros del club Amigos sin Fronteras hablan de lo que hacen durante diferentes días feriados. Mira los dibujos y conecta las frases de las cuatro columnas de la forma más lógica. Luego, lee las preguntas e indica el comentario correcto para contestar cada una.

¿QUÉ HACEN LOS AMIGOS SIN FRONTERAS?			
a. ÁNGELA: El cuatro de julio, yo siempre...	cenamos en casa de mi abuela con mis primos y tíos,...	van de casa en casa (*from house to house*)...	y luego la invitas a comer a su restaurante favorito, ¿no?
b. XIOMARA: Este día, los niños...	sales con tus hijos y...	me pongo ropa roja, azul y blanca,...	y celebramos el fin de un año y el comienzo de otro con doce uvas.
c. FRANKLIN: Este día de febrero, yo siempre...	lo celebro con mi familia,...	le compras un regalo a Marcela por ser una madre excelente,...	y por la noche salgo al parque a ver los fuegos artificiales.
d. ANA SOFÍA: Ese día de diciembre mi familia y yo...	salen de sus casas con un disfraz,...	me pongo ropa elegante para estar con mi novia...	y piden dulces.
e. CAMILA: Omar, tú...	le doy flores y una tarjeta a Estefanía,...	nos ponemos ropa nueva...	y salgo a cenar con ella a un restaurante elegante.

_____ **1.** ¿Qué comenta esta amiga del club sobre el Día de las Brujas?

_____ **2.** ¿Qué dice esta amiga sobre el Día de la Independencia de Estados Unidos?

_____ **3.** ¿Qué hace este amigo del club para el Día de San Valentín o Día de los Enamorados?

_____ **4.** ¿Qué le pregunta Camila a este amigo del club sobre el Día de la Madre?

_____ **5.** ¿Cómo celebra esta amiga del club la Nochevieja y el Año Nuevo?

¡A comer!

Lee *Gramática 5.2*

C. Los menús. Lee las pistas (*hints*) y luego usa la lista de palabras para completar la tabla con la comida y bebida que cada persona normalmente consume durante el día. **OJO:** Hay palabras extra.

el bistec	la hamburguesa	las papas fritas
el café	el helado de fresa	el pastel
el cereal	los huevos revueltos	el pescado
la ensalada de lechuga y tomate	el jugo de naranja	los refrescos
los espaguetis	la leche	el tocino
la fruta	el pan tostado	el vino tinto
las galletitas	la papa al horno	el yogur

	Juan Fernando, el estudiante costarricense del club, es muy atlético y no come carne.	La hermana pequeña de Xiomara, Leticia, tiene diez años.	Rosa, la amiga salvadoreña de Xiomara, no tiene una dieta saludable.
BEBIDAS	1 _____ *Pista:* Lo bebe por las mañanas y tiene mucha vitamina C.	6 _____ *Pista:* La bebe fría todos los días.	10 _____ *Pista:* Los bebe todos los días. Le gustan muy fríos.
DESAYUNO	2 _____ *Pista:* A veces lo come con frutas.	7 _____ *Pista:* Lo come con leche y bananas.	11 _____ *Pista:* Los come todas las mañanas pero tienen mucho colesterol. 12 _____ *Pista:* Lo come frito. Contiene mucha grasa.
ALMUERZO Y CENA	3 _____ *Pista:* La come todos los días, normalmente como primer plato. 4 _____ *Pista:* Lo come dos o tres veces a la semana porque tiene Omega 3. Su favorito es el salmón.	8 _____ *Pista:* Los come muchos días. Son un tipo de pasta.	13 _____ *Pista:* La come con pan, tomate y no mucha lechuga. 14 _____ *Pista:* Las come con salsa de tomate (*ketchup*).
POSTRE	5 _____ *Pista:* La come todos los días porque es muy saludable.	9 _____ *Pista:* Lo come a veces. Le gusta porque es de leche y fruta.	15 _____ *Pista:* Lo come todos los días, su favorito es el de chocolate.

D. El doctor de Amigos sin Fronteras. Xiomara quiere comenzar una dieta saludable y recibe unas recomendaciones de Eloy, que estudia medicina. Indica las palabras correctas para completar su conversación. **OJO:** Las frases subrayadas (*underlined*) son pistas (*hints*).

XIOMARA: Hola, Eloy. Quiero comer <u>una dieta saludable</u>. ¿Me ayudas a **(planearlo / planearla / planearlos / planearlas)[1]**?

ELOY: Por supuesto, Xiomara. Primero, miremos qué <u>comidas saludables</u> comes normalmente. ¿Comes **(pollo frito / verduras / carne)[2]**?

XIOMARA: No, Eloy, no **(lo / la / los / las)[3]** como casi nunca. Son un poco <u>caras</u>[a] y, como sabes, los estudiantes no tenemos mucho dinero.

ELOY: Pero son muy <u>saludables</u>; tienen muchas **(calorías / vitaminas / grasa)[4]** y muy <u>pocas</u> **(calorías / vitaminas / grasa)**.[5] ¿Y <u>fruta</u>? ¿**(Lo / La / Los / Las)[6]** comes todos los días?

XIOMARA: Bueno, <u>bananas</u> sí. **(Lo / La / Los / Las)[7]** como a veces por la mañana.

ELOY: ¡¿Solo a veces?! La fruta es muy <u>saludable</u> porque, en general, tiene **(mucha grasa / mucha fibra / mucho colesterol)**.[8] Pero en el caso de <u>las bananas</u>, ten cuidado, porque tienen **(mucha grasa / mucho colesterol / mucho azúcar)**.[9]

XIOMARA: Ah, ahora comprendo por qué las bananas siempre me llenan mucho.

ELOY: Exacto, normalmente las bananas te van a llenar mucho. A ver, ¿y qué bebidas tomas normalmente?

XIOMARA: Me gusta beber <u>refrescos</u>, pero no **(lo / la / los / las)[10]** bebo todos los días. Prefiero tomar café y té porque son más saludables, ¿verdad?

ELOY: Bueno, depende. Y <u>el café</u>, ¿con qué frecuencia **(lo / la / los / las)[11]** tomas?

XIOMARA: Uy, **(lo / la / los / las)[12]** tomo todos los días. Me gusta con leche y mucho azúcar. Además, el café no engorda, ¿verdad, Eloy?

ELOY: No, el café no engorda, pero el azúcar sí. Ay, Xiomara, ¡tu dieta necesita mucho trabajo!

[a]*expensive*

Los estados físicos y anímicos

Lee Gramática 5.3

E. **¿Cómo están los amigos del club?** Mira los dibujos y completa cada descripción con la forma apropiada del vocabulario útil. **OJO:** Es necesario cambiar los verbos y los adjetivos. Hay palabras extra.

estar...

aburrido/a/os/as	enfermo/a/os/as
cansado/a/os/as	enojado/a/os/as
enamorado/a/os/as	triste(s)

tener...

calor	prisa
frío	sed
hambre	sueño
miedo	

1. Franklin y Estefanía _____

2. Xiomara y Eloy _____

3. Sebastián _____

4. Carlitos y Maritza _____

5. Eloy _____

6. Ana Sofía y Radamés _____

F. **Las situaciones.** Mira los dibujos y luego completa la descripción de cada situación con la forma apropiada de las frases de la lista. **OJO:** Es necesario cambiar los verbos y los adjetivos.

tener frío
tener hambre
tener miedo
tener sed
tener sueño

EN EL CINE: Hoy es el primer día de vacaciones de verano y varios amigos del club lo celebran en el cine. Quieren ver una película[a] de suspenso y prefieren ir a la sesión de la noche pero pronto empiezan los problemas: Xiomara _____[1] porque no duerme bien; Ana Sofía _____[2] porque hay aire acondicionado en el cine y ella no lleva chaqueta; Camila _____[3] porque no es una película de suspenso, ¡es una película de terror!; Radamés _____[4] y quiere comer una hamburguesa, pero no hay hamburguesas en ese cine; Sebastián _____[5] pero no venden el refresco que le gusta.

[a]*movie*

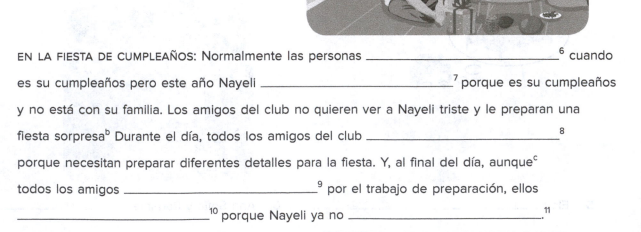

estar cansado/a/os/as
estar muy contento/a/os/as (×3)
estar deprimido/a/os/as (×2)
estar muy ocupado/a/os/as

EN LA FIESTA DE CUMPLEAÑOS: Normalmente las personas _____[6] cuando es su cumpleaños pero este año Nayeli _____[7] porque es su cumpleaños y no está con su familia. Los amigos del club no quieren ver a Nayeli triste y le preparan una fiesta sorpresa[b] Durante el día, todos los amigos del club _____[8] porque necesitan preparar diferentes detalles para la fiesta. Y, al final del día, aunque[c] todos los amigos _____[9] por el trabajo de preparación, ellos _____[10] porque Nayeli ya no _____.[11]

Ahora ella _____.[12]

[b]*surprise* [c]*although*

Las fiestas y otras experiencias

Lee *Gramática 5.4*

G. Un domingo. Hoy es domingo y hace buen tiempo. ¿Qué hacen estos amigos este día? Completa cada oración con la forma correcta de los verbos en paréntesis. Luego, empareja cada dibujo que sigue con la oración correspondiente.

_____ **1.** Omar y Marcela _____ **(jugar)** con sus hijos en el parque.

_____ **2.** Sebastián _____ **(estudiar)** todo el día porque tiene un examen difícil

   el lunes.

_____ **3.** Eloy _____ **(andar)** en bicicleta con su novia.

_____ **4.** Ana Sofía y Lucía _____ **(encontrarse)** en un café de Berkeley

   para desayunar.

_____ **5.** Radamés _____ **(dormir)** mucho porque trabaja en un club hasta muy

   tarde los sábados por la noche.

_____ **6.** Nayeli _____ **(despertarse)** temprano y va a la playa para correr.

_____ **7.** Camila _____ **(escuchar)** música mientras limpia su escritorio.

_____ **8.** Xiomara _____ **(llamar)** por teléfono a sus padres.

a.

b.

c.

d.

e.

f.

g.

h.

H. ¿Qué haces? Imagínate que estas son tus actividades. Usa la forma correcta de los verbos de la lista para mencionar las dos actividades más lógicas en cada situación. **OJO:** Hay verbos extra.

comprar un regalo para él/ella
comprar una tarjeta de cumpleaños
dar un paseo
decir la verdad
dormir un poco antes de la fiesta
encender la computadora
estudiar mucho
hablar por teléfono con mis amigos
hacer ejercicio al aire libre
quedarse en casa para leer mis apuntes de clase
mirar videos en mi cuarto
ponerse ropa nueva

1. Cuando tienes un examen difícil.

_____

_____

2. Cuando hace muy buen tiempo.

_____

_____

3. Cuando hace muy mal tiempo.

_____

_____

4. Cuando es el cumpleaños de tu mejor amigo/a.

_____

_____

5. Cuando vas a ir a una fiesta.

_____

_____

En resumen

I. **Preguntas personales.** Contesta las preguntas con oraciones completas.

1. ¿Qué haces cuando estás contento/a? ¿Y cuando estás nervioso/a? _____

_____

2. ¿Qué haces cuando tienes mucha hambre pero no tienes tiempo para cocinar? ¿Qué comidas prefieres comer? ¿Por qué? _____

_____

3. ¿Cuál es tu día feriado favorito? ¿Por qué te gusta? ¿Qué tipo de actividades haces? ¿Con

quién(es) las haces? _____

_____

_____

4. ¿Qué haces cuando tienes el día libre y hace muy buen tiempo? _____

_____

_____

J. **Mi mejor amigo y mi familia.** Contesta las preguntas con muchos detalles.

1. ¿Qué hacen tu mejor amigo/a y tú en vacaciones? _____

_____

_____

_____

2. Describe el día feriado que más celebra tu familia. ¿Qué miembros de tu familia hay

normalmente en tu casa ese día? ¿Qué comen? ¿Quién(es) cocina(n)? ¿Qué actividades hacen y

dónde? _____

_____

_____

_____

3. ¿Cómo celebra su cumpleaños tu mejor amigo/a? ¿Qué hace él/ella? ¿Come con su familia?

¿Tiene una fiesta con pastel? ¿Sale con sus amigos? Explica con muchos detalles. _____

_____

_____

_____

Exprésate

Escríbelo tú

Tu presentación para el club

Imagínate que vas a ser miembro del club Amigos sin Fronteras. Escribe una descripción de ti mismo/a (*yourself*) como presentación para los miembros del club. La descripción debe incluir algunos datos personales, como por ejemplo: ¿Cómo te llamas? ¿Cuántos años tienes? ¿Dónde vives? Habla también de tus actividades. ¿Qué haces después de tus clases / del trabajo? ¿Qué haces cuando estás aburrido/a? ¿Qué prefieres hacer para celebrar un día feriado favorito? ¿Qué haces los sábados por la noche? Usa la tabla para organizar tus ideas. Puedes hacer una selección de las preguntas que más te gustan. Luego escribe la composición.

Datos personales	Nombre	*Me llamo...*
	Edad, cumpleaños...	*Nací el... Tengo... años.*
	Origen y dirección	*Soy de... y vivo en...*
	Idiomas	*Hablo...*
Actividades	Estación del año preferida	*Me gusta... (el verano, el invierno, etcétera).*
	Actividades favoritas en verano, invierno, etcétera	*Cuando hace frío (calor, fresco, É) / En invierno (verano, ...), ando en bicicleta, voy al cine... Los fines de semana, duermo mucho, voy a fiestas... Después de las clases / del trabajo, hago mi tarea, miro la televisión...*
Las tres comidas	El desayuno	*Para el desayuno normalmente como...*
	El almuerzo	
	La cena	
Días feriados	Mi día feriado favorito es...	*Se celebra el...*
		Para celebrarlo... (actividades)
		Lo celebro con...
		Me gusta ese día porque...
	El día feriado que *menos* me gusta es...	*No me gusta porque...*
Otra información interesante		

Enlace auditivo

Pronunciación y ortografía

Ejercicios de pronunciación

I. *Consonants:* **b** and **v**

A. The letters **b** and **v** are pronounced exactly the same in Spanish. Usually the lips are close together, but they are not completely closed. There is no equivalent sound in English, because English *b* is pronounced with the lips completely closed and English *v* is pronounced with the upper teeth on the lower lip.

Listen and then pronounce the following words, concentrating on pronouncing an identical soft **b** sound for both **b** and **v.**

abuela	noventa	cabeza	corbata
novio	debajo	nuevo	evento
favorito	febrero	lleva	trabajo

B. When preceded by the letters **m** or **n,** both **b** and **v** are pronounced hard as the English letter *b,* as in *boy.*

Listen and then pronounce the following words. Concentrate on pronouncing a hard **b** sound for both **b** and **v.**

invierno	hombre	invitar	conversar
hombros	sombrero	nombre	

C. Concentrate on the correct pronunciation of the letters **b** and **v** as you listen and then pronounce the following sentences.

1. El hombre lleva sombrero.
2. No hablen; escriban en sus cuadernos.
3. Yo nací en febrero y mi novio nació en noviembre.
4. Mi abuelo lleva corbata.
5. Donde yo vivo no llueve mucho en octubre.
6. Las verduras tienen muchas vitaminas.
7. En el invierno llevo abrigo.
8. El libro está debajo del pupitre.
9. La primavera es mi estación favorita.
10. La estudiante nueva no habla bien el español.

II. *Stressing the Correct Syllable*

Most words in Spanish are not written with an accent mark. When you read words aloud, it is easy to know which syllable is stressed. There are three rules.

1. If the word ends in *any vowel* (**a, e, i, o, u**) or the *consonants* **n** or **s,** pronounce the word with the stress on the next-to-last syllable. For example: **ca-sa, blan-co, a-ños, ham-bur-gue-sa, e-ne-ro, ha-blan, de-sa-yu-no, tra-ba-jan, ca-mi-nan.**
2. If the word ends in *any other consonant except* **n** or **s,** pronounce the word with the stress on the last syllable. For example: **lu-gar, per-so-nal, es-pa-ñol, ver-dad, na-riz, me-jor, fa-vor.**
3. Regardless of what letter a word ends with, if there is a written accent mark, you must stress the syllable where the accent appears. For example: **es-tó-ma-go, sué-ter, lá-piz, ár-bol, au-to-bús, ca-pí-tu-lo, ja-po-nés, ja-bón, a-quí.**

A. Look at the following words and pronounce them with the stress on the next-to-the-last syllable. Note that they all end in a vowel, **n** or **s.** Say the word first and then listen for confirmation.

1.	barba	**3.**	italiano	**5.**	nombre	**7.**	pongan	**9.**	Argentina
2.	piernas	**4.**	morado	**6.**	cabeza	**8.**	castaños	**10.**	hablan

B. These words end in a consonant other than **n** or **s** and are therefore stressed on the last syllable. Say the word and then listen for confirmation.

1.	verdad	**3.**	borrador	**5.**	regular	**7.**	nacional	**9.**	profesor
2.	azul	**4.**	pared	**6.**	señor	**8.**	reloj	**10.**	mayor

C. These words are written with an accent mark. Say the word, stressing the syllable with the written accent, and then listen for confirmation.

1.	francés	**3.**	café	**5.**	está	**7.**	difícil	**9.**	sábado
2.	fácil	**4.**	teléfono	**6.**	suéter	**8.**	alemán	**10.**	inglés

Ejercicios de ortografía

I. **Consonants: b, v.** The spelling of words written with a **b** or a **v** must be memorized, since there is no difference in pronunciation.

Listen and write the words you hear, using **b** or **v.**

1. _____ **6.** _____

2. _____ **7.** _____

3. _____ **8.** _____

4. _____ **9.** _____

5. _____ **10.** _____

II. **Word Stress**

A. If a word ends in any consonant except **n** or **s,** it is normally stressed on the last syllable, for example: **hospital, universidad.** If the word ends in a consonant and is not stressed on the last syllable, an accent mark must be written on the stressed syllable: **dólar, sándwich, béisbol.**

Listen and write the words you hear. All must be written with an accent mark.

1. _____ **4.** _____

2. _____ **5.** _____

3. _____

B. If the word is not stressed on the second-to-last or last syllable, an accent mark is always written on the stressed syllable, for example: **música, página, miércoles.**

Listen and write the following words with accents on the third-to-last syllable.

1. _____ **9.** _____

2. _____ **10.** _____

3. _____ **11.** _____

4. _____ **12.** _____

5. _____ **13.** _____

6. _____ **14.** _____

7. _____ **15.** _____

8. _____

Actividades auditivas

A. La solución perfecta. Eloy y Nayeli conversan sobre la rutina de Eloy. Escucha su conversación.

Vocabulario de consulta

¡Ojalá que sí!	I hope so!
nada de eso	none of that
sigamos	let's go on
de ahora en adelante	from now on

¿Quién dice lo siguiente, Nayeli (**N**) o Eloy (**E**)?

_____ **1.** Vivo cerca de la universidad.

_____ **2.** ¡Desayunas mucho!

_____ **3.** Por la mañana me ducho, me pongo la ropa, me peino, desayuno y me lavo los dientes.

_____ **4.** No almuerzo nunca.

_____ **5.** Tengo la solución perfecta: vas a despertarte a las siete y media.

_____ **6.** ¡Me gusta dormir!

B. ¡Corre! ¡Corre! Sebastián está en el centro estudiantil de la universidad y ve a Xiomara, quien corre por el centro hacia la puerta. Escucha su conversación.

Vocabulario de consulta

centro estudiantil	student center
hacia	toward
¡Para!	Stop!
quizás	maybe
¡Ya veo!	I can see that!
¡Buena suerte!	Good luck!

Completa cada oración con la palabra correcta de la lista. **OJO:** Hay palabras extra.

cafetería	desfiles	ejercicio	enojada	fútbol	gimnasio
nerviosa	novelas	prisa	sed	tarea	tenis

1. Sebastián quiere jugar al _____ con Xiomara este fin de semana.

2. Xiomara tiene mucha _____.

3. Xiomara está _____ porque tiene un examen difícil.

4. El examen de Xiomara es sobre cinco _____.

5. Sebastión va al _____ de la universidad.

6. Xiomara solo hace _____ para llegar a sus clases.

Videoteca

Amigos sin Fronteras

Episodio 5: ¡Música, maestro!

Resumen. Claudia le dice a Radamés que hoy hay una fiesta sorpresa (*surprise*) de cumpleaños para Nayeli, estudiante mexicana que también es miembro del club Amigos sin Fronteras. Más tarde, Claudia, Eloy y Radamés conversan sobre su familia y sobre las cosas que van a llevar a la fiesta. Finalmente, todos le dan una sorpresa muy divertida a Nayeli y le cantan «Las mañanitas».

©McGraw-Hill Education/Klic Video Productions

SEGMENTO 1

Preparación para el video

Vocabulario de consulta

te podemos pasar a buscar	we can come get you
juntos	together

A. ¡Comencemos! Mira la foto e indica la respuesta correcta.

1. Radamés está en...

   a. clase   **b.** su casa   **c.** el centro estudiantil

2. Radamés...

   a. toca la guitarra   **b.** estudia   **c.** habla por teléfono

Comprensión del video

B. La idea principal. Indica la idea principal del segmento.

☐ Radamés necesita practicar su nueva canción porque tiene un examen en la universidad.

☐ Claudia y Nayeli planean una fiesta sorpresa.

☐ Claudia y Radamés planean ir a la fiesta de cumpleaños de Nayeli.

C. Detalles. Completa cada oración con la palabra correcta de la lista. **OJO:** Hay palabras extras.

cumpleaños	Eloy	las cuatro	sorpresa	una guitarra
el domingo	graduación	las nueve	una canción	va a estudiar
el sábado	invita	Sebastián	una *fan*	va a tocar

1. Radamés _____ a Claudia a escuchar su nueva canción.

2. Por la tarde van a asistir a una fiesta de _____.

3. Es una fiesta especial porque es _____.

4. _____ y Claudia van a ir juntos a la fiesta.

5. Radamés tiene un concierto _____.

6. Cumbancha _____ en La Peña Cultural.

7. Claudia es _____ de Radamés.

8. El regalo especial de Radamés para Nayeli es _____.

9. Claudia va a pasar a buscar a Radamés a _____.

SEGMENTO 2

Preparación para el video

©McGraw-Hill Education/Klic Video Productions

Vocabulario de consulta

listo	ready
las llaves	keys
extraña a	(she) misses
Es la costumbre	It's the custom
la joven festejada	the party girl
«Las mañanitas»	*popular birthday song in Mexico*

D. ¡Comencemos! Contesta las siguientes preguntas.

1. ¿Qué necesitas preparar para una fiesta de cumpleaños sorpresa?

   _____

2. ¿Qué dices cuando te van a tomar una foto y quieres sonreír?

   _____

3. ¿Conoces alguna canción de cumpleaños en español?

   _____

4. Busca en el Internet «Las mañanitas», una canción de cumpleaños muy popular en México. ¿Te gusta?

   _____

5. Mira la foto, ¿qué amigos del club hay? Escribe el nombre de tres amigos.

   _____

Comprensión del video

E. ¿Quién hace esto? Empareja cada amigo con su contribución a la fiesta.

_____ **1.** Ana Sofía		**a.** le da las llaves del apartamento a Claudia.
_____ **2.** Camila		**b.** llevan el pastel.
_____ **3.** Claudia		**c.** trae sándwiches.
_____ **4.** Eloy		**d.** lleva los refrescos.
_____ **5.** Franklin y Estefanía		**e.** trae los tacos de pescado.
_____ **6.** Radamés		**f.** trae enchiladas de pollo.
_____ **7.** Sebastián		**g.** pone la música ¡y el hambre!

F. Detalles. Completa cada oración según el video.

1. Cuando Eloy y Claudia llegan a la casa de Radamés, él está casi listo. Solo necesita

   ponerse _____.

2. Radamés dice que los cubanos llaman «mami» a _____ y «papi» a

   _____.

3. Los padres de Eloy viven en _____ y los padres de Radamés viven

   _____.

4. Radamés hace muchas actividades, pero él _____.

G. Preguntas. Contesta las siguientes preguntas según el video.

1. ¿Por qué está triste Nayeli normalmente el día de su cumpleaños?

   _____

2. ¿Qué dos amigos del club extrañan a su familia?

   _____

3. ¿Cómo se llama la nueva canción de Radamés?

   _____

Mi país

El Salvador, Honduras y Nicaragua

SEGMENTO 1

Preparación para el video

Vocabulario de consulta

¡Vamos!	Let´s go!
las ruinas mayas	Mayan ruins

A. ¡Comencemos! Contesta las siguientes preguntas.

1. ¿Dónde están El Salvador, Nicaragua y Honduras?

   a. en Norteamérica   **b.** en Centroamérica   **c.** en Sudamérica

2. ¿Qué país *no* está en Centroamérica?

   a. Honduras   **b.** Colombia   **c.** El Salvador
   d. Guatemala   **e.** Nicaragua

3. ¿Qué océano hay al oeste de Centroamérica?

   a. el Océano Índico   **b.** el Océano Pacífico   **c.** el Océano Atlántico
   d. el Océano Glaciar Ártico

4. Mira el mapa que aparece al principio del capítulo. ¿Cuál es la capital de El Salvador?

   _____

5. Mira en el Internet las banderas de El Salvador y Nicaragua. ¿Qué colores tienen en común las dos banderas?

   _____

Comprensión del video

B. La idea principal. Completa la oración para indicar la idea principal del texto.

Xiomara nos habla de _____

C. Nombres. Empareja cada foto con la leyenda correspondiente.

a. comida salvadoreña   c. la bandera de El Salvador   e. las ruinas de Tazumal

b. el volcán Izalco   d. las playas del Pacífico   f. las ruinas Joya de Cerén

_____ 1.

_____ 2.

_____ 3.

_____ 4.

_____ 5.

_____ 6.

1–5: ©McGraw-Hill Education/Klic Video Productions; 6: ©ZUMA Press, Inc./Alamy

D. Detalles. Ahora empareja las frases para formar oraciones basadas en el video.

_____ 1. El atol, los tamales y las pupusas son...   a. las ruinas Joya de Cerén.

_____ 2. El volcán más joven de El Salvador es...   b. las ruinas de Tazumal.

_____ 3. Hay pirámides y lugares para jugar a la pelota en...   c. el volcán Izalco.

_____ 4. Son perfectas para hacer surf.   d. las playas del Pacífico.

_____ 5. Vemos ejemplos de la vida diaria de los mayas en...   e. ejemplos de comidas salvadoreñas.

SEGMENTO 2

Preparación para el video

Vocabulario de consulta

¡Recuerden!   Remember!

©McGraw-Hill Education/Klic Video Productions

©McGraw-Hill Education/Klic Video Productions

E. **¡Comencemos!** Mira el mapa que aparece al principio del **Capítulo 5** o un mapa de Centroamérica y contesta.

1. Nicaragua es...

   a. el país más grande de Centroamérica.

   b. el país más pequeño de Centroamérica.

   c. el país más grande de Sudamérica.

2. ¿Cómo se llama la capital de Nicaragua?

   a. Managua   b. Tegucigalpa   c. San Salvador

3. ¿Cómo se llaman los dos lagos más grandes de Nicaragua?

   _____

4. En Nicaragua, ¿qué lago está más cerca de la ciudad de Granada?

   _____

Comprensión del video

F. **La idea principal.** Escribe la idea principal de este segmento.

_____

G. **Clasificaciones.** Coloca cada nombre en la categoría correcta.

Caribe   **Granada**   **Managua** (x2)   **Momotombo**   **Nicaragua**   **Pacífico**

1. un volcán de Nicaragua	2. lagos	3. costas	4. ciudades

H. **Detalles.** Escribe la palabra que falta, según el video.

1. Nicaragua tiene muchas opciones de _____; por ejemplo, hay

   _____, lagos muy bonitos y unas playas fantásticas.

2. Uno de los símbolos de Nicaragua es _____.

3. El volcán Momotombo está al lado del _____.

4. Granada es _____ muy bonita al lado del lago Nicaragua.

5. Nicaragua tiene dos costas: la costa del Pacífico y _____.

6. La mejor costa de Nicaragua para hacer surf es _____.

7. _____ tiene influencia británica y africana.

SEGMENTO 3

Preparación para el video

Vocabulario de consulta

al oeste	to the west
jeroglíficos	hieroglyphics
escalinata	stairway
isla	island
garífunas	group of Afro-indigenous people from Central America (See the **¿Sabías que...?** reading in this chapter)

I. ¡Comencemos! Empareja cada foto con la descripción correspondiente.

a. bucear en el mar

b. un jeroglífico maya

c. una comunidad garífuna

d. una playa en la isla de Roatán

1. _____

2. _____

3. _____

4. _____

1, 2, 4: ©McGraw-Hill Education/Klic Video Productions; 3. ©Arun Roisri/123RF

Comprensión del video

J. La idea principal. Indica la idea principal de este segmento.

☐ A Xiomara le gusta mucho pasear con su familia hondureña y comer en pulperías.

☐ Honduras tiene mucho turismo en Tegucigalpa.

☐ En Honduras no hay volcanes pero las ruinas mayas son muy interesantes.

K. Clasificaciones. Completa cada oración con la palabra o frase correcta de la lista, según el video.

la capital de Honduras	**jeroglíficos**	**otro nombre para Tegucigalpa**
la isla de Roatán	**no hay volcanes**	**las ruinas mayas**

1. Una diferencia entre Honduras y los otros dos países (El Salvador y Nicaragua) es que en Honduras _____.

2. Tegucigalpa es _____.

3. Tegus es _____.

4. Al oeste de Honduras están _____ de Copán.

5. Las ruinas mayas de Copán tienen _____ muy importantes.

6. Una de las islas de la Bahía es _____.

¡A leer!

¿Sabías que... ?

Garífuna y misquito, dos idiomas centroamericanos

¿Sabías que hay más de cuarenta lenguas indígenas en América Central? El garífuna y el misquito son dos de las más interesantes. El garífuna es un idioma arahuaco; lo habla un grupo que originalmente ocupa el territorio de las Antillas.* Este grupo se mezcla[a] con esclavos[b] fugitivos y por eso ahora se conocen como **caribes**[†] **negros**. Hay casi 300.000 personas en la costa atlántica de Belice, Guatemala, Honduras y Nicaragua que hablan garífuna. Esta cultura es famosa por su estilo de música y danza, llamado **punta**, que tiene un ritmo rápido y contagioso.

El misquito es otro idioma indígena en Centroamérica con más de 150.000 hablantes en la Mosquitía, una región en la costa atlántica de Honduras y Nicaragua. El misquito es un idioma indígena de Nicaragua, pero su cultura, como la garífuna, viene de una mezcla de grupos indígenas con esclavos negros. Por estar cerca de las islas caribeñas británicas,[c] el misquito utiliza palabras del inglés criollo[§] y de varias lenguas africanas que traen los esclavos africanos. ¿Quieres aprender a decir **¡Hola!** en estos idiomas? ¡Es fácil! En garífuna se dice *buíti bináfi* y en misquito es *nak'sa*.

[a]*se... mixes* [b]*slaves* [c]*British*

Comprensión

1. El idioma garífuna es...

   a. una mezcla del inglés criollo y el español

   b. una mezcla del español y el arahuaco

   c. un idioma arahuaco

2. El misquito se habla en...

   a. Guatemala y Belice

   b. Honduras y Nicaragua

   c. Honduras y El Salvador

---

*Before the arrival of Spaniards, the Arawak occupied most of the territory of the Antilles (or West Indies) from Southern Florida to the coastal areas of Venezuela and Colombia.

[†]The word **caribes** refers to the Carib indigenous group for whom the Caribbean Sea was named. This warrior tribe migrated from the northern part of South America and eventually took over much of the Caribbean from the Arawak and the Taino peoples. Garifuna language has borrowed some Carib elements.

[§]*Creole English* is a term that applies to many variants of English acquired by slaves or indentured indigenous people in areas colonized by England.

Conexión cultural

Círculo de Amigas

Vocabulario de consulta

hermoso	beautiful
pobre	poor
pobreza	poverty
ayuda	help
mejorar	improve
se compone de	is made up of
femenina	female
construye	it builds
estufas de propano	propane stoves
agua limpia	clean water
biblioteca	library
becas	scholarships
patrocinar	sponsor
¡involúcrate!	get involved!

El Círculo de Amigas está en Jinotega, una comunidad de Nicaragua

Nicaragua es un país **hermoso** pero muy **pobre.** Tiene seis millones de habitantes y el cincuenta por ciento vive en extrema **pobreza;** el ochenta por ciento vive con menos de dos dólares al día. Pero, afortunadamente, hay organizaciones que ofrecen **ayuda** a la gente nicaragüense. Una de las organizaciones más activas es Círculo de Amigas, que tiene su centro en Jinotega, una comunidad al norte de Managua, la capital.

El objetivo principal de Círculo de Amigas es ayudar a las niñas y mujeres jóvenes a **mejorar** su vida. La organización se dedica a la instrucción de niñas y muchachas porque la mayoría de la gente pobre en Nicaragua son mujeres. Además, la mayor parte de la población nicaragüense **se compone de** niñas y mujeres entre las edades de diez y veinticuatro años. Los directores del Círculo comprenden que, si la población **femenina** recibe educación, las posibilidades de progreso económico aumentan para toda la comunidad. Otro factor a considerar es que, cuando las familias tienen un poco de dinero para la educación, tradicionalmente deciden educar a los hijos, no a las hijas.

El Círculo ofrece varios tipos de ayuda: **construye** casas modestas, compra **estufas de propano** y obtiene **agua limpia** para las casas. También, la organización establece la única **biblioteca** pública en el norte de Nicaragua, con acceso a computadoras y un programa de instrucción académica para las estudiantes. Pero uno de los proyectos más significativos del Círculo es ofrecer **becas** para muchas niñas que, de otra manera, no pueden ir a la escuela.

¿Quieres participar tú en el Círculo de Amigas? Pues hay muchas maneras de hacerlo: puedes **patrocinar** a una niña, puedes donar objetos necesarios como máquinas de coser y computadoras, y claro, también puedes ofrecer tu participación directa. Todas las personas de Estados Unidos que trabajan en el Círculo de Amigas son voluntarias. Visita el sitio Web de Círculo de Amigas y después... **¡involúcrate!**

Comprensión. Completa las oraciones con frases de la columna a la derecha.

_____ **1.** La organización ofrece ayuda a niñas y mujeres porque...

_____ **2.** Algo que ofrece el Círculo a la comunidad es...

_____ **3.** Las becas que ofrece el Círculo...

_____ **4.** El cincuenta por ciento de los nicaragüenses...

a. es gente muy pobre.

b. una biblioteca con computadoras.

c. ayudan a las niñas a ir a la escuela.

d. hay muchas que son pobres.

Galería

El Salvador, Nicaragua y Honduras

Las playas de El Salvador, particularmente las zonas de El Sunzal y La Paz en la costa del océano Pacífico, son el paraíso (*paradise*) de muchos surfistas.

Las fascinantes ruinas mayas de Tazumal, El Salvador, son un ejemplo claro de la arquitectura maya.

Granada, Nicaragua, es una ciudad colonial con iglesias (*churches*) muy coloridas y festivales interesantes.

El Fuerte San Fernando Omoa es una fortaleza (*fortress*) impresionante.

Las ruinas de Copán, Honduras, tienen los jeroglíficos mayas más grandes del mundo.

A. **Comprensión.** ¿Qué país describe cada oración, El Salvador, Honduras o Nicaragua?

1. Es un destino ideal para los surfistas. _____

2. Tiene una ciudad colonial y varios festivales. _____

3. Tiene ruinas con jeroglíficos mayas. _____

B. **Un toque creativo.** Di cuál es tu foto favorita y por qué te gusta.

Mi foto favorita es la de...

_____

Me gusta porque...

_____

_____

Las carreras y los oficios 6

¡A escribir!

Las materias

A. **Definiciones.** Completa las descripciones con una de las materias de la lista. **OJO:** Hay materias extra.

Vocabulario útil

anatomía	**geografía**	**matemáticas**
biología	**historia**	**mercadotecnia**
economía	**ingeniería**	**psicología**
física	**literatura**	**química (farmacéutica)**

1. Los mapas son importantes en esta materia. Se estudian varios aspectos de la Tierra (*Earth*) como, por ejemplo, las montañas de un país. Es la _____.

2. En esta materia estudiamos los eventos más importantes que ocurren en el mundo como, por ejemplo, la llegada de Cristóbal Colón a América el doce de octubre de 1492. Es la _____.

3. Los futuros médicos estudian esta materia en su primer año de la carrera. Es el estudio de la estructura del cuerpo humano. El texto se llama *La* _____ *de Gray*. Es la _____.

4. En esta materia hay que leer mucho y estudiar diferentes novelas. Si estás en un país hispano, una lectura obligatoria en esta materia es la famosa novela española *Don Quijote de la Mancha*. Es la _____.

5. En esta clase estudiamos las teorías de Sigmund Freud, Carlos Jung y Alfredo Adler. Es la _____.

6. A algunos estudiantes no les gusta esta materia porque se trabaja con números. Pero es muy útil para tener buenas notas en otras materias como ingeniería, física y economía. Son las _____.

7. En esta materia se trabaja con los elementos de la tabla periódica (hidrógeno, oxígeno,...) y se observa cómo se unen algunos de estos elementos para crear elementos nuevos como, por ejemplo, el agua (H_2O). Es la _____.

Las actividades de la clase

Lee *Gramática 6.1, 6.2*

B. ¿Apropiado en un salón de clase? Indica las actividades que son apropiadas en la clase de mercadotecnia de Lucía.

- ☐ **1.** charlar con los compañeros cuando el profesor habla
- ☐ **2.** contestarle al profe cuando nos hace preguntas
- ☐ **3.** dormir una siesta
- ☐ **4.** escuchar al profesor cuando nos habla
- ☐ **5.** estudiar para los exámenes de otras materias
- ☐ **6.** hacer la tarea de otras materias
- ☐ **7.** hacerle preguntas al profesor

- ☐ **8.** maquillarse y ponerse perfume
- ☐ **9.** ponerle atención al profesor
- ☐ **10.** tocar la guitarra, cantar y bailar
- ☐ **11.** tomar apuntes
- ☐ **12.** tomar exámenes
- ☐ **13.** trabajar en grupo con varios compañeros/as
- ☐ **14.** usar el móvil / hablar por el móvil

C. En la clase de español

Parte 1. Forma oraciones lógicas. **OJO:** Pon especial atención a las palabras en negrita (*boldface*).

_____ **1.** El profesor siempre **nos** hace preguntas...

_____ **2.** Los estudiantes a veces no **le** ponen atención...

_____ **3.** Si tengo dudas, el profesor siempre **me** explica la lección...

_____ **4.** El profesor siempre **les** devuelve los exámenes...

_____ **5.** El profesor siempre **les** dice «¡Buenos días!»...

_____ **6.** Ángela, el profesor **te** contesta...

a. al profesor de español.

b. a sus estudiantes cuando llega a clase por la mañana.

c. (a ti) cuando (tú) le preguntas algo, ¿no?

d. a mis amigos y a mí cuando (nosotros) no estamos poniendo atención.

e. a mí en sus horas de oficina. ¡Es muy simpático!

f. a sus estudiantes después de calificarlos.

Parte 2. Ángela habla de sus clases. Completa las oraciones con los pronombres apropiados: **me**, **te**, **le**, **nos** o **les**.

1. El profesor de español _____ ayuda a mi amiga y a mí en su oficina y nosotras

   _____ decimos «gracias por la ayuda, profesor».

2. Cuando no comprendo algo en clase, yo _____ pregunto al profesor y él siempre

   _____ responde.

3. Luis, ¿ _____ escribe comentarios el profesor en tus exámenes cuando los califica?

   Muchos estudiantes dicen que este profesor _____ escribe comentarios muy

   interesantes en sus exámenes y tareas.

4. Cuando estamos en clase, el profesor de español siempre _____ muestra los videos

   de **Amigos sin Fronteras** y _____ hace preguntas a todos en la clase. ¡Son unos

   videos muy divertidos!

D. ¡Esta clase es un desorden total! Mira el dibujo de la clase de economía que está tomando Claudia. Usa las listas para indicar qué está haciendo cada persona. Mira el modelo.

¿QUÉ ESTÁ HACIENDO?	DETALLES
charlar	a sus amigos
dormir	con su mejor amiga sobre su fin de semana
entrar a la clase	con un libro y los exámenes de sus estudiantes
escribir	en la pizarra
hablar por teléfono	sobre el examen
leer	una revista de carros
textear	una siesta

MODELO: El profesor *está entrando a la clase con un libro y los exámenes de sus estudiantes.*

1. El chico de la gorra _____

2. CLAUDIA: Nosotras _____

3. La chica que lleva gafas _____

4. El chico que está al lado de la puerta _____

5. Los novios _____

6. El chico de la camisa blanca _____

Las habilidades

Lee *Gramática 6.3*

E. ¡Los amigos del club son unos grandes expertos! Lucía habla por teléfono con su mamá y le comenta todas las habilidades que tienen sus amigos del club. Completa el diálogo con la forma apropiada de **saber.**

LUCÍA: ¡Hola, mami!

MAMÁ: ¡Hola, hija! ¿Cómo estás?

LUCÍA: Genial[a] y sabes, mami, hay un grupo de amigos hispanos muy simpáticos y con mucho talento aquí en la universidad. Ellos _____[1] hacer de todo.

MAMÁ: ¿De verdad? Cuéntame, cuéntame.

LUCÍA: A ver,[b] te cuento. Por ejemplo, Radamés y Ana Sofía _____[2] tocar la guitarra. Pero, además, Radamés _____[3] componer música para guitarra y toca con un grupo. Ah, y Ana Sofía es española y _____[4] bailar sevillanas, un baile típico de España.

MAMÁ: Oye, ¿y tus amigos _____[5] jugar al Monopolio tan bien como tú?

LUCÍA: Sí, ellos también _____,[6] pero no jugamos mucho, solo a veces cuando hace mal tiempo. Cuando hace buen tiempo mis amigos y yo preferimos jugar al fútbol y al tenis.

MAMÁ: Pero, Lucía, ¿tú _____[7] jugar al tenis?

LUCÍA: Bueno, (yo) no _____[8] jugar muy bien, pero juego. Lo bueno de este club de amigos es que todos nosotros _____[9] hacer actividades diferentes y aprendemos unos de otros.[c]

MAMÁ: Muy bien, hija. Bueno, hablamos este fin de semana. Ya _____[10] tú que los sábados yo te llamo.

LUCÍA: Sí, mami. ¡Hasta el sábado!

[a]*Great*   [b]*A... Let's see*   [c]*unos... from each other*

F. Los planes de trabajo. Algunos amigos del club conversan sobre sus planes de trabajo después de terminar la universidad. Completa el diálogo con las formas correctas de **saber** y **poder**.

LUCÍA: Chicos, ¿ _____[1] todos ustedes lo que van a hacer después de terminar la carrera? ¿Piensan volver a sus países?

CAMILA: La verdad, no _____[2] qué voy a hacer. Si[a] _____[3] quedarme aquí en Estados Unidos por un tiempo, voy a trabajar. ¿Y tú, Lucía?

LUCÍA: Mi familia _____[4] que yo quiero terminar la maestría[b] aquí en Estados Unidos y después, si _____[5] encontrar un trabajo en mercadotecnia en este país, pienso trabajar unos años. Pero si no _____[6] encontrar un buen trabajo, vuelvo a Chile. En Chile, si tú _____[7] hablar español e inglés bien, al menos[c] (tú) _____[8] trabajar como profesor bilingüe en una academia. ¿Y tú, Ana Sofía?

ANA SOFÍA: Bueno, yo no _____[9] qué voy a hacer después de terminar los estudios tampoco pero ahora que preguntas... Radamés, tú y yo _____[10] tocar bien la guitarra, pienso que _____[11] darles clases de guitarra a los niños. ¿Qué crees[d]?

RADAMÉS: ¡Es una idea excelente, Ana Sofía! ¡Claro que _____[12] (tú y yo)! Si los niños _____[13] venir a mi casa o a la tuya, (nosotros) _____[14] darles clases. ¡Qué bien!

LUCÍA: ¡Creo que este club de amigos va a estar aquí por muchos años! ¡Chao, amigos! Tengo clase, nos vemos más tarde.

[a]*If* [b]*master's degree* [c]*al... at least*

El empleo

Lee *Gramática 6.4*

G. Los empleos y sus obligaciones. Mira los dibujos y luego completa las oraciones sobre las obligaciones de estas personas. Usa una expresión de obligación y las frases apropiadas de la lista. Escribe las obligaciones en el orden que aparecen en los dibujos. **OJO:** Vas a usar todas las actividades de la lista.

EXPRESIONES DE OBLIGACIÓN: deben, debes, necesita, tenemos que, tengo que

ACTIVIDADES

arreglar el salón de clase	jugar con el gato que está enfermo
atender a los pacientes cuando llaman	lavar la ropa
bañar a los animales	lavar los platos
charlar con los clientes	*limpiar las mesas*
calificar la tarea	limpiar las ventanas
darle la medicina a una paciente	pasar la aspiradora
darles medicinas a los animales cuando	pasear a los perros
la necesitan	preparar las lecciones
enseñar a los niños	*recoger los platos y llevarlos a la cocina*
escuchar a la paciente y tomar apuntes para	*servirles la comida a los clientes*
dárselos al médico	tomarle la presión al paciente
informar al médico	

MODELO: Los meseros *deben servirles la comida a los clientes, charlar con los clientes, recoger los platos y llevarlos a la cocina y limpiar las mesas.*

La maestra

1. Esta semana, la maestra _____

El enfermero

2. Como enfermero, yo _____

Pablo, asistente de veterinario

3. LUCÍA: Pablo, son muchas tus obligaciones como asistente de veterinario; tú _____

_____

Los empleados de la compañía de limpieza

4. Nosotros, los que trabajamos para una compañía de limpieza (*cleaning*) de casas, _____

_____

_____

H. Anuncios de empleo. Lee estos anuncios de empleo de un periódico chileno. Luego, usa palabras de la lista para escribir la información que falta (*is missing*): la profesión y las obligaciones o la experiencia necesaria para cada trabajo. **OJO:** Hay palabras extra.

abogado/a	defender a los	enfermero/a	obrero/a industrial
bombero	acusados	enseñar en una	peluquero/a
cajero/a	dependiente/a	academia	profesor(a)
chofer	diseñar (*design*)	ingeniero/a	reparar carros y
cortar el pelo	estructuras	mecánico	autobuses
	grandes	mesero/a	tomarles la presión

Anuncios de empleo

1

Empleo de media jornada en el Hospital Valparaíso. La persona interesada tiene que saber

_____ **2**

y darles las medicinas a los pacientes. Por favor, enviar currículum vitae a: Ibsen s/n, San Roque, Valparaíso, Valparaíso, 2340000 Chile

3

Empleo en Santiago. Se necesita una persona bilingüe para

_____ **4**

Requisito: La persona interesada debe tener experiencia previa en el salon de clase. Sueldo por hora.

5

Empleo de jornada completa en un taller de reparaciones de Iquique. Se necesita persona para

_____ **6**

Buen sueldo.

7

Empleo de jornada completa en una peluquería de Concepción. La persona interesada tiene que saber

_____ **8**

9

Empleo de jornada completa en compañía de Valdivia. La persona interesada necesita saber

_____ **10**

como el puente[a] Golden Gate de San Francisco y construcciones similares. Enviar currículum vitae por correo electrónico a: trabajo@ empresasdechile.cl

11

Empleo de jornada completa en Santiago. La persona interesada tiene que ir a los tribunales para

_____ **12**

Excelente sueldo.

[a]*bridge*

En resumen

I. Las habilidades y el trabajo. Completa cada oración con una de las oraciones en la lista. **OJO:** Hay oraciones extra.

a. pueden ser enfermeras
b. puedo ser electricista
c. puedo estudiar para ser abogado
d. puedes ser una buena doctora

e. no puedo ser secretaria
f. puedes reparar autobuses también
g. no puede estudiar para ser ingeniero
h. podemos trabajar como maestros bilingües

_____ **1.** Si eres un mecánico excelente y sabes reparar carros bien, ...

_____ **2.** Si un estudiante no sabe hacer problemas de matemáticas muy bien, ...

_____ **3.** Las personas que saben tomar el pulso, ...

_____ **4.** Si nosotros podemos hablar bien inglés y español, ...

_____ **5.** Si eres una buena estudiante y sabes mucho de anatomía, ...

_____ **6.** Si (yo) no soy organizada, ...

Exprésate

Escríbelo tú

Tu empleo

Contesta las preguntas de la tabla para escribir una descripción bien organizada de tu empleo. Si no tienes empleo ahora, describe tu empleo ideal. Luego, escribe la composición.

Yo trabajo de (*profesión/oficio*).			
Tipo de trabajo	Horario	¿Es tu trabajo de jornada completa o de media jornada?	
		¿Cuál es tu horario? (¿A qué hora entras? ¿A qué hora sales?)	
	Sueldo	¿Es bueno el sueldo?	
Obligaciones	¿Cuáles son tus obligaciones?		
	¿Qué tienes que hacer todos los días? ¿Debes hacer lo mismo (*the same thing*) todos los días?		
	¿Necesitas hablar con los clientes o con tus colegas?		
Opinión	¿Es agradable o desagradable el trabajo?		
	¿Qué aspectos del empleo te gustan más? Descríbelos.		
	¿Hay cosas que no te gusta hacer? Da ejemplos.		
	En general, ¿crees que es un empleo interesante? Explica.		
	¿Es agradable tu jefe? Explica.		

_____

_____

_____

_____

_____

_____

_____

Enlace auditivo

Pronunciación y ortografía

Ejercicios de pronunciación

Consonants: p; t; c + a, o, u; and qu + e, i*

The following consonants are pronounced with the mouth very tense: **p; t; c** before **a, o,** and **u;** and **qu** before **e** and **i.** In English these consonants are often pronounced in a more relaxed fashion and with a small explosion of air; no such explosion of air occurs in Spanish. Note also that the Spanish **t** is pronounced with the tip of the tongue touching the back of the upper teeth, whereas the English *t* is pronounced with the tongue further back, on the alveolar ridge, which is just behind the front teeth and in front of the palate.

A. Listen to the following words in English and Spanish. Notice the difference in tension when the same consonant is pronounced in each language.

ENGLISH	SPANISH	ENGLISH	SPANISH	ENGLISH	SPANISH
patio	patio	*taco*	taco	*casino*	casino
papa	papá	*tomato*	tomate	*capital*	capital

B. Listen and then pronounce the following words with your tongue and mouth tense, avoiding any escape of extra air.

p	pelo, piernas, piso, pizarra, planta, plato, puerta, pequeño, Perú, perro, padre, poco, precio, país
t	texto, tiza, traje, tiempo, teatro, televisión, trabajo, tocar, tomar, tenis
c + a, o, u	cabeza, castaño, corto, café, camisa, corbata, cuaderno
qu + e, i	qué, quién, quiero, quince

C. Listen and repeat the following sentences, concentrating on the correct pronunciation of **p, t, c,** and **qu.**

1. El pelo de Omar es muy corto.
2. La camisa de Rodrigo es de color café.
3. Camila tiene un traje de tenis nuevo.
4. ¿Quién tiene una corbata nueva?
5. Eloy tiene un carro pequeño.

Ejercicios de ortografía

I. *The Letters c and q.* The letter **c** followed by **a, o,** or **u** and the letters **qu** followed by **e** and **i** are both pronounced with the sound of the letter *k.* Only foreign words in Spanish are written with the letter *k.*

Listen and write the words or phrases you hear. Be careful to use the letters **c** and **qu** correctly.

1. _____
2. _____
3. _____
4. _____
5. _____

6. _____
7. _____
8. _____
9. _____
10. _____

II. *Separating Diphthongs.* A diphthong is when a strong vowel (**a, e, o**) falls next to a weak vowel (**i, u**) and they blend to form a single syllable. For example, the strong–weak combination **-ai-** is pronounced *ay* and the weak–strong combination **-ua-** is pronounced *wa.* In Spanish, when the vowels are pronounced as *separate* syllables, you must write an accent on the weak vowel, as with the words **María, frío, gradúo** (*I graduate*) and **grúa** (*tow truck*). When writing the accent mark on the **i,** the accent mark takes the place of the dot: **í.**

---

*For more practice with the pronunciation of these consonants, you may wish to review the **Pronunciación y ortografía** section of **Capítulo 1** of this *Cuaderno de actividades.*

A. Listen and write the following words with an accent mark on the **i.**

1. _____   5. _____   9. _____

2. _____   6. _____   10. _____

3. _____   7. _____

4. _____   8. _____

B. Look at the words in the list. Then, listen and write the words with an accent mark on the **u.**

actúo (*I act*)   **ataúd** (*coffin*)   **continúo** (*I continue*)   **gradúo**   **Raúl**   **reúnen** ([*they /you pol.*] *gather*)

1. _____   3. _____   5. _____

2. _____   4. _____   6. _____

Actividades auditivas

A. **La casa nueva.** Juan Pablo Molina Guerra e Iris Serrano Villegas, los padres de Lucía, están construyendo una casa nueva en Valparaíso, Chile. En este momento la casa está casi terminada. Ahora Juan Pablo e Iris están hablando con el supervisor del proyecto. Escucha la conversación.

Vocabulario de consulta

construyendo	building
terminada	finished
los dueños	owners
¿En qué puedo servirles?	How may I help you?
los muebles	furniture
la cocina	kitchen
la sala	living room
quisiera	I would like to
Sí, cómo no.	Yes, of course.

Lugar mencionado

Valparaíso *Ciudad y puerto* (port) *en el centro de Chile, a aproximadamente 120 kilómetros al oeste de Santiago, la capital del país. Es famosa por su cultura bohemia, sus casas de colores alegres y sus hermosas (muy bonitas) vistas del mar.*

Completa cada oración con una palabra de la lista. **OJO:** Hay palabras extra.

cables	**electricista**	**muebles**	**reparando**	**techo**
construyendo	**instalando**	**plomero**	**supervisor**	**tubería**

1. Roberto García López es el _____ de la construcción.

2. Cuando el señor Molina primero ve la casa, no puede hablar con el plomero porque el plomero está ocupado. Está _____ la tubería en la cocina.

3. El señor Molina no puede hablar con el electricista tampoco porque el electricista está _____ unos cables eléctricos.

4. El señor Molina y su esposa no pueden ver la sala porque los obreros están trabajando en el _____ y es peligroso.

5. Por la tarde, el electricista está instalando los _____ en el techo.

6. El señor Molina puede hablar con el _____ finalmente.

B. Clases y planes. Lucía piensa ir a Costa Rica en verano para visitar a su amigo Juan Fernando. Escucha la conversación por Facetime de estos dos amigos.

Vocabulario de consulta

maestría	master's (degree)
me gustaría	I would like
propia	own
especies en peligro de extinción	endangered species
un abrazo	(sending you) a hug

Lugares mencionados

Monteverde	*Un pueblo* (town) *en Costa Rica famoso por su reserva biológica en un bosque nubloso* (cloud forest).
Tortuguero	*Un parque nacional costarricense en la costa atlántica, famoso por el desove de tortugas* (turtle egg-laying).

Indica las respuestas correctas.

1. ¿Qué tiene Lucía este semestre?

   a. dos clases   **b.** una maestría   **c.** tres clases   **d.** una clase de química

2. Las clases favoritas de Juan Fernando son las de...

   a. historia   **b.** matemáticas   **c.** mercadotecnia   **d.** química

3. ¿Qué tiene Juan Fernando del dos al catorce de julio?

   a. clases   **b.** vacaciones   **c.** exámenes finales   **d.** tareas

4. Lucía tiene exámenes finales en...

   a. mayo   **b.** julio   **c.** enero   **d.** marzo

5. Las clases en la Universidad de Costa Rica, donde estudia Juan Fernando, empiezan en...

   a. julio   **b.** marzo   **c.** enero   **d.** mayo

6. En julio, Brian, el novio de Lucía, quiere visitar...

   a. Costa Rica   **b.** Estados Unidos   **c.** Berkeley   **d.** Chile

7. Lucía quiere visitar Monteverde pero Brian prefiere ir a Tortuguero. ¿Qué solución ofrece Juan Fernando?

   a. visitar Chile primero   **c.** visitar Tortuguero y Monteverde
   b. ir a Monteverde solamente   **d.** ir a Tortuguero solamente

8. Lucía y Juan Fernando van a...

   a. llamar a Brian mañana   **c.** hablar en junio para hacer planes
   b. viajar a Costa Rica solos   **d.** hacer planes para el verano hoy

Videoteca

Amigos sin Fronteras

Episodio 6: Un disfraz para Halloween

Resumen. Ana Sofía, Radamés y Claudia van a la casa de Sebastián. Allí seleccionan disfraces para Halloween y se los ponen. Los disfraces son de Daniel, el compañero de Sebastián. Hay varios disfraces de profesiones y oficios: policía, deportista, cocinero, enfermera... ¡y también de Elvis Presley! Al final, cada uno termina con el disfraz perfecto.

SEGMENTO 1

Preparación para el video

Vocabulario de consulta

disfraz/disfraces	costume(s)
nos permite usarlos	he lets us use them
¿estás seguro...?	are you sure...?
adelante	come on in

©McGraw-Hill Education/Kilic Video Productions

A. **¡Comencemos!** Mira la foto y contesta las preguntas.

1. ¿Qué le pasa (*What's wrong with*) a Ana Sofía? ¿Qué tiene ella?

   a. tiene hambre   **b.** tiene frío   **c.** tiene sueño

2. ¿Dónde están Radamés, Ana Sofía y Claudia?

   a. en la calle   **b.** en una casa   **c.** en el gimnasio

B. **Otros nombres.** Algunos amigos del club usan nombres más cortos y familiares en ocasiones. Empareja cada nombre con su forma corta.

_____ **1.** Sebastián   **a.** Danny

_____ **2.** Daniel   **b.** Nacho

_____ **3.** Ignacio   **c.** Sebas

Comprensión del video

C. **Detalles.** Completa cada oración con información de la lista.

el tío de Daniel	**los disfraces**	**tiene espacio**	**un teatro**
le gustan	**Sebastián**	**tiene frío**	

1. _____ le da los disfraces viejos a Daniel.

2. El tío de Daniel trabaja en _____.

3. Daniel tiene muchos disfraces en casa porque _____ y _____.

4. Ana Sofía tiene prisa por llegar porque _____.

5. _____ abre la puerta de su casa e invita a entrar a sus amigos.

6. Los amigos se reúnen en la casa de Sebastián para seleccionar y usar _____

   de Daniel.

SEGMENTO 2

Preparación para el video

Vocabulario de consulta

disfrazarse	to dress up (in a costume/disguise)
Chévere	Great, Cool (*Caribe, coll.*)
recuerden	remember
¿Dónde tengo la cabeza?	What was I thinking? (*Lit.,* Where is my head?)
busquemos	let's look for...
voy/vas de	I'm/you're going (dressed) as (a)
acha	girlfriend! (*Spain, short for* **muchacha**)
culpable	guilty

©McGraw-Hill Education/Kilic Video Productions

D. ¡Comencemos! Contesta las preguntas.

1. ¿Te gusta disfrazarte (*disguise yourself*) en Halloween?

_____

2. ¿Qué disfraces usas/tienes?

_____

E. ¿Qué profesión? Empareja cada profesión u oficio con la actividad correspondiente.

_____ **1.** bombero   **a.** apagar incendios

_____ **2.** cocinero/a, chef   **b.** arrestar a los criminales

_____ **3.** deportista   **c.** tocar un instrumento musical

_____ **4.** músico   **d.** cocinar

_____ **5.** enfermera   **e.** hacer ejercicio, correr, ...

_____ **6.** juez   **f.** tomar la presión de los enfermos

_____ **7.** policía   **g.** tomar decisiones importantes

Comprensión del video

F. El episodio. Indica las ideas que aparecen en este episodio.

☐ **1.** Los amigos compran los disfraces de Daniel.
☐ **2.** A Claudia le gustan los disfraces hawaianos para Halloween.
☐ **3.** Radamés va a disfrazarse de músico famoso.
☐ **4.** Ana Sofía quiere disfrazarse de princesa.
☐ **5.** Los amigos piensan que Claudia no debe disfrazarse de policía ni de bombero.

G. Algunos detalles. Empareja cada amigo del club con el disfraz que va a usar, según el video.

_____ **1.** Ana Sofía   **a.** policía   **e.** juez

_____ **2.** Claudia   **b.** cocinero/a, chef   **f.** (mujer) bombero

_____ **3.** Eloy   **c.** Elvis   **g.** médico loco / médica loca

_____ **4.** Radamés   **d.** princesa   **h.** enfermero/a

_____ **5.** Sebastián

H. Detalles. Contesta las preguntas.

1. Nombra tres de los disfraces que nadie selecciona.

_____

2. ¿Por qué no quiere Ana Sofía disfrazarse de princesa?

_____

3. Según Claudia, ¿qué debe aprender Radamés si quiere ser un buen Elvis?

_____

SEGMENTO 3

Preparación para el video

Vocabulario de consulta

¡Qué guay! ¡Qué chulo!	That's cool! (*Spain, coll.*)
me queda espectacular	it looks spectacular on me
te queda genial	it looks great on you
misión cumplida	mission accomplished
darle las gracias	to thank him
restorán	restaurante

I. **¡Comencemos!** Mira la imagen e indica la respuesta correcta.

©McGraw-Hill Education/Klic Video Productions

1. Radamés se disfraza de **(bombero / plomero / músico famoso)**.
2. Finalmente, Claudia selecciona el disfraz de **(policía / juez / princesa)**.
3. Sebastián se pone un disfraz de **(chef / médico / terapeuta)**.
4. Ana Sofía decide ponerse un disfraz de **(abogada / mesera / enfermera)**.
5. En la imagen, los amigos del club **(están contentos / están cansados / tienen frío)**.

Comprensión del video

J. **Algunos detalles.** Contesta las preguntas.

1. Algunos amigos del club no tienen disfraces aún. ¿Quiénes son?

   _____

2. ¿Qué van a hacer todos los amigos del club para darle las gracias a Daniel?

   _____

3. ¿Qué hacen después de seleccionar los disfraces?

   _____

4. ¿Quién quiere cocinar? ¿Están de acuerdo sus amigos?

   _____

Mi país

Chile

Preparación para el video

SEGMENTO 1

Vocabulario de consulta

conocer	to know, to meet	baile	dance (*n.*)
calles estrechas	narrow streets	al pie de	at the foot of
la luna	moon	pescar	to fish

A. **¡Comencemos!** Empareja cada foto con la leyenda correspondiente. Puedes consultar el **Vocabulario de consulta** si quieres.

a. un disfraz folklórico
b. una iglesia blanca en San Pedro de Atacama
c. la ciudad de Santiago al pie de los Andes

d. un concierto en un festival de música
e. montañas y la luna
f. humitas, una comida chilena típica

____ 1.　　　　　____ 2.　　　　　____ 3.

____ 4.　　　　　____ 5.　　　　　____ 6.

Comprensión del video

B. **¿Dónde están estos lugares?** Pon estos lugares en el lugar correspondiente.

San Pedro de Atacama   Santiago   Valle de la Luna   Valparaíso   Viña del Mar

Norte de Chile	Centro de Chile

C. **Detalles.** Completa cada oración con la(s) palabra(s) correcta(s) según el video.

_____ 1. Lucía va a viajar a Chile con su _____, Brian.

_____ 2. Quieren visitar Chile, pero no tienen mucho dinero
porque son...

_____ 3. Brian y Lucía solo pueden visitar _____ lugares
diferentes.

_____ 4. En _____ hay calles estrechas y casas blancas.

_____ 5. Santiago es _____ de Chile.

_____ 6. Santiago está al pie de...

_____ 7. El Festival Internacional de la Canción es uno de los
eventos más importantes de...

_____ 8. Valparaíso es un lugar excelente para...

_____ 9. _____ es un ejemplo de folclor tradicional chileno.

_____ 10. _____ son una comida típica de Chile.

a. estudiantes
b. la capital
c. la cueca
d. las humitas
e. los Andes
f. novio
g. pescar
h. San Pedro de
Atacama
i. tres
j. Viña del Mar

SEGMENTO 2

Vocabulario de consulta

islas	islands	**la Tierra**	Earth
estatuas de piedra	stone statues	**león marino**	sea lion
pies de alto	feet tall	**la ballena azul**	blue whale
los pingüinos	penguins		

Preparación para el video

D. **¡Comencemos!** Lee cada pregunta y responde adecuadamente.

1. En el hemisferio sur, los meses de diciembre a febrero son...

    a. primavera   b. verano   c. otoño   d. invierno

2. Escribe el nombre de cada animal debajo de su foto. Puedes consultar el **Vocabulario de
    consulta** si quieres.

    ballena azul   león marino   pingüinos

a. _____

b. _____

c. _____

a: ©Getty Images; b: National Oceanic and Atmospheric Administration (NOAA), U.S. Department of Commerce; c: ©Purestock/SuperStock

Comprensión del video

E. **Ideas generales.** Indica cuatro de las ideas que aparecen en este segmento del video.

☐ **1.** Lucía habla de los moáis, en la Isla de Pascua.

☐ **2.** Vemos una arquitectura muy interesante, los palafitos.

☐ **3.** Las Torres de Paine están en Santiago.

☐ **4.** Vemos el lugar más frío y seco de la Tierra.

☐ **5.** La familia de Lucía vive en la Antártica Chilena.

☐ **6.** La ballena azul vive en la Antártica Chilena.

©Tim Draper/Getty Images

F. **¿Qué es típico en cada lugar?** Empareja cada descripción o atracción con el lugar correspondiente.

_____ **1.** el lugar más frío y seco de la Tierra

_____ **2.** lugar donde es fácil ver al animal más grande del mundo, la ballena azul

_____ **3.** las Torres del Paine, unas montañas chilenas

_____ **4.** los moáis, unas estatuas de piedra muy famosas

_____ **5.** los palafitos, unas casas con una arquitectura muy interesante

_____ **6.** lugar donde viven más pingüinos que personas

a. la Antártica Chilena

b. Isla de Pascua o Rapa Nui

c. Islas del Archipiélago de Chiloé

d. Patagonia

¡A leer!

¿Sabías que... ?

El castellano* de Chile

¿Sabías que en algunos países de Sudamérica las personas dicen «castellano» para hablar del idioma español? Hay variantes del castellano de Sudamérica que son muy interesantes. Por ejemplo, en Chile, los amigos se hablan con una forma del verbo que corresponde a **vos.** En la tabla, puedes ver las diferencias entre[a] el **vos** de Chile, el **vos** de Argentina y el **tú** de México.

	pensar	**correr**	**salir**
Chile **(tú, vos)**	pensái	corrí(s)[†]	salí(s)[†]
Argentina **(vos)**	pensás	corrés	salís
México **(tú)**	piensas	corres	sales

En general, los chilenos de clase media[b] combinan el pronombre[c] **tú** con la forma del verbo de **vos** (¿Cuándo salís **tú?**) mientras que[d] usan el pronombre **vos** mayormente[e] en situaciones muy informales. El castellano chileno también tiene un vocabulario único.[f] Para preguntar «¿Entiendes?», se dice «¿Cachái?» (del verbo **cachar**). Un amigo es **un(a) yunta** y una fiesta es **una farra.** Se dice «**loco**[g]» para hablarle a un buen amigo: Loco, «¿vení mañana a jugar fútbol con nosotros?»

[a]*between* [b]*de... middle-class* [c]*pronoun* [d]*mientras... while* [e]*primarily* [f]*unique* [g]*crazy (person)*

(Continúa)

*****Castellano** literally means *Castilian,* after the region of Spain, Castile, where the language we refer to as *Spanish* originated. Most South American speakers prefer this over **español** to refer to the Spanish language.

[†]Generally the final **-s** is not pronounced in Chilean Spanish.

Hay dos idiomas indígenas que contribuyen al castellano de Chile: el quechua y el mapuche. Del quechua vienen **guagua** (bebé), **chupalla** (sombrero) y **taita** (padre), y del mapuche tenemos **pilcha** (ropa), **pololo/a** (novio/a) y **poncho.**

El español chileno tiene su toque[h] especial, pero como en muchos países de Sudamérica, para decir «adiós» usan una palabra italiana: **¡chao!**

[h]*touch*

Comprensión

1. El castellano es otra palabra para...

   a. el español de Chile   **b.** el idioma español   **c.** el español de España

2. En Chile hay muchas palabras de estos dos idiomas indígenas.

   a. guaraní y maya   **b.** quechua y aimara   **c.** mapuche y quechua

3. En Chile para decir «novio/a» dicen...

   a. pololo/a   **b.** guagua   **c.** pilcha

Conexión cultural

Las peñas chilenas y la Nueva Canción

Vocabulario de consulta

público	audience
dentro y fuera	inside and outside
fueron	they were
los años sesenta y setenta	the '60s and '70s (decades)
compromiso	commitment
sótanos	basements
velas	candles
cantautores	singer-songwriters
grabados	recorded

Una peña es una reunión social que incluye un **público,** cantantes, poetas, bailarines y orquestas folclóricas. La palabra *peña* viene del mapundungun, el idioma de los indios mapuches. En esa lengua, *peñi* quiere decir «hermano» y *peñalolén* es una reunión entre hermanos. Las peñas chilenas todavía existen **dentro y fuera** de Chile, pero **fueron** más comunes e importantes en **los** turbulentos **años sesenta y setenta.** Tienen una historia interesante dentro del movimiento socialista de esas décadas.

Las peñas son eventos de diversión pero con énfasis en la cultura y el **compromiso** social. Las reuniones son en lugares pequeños como, por ejemplo, los **sótanos** de restaurantes. Hay música, bailes folclóricos, canciones y poesía. El público bebe vino y come empanadas a la luz de las **velas.** A veces, los artistas invitan al público a participar espontáneamente con algún número artístico. Las peñas se asocian generalmente con la música de protesta: grupos de estudiantes o de obreros, por ejemplo.

©AP Photo

Víctor Jara, cantautor de la Nueva Canción Chilena

Una de las peñas folclóricas más conocidas en Santiago, la capital de Chile, es la Peña de los Parra, de la década de los sesenta y principios de los setenta. En esta peña participan varios reconocidos **cantautores** de la Nueva Canción Chilena,* Víctor Jara,† Patricio Manns y Violeta Parra.‡ La dictadura militar de Augusto Pinochet,§ al principio de su régimen, cierra esta y otras peñas. Pero las peñas continúan en centros chilenos del exilio, en España y Portugal.

Hoy en día, varios cantantes jóvenes chilenos mantienen viva la tradición musical de las peñas, especialmente el estilo y el mensaje de la Nueva Canción Chilena. Entre estos jóvenes está Nano Stern (1985–), cantautor muy popular en Latinoamérica y Europa, quien toca varios instrumentos —la guitarra, el violín, el piano— y tiene ya ocho álbumes **grabados**. También está Chinoy (1982–), guitarrista y cantautor a quien mucha gente compara con Bob Dylan. Estos cantautores admiten la influencia importante de Víctor Jara y Violeta Parra en sus canciones. Como Jara y Parra, promueven las causas sociales justas con su música.

Comprensión

1. Una peña es...

   a. una roca   **b.** un restaurante   **c.** una reunión social   **d.** una orquesta

2. En la lengua de los indios mapuches, *peñalolén* quiere decir...

   a. reunión de amigos   **c.** reunión entre hermanos
   b. peña chilena   **d.** mapundungun

3. Las peñas son eventos de diversión pero con énfasis en...

   a. la comida y la bebida   **c.** los bailes modernos
   b. la música electrónica   **d.** la cultura y el compromiso social

4. Las peñas son reuniones sociales que generalmente se asocian con...

   a. el gobierno   **c.** la música de protesta
   b. grupos de militares   **d.** las escuelas públicas

5. ¿Qué o quién cierra la Peña de los Parra?

   a. la cantante Violeta Parra   **c.** la Nueva Canción
   b. la dictadura de Augusto Pinochet   **d.** un cantautor famoso

6. Cuando cierran la Peña de los Parra, las peñas continúan en...

   a. Italia y Francia   **c.** México y Puerto Rico
   b. Estados Unidos   **d.** España y Portugal

7. A este cantautor chileno lo comparan con Bob Dylan.

   a. Nano Stern   **b.** Augusto Pinochet   **c.** Chinoy   **d.** Patricio Manns

8. Nano Stern es un músico muy popular. Tiene _____ álbumes.

   a. cinco   **b.** ocho   **c.** diez   **d.** tres

---

*Nueva Canción** was a musical movement in Chile in the 1970s. It ended in the mid '70s when many of the musicians were forced into exile by the military regime.

†Víctor Jara (1932–1973) was a Chilean musician, singer-songwriter, and theater director who was tortured and killed by Chile's military regime shortly after the 1973 coup d'etat.

‡Violeta Parra (1917–1967) was a famous Chilean singer-songwriter.

§General Augusto Pinochet (1915–2006) led a military coup to overthrow democratically elected president Salvador Allende in 1973 and ruled as a dictator in Chile until 1990.

Galería

Chile

La Isla (*Island*) de Pascua (Rapa Nui) es un gran atractivo (*attraction*) turístico en medio del océano Pacífico, con volcanes apagados (*dormant*) y grandes enigmas, como los moáis, unas esculturas enormes.

Mucha gente dice que Chile es un «país de poetas». ¡Y es verdad! Entre los poetas más famosos están dos Premios (*Prizes*) Nobel de Literatura, Gabriela Mistral y Pablo Neruda.

Valle de la Luna (*moon*), en el desierto de Atacama: Si estás en el norte de Chile, te recomendamos ir en bicicleta desde el precioso pueblo de San Pedro de Atacama hasta este desierto impresionante. ¡Va a ser una experiencia única!

La isla de Chiloé tiene muchos palafitos, que son casas en pilotes (*pilings*) sobre el agua; también tiene iglesias de madera (*wood*). Es una arquitectura fascinante.

A. **Comprensión.** Indica la palabra correcta para completar cada oración.

1. Mistral y Neruda son **(museos / pueblos / poetas / desiertos)** chilenos.
2. Las moáis son **(iglesias / esculturas / volcanes / casas)** en **(Chiloé / San Pedro / Isla de Pascua / Atacama)**.
3. Los palafitos son **(iglesias de madera / esculturas / asas / museos)** en la isla de **(Chiloé / Pascua / San Pedro / Santiago)**.

B. **Un toque creativo.** Escoge *tres* palabras interesantes de las leyendas y escribe una oración con cada una. Por ejemplo, puedes decir por qué te gusta esa palabra o, si es un lugar, qué haces en ese lugar.

_____

_____

_____

Los lugares y la residencia 7

¡A escribir!

La casa y los cuartos

Lee *Gramática 7.1, 7.2*

A. Dos casas diferentes. Usa la información de la tabla para completar las comparaciones entre la casa de los Fernández Saborit y la casa del señor Rivero. Usa **más... que, menos... que** y **tan/tanto/tantos/tantas... como. OJO:** Haz los cambios necesarios a los adjetivos. Sigue los modelos.

La casa de los Fernández Saborit

cinco ventanas panorámicas
tres camas grandes
cocina: cuatro alacenas
comedor elegante: cuatro sillas
tres dormitorios
cuatro baños
dos árboles
sala: cuatro cuadros modernos
sala: dos mesitas

La casa del señor Rivero

cinco ventanas panorámicas
una cama grande
cocina: cinco alacenas
comedor elegante: dos sillas
un dormitorio
un baño
cuatro árboles
sala: dos cuadros modernos
sala: una mesita

MODELOS: **dormitorios:** La casa de los Fernández Saborit tiene *más dormitorios que* la casa del señor Rivero.

cuadros: La sala del señor Rivero tiene *menos cuadros modernos que* la casa de los señores Fernández Saborit.

mesitas en la sala: La sala del señor Rivero no tiene *tantas mesitas como* la sala de los Fernández Saborit.

1. **alacenas:** La casa de los Fernández Saborit tiene _____ _____ _____ la casa del señor Rivero.

2. **sillas:** El comedor del señor Rivero no tiene _____ _____ _____ el comedor de los Fernández Saborit.

3. **comedor / elegante:** El _____ de la casa del señor Rivero es _____ _____ el _____ de la casa de los Fernández Saborit.

4. **cuadros / moderno:** La casa del señor Rivero no tiene _____ _____ _____ la casa de los Fernández Saborit.

5. **camas / grande:** La casa de los Fernández Saborit tiene _____ _____ _____ la casa del señor Rivero.

6. **ventanas / panorámico:** La casa de los Fernández Saborit tiene _____ _____ _____ la casa del señor Rivero.

B. ¿Cuánto cuestan las casas? Estas de Colombia y de Panamá están de venta. Escribe el precio (usando palabras) de cada casa. **OJO:** Panamá: el dólar = el balboa, Colombia: $1.00 (dólar estadounidense) = $2.911,53 (pesos colombianos). Los colombianos usan el mismo signo ($) para pesos que en los Estados Unidos se usa para el dólar.

MODELO: Altos de Santa María ➜

Cuesta cuatrocientos noventa y nueve mil balboas.

Casa de estilo rústico, pero con cocina y baños modernos, piscina, tres dormitorios, dos baños y medio, hermosos jardines, dos estacionamientos
B/. 499.000,00

CASAS EN PANAMÁ

1. Ciudad de Panamá (Santa María)

Condominios de lujo, 41 pisos, salón de fistas, piscina para adultos, piscina para niños, terraza techada, cancha de tenis, salón de juegos, dos dormitorios, dos baños, sala, cocina, balcón.
B/. 634,000.00

Cuesta _____

_____

3. Mirador del Lago, Las Cumbres, Ciudad de Panamá

Casa particular casi nueva (tres años). Dos pisos, tres dormitorios, tres baños más un medio baño, cocina moderna, sala-comedor, pequeña oficina, lavandería, dos estacionamientos B/. 390.000,00

Cuesta _____

_____

CASAS EN COLOMBIA

2. Brisas de Golf, San Miguelito

Grupo residencial Montblanc Canchas, juegos para niños, piscina, tres dormitorios amplios, cuatro baños, cocina moderna con mucha luz, sala, comedor, sala de familia en planta alta, dos estacionamientos. B/. 418.000

Cuesta _____

_____

4. Cali, Colombia

Dos pisos, cuatro dormitorios, cuatro baños, sala, comedor, lavandería, jardín, balcones, hermosa vista, cochera para dos coches. $999.840.000

Cuesta _____

_____

5. Medellín, Colombia

Dos pisos, cuatro dormitorios, tres baños, sala-comedor, lavandería, tanque de agua, jardín $588.999.700,00

Cuesta _____

_____

6. Bogotá, Colombia

En el centro: dos pisos, tres dormitorios, balcón, dos baños, cochera, sala, comedor, cocina moderna $365.696.802,00

Cuesta _____

El vecindario y los lugares

Lee *Gramática 7.2, 7.3*

C. ¿Qué sabes? ¿Qué y a quién conoces? Completa cada pregunta con el verbo apropiado para indicar lo que sabes (información), lo que conoces (lugares) y a quién conoces (personas).

> MODELO: *¿Sabes* si el aeropuerto de Bogotá (El Dorado) es internacional?

1. ¿ _____ cómo es el pan de la panadería de la esquina?

2. ¿ _____ al chofer del autobús?

3. ¿ _____ cómo se llama la gasolinera más cercana?

4. ¿ _____ al mesero de tu restaurante preferido?

5. ¿ _____ a qué hora cierran el centro comercial?

6. ¿ _____ el Hospital Universitario San Ignacio de Bogotá?

7. ¿ _____ dónde está la iglesia?

8. ¿ _____ la discoteca nueva del centro?

9. ¿ _____ la playa de Bocagrande de Cartagena?

10. ¿ _____ cuánto cuesta una entrada en el Cine Multiplex?

11. ¿ _____ a la profesora de geografía de la universidad?

12. ¿ _____ si la panadería está cerca de la oficina correos?

D. El vecindario de los Ramírez Ovando (Los Ángeles, California). Lee la descripción del vecindario de los padres de Eloy (los Ramírez Ovando) y complétala con las palabras de la lista.

aeropuerto internacional	**gimnasios**
apartamento	**mercados**
bares	**museos**
bibliotecas	**panaderías**
cine	**tiendas de ropa**
discotecas	**un jardín muy pequeño**
edificio de varios pisos	**una oficina de correos**

El vecindario donde viven mis padres es multicultural y allí se puede hacer una gran variedad de actividades si manejas unos diez minutos. Por ejemplo, se pueden comprar comida fresca y bebidas en diferentes _____,[1] y pan y pasteles en varias _____ .[2] Pero lo mejor es que se pueden comprar productos de diferentes países del mundo en muchas tiendas. Mis padres viven en un barrio residencial cerca de un gran centro comercial. Dentro del centro comercial se puede ir al _____[3] para ver una película o se puede comprar ropa en muchas de las _____[4] que hay. Al ser[a] un barrio residencial, no hay lugares para bailar, es decir, no hay _____,[5] ni hay _____[6] donde beber alcohol en el vecindario. Pero muy cerca de su casa sí hay lugares para levantar pesas y hacer ejercicio: hay _____[7] particulares y de franquicias[b]. A unos quince minutos en carro, hay _____[8] muy grande donde se pueden comprar estampillas y mandar cartas o paquetes. Mis padres y mis hermanos viven en una casa con _____[9] pero están contentos con su casa. Hay muchas familias que viven en un _____[10] pequeño en un _____[11] y, en algunos casos, sin ascensor. Cerca del vecindario de mis padres hay varias escuelas públicas y _____[12] donde las personas pueden buscar información y sacar libros. Muchas veces, los chicos de las escuelas visitan algunos de los _____[13] que hay en la ciudad y allí ven diferentes exhibiciones de arte. Lo mejor de este vecindario es que está cerca del _____[14] LAX y eso es muy conveniente para salir de viaje o recibir amigos y familia.

[a]Al... *Since it is*   [b]*franchises*

Las actividades domésticas

E. **Responsabilidades en casa** Camila y Nayeli son compañeras de casa y conversan sobre los queha-
    ceres domésticos y las responsabilidades que tienen. Completa la conversación con las formas
    adecuadas de **tener que, deber** y **necesitar.** Es buena idea repasar la **Gramática 6.4** del texto.

CAMILA: Buenos días, Nayeli. ¿Quieres café?

NAYELI: ¡Buenos días! Ummm, café, ¡qué rico! Oye, ¿qué piensas hacer hoy?

CAMILA: _____ (*Yo:* **Tener que**)[1] ir a comprar comida en el supermercado,

como[a] es mi responsabilidad. ¿Quieres venir?

NAYELI: No, mientras[b] tú vas al mercado, yo _____ (**deber**)[2] limpiar las

ventanas, aunque[c] no tengo ganas.

CAMILA: Es verdad. Por cierto, ¿qué días _____ (*yo:* **tener que**)[3] cocinar?

NAYELI: Los martes y los jueves. Y mientras tú cocinas, yo _____

(**necesitar**)[4] poner la mesa. Los días que cocinas, _____ (*yo:* **tener**

que)[5] lavar los platos también.

CAMILA: Claro, y cuando tú cocinas los lunes y miércoles, yo pongo la mesa y lavo los platos.

Y ya que[d] hablamos de quehaceres, ¿quién _____ (**deber**)[6] limpiar

los baños y sacar la basura?

NAYELI: A ver, tú no _____ (**deber**)[7] limpiar los baños; esa es mi responsa-

bilidad, pero tú sí _____ (**necesitar**)[8] sacar la basura. ¿Está bien?

CAMILA: Bueno, si no hay otra opción...

NAYELI: Y _____ (*nosotras:* **tener que**)[9] decidir quién va a pasar la aspiradora

una vez a la semana y quién _____ (**necesitar**)[10] regar las plantas

CAMILA: Yo prefiero regar las plantas. _____ (*Yo:* **Necesitar**)[11] relajarme y

esa actividad es perfecta.

NAYELI: Excelente. Entonces, yo _____ (**tener que**)[12] pasar la aspiradora.

CAMILA: ¡Qué bien! Creo que tenemos el plan perfecto.

[a]*since*   [b]*while*   [c]*although*   [d]*ya... since*

Actividades en casa y en otros lugares

Lee *Gramática 7.4*

F. Las actividades domésticas. Completa la tabla con las actividades que hacemos normalmente en cada cuarto. **OJO**: Usa la forma verbal que corresponde a **nosotros**. Mira los dos ejemplos en la tabla.

desayunar, almorzar y cenar
desempolvar
ducharse
jugar a las cartas con amigos
jugar juegos de mesa
lavar los platos
lavarse el pelo
limpiar las ventanas

limpiar el inodoro
ordenar la ropa del armario
pasar la aspiradora y barrer el piso
pasar tiempo con la familia y los amigos
poner y quitar la mesa
preparar el desayuno, la comida y la cena
tender la cama

EL DORMITORIO	LA COCINA	EL COMEDOR
_____ _____	_____ _____	_____ _____
LA SALA	**EL BAÑO**	**TODA LA CASA**
_____ _____	*nos lavamos el pelo* _____	*limpiamos las ventanas* _____

G. El último fin de semana de Radamés

Parte 1. Usa los siguientes verbos para completar la descripción del fin de semana de Radamés.

Vocabulario útil

charlar	estudiar	organizar	recoger
escribir	firmar (*to sign*)	practicar	tomar

El viernes pasado, Radamés _____[1] guitarra varias horas y luego

_____[2] una canción nueva para tocarla con Cumbancha. Más tarde,

_____[3] el desorden de su dormitorio y fue a un club nocturno para tocar con

Cumbancha. Al final del concierto, todos los músicos de Cumbancha les _____[4]

autógrafos a sus admiradoras:[a] las chicas del club de Amigos sin Fronteras. El sábado por la

mañana, después de desayunar, Radamés _____[5] un poco para sus clases y

más tarde fue al centro de estudiantes. Allí sus amigos y él _____[6] por varias

horas de diferentes cosas: de exámenes, de chicas, de conciertos, de música... Más tarde, esos

amigos del club y Radamés fueron[b] a la casa de Sebastián. Allí todos _____[7]

un buen café cubano y _____[8] una fiesta sorpresa para Nayeli.

[a]*fans* [b]*went*

Parte 2. Ahora usa la primera letra de cada verbo en el orden en que los escribiste en la descripción para descifrar (*decode*) un mensaje secreto.

El mensaje secreto: Para Radamés, ese fin de semana fue _____ _____ _____ _____ _____ _____ _____ _____
                                        1   2   3   4   5   6   7   8

H. El tercer cumpleaños de Ricardito. Rodrigo le está mostrando a su amigo Jorge unas fotos del día del tercer cumpleaños de su hijo Ricardito. Rodrigo le comenta cada foto. Combina las dos columnas para recrear la historia de ese día.

1.

2.

3.

4.

5.

6.

7.

8.

_____ **1.** El día del tercer cumpleaños de mi hijo Ricardito, (yo)...

_____ **2.** Después de desayunar, (yo)...

_____ **3.** Cuando llegó mi padre, él y yo...

_____ **4.** Luego, mi hermano Leyton y mi hermana Isabel...

_____ **5.** Finalmente, todos los invitados...

_____ **6.** A las cuatro en punto, mi hijo y yo...

_____ **7.** Ese día, Ricardito...

_____ **8.** Después de la fiesta de cumpleaños, (yo)...

a. recogí las cosas de la fiesta y **saqué** cuatro bolsas (*bags*) de basura gigantes.

b. me levanté temprano para preparar mi casa para la fiesta.

c. llegaron a la fiesta sorpresa: primos, tíos, abuelos y amigos.

d. barrí el patio de mi casa.

e. jugó con sus amigos en la fiesta y en el parque... ¡cuatro horas!

f. le **prepararon** a Ricardito un pastel de chocolate delicioso.

g. abrimos la puerta de la casa y en ese momento empezó la fiesta.

h. regamos las plantas del jardín.

En resumen

I. Mi vida en detalle. Selecciona *uno* de los temas siguientes. Sigue las instrucciones de ese tema para escribir un párrafo corto en el espacio de abajo. Usa el modelo como ejemplo.

1. **Tu cuarto favorito:** En tu casa o en la casa de tus padres, ¿cuál es tu cuarto favorito? ¿Por qué? ¿Cómo es ese cuarto? ¿Qué (objetos y muebles) hay en él? Si ese cuarto tiene ventanas, ¿qué ves cuando miras por las ventanas? ¿Qué te gusta hacer en ese cuarto?

2. **Tu vecindario y el vecindario de tu amigo/a:** Compara tu vecindario con el vecindario de un amigo / una amiga. Compara el número de vecinos o de casas (hay más/menos vecinos o casas), las casas (altas, bajas, caras, baratas, grandes, pequeñas), las escuelas (mejores, peores) y los jardines (árboles, arbustos, fuentes, estatuas). Habla de los edificios y de otras construcciones del vecindario y de qué se puede hacer en esos lugares.

3. **Las actividades diarias:** Seguro que hay actividades que te gusta mucho hacer y otras que no te gusta hacer pero que tienes que hacerlas porque son parte de tus obligaciones. Habla de las actividades que haces durante un fin de semana típico y de las obligaciones que tienes en casa (**tengo que, debo, necesito**). Di cuáles de las actividades te gustan y cuáles no te gustan.

4. **Hablando del pasado:** Piensa en tu último cumpleaños. Habla de todo lo que hiciste: a qué hora te levantaste; qué desayunaste, con quién y dónde; a quién viste ese día; con quién hablaste por teléfono; si te organizaron una fiesta, cómo fue, quién la planeó, quién asistió, qué regalos te dieron... ¡Da muchos detalles!

MODELO: *Mi cuarto favorito es la sala porque es muy cómoda y está al lado de la cocina. Hay dos sofás grandes y entre los dos sofás hay una mesita y una lámpara. Enfrente de los sofás tenemos un televisor en la pared y en el centro de la sala hay una alfombra roja y gris. En mi casa no hay chimenea pero no es necesaria porque nunca hace mucho frío en invierno. Al lado de un sofá hay una ventana gigante. Me gusta mucho sentarme en ese sofá para tomar café y mirar por la ventana, especialmente en primavera, porque puedo ver los árboles y los arbustos de mi jardín. ¡A veces, también veo animales!*

Tema: _____

_____

_____

_____

_____

_____

_____

_____

_____

Exprésate

Escríbelo tú

La casa ideal

Imagínate que puedes comprar la casa ideal. Describe bien la casa y el vecindario. ¿Dónde está la casa? ¿Cómo es el vecindario? ¿Qué lugares importantes hay en el vecindario? ¿La casa tiene jardín enfrente? ¿Cuántos pisos tiene? Describe los cuartos. ¿Cómo es la cocina? ¿Qué aparatos tiene? ¿La sala es grande? ¿pequeña? ¿espaciosa? ¿Cuántos dormitorios hay? ¿Cómo son los dormitorios? ¿Hay desván o sótano? ¿Hay más de un baño? ¿Tu casa ideal tiene terraza? ¿Tiene patio o jardín atrás? ¿Tiene cancha de tenis? ¿piscina? ¿Qué más hay en tu casa ideal? Incluye todos los detalles importantes. Usa la tabla para organizar tu descripción. ¡Sueña en grande!

el vecindario	¿Es para familias? ¿Es seguro? ¿Hay árboles, parque, piscina pública, banco, oficina de correos, mercados, tiendas, escuelas buenas, etcétera? ¿Hay poco o mucho tráfico?	Mi casa ideal está en un vecindario... Hay muchos/ pocos árboles. Hay también...
la casa en general	¿Es grande? ¿De qué color es? ¿Cuántos pisos tiene? ¿Tiene patio o jardín? ¿Cuántos cuartos hay? ¿Cuántos dormitorios, baños tiene?	La casa (no) es grande, ... Es... Tiene... Hay...
los cuartos	Describe los cuartos (la sala, el comedor, la cocina, los dormitorios, los baños) y di qué muebles hay en ellos.	Hay cuartos grandes, medianos y pequeños. La sala es... Allí hay...
otros lugares en la casa	¿Hay garaje, sótano, desván? ¿Qué hay en cada uno de esos lugares? ¿Tiene terraza, balcones?	Hay...
conclusión	Di qué es lo que más te gusta de tu casa ideal y por qué.	Lo que más me gusta de mi casa ideal es... porque...

_____

_____

_____

_____

_____

_____

_____

_____

_____

_____

Enlace auditivo

Pronunciación y ortografía

Ejercicios de pronunciación

I. *Consonants:* **g** *and* **gu**

A. In most situations the letter **g** is "soft," that is, it is pronounced with less tension in the tongue for Spanish compared to English. The back of the tongue is near the roof of the mouth, but never completely closes off the flow of air, as it does in the pronunciation of English *g.* Remember that **u** in the combinations **gue** and **gui** is never pronounced.*

Listen and repeat the following words, concentrating on a soft pronunciation of the letter **g.**

digan	traigo	elegante	pregunta	regular
estómago	amiga	lugar	llegar	
abrigo	portugués	jugar	hamburguesa	

B. When the letter **g** in the combinations **ga, gue, gui, go, gu** is preceded by the letter **n,** whether in the same word or when the **n** ends a word and the **g** begins the following word, it has a "hard" pronunciation, as in the English letter *g* in the word *go.*

Listen and repeat the following words and phrases with **ng,** concentrating on a hard pronunciation of the letter **g.**

tengo	vengo	ninguno	un grupo	un gorro	en Guatemala
pongo	lengua	domingo	son gatos	un gobierno	

C. Listen and then repeat the following sentences, concentrating on the correct pronunciation of the letter **g.**

1. Tengo un gato gris que es muy gordo.
2. El domingo vamos a un lugar muy elegante para comer.
3. Yo me pongo el abrigo cuando hace frío.
4. Mañana traigo mi libro de portugués.
5. A Rodrigo le gusta jugar al fútbol en Guatemala.
6. Si no vas a tocar la guitarra el domingo, no vengo.

II. *Linking*

A. Words in spoken Spanish are normally not separated, but rather are linked together in phrases called *breath groups.*

Listen to the breath groups in the following sentence.

Voy a comer / y después / quiero estudiar / pero quizás / si tengo tiempo / paso por tu casa.

B. Words within a phrase or breath group are not separated but pronounced as if they were a single word. Notice especially the following possibilities for linking words.

(C = *consonant* and V = *vowel.*)

C + V   más o menos, dos o tres, tienes el libro
V + V   él o ella, voy a ir, van a estudiar, su amigo, todo el día

C. Notice also that if the last sound of a word is identical to the first sound of the next word, the sounds are pronounced as one.

C + C   los señores, el libro, hablan normalmente
V + V   Estoy mirando a Ana Sofía, ¡Estudie en España!, ¿Qué va a hacer?

---

*However, when the **u** of **gue, gui** is written with two dots over the **u** (for example, **bilingüe, lingüística**), this indicates that the **u** is to be pronounced.

D. Listen and then pronounce the following sentences. Be sure to link words together smoothly.

1. No me gusta hacer nada aquí.
2. Los niños no saben nadar.
3. El libro está aquí.
4. Claudia va a hablar con Nayeli.
5. Mi hijo dice que son nuevos los zapatos.

Ejercicios de ortografía

I. **The Letter Combinations gue and gui.** Remember that the letter **g** is pronounced like **j** before the letters **e** and **i**, as in **gente** and **página**. In order for the letter **g** to retain a hard pronunciation before these vowels, the letter **u** is inserted, as in **portuguesa** and **guitarra**.

Listen and write the following words with **gue** and **gui**.

1. _____
2. _____
3. _____
4. _____
5. _____
6. _____
7. _____
8. _____

II. **Word Stress**

A. A word that ends in a vowel and is stressed on the last syllable must carry a written accent on the last syllable. For example: **mamá, escribí.** Regular verbs in the past (preterite) tense in the first and third-person singular forms are stressed on the last syllable. You will learn more about accents on preterite forms in the **Ortografía** section of **Capítulo 8.**

Listen and then write the words you hear stressed on the last syllable.

1. _____
2. _____
3. _____
4. _____
5. _____
6. _____
7. _____
8. _____
9. _____
10. _____

B. A word that ends in the letters **n** or **s** and is stressed on the last syllable must have a written accent on the last syllable, for example, **detrás.** This includes all words ending in **-sión** and **-ción.**

Listen and write the words you hear stressed on the last syllable.

1. _____
2. _____
3. _____
4. _____
5. _____
6. _____
7. _____
8. _____
9. _____
10. _____

C. When words that end in an **-n** or **-s** and are stressed on the final syllable, such as **francés** or **comunicación,** are written in forms with an additional syllable, these forms do not need a written accent mark. This includes feminine forms, such as **francesa,** and plural forms, such as **franceses** and **comunicaciones.**

Listen and write the following pairs of words.

1. _____ → _____
2. _____ → _____
3. _____ → _____
4. _____ → _____
5. _____ → _____

Actividades auditivas

A. Anuncios de radio. Y ahora dos mensajes importantes en La Voz de Bogotá, 105.9 FM, ¡tu estación de radio favorita en Colombia! Escucha los anuncios.

Condominios Mazurén

Vocabulario de consulta

anuncios	ads
pagar el alquiler	to pay rent
amplios	spacious
privado	private
tranquilo	quiet
seguro	safe
¡Disfrute de su propio hogar!	Enjoy your own home!

Condominios Mazurén

Completa el párrafo.

Señor, señora, ¿están cansados de pagar el alquiler cada mes? Tenemos la solución perfecta para ustedes. ¡Condominios Mazurén! Nuestros _____[1] son amplios y cómodos, con tres _____,[2] dos _____[3] y una gran _____[4] con balcón privado. Nuestros condominios tienen una _____[5] moderna y un comedor separado. Cerca de los condominios hay un _____[6] con muchos árboles y una fuente. Y también una _____[7] muy grande. ¡Venga a vernos! Estamos en la _____[8] 150, en un barrio residencial, tranquilo y seguro. Estamos cerca del Centro Comercial Mazurén, aquí en Bogotá, Colombia. Llámenos al número 801-2337. O visítenos en línea en **www.condomazuren.com.** Recuerde, Condominios Mazurén. ¡Disfrute de su propio hogar!

Limpieza a Domicilio Victoria

Vocabulario de consulta

Limpieza a Domicilio	Housecleaning
Disfrute de	Enjoy
tiempo libre	free time
mientras	while

Completa el párrafo.

Limpieza a Domicilio Victoria: ¡el mejor servicio _____[1] en Bogotá! Nuestra compañía _____[2] toda su casa por un precio muy bajo.

Limpieza a Domicilio Victoria

Pasamos la aspiradora y desempolvamos los _____[3] de la sala y los dormitorios. También _____[4] la cocina y el comedor, y limpiamos dos baños. Y por el mismo precio —¡un precio muy bajo!— también limpiamos las paredes y las ventanas.

Usted ya no tiene que pasar horas trabajando para tener su casa limpia. Disfrute de su tiempo libre mientras nosotros hacemos sus _____[5] Limpieza a Domicilio Victoria: ¡El mejor servicio doméstico en Bogotá! Llámenos al número de móvil 316-831-9138 o visítenos en línea en **www.limpiavictoria.com.** Limpieza a Domicilio Victoria, ¡para la _____[6] moderna!

B. Un verano divertido. La profesora Julia Johnson-Muñoz es asesora del club Amigos sin Fronteras y ahora conversa con Rodrigo y Xiomara, dos miembros del club, sobre sus actividades del verano. Escucha el diálogo.

Vocabulario de consulta

asesora	advisor
¿Lo pasaron bien?	Did you have a good time?
golosinas	sweets, snacks
nunca te aburres	you never get bored

¿Quién diría (*would say*) lo siguiente: Julia (**J**), Rodrigo (**R**) o Xiomara (**X**)?

_____ **1.** Jugué al fútbol con mi hijo.

_____ **2.** Mi esposo y yo viajamos este verano.

_____ **3.** Comí los platos exquisitos que preparó mi abuela.

_____ **4.** Pasé mucho tiempo con mi hijo, ¡pero nunca es suficiente!

_____ **5.** No me aburro nunca con mis abuelos.

_____ **6.** Una de mis actividades favoritas es leer, y este verano leí mucho.

_____ **7.** Bailé en una fiesta con mis abuelos.

_____ **8.** Viajé a Colombia.

Videoteca

Amigos sin Fronteras

Episodio 7: Hogar, dulce hogar

Resumen. Claudia se prepara para andar en bicicleta con Nayeli. Las dos amigas dan un largo paseo. Seis horas después, cuando Claudia regresa a su casa, ¡descubre que no tiene las llaves! Otra amiga, Ana Sofía, llega y las dos hablan de todos los lugares que Claudia visitó ese día: un parque, el correo, un café. Por fin, Ana Sofía encuentra las llaves de Claudia.

©McGraw-Hill Education/Klic Video Productions

SEGMENTO 1

Preparación para el video

Vocabulario de consulta

estar de vuelta	to be back
la matiné	the matinee (a movie or other performance that starts in the late morning or early afternoon)
me fijé	I looked
si paramos un rato	if we stop for a while
sentada	sitting
nítida	neat, tidy
¡Nunca se me pierde nada!	I never lose anything!
se caen	(they) fall
uno... las patea y se mueven	(one) kicks them, and they get moved
llaves	keys

A. **¡Comencemos!** Contesta las siguientes preguntas.

1. Nombra cuatro muebles u objetos que normalmente vemos en cada cuarto.

sala	dormitorio	cocina
_____	_____	_____
_____	_____	_____
_____	_____	_____
_____	_____	_____

2. ¿Dónde está el libro en cada caso? Completa las oraciones según los dibujos.

a. *El libro está* _____ de la mesa.   **b.** El libro está _____ de la mesa.   **c.** El libro está _____ del bolígrafo.

3. ¿Dónde pones normalmente estas cosas en tu casa/apartamento/cuarto? Por ejemplo: **encima de...**, **dentro de...**, **al lado de...**, **en la sala...** Puedes consultar **Gramática** *Saying Where Things Are Located* en la sección **El salón de clase** del **Capítulo 2**, si quieres.

a. las llaves _____

b. la mochila _____

c. el libro de español _____

d. el control del televisor _____

e. la computadora _____

f. tu bicicleta _____

Comprensión del video

B. Idea principal. Mira el segmento y pon en orden las oraciones.

_____ Claudia encuentra el libro, gracias a la ayuda de Nayeli.

_____ Claudia dice que tiene un examen muy difícil el lunes.

_____ Las dos chicas salen de la casa de Claudia.

_____ Nayeli ayuda a Claudia a buscar su libro y le da ideas de dónde buscar.

_____ Nayeli llega a la casa de Claudia.

C. Algunos detalles. ¿Dónde buscó Claudia su libro? Indica los lugares en donde ya miró, según el video.

☐ en el dormitorio ☐ en el baño ☐ en el patio

☐ en la cocina ☐ en la mesita de noche ☐ en la oficina

☐ en el tocador ☐ en el armario ☐ debajo del sofá

D. Detalles. Completa cada oración con palabras de la lista, según el video. **OJO:** Hay palabras extra.

al cine	contenta	hace muy buen tiempo	el parque	el sofá
al correo	su dormitorio	un libro	el patio	su teléfono
andar en bicicleta	está nublado	las llaves	salir a correr	la universidad
una computadora	estresada	la oficina		

1. Nayeli y Claudia van a _____.

2. Nayeli quiere estar de vuelta a las dos porque va _____ con Eloy.

3. ¿Cómo está el clima ese día? _____

4. Claudia quiere llevar _____ al paseo en bicicleta para estudiar en _____.

5. Nayeli piensa que su amiga Claudia está muy _____ por el examen.

6. Claudia dice que ella estudia normalmente en _____.

7. Antes de salir de la casa, Claudia toma su mochila, el casco (*helmet*) y _____.

8. ¿Dónde está la bicicleta de Claudia? En _____

SEGMENTO 2

Preparación para el video

Vocabulario de consulta

se me perdieron	I lost them
lo que me pasó	what happened to me
un rato	a while
estoy chiflada	I am nuts, crazy (*coll.*)
estresada	stressed out
donde menos te lo esperes	where you'd least expect it
se te cayeron	you dropped them
no te has dado cuenta	you didn't notice it

©McGraw-Hill Education/Klic
Video Productions

E. **¡Comencemos!** Contesta las preguntas.

1. ¿Cómo estás cuando tienes un examen? Indica las respuestas apropiadas.

    a. estoy preocupado/a   **c.** estoy estresado/a

    b. estoy chiflado/a   **d.** estoy contento/a

2. ¿Qué actividades hiciste la semana pasada?

    ☐ Di un paseo en el parque.

    ☐ Almorcé con mis amigos.

    ☐ Fui a la oficina de correos.

    ☐ Tomé café con mis amigos en un café.

    ☐ Anduve en bicicleta.

    ☐ Llamé a mis amigos/as por teléfono.

Comprensión del video

F. **Idea principal.** Escribe la idea principal de este segmento.

_____

G. **¿Quién hizo qué?** Empareja cada persona o par de personas con la actividad correspondiente.

    _____ **1.** Ana Sofía   **a.** anduvieron en bicicleta.

    _____ **2.** Claudia y Ana Sofía   **b.** compró estampillas en el correo.

    _____ **3.** Claudia   **c.** fue a la casa de Claudia rápidamente para ayudarla.

    _____ **4.** Nayeli y Claudia   **d.** fueron a tomar algo en su café favorito.

    _____ **5.** Sebastián y Claudia   **e.** entraron a la casa de Claudia para tomar un café.

H. Detalles. Completa las oraciones con las palabras de la lista. **OJO:** Hay palabras extra.

contenta	el patio	las llaves	mira videos en YouTube	su apartamento
durmieron	estresada	limpia	preocupada	un libro
el garaje	estudia	llama a su familia	se sentaron	una fiesta

1. Claudia está _____ porque tiene un examen el lunes y
   porque nunca pierde (*loses*) cosas. Ella también está muy
   _____.

2. Normalmente, los sábados Ana Sofía _____ su
   apartamento y _____.

3. En el parque de Tilden, Nayeli y Claudia _____ debajo de
   un árbol y almorzaron.

4. Después de ir al parque, Nayeli regresó a _____.

5. Ana Sofía y Claudia buscaron _____ de Claudia en
   _____.

Mi país

Colombia y Panamá

SEGMENTO 1

©McGraw-Hill Education/Klic Video Productions

Bogotá, Colombia

Preparación para el video

Vocabulario de consulta

sureste	Southeast
el oro	gold
el cerro	hill
palomas	doves
palacio	palace
el Palacio de Justicia	Courthouse
catedral	cathedral
una mina de sal	a salt mine
metro	subway
la zona cafetera	the coffee-growing region
fuertes y castillos	forts and castles
amurallada	walled in
sombrero vueltiao	traditional Colombian hat made of cane fiber

A. ¡Comencemos! Consulta el **Vocabulario de consulta** y luego empareja cada palabra con la definición correspondiente.

_____ **1.** amurallada

_____ **2.** el cerro

_____ **3.** el oro

_____ **4.** la catedral

_____ **5.** la zona cafetera

_____ **6.** palomas

_____ **7.** sureste

_____ **8.** una mina de sal

a. Es la iglesia principal en una diócesis.

b. Es un lugar de donde se extrae la sal.

c. Es un lugar donde se cultiva el café.

d. Es un tipo de metal.

e. Es un tipo de pájaro.

f. Es una montaña pequeña.

g. Localización: sur + este

h. Tiene paredes alrededor.

B. El mapa. Mira el mapa que hay al principio del capítulo y contesta estas preguntas.

1. ¿Cuál es la capital de Colombia?

_____

2. ¿Qué otras tres ciudades colombianas hay en el mapa?

_____

Comprensión del video

C. Ideas principales. Completa cada oración con la palabra correcta de la lista, según este segmento del video.

| Barranquilla | Cali | Colombia | | Juan Valdéz | Zipaquirá |
| Bogotá | Cartagena | Gabriel García Márquez | | Medellín | la zona cafetera |

1. _____ es el único país de Sudamérica con costa en dos océanos: el Atlántico y el Pacífico.

2. _____ es la capital de Colombia.

3. _____ es la zona industrial más importante del país y tiene un comercio muy importante de flores.

4. _____ es una ciudad al suroeste de Colombia.

5. _____ representa a las personas que cultivan café en Colombia.

6. _____ es una ciudad colonial amurallada con bonitas playas.

7. _____ es un famoso escritor colombiano.

8. Cerca de Bogotá, en _____, hay una catedral muy interesante, la Catedral de Sal.

9. Cerca de Cartagena está _____, famosa por sus carnavales.

10. Entre Bogotá y Medellín está _____.

D. Algunos detalles. Indica la respuesta correcta para completar cada leyenda.

a. Barranquilla   c. Cartagena   e. Medellín

b. Bogotá   d. Colombia   f. zona cafetera

©McGraw-Hill Education/Klic Video Productions

_____ **1.** El Museo del Oro está en...

©McGraw-Hill Education/Klic Video Productions

_____ **2.** Las flores son una parte importante de la economía de _____.

©McGraw-Hill Education/Klic Video Productions

_____ **3.** Vemos plantas de café en la...

©McGraw-Hill Education/Klic Video Productions

_____ **4.** Una parte de la ciudad de _____ está amurallada.

©Luis Acosta/AFP/Getty Images

_____ **5.** El Carnaval de _____ es muy famoso.

©McGraw-Hill Education/Klic Video Productions

_____ **6.** Con un sombrero vueltiao las personas muestran que son de...

E. Más detalles. Indica la respuesta apropiada.

1. El Museo de Botero está en **(Cali / Barranquilla / Bogotá)**.

2. Una plaza muy famosa de Bogotá, siempre llena de gente y palomas es **(la Plaza de Bolívar / la Plaza de la Constitución / la Plaza de las Flores)**.

3. El presidente de Colombia está en **(el Palacio de Justicia / el Palacio de Nariño / el Palacio Real)**.

4. La Catedral de Sal de Zipaquirá está dentro de **(un convento / una ciudad amurallada / una mina de sal)**.

5. La ciudad amurallada de Cartagena también es famosa por sus **(playas / parques / pájaros)**.

SEGMENTO 2

Preparación para el video

Vocabulario de consulta

noroeste	Northwest	**las islas**	islands
(la) moneda	currency (*lit. coin*)	**los kuna**	*indigenous people from Panama and Colombia (see the **Conexión cultural** reading)*
el Casco Viejo	Old Town		
estrechas	narrow	**(las) molas**	*embroidered cloth often used as part of clothing by Kuna women*
la frontera	border		
		(la) tela	fabric

El Canal de Panamá

Un autobús de la Ciudad de Panamá

F. **¡Comencemos!** Contesta las preguntas. Puedes consultar el mapa al principio del capítulo en el texto, si quieres.

1. ¿Cuál es la capital de Panamá? _____

2. ¿Qué obra (*work*) de ingeniería importante hay en Panamá? _____

3. ¿Qué tipo de diseño es cada mola en las fotos? Escribe el diseño correcto debajo de cada foto: **diseño geométrico** o **diseño natural**.

_____

_____

Comprensión del video

G. **Ideas principales.** Indica las diez ideas que aparecen en el video.

- ☐ **1.** el turismo en las montañas
- ☐ **2.** flora y fauna
- ☐ **3.** el futuro del Canal de Panamá
- ☐ **4.** Importancia del Canal de Panamá
- ☐ **5.** influencia de Estados Unidos
- ☐ **6.** la exportación de Panamá
- ☐ **7.** la importación de Panamá
- ☐ **8.** la importancia de los barcos

- ☐ **9.** la moneda principal
- ☐ **10.** los bicitaxis (bicicletas + taxis)
- ☐ **11.** las espectaculares playas
- ☐ **12.** parques naturales
- ☐ **13.** ropa típica de los kuna
- ☐ **14.** un grupo indígena
- ☐ **15.** un medio (*means*) de transporte interesante
- ☐ **16.** zonas de la Ciudad de Panamá

H. Detalles Contesta las siguientes preguntas. Puedes consultar el **Vocabulario de consulta,** si quieres.

1. Panamá está al _____ de Colombia.

2. La moneda principal es _____.

3. En la capital, _____, hay partes modernas y también partes históricas.

4. En el Casco Viejo hay calles _____ plazas y paseos.

5. En la capital hay un medio de transporte muy interesante: los _____

   de colores.

6. También es posible hacer _____ ecoturísticas en Panamá.

7. Hay _____ parques nacionales en Panamá.

8. El Parque Nacional Darién es el más _____ y está en

   _____ con Colombia.

9. Los _____ viven en el Parque Darién y en las Islas de San Blas.

10. Las _____ de los kuna tienen diferentes colores de

    _____.

¡A leer!

¿Sabías que... ?

Panamá, crisol° de cultura y lengua   *Melting Pot*

¿Sabías que Panamá tiene una de las extensiones de selva[a] tropical más grandes del mundo? Esta selva tropical tiene una gran variedad de plantas y animales que no existen en otras partes del mundo. Panamá también tiene mucha diversidad cultural y lingüística.

Cuando llegaron los españoles en 1501, había[b] sesenta tribus distintas de indígenas en Panamá, pero el impacto de la conquista fue drástico. Hoy en día hay solo siete tribus que forman el cinco por ciento de la población[c] de Panamá. En 2010, por primera vez en la historia panameña, el gobierno[d] de Panamá aprobó[e] una nueva ley[f] para reconocer oficialmente las lenguas indígenas. Esta ley es importante porque la discriminación contra[g] los indígenas del país es un problema grave. La nueva ley declara que en zonas indígenas las escuelas deben ser bilingües. Esto va a ayudar a conservar las lenguas y la cultura de los indígenas.

En el siglo XIX[h] llegaron los primeros chinos a Panamá para trabajar en el ferrocarril.[i] Luego, cuando empezó[j] la construcción del canal de Panamá en 1904, llegó también gente de otras partes del mundo. Se calcula que en Panamá todavía hay 150.000 hablantes[k] de chino y muchos más que no hablan este idioma pero que son de ascendencia[l] china. Panamá tiene también una fuerte presencia africana por los esclavos[m] de África pero también tiene descendientes de inmigrantes de muchos países de Europa, entre otros, Inglaterra, Irlanda, Italia, Polonia y Rusia. Aunque muchos panameños son católicos, hay grandes grupos de protestantes, judíos, musulmanes[n] e hindúes en el país. Este país es un verdadero crisol de lenguas y culturas.

[a]*jungle, rainforest*   [b]*there were*   [c]*population*   [d]*government*   [e]*approved*   [f]*law*   [g]*against*   [h]*siglo... nineteenth century*   [i]*railroad*   [j]*began*   [k]*speakers*   [l]*ancestry*   [m]*slaves*   [n]*judío... Jews, Muslims*

(Continúa)

Comprensión

1. En 2010 el gobierno de Panamá creó una ley que...

   a. establece el canal como territorio panameño.

   b. establece Panamá como país bilingüe de español e inglés.

   c. reconoce oficialmente los idiomas indígenas del país.

   d. establece la primera universidad bilingüe de Panamá.

2. Muchos chinos y gente de otros países llegaron a Panamá en 1904 para trabajar en...

   a. la construcción del ferrocarril y del canal.

   b. el canal y la agricultura.

   c. en la industria farmacéutica.

   d. en las escuelas bilingües.

Conexión cultural

Los kuna, gente de oro

Vocabulario de consulta

pueblo	people	**plátano y coco**	banana and coconut
creen	believe	**ingreso**	income
fuerza divina	divine force	**langosta**	lobster
pelearon	fought	**tatuaje**	tatoo
rechazaron	rejected	**tela**	fabric
logró desplazar	managed to displace	**nivel**	level
aldeas	villages	**inundar**	flood
islas	islands	**pacíficos**	peaceful
fabrican	build		

Los kuna son indígenas de América. Viven en Panamá y en el norte de Colombia. Aunque muchos hablan español, prefieren hablar su idioma nativo, dulegaya, palabra que significa «lengua del **pueblo**».* Todos los miembros de este pueblo tienen la fuerte convicción de que son parte de la naturaleza. Ellos creen en una **fuerza divina** que se expresa como padre y madre. Esta idea está en conflicto con la religión católica de los exploradores españoles. Los kuna **pelearon** contra los colonizadores y **rechazaron** su religión. En reacción, el gobierno español decidió eliminar a todos los kuna, pero solo **logró desplazar** a las tribus desde Colombia hasta el noroeste de Panamá, donde —aproximadamente 60.000— viven hoy en día.

Los kuna viven en el archipiélago de San Blas, en **aldeas** situadas en 360 **islas**. También hay unos mil indígenas kuna que habitan algunas regiones de Colombia. Los kuna tienen un sistema de gobierno donde los líderes —llamados *sailas*— presiden pero no dominan. En tiempos recientes las mujeres participan activamente en el gobierno y hoy en día hay una mujer que preside como *saila*.

---

*To refer to themselves and each other, the kuna use the word *dule*. For example, **yo** is *andule* and *we dule* means **esa persona**.

La vida de los kuna es tranquila. Viven en casas que ellos **fabrican.** Las casas tienen un área para los *cayucos*, que son canoas: su medio de transporte principal. Los kuna duermen en hamacas y no tienen aparatos eléctricos. Su dieta es básica y nutritiva: pescado, **plátano** y **coco.** El **ingreso** económico de estos pueblos viene de la exportación de la **langosta,** el coco, el cacao y las *molas* que ellos hacen. La palabra *mola* quiere decir «vestido» o «blusa» en la lengua kuna y es una prenda de ropa que llevan muchas mujeres de estas tribus. Los diseños de las molas tienen formas geométricas y elementos de la vida diaria.

©Education Images/UIG via Getty Images

Los kuna fabrican hermo-
sas molas. En su idioma,
la palabra *mola* significa
vestido o blusa.

Hoy en día el clima tiene un impacto destructivo en el mundo flotante de los kuna. El **nivel** del agua del archipiélago sube diariamente y empieza a **inundar** algunas islas. Los expertos estiman que eventualmente todas las islas van a quedar bajo el agua. Por eso los líderes kuna están muy preocupados. La larga historia de estos **pacíficos** indígenas está en proceso de cambio.

Comprensión. Completa cada oración con palabras de la lista según la lectura. **OJO:** Hay palabras extra.

aparatos eléctricos	el clima	los españoles	las mujeres
canoas	Colombia	los hombres	Panamá
los católicos	dulegaya	otros indígenas	sailas
los cayucos	español	los kunas	el turismo

1. Los kuna prefieren hablar _____.

2. _____ participan activamente en el gobierno de los kuna.

3. _____ creen en una fuerza divina que se expresa como padre y madre.

4. Los kuna hicieron resistencia a la colonización de _____.

5. Casi todos los kuna viven en _____.

6. En las casas de los kuna no hay _____.

7. _____ son canoas que los kuna usan para transportarse.

8. Hoy en día _____ está afectando seriamente el estilo de vida de los kuna.

Galería
Colombia y Panamá

¿Sabes que los kuna tienen una sociedad matriarcal? Viven principalmente en el nordeste de Panamá, pero también en Colombia. Las molas, bordadas (*embroidered*) a mano, son parte de la ropa tradicional de las mujeres.

¿Sabías que la cantante Shakira es colombiana? Los abuelos paternos de Shakira son de Líbano y la cultura libanesa tiene mucha influencia en su música. ¿Sabías que el cantante colombiano Juanes es de ascendencia vasca (*Basque ancestry*)?

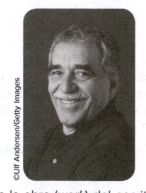

¿Conoces la obra (*work*) del escritor colombiano Gabriel García Márquez? Su novela más famosa es *Cien años de soledad*. Pero... ¿sabes también que ganó el Premio Nobel en 1982?

¿Conoces alguna de las canciones del músico panameño Rubén Blades? «Pedro Navaja» es una de las más populares. Rubén Blades es también actor de cine, político y abogado?

A. Comprensión. Contesta las preguntas.

1. ¿Qué cultura tiene influencia sobre la música de la cantante colombiana Shakira?

   _____

2. ¿Cómo se llama un panameño que es cantante famoso, actor de cine, político y abogado?

   _____

3. Este escritor colombiano recibió el Premio Nobel de Literatura en 1982.

   _____

B. Un toque creativo. Escribe una leyenda para la foto de Shakira. Si te gusta su música, menciona algunas de tus canciones favoritas.

Hablando del pasado 8

¡A escribir!

Mis experiencias

Lee *Gramática 8.1*

A. **El orden de las actividades.** Nayeli nos habla de las actividades que ella y Eloy hicieron durante los últimos días. Subraya la actividad de cada secuencia que *no* está en el orden lógico.

1. El fin de semana pasado me levanté tarde, me puse la ropa, me maquillé un poco, desayuné en casa, leí el periódico, me desperté y salí de casa.

2. El lunes me levanté temprano, tendí la cama, me duché y me lavé el pelo, fui a la universidad y me quité el pijama.

3. Anteayer llegué a casa tarde, cené, charlé con mis amigos por teléfono, me puse el pijama, fui a la universidad y me acosté.

4. Ayer me desperté a las ocho, me puse la ropa, me quité el pijama, me duché y desayuné café con pan tostado.

5. Anoche llegué de la universidad, me quité la ropa, me puse el pijama, cené, me acosté y me duché.

Yo...

1. El domingo pasado se despertó tarde, se afeitó, se lavó los dientes, se levantó, se bañó, se puso la ropa, desayunó y luego salió de casa.

2. El lunes se despertó, se duchó, se vistió, se quitó el pijama y manejó a la universidad.

3. Anteayer almorzó con sus amigos, fue a sus clases de laboratorio por la tarde, volvió a casa, preparó el desayuno y se acostó.

4. Ayer se levantó a las nueve, se puso ropa cómoda, fue a la universidad, se bañó, estudió en la biblioteca y volvió a casa.

5. Anoche llegó a casa después de asistir a la universidad, desayunó, vio televisión, se puso el pijama y se durmió.

Mi amigo Eloy...

B. Conversaciones. Combina frases de las dos columnas para completar las conversaciones de los amigos.

Primera frase	Segunda frase
estuve en el concierto, hubo mucha gente y...	**tradujimos** varios documentos del inglés al español.
condujeron a Los Ángeles sin navegador y...	me **puse** ropa cómoda para poder bailar.
quisimos ayudar a la comunidad hispana de esta zona y...	*supieron* llegar al hotel sin problemas?
me **hicieron** una fiesta sorpresa y...	no me **dijo** nada de ti.
vino a la universidad y hablamos unos minutos pero...	me **trajeron** muchos regalos.
pudiste hacer la tarea después de mi explicación o...	**tuviste** que pedirle ayuda a otro compañero?

MODELO: ELOY: Hola, Claudia, no lo puedo creer. ¿**Ustedes** *condujeron a Los Ángeles sin navegador y supieron llegar al hotel sin problemas?*

CLAUDIA: Por supuesto. Siempre viajamos sin navegador, pero ¡tenemos los celulares!

1. ROSARIO (LA MAMÁ DE NAYELI):   Hija, ¿qué hiciste ayer para tu cumpleaños?

    NAYELI: No lo vas a creer, **mis amigos** _____

    _____

2. NAYELI: Hola, Ana Sofía. ¿Estuviste ayer en el concierto de Radamés? ¿Qué ropa te pusiste?

    ANA SOFÍA: Sí, claro que **(yo)** _____

    _____

3. ÁNGELA: Hola, Radamés. Gracias por ayudarme ayer con el español.

    RADAMÉS: De nada, Ángela, ¿**(tú)** _____

    _____

    _____

4. ELOY: Hola, Jorge. ¿Sabes algo de Rodrigo? ¿Te dijo algo de mí?

    JORGE: Hola, Eloy. Sí, lo vi esta mañana. **Él** _____

    _____

5. TERESA (LA MAMÁ DE CLAUDIA): Hija, ¿vos usás el español en California?

    CLAUDIA: Sí, mami, mucho. Por ejemplo, la semana pasada **varios amigos del club y yo** _____

    _____

    _____

C. Las actividades de ayer. Los amigos del club Amigos sin Fronteras comentan lo que hicieron ayer. Mira las imágenes y selecciona una frase de cada columna para narrar lo que hizo cada uno. **OJO:** No uses los infinitivos. Debes cambiarlos al pretérito, por ejemplo **afeitarse: me afeité.**

afeitarse	a las siete de la mañana	*a mis hijos*	después de ducharme
almorzar	al fútbol	con la alarma de su teléfono	en la biblioteca de la universidad
despertarse	con cuidado	con mi hermana	*en Mitad del Mundo, Ecuador*
estudiar	*muchas fotos*	con mis amigos	en el sofá.
hacer	tres horas	en el baño	en mi restaurante vegetariano favorito
jugar	su tarea de inglés	usó su computadora	en un parque cerca de la universidad
tomarles	una ensalada	sola	pero no se levantó

MODELO:

OMAR: (Yo) *Les tomé muchas fotos a mis hijos en Mitad del Mundo, Ecuador.*

1.

2.

3.

4.

5.

6.

1. JUAN FERNANDO: (Yo) _____

2. ELOY: (Yo) _____

3. FRANKLIN: (Yo) _____

4. NAYELI: Mi compañera Camila _____

5. NAYELI: Claudia _____

6. NAYELI: Ana Sofía _____

Las experiencias con los demás

Lee *Gramática 8.2, 8.3*

D. Las situaciones cambian. Normalmente los amigos hacen siempre las mismas cosas, pero esta semana cada uno hizo algo diferente. Mira los dibujos y completa las oraciones usando el mismo verbo dos veces en cada oración, una vez en el *presente* y una vez en el *pretérito*. **OJO:** Pon atención al sujeto de cada oración.

andar (*irreg.*)	**despertarse (ie)**	**mentir (ie; i)** (*to lie*)
caerse (*irreg.*)	**divertirse** (*ie, i*)	**perder (ie)**
contar (ue)	**dormir (ue, u)**	**volver (ue)**

MODELO: Siempre   Anoche

Los estudiantes del club Amigos sin Fronteras siempre *se divierten* en los conciertos de Cumbancha, pero anoche *se divirtieron* más porque celebraron el cumpleaños de Nayeli con un pastel.

1. normalmente   anoche

Normalmente Nayeli _____ a casa a medianoche, pero anoche ¡_____ casi a las dos!

2. por lo general   esta mañana

Por lo general, Radamés _____ hasta las ocho aproximadamente, pero esta mañana _____ hasta después de mediodía porque anoche tocó con Cumbancha.

3. **casi siempre** **esta mañana**

NAYELI: Yo casi siempre _____ a las siete de la mañana, pero hoy _____ a las nueve y media porque también estuve en el concierto de Cumbancha anoche.

4. **nunca** **ayer**

Claudia nunca _____ las llaves, pero ayer sí las _____.

5. **siempre** **ayer por la tarde**

Omar y Marcela siempre nos _____ muchas historias de sus hijos. Ayer por la tarde nos _____ cómo fueron sus últimas vacaciones.

6. **nunca** **ayer durante todo el día**

CLAUDIA: Mis amigos nunca me _____, pero ayer me _____ durante todo el día y me dieron diferentes excusas para no estar conmigo. Al final supe que fue porque me prepararon una fiesta de despedida. ¡Es que regreso a Paraguay de vacaciones!

7. **a veces** **la semana pasada**

NAYELI: A veces mis amigos y yo _____ en bicicleta por la playa, pero la semana pasada _____ por un parque con un lago enorme.

8. **casi nunca** **ayer**

Nayeli casi nunca _____ de la bicicleta, pero ayer _____ en el parque.

E. Así son los Amigos sin Fronteras: ¡muy activos! Nayeli hace varios comentarios sobre sus amigos del club. Completa las siguientes oraciones con las expresiones de la lista.

¡Tuvimos la victoria muy cerca! Pero el otro equipo jugó mucho mejor
conocimos por Skype a los hijos de Omar
la **conocimos** en persona
la **pudimos** planear en secreto
la **quisimos** ayudar y tradujimos varios documentos de interés
pudimos tener miembros que viven en sus países de origen
quisieron formar un grupo con amigos hispanohablantes
supe del club
supimos su nacionalidad
tuvieron mucho éxito (*success*) con esa idea del club

1. Claudia y Eloy _____ y así nació el club de Amigos sin

   Fronteras. Lo cierto es que (ellos) _____ y recibieron

   muchos correos de diferentes personas. Por ejemplo, yo _____

   y les escribí rápidamente para hacerme miembro.

2. Este club es internacional; hay personas de muchos países e incluso (*even*)

   _____: Omar vive en Ecuador con su esposa y sus hijos,

   y Juan Fernando vive en Costa Rica. Entre los miembros que viven aquí, hay personas de casi

   todos los países hispanohablantes. Por ejemplo, cuando escuchamos hablar a Ana Sofía por

   primera vez, _____, es española.

3. Esta semana muchos de nosotros _____. Los dos (hijos)

   son muy guapos y simpáticos.

4. Y, aunque (*although*) todos sabemos que Eloy tiene novia, Susan, por fin ayer todos la vimos y

   _____

5. Esta semana también planeamos la fiesta de cumpleaños de Nayeli y lo mejor es que (nosotros)

   _____

6. Anteayer varios de nosotros jugamos al Wii y mi equipo casi gana.

   _____

7. La comunidad hispanohablante de Berkeley es muy grande y, por eso (*because of that*), el mes

   pasado nosotros, _____

F. ¡Fue un día terrible! Nayeli nos describe uno de los peores días de su vida. Completa el párrafo con los verbos entre paréntesis en presente o en pretérito según el contexto.

Todos los días mi compañera de cuarto, Camila, me _____ (*ella:* **despertarse**)[1]

porque yo no _____ (**poder**)[2] despertarme fácilmente. Pero ayer Camila y yo

_____ (**levantarse**)[3] tarde porque ella no _____ (**oír**)[4] el despertador[a] y no me _____ (*ella: despertar*)[5] a tiempo. Ella

_____ (*ducharse*)[6] en cinco minutos pero yo no _____ (*tener*)[7]

tiempo para ducharme. Así que (*So*) _____ (*yo: vestirse*)[8] rápido y, en diez

minutos, _____ (*nosotras: salir*)[9] para la universidad. Pero primero

_____ (*nosotras: ir*)[10] a la gasolinera y le _____ (*nosotras:*

poner)[11] gasolina al carro. Luego _____ (*nosotras: manejar*)[12] a gran velocidad

para llegar a la primera clase. Al final, las dos _____ (*llegar*)[13] quince minutos

tarde a nuestras clases y yo no _____ (*poder*)[14] escuchar lo que

_____ (*decir*)[15] el profesor al principio de la clase sobre el próximo examen.

¡Ay, tuve que hablar con él después de la clase!

[a]*alarm clock*

Hechos memorables

Lee *Gramática 8.4*

G. ¿Cuánto tiempo hace que... ? Responde a las siguientes preguntas usando la información entre paréntesis. Usa el modelo como ejemplo.

> MODELO: ¿Cuánto tiempo hace que cerraron tu tienda de deportes favorita? (dos años) →
> *Hace dos años que cerraron mi tienda de deportes favorita.*

¿Cuánto tiempo hace que...

1. dormiste doce horas por la noche? (por lo menos medio año)

   _____

2. anduvo Nayeli en bicicleta por la playa? (un mes)

   _____

3. se murió tu mascota? (un año)

   _____

4. los amigos del club conocieron a Susan, la novia de Eloy? (dos meses)

   _____

5. supiste la verdad sobre Santa Claus? (mucho tiempo)

   _____

6. pudieron descansar ustedes en la playa por última vez? (un año y medio)

   _____

7. Jorge fue a la sinagoga? (una semana)

   _____

8. Radamés y Cumbancha tocaron en La Peña por última vez? (cuatro noches)

   _____

H. Los amigos del club van y vienen. Contesta las preguntas con oraciones completas usando la información de la tabla.

¿CUÁNDO?	¿QUIÉN(ES)?	¿ADÓNDE?	MODO DE TRANSPORTE
hace dos meses	**Eloy y sus amigos**	Los Ángeles, California	carro (conducir)
el verano pasado	**Camila**	Rosario, Argentina	autobús (andar)
ayer	**Nayeli y Claudia**	la playa	bicicleta
hace tres horas	**Radamés**	el centro de Berkeley	a pie (andar)
hace un año	**Rodrigo**	Isla Margarita, Venezuela	barco
hace cinco semanas	**Omar y su familia**	las islas Galápagos, Ecuador	avión (*plane*)
anteayer	**Radamés y su grupo Cumbancha**	el centro cultural La Peña	dos carros
hace dos fines de semana	**Ana Sofía y Sebastián**	el museo	carro (conducir)

MODELO: ¿Adónde fue de vacaciones Rodrigo hace un año?

Hace un año Rodrigo fue de vacaciones a Isla Margarita, Venezuela.

1. ¿Cuándo condujeron a Los Ángeles Eloy y sus amigos?

_____

2. El verano pasado ¿adónde viajó Camila?

_____

3. ¿Cuándo anduvieron en bicicleta por la playa Nayeli y Claudia?

_____

4. ¿Cuándo anduvo a pie Radamés por el centro de Berkeley?

_____

5. ¿Cómo viajó Rodrigo a la Isla Margarita hace hace un año?

_____

6. ¿Cuándo viajaron Omar y su familia a las islas Galápagos?

_____

7. ¿Cuándo manejaron Radamés y su grupo Cumbancha al centro cultural La Peña?

_____

8. ¿Cómo fueron al museo Ana Sofía y Sebastián hace dos fines de semana?

_____

En resumen

I. Momentos pasados. Contesta las preguntas.

1. ¿Cuál fue el mejor día de tu vida? ¿Por qué fue un día excepcional? ¿Qué pasó ese día?

El mejor día de mi vida fue (el día que cumplí dieciocho años / el día que conocí a mi novio/

a / el día de mi graduación en la escuela secundaria,...). Fue un día excepcional porque...

_____

_____

2. ¿Te divertiste el fin de semana pasado? ¿Qué hiciste?

_____

_____

3. ¿Cuánto tiempo hace que se conocieron tu mejor amigo/a y tú? ¿Cómo y dónde se conocieron?

_____

_____

4. ¿Qué hiciste en tus últimas vacaciones? ¿Adónde fuiste y con quién?

_____

_____

Exprésate

Escríbelo tú

El fin de semana pasado

Escribe una narración sobre el fin de semana pasado. ¿Qué hiciste? Consulta la lista de preguntas sobre tus actividades en casa y fuera de casa y escoge las más apropiadas para narrar lo que hiciste durante los tres días (**el viernes por la tarde/noche, el sábado y el domingo**). **OJO:** Para contestar las preguntas y escribir tu narrativa debes usar la primera persona (**me quedé en casa, descansé, vi televisión, fui a...**). Recuerda usar palabras y frases como las siguientes: **primero, después, más tarde, finalmente, por la mañana/tarde/noche, luego** y **también**.

ACTIVIDADES EN CASA

¿Te levantaste temprano o tarde? ¿A qué hora te levantaste?

¿Jugaste videojuegos? ¿Los jugaste con otra persona o solo/a? ¿Por cuánto tiempo jugaste?

¿Estudiaste para tus clases de la semana? ¿Hiciste la tarea? ¿Para qué asignatura(s) la hiciste?

¿Escuchaste música? ¿Qué música escuchaste? ¿Pasaste tiempo viendo películas en Hulu, Netflix u otra plataforma? ¿Actualizaste tu página de Facebook?

¿Tuviste que limpiar la casa? ¿Qué tuviste que hacer?

¿Desayunaste/Almorzaste/Cenaste en casa? ¿Te gustó la comida? ¿Quién la preparó?

¿Qué más hiciste en casa? ¿Te divertiste? ¿Descansaste?

ACTIVIDADES FUERA DE CASA

¿Adónde fuiste? ¿Fuiste solo/a o con otra(s) persona(s)?

¿Desayunaste/Almorzaste/Cenaste en un restaurante? ¿En cuál? ¿Te gustó la comida?

¿Hiciste ejercicio o practicaste un deporte? ¿Cuál? ¿Con quién?

¿Fuiste al mercado, a una tienda o a un centro comercial? ¿Qué compraste? ¿Compraste comida chatarra?

¿Fuiste a una fiesta? ¿Qué hiciste allí? (¿Bailaste? ¿Bebiste? ¿Charlaste con amigos?)

¿Fuiste a la iglesia/sinagoga/mezquita? ¿Qué hiciste allí?

¿Fuiste al cine? ¿Qué película viste? ¿Te gustó?

¿Qué más hiciste fuera de casa? ¿Te divertiste?

(Continúa)

_____

_____

_____

_____

_____

_____

_____

_____

Enlace auditivo

Pronunciación y ortografía

Ejercicios de pronunciación

I. **_Consonants:_ s**

In Spanish, the letter **s** between vowels is always pronounced with the hissing sound of the English _s_, never with the buzzing sound of English _z_. Place your finger on your Adam's apple and pronounce _s_ and _z_ in English. You will feel the difference!

Listen and pronounce the following words. Be sure to avoid the _z_ sound.

José   Susana   museo   mesa   beso   casi   Isabel   camisa   piso   esposa

II. **_Consonants:_ z, ce, _and_ ci**

A. In Latin America, Spanish speakers pronounce the letter **z** and the letter **c** before **e** and **i** exactly as they pronounce the letter **s**.

Listen and pronounce the following words. Avoid any use of the sound of the English **z.**

| cabeza | luz | zapatos | diez | cenar | independencia |
| brazos | azul | tiza | trece | edificio | fácil |

B. In most areas of Spain, the letter **z** and the letter **c** before **e** and **i** are distinguished from the letter **s** by pronouncing **z** and **c** with a sound similar to the English sound for the letters _th_ in _thin_ and _thick_.

Listen to a speaker from Spain pronounce these words.

| cabeza | luz | zapatos | diez | cenar | independencia |
| brazos | azul | tiza | trece | edificio | fácil |

III. **_Consonants:_ l**

A. In Spanish, the letter **l** is pronounced almost the same as the English _l_ in _leaf_, but it is not at all similar to the American English _l_ at the end of _call_.

Listen and pronounce the following words. Concentrate on the correct pronunciation of the letter **l.**

| color | tradicional | lentes | hospital | aquel |
| fútbol | español | abril | difícil | papeles |

B. Listen and then repeat the following sentences. Pay special attention to the correct pronunciation of the letter **l.**

1. El árbol está al lado de la catedral.
2. ¿Saliste a almorzar el lunes?
3. En abril no hace mal tiempo aquí.
4. ¿Cuál es tu clase favorita? ¿La de español?
5. Tal vez voy a ir a la biblioteca.
6. Este edificio es muy moderno; aquel es más tradicional.

Ejercicios de ortografía

I. *The Letters* s *and* z; *the Combinations* ce *and* ci

A. The letters **s, z,** and the letter **c** before the letters **e** and **i** are pronounced identically by speakers of Latin American Spanish. When writing, it is necessary to know which of these letters to use. Practice writing the words you hear with the letter **s.**

1. _____   4. _____

2. _____   5. _____

3. _____

B. Practice writing the words you hear with the letter **z.**

1. _____   4. _____

2. _____   5. _____

3. _____

C. Practice writing the words you hear with the letter **c.**

1. _____   4. _____

2. _____   5. _____

3. _____

II. *Stress on Preterite Verb Forms*

A. Two of the regular preterite verb forms (the **yo** form and the **usted, él/ella** form) carry a written accent mark on the last letter. The accent mark is needed because these forms end in a stressed vowel.*

Listen to the following preterite verbs and write each with an accent mark.

1. _____   6. _____

2. _____   7. _____

3. _____   8. _____

4. _____   9. _____

5. _____   10. _____

---

*To review the rules for word stress in Spanish, go to the **Ejercicios de pronunciación** in the **Pronunciación y Ortografía** section of **Capítulo 5.**

B. None of the forms of preterite verbs with irregular stems are stressed on the last syllable and therefore they are not written with an accent mark.

Listen and write the following preterite verbs.

1. _____   6. _____
2. _____   7. _____
3. _____   8. _____
4. _____   9. _____
5. _____   10. _____

III. *Orthographic Changes in the Preterite*

A. Some verbs have a spelling change in certain preterite forms. In verbs that end in **-car, c** changes to **qu** in the preterite forms that end in **-e** in order to maintain the hard "k" sound of the infinitive.* Common verbs in which this change occurs are **buscar** (*to look for*), **sacar** (*to take out*), **secar** (*to dry*), and **tocar** (*to touch; to play an instrument*), as well as **comunicar** (*to communicate*) and **explicar** (*to explain*). Compare these verb forms.

buscar	sacar	secar	tocar
yo busqué	yo saqué	yo sequé	yo toqué
ella buscó	él sacó	ella secó	él tocó

Now listen and write the verbs you hear, changing **c** to **qu** where appropriate. Pay attention to the verbs that are stressed on the last syllable: they will require written accent marks.

1. _____   4. _____
2. _____   5. _____
3. _____

B. In verbs that end in **-gar, g** changes to **gu** in the preterite forms that end in **-e** in order to maintain the hard "g" sound of the infinitive.† Common verbs in which this change occurs are **jugar** (*to play*), **llegar** (*to arrive*), **obligar** (*to obligate*), and **pagar** (*to pay*), as well as **entregar** (*to hand in*), **navegar** (*to sail*), **apagar** (*to turn off*), and **regar** (*to water* [*plants*]). Compare these verb forms.

jugar	llegar	obligar	pagar
yo jugué	yo llegué	yo obligué	yo pagué
él jugó	él llegó	él obligó	él pagó

Now listen and write the verbs you hear, changing **g** to **gu** where appropriate. Pay attention to the verbs that are stressed on the last syllable: they will require written accent marks.

1. _____   4. _____
2. _____   5. _____
3. _____

C. In verbs that end in **-zar, z** changes to **c** before final **-e**.‡ Common verbs in which this change occurs are **almorzar** (*to have lunch*), **comenzar** (*to begin*), **cruzar** (*to cross*), and **empezar** (*to begin*), as well as **abrazar** (*to hug/embrace*), **rechazar** (*to reject*), and **rezar** (*to pray*). Compare these forms.

---

*You will often see this change indicated in parentheses after the infinitive verb in vocabulary lists: **buscar (qu).**
†You will often see this change indicated in parentheses after the infinitive verb in vocabulary lists: **apagar (gu).**
‡You will often see this change indicated in parentheses after the infinitive verb in vocabulary lists: **rechazar (c).**

almorzar	comenzar	cruzar	empezar
yo almor<u>cé</u>	yo comen<u>cé</u>	yo cru<u>cé</u>	yo empe<u>cé</u>
él almorzó	él comenzó	él cruzó	él empezó

Note also that in the irregular verb **hacer,** the **c** changes to **z** before **o** in order to maintain the same sound as in the infinitive.

hacer
yo hice
él hi<u>zo</u>

Now listen and write the verbs you hear, changing **c** to **z** (or **z** to **c**) where appropriate. Pay attention to the verbs that are stressed on the last syllable: they will require written accent marks.

1. _____   4. _____

2. _____   5. _____

3. _____   6. _____

D. In verbs that end in **-uir** (but not **-guir**), **i** changes to **y*** whenever it is unstressed and between vowels. Common verbs in which this change occurs are **concluir** (*to conclude*), **construir** (*to construct*), and **distribuir** (*to distribute*), as well as **destruir** (*to destroy*), **huir** (*to flee*), and **incluir** (*to include*), but not verbs ending in **-guir** such as **distinguir** (*to distinguish*) and **seguir** (*to follow*). Compare these verb forms.

	concluir	construir	distribuir	*but not*	seguir
yo	concluí	construí	distribuí		seguí
él	conclu<u>yó</u>	constru<u>yó</u>	distribu<u>yó</u>		siguió
ellos	conclu<u>yeron</u>	constru<u>yeron</u>	distribu<u>yeron</u>		siguieron

Note the same change in the verbs **caer, creer,** and **leer.**

	caer	creer	leer
yo	caí	creí	leí
él	ca<u>yó</u>	cre<u>yó</u>	le<u>yó</u>
ellos	ca<u>yeron</u>	cre<u>yeron</u>	le<u>yeron</u>

Now listen and write the verbs you hear, changing **i** to **y** where appropriate. Pay attention to the verbs that are stressed on the last syllable: they will require written accent marks.

1. _____   4. _____

2. _____   5. _____

3. _____   6. _____

E. Listen to these preterite verbs and write them correctly using a written accent when needed.

1. _____   6. _____   11. _____

2. _____   7. _____   12. _____

3. _____   8. _____   13. _____

4. _____   9. _____   14. _____

5. _____   10. _____   15. _____

*You will often see this change indicated in parentheses after the infinitive verb in vocabulary lists: **concluir (y).**

F. Listen to each sentence and write the missing words. **OJO:** Pay close attention to the spelling of preterite verbs and to the correct use of accent marks.

1. Camila no _____ buscar el reloj ni los _____ que

   _____.

2. Yo _____ el _____, pero _____

   solamente los lentes.

3. Claudia no _____ al tenis porque _____ muy

   _____.

4. Yo _____ _____ y _____ con su compañero.

5. No _____ leer el periódico _____, pero mi padre sí lo

   _____.

6. Hoy _____ el _____, pero no _____.

7. _____ que no, pero mi _____ no me _____.

8. Esta tarde _____ a hacer la _____ a las dos y Eloy

   _____ a las cuatro.

9. _____ mis _____ cuando _____ a casa.

10. Yo no _____ por la _____, _____ mi padre.

Actividades auditivas

A. Un fin de semana difícil. Nayeli no llamó a su madre, Rosario, el domingo porque tuvo muchos problemas ese día. El más grave fue que Kamal, su caballo, estuvo muy enfermo. Escucha el diálogo entre Nayeli y su mamá.

Vocabulario de consulta

grave	serious	Carísimo, seguro.	Very expensive, for sure.
estábamos	we were	sufrió	suffered
contar	to tell, recount	me fue muy mal	(it) went badly, I did poorly
establo	stable	todavía no	not yet
¿Está muy grave?	Is he seriously ill?	hice una cita	I made an appointment
pata	leg (animal), foot (animal)	molestarlos	to bother you (pl.)
arrancar	start (a car)		

Indica la frase correcta para completar cada oración.

1. Nayeli no llamó a sus padres el domingo porque...
   a. su carro no quiso arrancar.
   b. tuvo que asistir a una sesión de repaso para un examen.
   c. pasó el día con sus amigos.
   d. tuvo un fin de semana muy difícil.

2. Nayeli fue al establo...
   a. porque la llamaron.
   b. para montar a Kamal.
   c. para usar el teléfono.
   d. en su carro.

3. ¿Qué problema tuvo Kamal?
   a. Tuvo un accidente con el carro de Nayeli.
   b. Le dio una infección en una pata.
   c. Fue al hospital por la noche.
   d. No quiso comer.

4. ¿Por qué tuvo que tomar un taxi Nayeli?
   a. Porque encontró a Kamal muy enfermo.
   b. Porque no le gusta caminar.
   c. Porque su carro no quiso arrancar.
   d. Porque sus amigos no pudieron llevarla.

5. ¿Cuánto tiempo pasó Nayeli con Kamal?
   a. Nayeli no pudo ir a ver a Kamal.
   b. Nayeli pasó dos días con él.
   c. Nayeli pasó unas horas con él.
   d. Nayeli pasó una semana con Kamal.

6. ¿Cómo le fue en el examen a Nayeli?
   a. Le fue bien porque es buena estudiante.
   b. No tomó el examen; no pudo encontrar un taxi.
   c. Le fue mal porque no tuvo tiempo para estudiar.
   d. No asistió a clase porque pasó todo el tiempo con Kamal.

7. La madre de Nayeli...
   a. está enojada porque Nayeli no estudió.
   b. le ofreció dinero a Nayeli.
   c. tuvo que pagar por una batería nueva.
   d. va a hablar con el profesor de Nayeli.

8. Este semestre Nayeli tuvo que pagar $200.00 dólares más. ¿Por qué?
   a. Porque subió la matrícula.
   b. Porque tuvo que comprar ropa nueva.
   c. Porque no cuesta mucho mantener a Kamal en el establo.
   d. Porque salió mal en el examen de historia.

B. Un viaje muy divertido. Nayeli le cuenta a su hermana Izel sobre el viaje que hizo a Baja California con los amigos del club. Escucha el diálogo.

Vocabulario de consulta

lindas	beautiful
no se cansó	(he) didn't get tired
Toma	It takes (*amount of time*)
paisaje	landscape; countryside
desierto	desert
pinturas rupestres	cave paintings
partes secas	dry parts
aprovechamos	we took advantage of
regalar	to give away

Lugares mencionados

Loreto	*una ciudad en la costa del Mar de Cortés, México*
Mar de Cortés	(*también Golfo de California*) *entre Baja California y el resto de México*
Misiones jesuitas	*misiones de los padres* (priests) *jesuitas en Baja California Sur*
Sierra de Guadalupe	*una cordillera* (mountain range) *pequeña de Baja California Sur, conocida por sus pinturas rupestres que tienen más de 7500 años*

Completa cada oración según el diálogo.

1. Nayeli pasó la Semana Santa en _____.

2. Nayeli viajó con Franklin, Estefanía, Rodrigo, _____ y
_____.

3. Otros miembros del club no fueron porque _____

4. _____ manejó 1.210 millas, pero no
_____

5. El agua del Mar de Cortés es _____ y
_____

6. Rodrigo pescó muchos peces y todos comieron mucho _____

7. En la _____ Nayeli, Rodrigo y Franklin vieron pinturas rupestres.

8. En el Mar de Cortés, el viernes, todos vieron _____.

Videoteca

Amigos sin Fronteras

Episodio 8: Una fiesta de despedida

Resumen. Claudia les informa a Nayeli y a Radamés que va a pasar el verano en Paraguay con sus abuelos. Así que sus amigos deciden darle una fiesta sorpresa de despedida. Ana Sofía invita a Claudia al cine y Claudia cree ver (*thinks she sees*) a una de sus amigas en la calle con muchas bolsas. ¡Piensa que pasa algo raro! Al final, las dos amigas regresan a la casa de Claudia.

SEGMENTO 1

Preparación para el video

Vocabulario de consulta

¡Qué padre!	That's awesome! (*col., Mex.*)	**fiesta de bienvenida**	welcome home party
chévere	cool	**¡Qué pena!**	That's disappointing!
boleto	ticket		

A. ¡Comencemos! ¿Qué actividades hiciste el fin de semana pasado?

☐ hice la tarea y estudié   ☐ salí a bailar   ☐ fui al cine   ☐ otras: _____

Comprensión del video

B. ¿Qué ocurre en este segmento? Indica las dos ideas que aparecen en el video.

☐ Claudia, Radamés y Ana Sofía se reunieron en la casa de Claudia.
☐ Claudia se va a quedar con sus abuelos en Paraguay.
☐ Claudia va a tomar clases de bailes típicos paraguayos.
☐ Nayeli dice que tiene un examen de biología y necesita estudiar.

C. ¿Cuándo ocurre cada evento? Empareja las dos columnas según la información del video.

_____ **1.** El próximo martes...

_____ **2.** Hace más de cinco años...

_____ **3.** Ayer...

_____ **4.** Esta mañana...

_____ **5.** El próximo lunes...

_____ **6.** Esta noche...

a. Claudia compró su boleto para Paraguay.

b. Radamés toca en un club con Cumbancha.

c. Claudia sale para Paraguay.

d. Nayeli tiene un examen final de biología.

e. Claudia vio a sus abuelos por última vez.

f. Claudia habló con sus abuelos.

SEGMENTO 2

Preparación para el video

Vocabulario de consulta

acogedora	cozy	**sorprender**	to surprise
la llave	(the) key	**A ver**	Let's see
fiesta sorpresa	surprise party	**sabrá**	(she) will know
¡Qué risa!	That's so funny!		

D. ¡Comencemos! Contesta las preguntas.

1. ¿Cuánto tiempo hace que hiciste o asististe a una fiesta sorpresa? ¿Qué tipo de evento fue? ¿Un cumpleaños? ¿una despedida (*farewell*)? ¿un aniversario? ¿otro?

_____

2. ¿Planeaste tú esa fiesta? ¿Quién la planeó? ¿Cómo se comunicaron los invitados? ¿Cuánto tiempo tardaste en (*did it take you to*) decorar la casa?

_____

Comprensión del video

E. La idea principal. Indica la idea principal de este segmento.

☐ Claudia siempre les manda mensajes de texto a sus amigos.
☐ Radamés llama a Ana Sofía.
☐ Nayeli y Radamés planean hacer una fiesta sorpresa y se lo dicen a sus amigos.

F. Detalles. Completa las oraciones con las palabras de la lista. **OJO:** Hay palabras extra.

| 5:00 | cumpleaños | la casa de Claudia | llamó |
| 8:00 | despedida | la casa de Radamés | texteó |

1. La fiesta sorpresa es una fiesta de _____ para Claudia.

2. Nayeli _____ a todos los amigos (excepto a Claudia) para planear la fiesta sorpresa.

3. Decidieron reunirse en _____ para planear bien la fiesta.

4. La fiesta empieza un poco después de las _____.

SEGMENTO 3

Preparación para el video

Vocabulario de consulta

¿Aló?	Hello? (when answering the phone)	**te la imaginaste**	you imagined her
¡Caíste del cielo!	You are a godsend! (*Lit.,* you fell from Heaven)	**las entradas**	(movie) tickets
		está a punto de	it's about to
estoy algo molesta	I'm a little upset	**perderme el principio**	to miss the beginning
Dale	OK	**tenés razón**	you're right

G. ¡Comencemos! La última vez que fuiste al cine, ¿qué tipo de película viste?

☐ romántica   ☐ de terror   ☐ cómica   ☐ de niños pequeños
☐ un documental   ☐ de acción   ☐ de vampiros   ☐ otro tipo: _____

H. Vocabulario. Empareja cada expresión con la definición o sinónimo correspondiente.

_____ **1.** ¿Aló?   **a.** Necesitas estas para entrar a un evento.

_____ **2.** estoy algo molesta   **b.** ¿Hola?, ¿Quién es?, ¿Dígame? (al teléfono)

_____ **3.** te la imaginaste   **c.** Estoy un poco enojada.

_____ **4.** las entradas   **d.** Viste cosas/personas falsas.

Comprensión del video

I. Las ideas principales. Ordena estas ideas principales de 1 a 5, según aparecen en este segmento.

_____ Ana Sofía invitó al cine a Claudia.

_____ Ana Sofía le dijo a Claudia que posiblemente imaginó ver a Nayeli.

_____ Ana Sofía y Claudia decidieron comprar las entradas, entrar al cine y no pensar en Nayeli.

_____ En la puerta del cine, Claudia dijo que vio a Nayeli.

J. ¿Ana Sofía o Claudia? Indica si cada acción es de Ana Sofía (**AS**) o de Claudia (**C**).

_____ **1.** Está cansada de estudiar.

_____ **2.** Está un poco molesta porque sus amigos no quisieron ir a bailar.

_____ **3.** Pidió dos entradas al cine.

_____ **4.** Piensa que vio a Nayeli.

_____ **5.** Sugiere ir a ver una película de vampiros a las a las seis de la tarde.

SEGMENTO 4

Preparación para el video

Vocabulario de consulta

algo anda mal	something's not right	**Me lo he dejado**	I left it
desaparecieron	disappeared	**me dejaron pensando**	you (*pl.*) left me thinking
acuérdate	remember	**los perdono**	I forgive you (*pl.*)
bolso	bag, purse	**si nos ponemos a**	if we can just start
acha	girl (*from* **muchacha**)	**bailar ya**	dancing

K. ¡Comencemos! Contesta las preguntas.

1. Cuando sales los fines de semana con tus amigos/as, ¿qué actividad(es) te gusta hacer?

_____

2. Piensa en la última vez que fuiste al cine. ¿Qué película viste? ¿Te gustó? ¿Con quién fuiste? ¿Qué hiciste después de salir del cine?

_____

Comprensión del video

L. Las ideas principales. Las siguientes imágenes resumen algunas ideas principales de este segmento del video. Empareja cada imagen con la descripción correspondiente.

a. Algunos amigos del club le prepararon una fiesta sorpresa a Claudia, antes de su viaje.

b. Ana Sofía miró la hora en su reloj.

c. Ana Sofía buscó la llave de su casa en el bolso. Pensó que la había perdido (*had lost it*).

d. Claudia encontró las llaves de Ana Sofía en su bolso.

e. Después del cine, Claudia y Ana Sofía manejaron a la casa de Claudia.

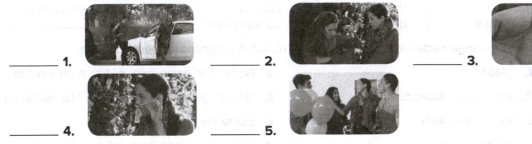

_____ **1.**   _____ **2.**   _____ **3.**

_____ **4.**   _____ **5.**

1–5: ©McGraw-Hill Education/Klic Video Productions

M. Detalles. Indica la respuesta correcta, según este segmento del video.

1. En el cine, Claudia no pudo (**ponerle atención a la película / comer nada / encontrar las llaves**).

2. Claudia está segura de que por la mañana Nayeli (**no le dijo la verdad / estudió / fue al cine**).

3. Ana Sofía manejó (**su coche / el coche de Claudia / el coche de Nayeli**).

4. Al llegar a casa, Claudia vio en la puerta de su apartamento (**los gatos de Ángela / a Sebastián y Franklin / los perros de Eloy**).

Mi país

México

SEGMENTO 1

Preparación para el video

Vocabulario de consulta

Extraño	I miss	**un departamento**	un apartamento
¿Sale?	OK? (*Mex.*)	**una bandera**	a flag

A. ¡Comencemos! Indica todas las respuestas apropiadas.

1. ¿Qué lugares y/o edificios hay en tu ciudad?

   ☐ avenidas grandes ☐ iglesias ☐ plazas
   ☐ edificios de apartamentos ☐ museos ☐ restaurantes
   ☐ escuelas ☐ palacios ☐ tiendas
   ☐ hoteles ☐ parques ☐ una catedral

2. Cuando hace buen tiempo, ¿qué actividades te gusta hacer?

   ☐ andar en bicicleta ☐ ir a conciertos al aire libre ☐ pasear
   ☐ andar en patineta ☐ ir de compras ☐ tomar el sol
   ☐ bailar ☐ nadar en el mar / en la piscina ☐ visitar museos

Comprensión del video

B. ¿Cómo se llama? Escribe el nombre de cada lugar debajo de su imagen.

el **Museo Nacional de Antropología**
el **Palacio Nacional**
el **Paseo de la Reforma**

el **Zócalo**
la **Catedral**
las **ruinas aztecas del Templo Mayor**

1. _____   2. _____   3. _____

4. _____   5. _____   6. _____

C. ¿Qué se puede hacer en la Ciudad de México? Empareja cada lugar con la actividad correspondiente.

_____ 1. El Paseo de la Reforma

_____ 2. El Museo Nacional de Antropología

_____ 3. El Zócalo

_____ 4. La Catedral

_____ 5. El Palacio Nacional

a. Es una de las iglesias más grandes de Latinoamérica. En este lugar la gente va a misa.

b. Es una plaza muy grande donde uno puede ir a conciertos, protestas y festivales.

c. Podemos ver murales de Diego Rivera.

d. Los domingos por la mañana se cierra y las personas pasean, andan en bicicleta, en patineta, etcétera.

e. Podemos ver la Piedra del Sol.

D. Detalles. Contesta las siguientes preguntas según el video.

1. ¿Cómo llaman algunas personas a la Piedra del Sol?

   _____

2. En México se hacen festivales en honor a ¿qué virgen?

   _____

3. ¿Qué hay en el centro del Zócalo?

   _____

la Piedra del Sol

el Zócalo

SEGMENTO 2

Preparación para el video

Vocabulario de consulta

pirámides	pyramids	**isla**	island
sagrada	sacred	**aguas cristalinas**	crystal clear waters
maravillas del mundo	wonders of the world	**¡Qué padre!**	How cool! (*Mex.*)

E. ¡Comencemos! Contesta las preguntas.

1. ¿Sabes quiénes fueron los habitantes de México antes de llegar Cristóbal Colón? Marca dos.

   ☐ incas   ☐ aztecas   ☐ mayas

2. ¿Qué lugar está en México? Marca uno.

   ☐ la isla de Cancún   ☐ Río de Janeiro   ☐ Machu Picchu

Comprensión del video

F. Cuatro lugares. Para cada imagen, indica las tres descripciones y nombres correspondientes.

a. Chichén Itzá	**g.** las pirámides de Teotihuacán
b. el famoso teatro Juárez	**h.** playas de aguas cristalinas
c. en la Península de Yucatán	**i.** ruinas mayas
d. una ciudad colonial	**j.** donde se puede tomar el sol
e. Guanajuato	**k.** un ejemplo, la Pirámide del Sol
f. la isla de Cancún	**l.** un lugar sagrado para los aztecas

1.

_____

2.

_____

3.

_____

4.

_____

1–4: ©McGraw-Hill Education/Klic Video Productions

G. ¿Adónde voy? Completa cada oración con el lugar de la lista.

Chichén Itzá   **la isla de Cancún**   **Teotihuacán**
Guanajuato   **Oaxaca**

1. Si quieres ver pirámides y ruinas famosas cerca de la Ciudad de México, ve (*go*) a

   _____.

2. Si quieres ver ruinas mayas, ve a _____.

3. Si quieres tomar el sol, ve a _____.

4. Si quieres ver obras de teatro, ve a _____.

5. Si quieres ver altares del Día de los Muertos o bailes de Guelaguetza, ve a

   _____.

H. ¿Dónde es? Indica el lugar donde se puede asistir a o hacer cada actividad cultural.

Chichén Itzá   **Guanajuato**   **Oaxaca**   **Puebla**

1. _____: El Festival Internacional Cervantino se celebra en octubre en esta ciudad.

2. _____: En este lugar podemos ver bailes de la Guelaguetza y altares del Día de los Muertos muy bonitos.

3. _____: Una de las siete maravillas del mundo moderno.

4. _____: Este lugar tiene una catedral muy bonita.

¡A leer!

¿Sabías que... ?

El náhuatl: lengua antigua,° lengua moderna   lengua... *Ancient Language*

¿Sabías que en México hay más de seis millones de personas que hablan lenguas indígenas? México todavía tiene aproximadamente sesenta y cinco idiomas nativos, entre ellos, el náhuatl, el maya, el mixteco, el zapoteco, el totonaco y el purépecha. De todos los idiomas, el náhuatl es el que más se habla, con poco más de un millón de hablantes.

El náhuatl es el idioma de la gente nahua y fue el idioma del Imperio[a] Azteca. Cuando llegaron los españoles a México, empezó la eliminación de muchos de los más de cien idiomas hablados[b] en el territorio mexicano del siglo XVI.[c] Después de la independencia de México en 1821, el gobierno estableció un sistema de educación monolingüe en español. A fines del siglo XX, solo un cinco por ciento de la población mexicana todavía hablaba[d] el idioma de sus antepasados.[e] En 2003, el gobierno mexicano quiso proteger el náhuatl y otros idiomas indígenas y por eso proclamó la Ley General de Derechos Lingüísticos de los Pueblos Indígenas.[f] Hoy en día hay periódicos, libros, emisoras de radio[g] y páginas de Internet en náhuatl.

Se puede afirmar que los idiomas nativos, en especial el náhuatl, tuvieron mucha influencia en el español. Algunas palabras de origen náhuatl son **chocolate, chile, tamal, coyote, chicle,**[h] **aguacate, guacamole, cacahuate,**[i] **tomate** y **zacate,**[j] y hay muchísimas más que se usan en el español mexicano. Además, muchos de los nombres para pueblos, ciudades, y lugares geográficos en México y partes de Centroamérica también vienen del náhuatl; por ejemplo, Oaxaca, Zacatecas, Mazatlán, Jalisco, Tlaxcala, Guatemala. El náhuatl es muy poético, como puedes ver en los orígenes de estas palabras que ahora son importantes en la lengua española.

[a]*Empire*   [b]*spoken*   [c]*A... Toward the end of the twentieth century*   [d]*spoke*   [e]*ancestors*   [f]*Ley... General Law of the Linguistic Rights of Indigenous Peoples*   [g]*emisoras... radio stations*   [h]*gum*   [i]*peanut*   [j]*grass*

ESPAÑOL	ORIGEN EN NÁHUATL	SIGNIFICADO
papalote (*kite*)	*papalotl* < *papalli* (hoja [*leaf*]) + *otl* (cosa)	«cosa de hojas»
guajolote (*turkey*)	*huexolotl* < *hue* (grande) + *xolotl* (monstruo)	«monstruo grande»
México	*metztli* (luna [*moon*]) + *xictli* (ombligo [*belly button*]) + *co* (lugar)	«lugar del centro de la luna»
Guatemala	*cuauhtlemallan* < *cuahuitl* (árbol) + *llan* (lugar de muchos)	«lugar de muchos árboles»
náhuatl	*na-hua-tl* (sonido claro o sonoro [*clear or pleasant sound*]) + *tlahto-l-li,* (lengua)	«lengua de sonido sonoro»

(Continúa)

Comprensión

A. Indica la(s) respuesta(s) correcta(s).

1. ¿Cuáles *no* son idiomas indígenas de México?

- **a.** guaraní
- **b.** maya
- **c.** mixteco
- **d.** náhuatl
- **e.** purépecha
- **f.** quechua
- **g.** totonaco

2. ¿Qué significa la palabra **México** en náhuatl?

- **a.** lugar de muchos árboles
- **b.** centro del sol
- **c.** ombligo de la luna

B. Escribe la palabra en español al lado de su palabra correspondiente en náhuatl.

| aguacate | coyote | chile | guacamole | tomate |
| cacahuate | chicle | chocolate | tamal | zacate (*grass*) |

1. tómatl _____

2. ahuácatl _____

3. tsiktl _____

4. cacahuatl _____

5. coyotl _____

6. chilli _____

7. sácatl _____

8. ahuacámulli _____

9. tamalli _____

10. xocolatl _____

Conexión cultural

Barrancas del Cobre° y los rarámuri

Barrancas... *Copper Canyon*

Vocabulario de consulta

cañón	canyon
sierra	mountain range
acantilados	cliffs
grandiosos	magnificent, grand
cubren	they cover
profunda	deep
recorrido	journey
imponente	stunning, impressive
puentes	bridges
fondo	bottom
cumbres	summits
esclavitud	slavery
cuevas	caves
madera	wood
cosechan	(they) harvest
venden	(they) sell
vías	tracks
logros	achievements

Barrancas del Cobre en Chihuahua, México

©Steven dosRemedios/Getty Images RF

El **cañón** del Colorado, en Arizona, es grande y espectacular. ¡Es una maravilla de la naturaleza! Pero... ¿sabes que hay otro cañón muy similar pero más grande y profundo? Pues es cierto: Se llama Barrancas del Cobre y está en la **sierra** Tarahumara del estado mexicano de Chihuahua. Hay un tren que puede llevarte a este fascinante lugar donde hay gente que vive en los **acantilados** de esos cañones desde hace cientos de años.

Barrancas del Cobre está formada por veinte cañones; cuatro de ellos, como el cañón de Urique, son **grandiosos.** Se formaron hace entre cuarenta y ochenta millones de años. **Cubren** más de cuarenta y cinco mil kilómetros cuadrados (aproximadamente 28.000 millas cuadradas). Además, forman una región cuatro veces mayor que el cañón del Colorado y más **profunda** en algunas partes. Con una profundidad de casi mil novecientos metros (unos 6.136 pies), el cañón de Urique tiene un clima subtropical.

El tren Chihuahua-Pacífico sale de la ciudad de Los Mochis, Sinaloa y hace un **recorrido** escénico de 655 kilómetros (410 millas) que dura aproximadamente quince horas. Pasa por pueblos y acantilados de altura **imponente,** treinta y nueve **puentes** y ochenta y seis túneles. ¡Es un prodigio de la ingeniería mexicana! Las mejores estaciones del año para visitar este lugar son la primavera y el otoño. En otoño ya pasaron las lluvias de verano y en el **fondo** no hace tanto calor como en el verano; tampoco hace tanto frío en las **cumbres** como en el invierno.

Los rarámuri venden sus artesanías.

Los rarámuri,* a quienes los españoles llamaron «tarahumaras», forman el grupo más numeroso entre los habitantes de este espacio majestuoso. En el siglo XVII, los rarámuri tuvieron que abandonar las mejores tierras para escapar de la **esclavitud** en las minas de los españoles y se fueron hacia los acantilados de los cañones. Todavía viven allí en **cuevas** que los protegen de las lluvias, el calor, los vientos y los animales. Y también todavía hablan su idioma, el rarámuri, lengua de la familia yuto-azteca.

La familia es la base de la organización social de los rarámuri. La mujer prepara los alimentos, cuida de la casa y los niños, y lava la ropa. También es su obligación transmitir el idioma y la manera de crear la ropa típica. El hombre corta **madera,** construye casas y trabaja en la preparación de la tierra para cultivarla. Todos —hombres, mujeres y niños— plantan, **cosechan** y cuidan de los animales.

Los rarámuri hacen muchas artesanías y las **venden** al lado de las **vías** del tren. Aún así, los rarámuri son los indígenas más pobres de todo México y muchos **mueren** de hambre y de frío durante el invierno.

Barrancas del Cobre es un lugar de belleza impresionante. Si tienes la oportunidad de visitarlo, vas a ver los bellos paisajes naturales y los **logros** de la ingeniería mexicana. Además, vas a pasar por la región de los rarámuri y aprender más sobre su cultura original e interesante, conservada por miles de años.

Comprensión

1. ¿Cómo se llama un lugar tan espectacular como el cañón del Colorado pero cuatro veces más grande y más profundo? ¿Dónde se encuentra?

   _____

2. ¿Qué transporte te lleva por esos cañones? ¿Cuántas horas dura el viaje?

   _____

3. ¿Cuál es el mejor tiempo (dos estaciones) para visitar este lugar? ¿Por qué?

   _____

4. ¿Cómo se llaman las personas que viven en los acantilados de este lugar desde hace cuatro siglos?

   _____

5. ¿Por qué viven allí (en los acantilados de los cañones)?

   _____

_____
*La palabra *rarámuri* quiere decir «pies que vuelan».

Galería

México

Chichén Itzá es una zona arqueológica precolombina de los mayas en la península de Yucatán. Entre las ruinas está el Templo de Kukulkán, una pirámide construida en el siglo XII d.C. (después de Cristo) por los mayas itzáes en su capital (la ciudad de Chichén Itzá). Kukulkán es una divinidad maya. La palabra significa serpiente emplumada (*plumed serpent*). Las Naciones Unidas declararon a Chichén Itzá Patrimonio de la Humanidad en 1988.

El arco de piedra blanca en Cabo San Lucas es símbolo de esta zona; une el océano Pacífico y el Mar de Cortés. Este arco está en el extremo sur de la península de Baja California. Muchos dicen que tiene el aspecto de un dinosaurio (*triceratops*) tomando agua. Tal vez por eso atrae a tantos turistas cada año.

Las mariposas monarca migran de Canadá al estado de Michoacán en México, ¡un viaje de casi 5.000 kilómetros (3.000 millas)! Su llegada (a Michoacán) coincide con el Día de los Muertos. Algunas personas creen, por esto, que son las almas de los muertos que regresan al mundo.

El Teatro Juárez en la ciudad de Guanajuato es uno de los lugares donde se celebra el Festival Cervantino que tiene lugar (*takes place*) todos los años en octubre. En este festival hay presentaciones de literatura, música, danza, teatro y artes visuales. Se invita a artistas de todo el mundo que presentan aspectos típicos de su cultura. Para promover un lazo (*link*) entre la cultura y la tecnología, desde 2011 Microsoft México patrocinó un pabellón de tecnología.

A. Comprensión. Completa cada oración, según las leyendas.

1. _____ es una construcción en honor de un dios (*god*) maya.

2. _____ en la ciudad de Guanajuato es uno de los lugares donde se celebra _____, y donde artistas de todo el mundo presentan obras que representan su cultura.

3. _____ es una formación geográfica natural en México que une un mar y un océano y atrae a muchos turistas.

4. _____ son insectos que hacen un viaje muy largo de Canadá a México.

B. Un toque personal. Describe lo que ves en la foto del Teatro Juárez. Puedes buscar una foto más grande en línea, si quieres.

_____

_____

¡Buen provecho! 9

¡A escribir!

La cocina del mundo hispano

A. **Los gustos de los amigos del club.** Daniel, el compañero de Sebastián, quiere preparar una fiesta con comida típica del mundo hispano para los amigos del club. Ayuda a Daniel a preparar la lista de platos e ingredientes usando las palabras de la lista.

PLATOS	INGREDIENTES	
el ceviche	aguacate	frijoles
el gallo pinto	arroz	jugo de limón
el guacamole	carne de cerdo	mariscos
la paella valenciana	carne de ternera	pescado crudo
la parrillada	carne molida	pollo
el picadillo	cebolla	tomate
	chile	verduras

	NOMBRE DE UN PLATO TÍPICO DE SU PAÍS	INGREDIENTES DEL PLATO
Sebastián (Perú)	_____ 1	_____ y _____ 2
Nayeli (México)	_____ 3	_____, _____, _____ 4 y cebolla
Ana Sofía (España)	_____ 5	arroz, _____, _____ y _____ 6
Radamés (Cuba)	_____ 7	_____, _____ 8, pasta de tomate y otros ingredientes.
Juan Fernando (Costa Rica)	_____ 9	especias, _____ y _____ 10
Camila (Argentina)	_____ 11	carne de cordero, _____ y _____ 12

B. **En un restaurante hispano.** Nayeli y Sebastián están en un restaurante que sirve comidas de varios países hispanos. Completa su conversación con las frases de la lista. Pon atención a las palabras en **negrita** (*boldface*).

le gusta   me encanta   nos gusta   te gusta
les gusta   me encantan   nos gustan   te gustan
les gustan me gusta

MESERO: Hola, chicos. ¿Qué quieren beber?

NAYELI: ¿Qué nos recomienda?

MESERO: Si a los dos _____ [1]

el arroz, les recomiendo la horchata.

SEBASTIÁN: Nayeli, ¿a ti _____ [2] **la horchata**?

NAYELI: Hmmm, me gusta muchísimo. ¡ _____ [3] **la horchata**! Es una

de mis bebidas favoritas.

SEBASTIÁN: Bueno, entonces, como[a] a los dos (a nosotros) _____ [4] **la**

horchata... mesero, dos horchatas, por favor.

MESERO: Muy bien. Aquí tienen el menú.

NAYELI: Gracias, señor. Miremos el menú mientras viene el mesero con las bebidas. ¡Qué ham-

bre! ¡Qué rico se ve todo! Mira, tienen tapas españolas. Sebastián, ¿a ti

_____ [5] **las tapas**, no?

SEBASTIÁN: La verdad es que sí, _____ [6] **las tapas**. Hmmm... Quiero una

tapa de calamares, otra de tortilla española y una ensaladilla. ¿Y tú qué quieres comer,

Nayeli?

NAYELI: Hoy yo quiero comer comida cubana. Sé que a Radamés

_____ [7] **el picadillo**, y a mí _____ [8]

mucho **la carne molida**, así que[b] voy a pedir picadillo con plátanos fritos.

MESERO: Aquí tienen sus bebidas. ¿Saben qué quieren comer?

NAYELI: La verdad es que _____ [9] **todos los platos del menú** y ya

sabemos qué queremos comer pero no sabemos qué postre pedir. ¿Qué nos recomienda?

MESERO: Si _____ [10] **los postres hispanos**, les recomiendo el flan.

SEBASTIÁN: Perfecto. Entonces... ¡ya estamos listos!

[a]*since* [b]*so*

La nutrición

Lee *Gramática 9.1, 9.2*

C. La Dieta Mediterránea. Mira la pirámide alimenticia de esta dieta popular y saludable y contesta las preguntas. **OJO:** Algunas respuestas requieren uno de estos pronombres de complemento directo: **lo, la, los, las**. Sigue los modelos.

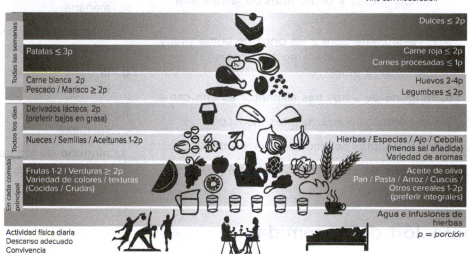

Pirámide de la Dieta Mediterránea: un estilo de vida actual
Guía para la población adulta

Vino con moderación

Dulces ≤ 2p

Todas las semanas

Patatas ≤ 3p

Carne roja ≤ 2p
Carnes procesadas ≤ 1p

Carne blanca 2p
Pescado / Marisco ≥ 2p

Huevos 2-4p
Legumbres ≤ 2p

Todos los días

Derivados lácteos 2p
(preferir bajos en grasa)

Nueces / Semillas / Aceitunas 1-2p

Hierbas / Especias / Ajo / Cebolla
(menos sal añadida)
Variedad de aromas

En cada comida principal

Frutas 1-2 | Verduras ≥ 2p
Variedad de colores / texturas
(Cocidas / Crudas)

Aceite de oliva
Pan / Pasta / Arroz / Cuscús /
Otros cereales 1-2p
(preferir integrales)

Agua e infusiones de
hierbas

Actividad física diaria
Descanso adecuado
Convivencia

p = porción

Source: USDA Food Guide Pyramid https://www.cnpp.usda.gov/FGP

MODELO: ¿Debes comer nueces todos los días? ¿Cuántas porciones?
*Sí, debo comer**las** todos los días. Debo comer **de una a dos porciones.***

1. Si uno sigue la Dieta Mediterránea, ¿cuántas porciones de pan debe comer al día?

   Debe comer _____ al día.

2. Con esta dieta, ¿cuántas porciones de fruta hay que comer en cada comida principal?

   Hay que comer _____ en cada comida principal.

3. Si tú sigues esta dieta, ¿debes comer pescado todas las semanas? ¿Cuántas porciones debes comer?

   _____ todas las semanas. Debo comer

   _____.

4. Según esta dieta, todos los días hay que consumir _____

   _____

5. Con esta dieta, ¿qué productos hay que consumir todas las semanas?

   Todas las semanas hay que consumir _____

   _____

6. Si seguimos la Dieta Mediterránea, ¿debemos comer dulces todos los días?

   _____ todos los días.

7. ¿Tienes que comer huevos todas las semanas con esta dieta?

   _____ todas las semanas con esta dieta.

D. Comidas y restaurantes. Combina las frases de las dos columnas para formar oraciones lógicas.

_____ 1. **Ninguna** de estas tres comidas es una verdura:

_____ 2. Los veganos **nunca** comen carne...

_____ 3. Xiomara, Lucía y Ana Sofía cenaron sopa y ensalada, pero...

_____ 4. Rodrigo, Sebastián y Eloy comieron hamburguesas y papas fritas en la cafetería, pero...

_____ 5. El restaurante abre a las once de la mañana y cierra a las once de la noche. Por eso (_because of that_),...

_____ 6. **Ninguno** de estos tres alimentos es una carne:

_____ 7. Las personas alérgicas a los mariscos...

_____ 8. Hoy Radamés solamente cenó; no desayunó...

_____ 9. **Ninguno** de estos tres alimentos es una fruta:

a. **ninguna** de las tres chicas comió carne.

b. ni **tampoco** almorzó.

c. no pueden comerlos **nunca.**

d. la sandía, el pollo y la langosta.

e. no hay **nadie** a las ocho de la mañana.

f. ni **tampoco** consumen productos animales, como la leche.

g. la chuleta de cerdo, el apio y los espárragos.

h. los camarones, la piña y la calabaza.

i. **ninguno** de los tres chicos comió ensalada.

La preparación de la comida

Lee _Gramática 9.3_

E. De compras. Sebastián y Daniel van a preparar un postre para una fiesta con los amigos del club. Van al supermercado para comprar los ingredientes y otros alimentos que necesitan en casa. Ayúdalos a completar sus listas usando las siguientes palabras.

una botella de aderezo	**media docena (seis)**	**una taza**
una cucharada	**un kilo (un kilogramo)**	**dos tazas y media**
una cucharadita	**una lata**	
media cucharadita	**una pizca**	

Para preparar el postre (pastel de café) necesitamos...

1. _____ de café.

2. _____ de harina.

3. _____ de azúcar.

4. _____ de canela.

5. _____ de bicarbonato de soda.

6. _____ de sal.

7. _____ de huevos.

Para tener en la casa, debemos comprar...

8. _____
de tomates.

9. _____
para las ensaladas.

10. _____
de atún.

F. **Receta: papas a la huancaína.** Mira las imágenes y pon en orden los pasos para preparar papas a la huancaína, una de los platos favoritos de Sebastián.

  a. Se adorna con huevos cocidos, aceitunas y hojas de lechuga.

  b. Se añade el queso (400 gramos de ricota) y el aceite (1/2 taza).

  c. Se calienta un poco de aceite en una sartén y se fríen los ajíes cortados y los ajos enteros.

  d. Se cocinan las papas y los huevos.

  e. Se cortan las papas por la mitad y los huevos en rodajas.

  f. Se cortan los ajíes.

  g. Se cubren las papas cocidas con esa salsa.

  h. Se licúa (*blend*) para hacer una crema (se puede añadir leche para obtener la consistencia deseada).

  i. Se pone esa preparación (ajíes y ajos) en una licuadora (*blender*).

  j. Se preparan los cinco ajíes amarillos (se limpian los ajíes por dentro).

_____ **1.**

_____ **2.**

_____ **3.**

_____ **4.**

_____ **5.**

_____ **6.**

_____ **7.**

_____ **8.**

_____ **9.**

_____ **10.**

En el restaurante

Lee *Gramática 9.4*

G. Comiendo y bebiendo. Empareja cada descripción con la palabra o frase correspondiente.

_____ **1.** Cuando bebes con tus amigos y familia, haces esto para celebrar algo especial (un evento, la salud,...).

_____ **2.** Después de comer en un restaurante, siempre hay que hacer esto y, normalmente, se hace con tarjeta de crédito o con dinero en efectivo (*cash*).

_____ **3.** Es un dinero que se le da a los meseros. En Estados Unidos normalmente es del quince al veinte por ciento de la cuenta.

_____ **4.** La forma en que te sirven en un restaurante: rápido, lento, bien, mal...

_____ **5.** Se pone encima de la mesa y debajo de todos los utensilios de la mesa. Sirve para cubrir la mesa.

_____ **6.** Se pone a la izquierda del plato y sirve para comer ensalada y carne.

_____ **7.** Se pone a la derecha del plato y sirve para cortar la carne.

_____ **8.** Se pone entre la cuchara, el tenedor y el cuchillo. Se sirve la comida en este objeto.

a. un brindis

b. el cuchillo

c. el mantel

d. pagar la cuenta

e. el plato

f. la propina

g. el servicio del restaurante

h. el tenedor

H. En un restaurante hispano. Empareja cada expresión de la lista con la oración correspondiente. **OJO:** Algunas expresiones tienen más de una opción.

¡Buen provecho!
¿Desean algo para tomar?
¿Están listos para pedir?
Me gustaría probar...

Me trae... , por favor.
¿Nos trae la cuenta, por favor?
Para mí... , por favor.

¿Qué me recomienda?
Quisiera pedir... , por favor.
Tráiganos... , por favor.

1. El mesero les pregunta a los clientes si quieren una bebida.

_____

2. El mesero les pregunta a los clientes si saben qué quieren.

_____

3. Los clientes le dicen al mesero qué quieren comer o beber.

_____

4. Los clientes le piden recomendaciones al mesero.

_____

5. Es lo que les decimos a los amigos que están comiendo.

_____

6. Los clientes están listos para salir, pero tienen que pagar la cena.

_____

En resumen

I. **Tu plato favorito.** Escribe la receta de tu plato favorito. Primero escribe los ingredientes que necesitas y las cantidades. Luego describe el proceso de preparación: ¿Cómo se hace ese plato?

Vocabulario útil

| se adorna(n) | se calienta(n) | se corta(n) | se deja(n) reposar | se pone(n)... en... |
| se añade(n) | se cocina(n) | se cubre(n) | se mezcla(n) | se prepara(n) |

LOS INGREDIENTES

_____   _____   _____

_____   _____   _____

_____   _____   _____

_____   _____   _____

LA PREPARACIÓN

_____

_____

_____

_____

_____

Exprésate

Escríbelo tú

Una cena ideal

Describe una cena ideal. ¿Es una cena en casa o en un restaurante? ¿Qué comidas se sirven? ¿Hay algunos platos saludables? ¿Hay sopa o ensalada? ¿Qué se sirve para beber? Menciona los platos principales y el postre. ¿Cuáles de estos platos tienen más proteína, carbohidrato, grasa, calcio, vitaminas, etcétera? Di también quién prepara la comida y con quién cenas. Por último, contesta esta pregunta: ¿Por qué consideras esta cena «ideal»?

_____

_____

_____

_____

_____

_____

_____

Enlace auditivo

Pronunciación y ortografía

Ejercicios de pronunciación

I. *Consonants: d*

A. In most situations, the pronunciation of the letter **d** in Spanish is very similar to the soft pronunciation of the letter combination *th* in English *father*.

Listen and repeat the following words with a soft **d.**

pescado	nadie	ensalada	saludar	picado	mercado
casado	helado	tenedor	mediodía	limonada	empanada

B. If the letter **d** comes at the end of a word, it is pronounced very softly or not at all.

Listen and then pronounce the following words with a soft final **-d.**

usted	verdad	oportunidad	Navidad
pared	especialidad	ciudad	

C. In Spanish, the **d** is preceded by **n** or **l,** or if it comes at the beginning of an utterance, it is pronounced as a hard **d,** as in English.

Listen and then pronounce the following words with a hard **d.**

¿Dónde?	atender	condimento	Daniel	faldas
sandía	segundo	vender	mandato	sueldo

D. Listen and then pronounce the following sentences. Be sure to concentrate on the correct pronunciation of the letter **d.**

1. Rodrigo, ¿es usted casado?
2. No, soy divorciado.
3. Aquí venden helados deliciosos.
4. ¿Y venden batidos también?
5. Daniel, ¿dónde está la limonada que preparaste?
6. La dejé en el refrigerador.
7. Corté la sandía en rebanadas.
8. Decidí servir la ensalada sin aderezo.
9. Dolores, ¿te gustan las verduras congeladas?
10. No, prefiero las verduras frescas, cocidas o crudas.

II. *Consonants with r**

A. In Spanish, if the **r** is preceded by an **n** or **l,** it is usually trilled.

Listen and then pronounce the following words with a trilled **r.**

n + r   Enrique, sonreír   **l + r**   alrededor

B. When **r** is preceded by a consonant that is not **n** or **l,** it is pronounced as a single tap.

Listen and then pronounce the following words in which **r** is preceded by a consonant.

b + r   fibra, abran, sabroso, cubre, brócoli
d + r   padre, cuadro, drama, carbohidrato, madre
g + r   grasa, negro, gracias, regreso, cangrejo, central
p + r   producto, exprésate, probar, propina, compra
t + r   postres, trozo, cilantro, traiga, nuestro
c + r   cree, escribe, crudo, crema, crédito
f + r   frijol, frito, fruta, refresco, enfrente

---

*For a review of the pronunciation of tap and trilled **r,** see the **Pronunciación y ortografía** section of **Capítulo 3** of this *Cuaderno de actividades.*

C. When **r** is followed by a consonant, it can be pronounced either as a single tap or as a trill, depending on the speaker.

Listen and then pronounce the following words in which **r** is followed by a consonant.

co<u>r</u>to	he<u>r</u>mano	ho<u>r</u>no	ve<u>r</u>dura	me<u>r</u>cado
pe<u>r</u>sona	ca<u>r</u>ne	to<u>r</u>tilla	ho<u>r</u>chata	conve<u>r</u>sa
á<u>r</u>bol	ce<u>r</u>veza	se<u>r</u>villeta	po<u>r</u>ción	recue<u>r</u>da

Ejercicios de ortografía

Accent Review (Part 1)

You have learned that the following words must carry a written accent mark. For more practice with the rules for written accent marks, you may wish to review the listed sections in this *Cuaderno de actividades.*

- Question words **(Cap. 4, Ejercicios de ortografía II)**
  Examples: **¿Qué?, ¿Cuándo?**

- Words in which stress falls on the third syllable (or further) from the end **(Cap. 5, Ejercicios de ortografía II)**
  Examples: **plátano, eléctrico**

- Words that end in a consonant other than **-n** or **-s** and are stressed on the next-to-the-last syllable **(Cap. 5, Ejercicios de ortografía II)**
  Example: **difícil**

- Words that have a strong vowel next to a weak vowel but pronounced as separate syllables **(Cap. 6, Ejercicios de ortografía II)**
  Examples: **frío, gradúo**

- Words that end in a stressed vowel and those whose last syllable is stressed and ends in **-n** or **-s (Cap. 7, Ejercicios de ortografía II)**
  Examples: **aquí, dirección**

- First- and third-person preterite verb forms **(Cap. 8, Ejercicios de ortografía II)**
  Examples: **tomé, comió, sirvió, pedí**

Listen and then write the following sentences. Check each word to see if it requires a written accent.

1. _____
2. _____
3. _____
4. _____
5. _____
6. _____
7. _____
8. _____
9. _____
10. _____
11. _____
12. _____
13. _____
14. _____
15. _____

Actividades auditivas

A. **¡Qué buena manera de celebrar!** Eloy conversa con Claudia en la universidad. Escucha la conversación.

Vocabulario de consulta

lleno	full
¡Para reventar!	About to burst!
¡Qué buena manera de celebrar!	What a great way to celebrate!
me escondo	I (will) hide

Completa cada oración con una palabra o frase de la lista. **OJO:** Hay frases y palabras extra.

dos enchiladas	**ensalada**	**frijoles y tortillas**	**toda la familia**
en casa	**está muy cansado**	**hermana**	**todos los primos**
en el restaurante	**está muy lleno**	**mamá**	**tres tacos**

1. Eloy no quiere comer con Claudia porque _____.

2. Ayer fue el cumpleaños de la _____ de Eloy.

3. Para el desayuno comieron pan, cereal, _____, y

   otras comidas más.

4. En el restaurante Tacos Baja California, Eloy pidió

   _____ de pollo.

5. La familia de Eloy no comió nada para la cena porque comieron mucho durante el almuerzo

   _____ y todos estaban (*were*) muy llenos.

6. Claudia dice que quiere celebrar el próximo cumpleaños del papá de Eloy con

   _____ de Eloy.

B. Una cena muy sabrosa. Estefanía y Franklin cenan hoy en un restaurante hispano que se especializa en mariscos. Escucha el diálogo.

¡Vamos a tener que lavar platos!

Vocabulario de consulta

enseguida	right away
a menudo	often
¿Está bien?	(Is that) OK?
¿Salió... ?	Did it turn out (to be)...?
en realidad	really
invito yo	it's my treat / on me
me toca a mí	it's my turn

Indica la respuesta correcta.

1. Antes de pedir la comida en el restaurante, Estefanía y Franklin...

   a. leen el menú y piden las bebidas.
   b. dejan una propina.
   c. van al baño y se lavan las manos.
   d. comen muy bien.

2. Franklin y Estefanía piden _____ para los dos.

   a. sopa y langosta
   b. coctel de camarones y langosta
   c. un coctel, langosta y sopa
   d. langosta y ensalada

3. Después de comer, Franklin y Estefanía dicen que...

   a. la comida estuvo muy buena.
   b. el mesero nunca les trajo la cuenta.
   c. la comida del restaurante es terrible.
   d. no piensan volver a ese restaurante.

4. Cuando Franklin ve la cuenta, se sorprende porque...

   a. la cena salió muy barata.
   b. no incluye las bebidas.
   c. no pidieron postre.
   d. la comida cuesta mucho.

5. Sabemos que, al final, Franklin y Estefanía...

   a. tuvieron que lavar muchos platos.
   b. no dejaron propina.
   c. salieron del restaurante sin pagar.
   d. pagaron con la tarjeta de crédito de Estefanía.

Videoteca

Amigos sin Fronteras

Episodio 9: ¡Buen provecho!

Resumen. Sebastián invita a Nayeli y a Eloy a cenar en un restaurante peruano. Nayeli no conoce la comida peruana pero tiene muchas ganas de probarla. Los tres amigos piden papas a la huancaína de aperitivo y otros platos típicos de Perú. Sebastián pide ceviche, Eloy lomo saltado y Nayeli arroz con pollo. Pero el plato de Nayeli ¡es una sorpresa para ella!

©McGraw-Hill Education/Klic Video Productions

SEGMENTO 1

Preparación para el video

Vocabulario de consulta

¡Adelante!	Let's go for it!
¡Qué amable!	How nice!
la chicha morada	a traditional Peruvian drink (corn and cinnamon)
canela	cinnamon
enseguida	right away, coming right up
No hace falta.	It is not necessary.
¡Cada loco con su tema!	To each his own!

A. ¡Comencemos! Contesta las preguntas.

1. ¿Qué dice un mesero primero cuando los clientes se sientan a la mesa?

   a. La cuenta, por favor.
   b. ¿Les puedo traer algo para tomar?
   c. ¿Necesitan más refresco?
   d. ¿Quiere cambiar su plato?

2. ¿Qué bebida es típica de Perú?

   a. la horchata
   b. el batido de maracuyá
   c. la chicha morada
   d. el vino

B. El vocabulario. Empareja cada expresión del **Vocabulario de consulta** con la definición correcta.

_____ 1. ¡Adelante!

_____ 2. ¡Qué amable!

_____ 3. la chicha morada

_____ 4. canela

_____ 5. enseguida

_____ 6. No hace falta.

_____ 7. ¡Cada loco con su tema!

a. No es necesario.

b. Todos hablamos de lo que es interesante para nosotros

c. expresión usada para invitar entrar a una persona a un lugar

d. una bebida peruana tradicional hecha (*made*) con maíz y canela

e. expresión usada para indicar que una persona es buena y cordial

f. en un momento, muy pronto

g. una especia, color café, usada especialmente en postres y bebidas

Comprensión del video

C. ¿Qué ocurre en este segmento? Indica las tres ideas que aparecen en el video.

☐ Nayeli, Sebastián y Eloy van un restaurante peruano.

☐ Nayeli invita a sus amigos al restaurante peruano.

☐ El mesero les recomienda una bebida típica peruana.

☐ Nayeli no quiere la bebida peruana y pide un refresco.

☐ A Nayeli le gusta leer el menú del restaurante.

☐ Eloy quiere buscar información de platos peruanos en su teléfono.

D. **¿Quién lo hace?** Escribe **Nayeli, Eloy, Sebastián, el mesero** o **los tres amigos** delante de cada oración para indicar quién hace cada actividad.

1. _____ invita a sus amigos a almorzar.

2. _____ prueba la comida peruana por primera vez.

3. _____ les sugiere una bebida típica de Perú.

4. _____ explica cómo se hace la chicha morada.

5. _____ piden chicha morada para beber.

6. A _____ le gusta mucho usar su móvil para buscar información.

SEGMENTO 2

Preparación para el video

Vocabulario de consulta

refrescante	refreshing
Brindemos	Let's have a toast
choclo tostado, ají y camote	corn on the cob (Peru), bell pepper and sweet potato
Con mucho gusto.	My pleasure.
¡Ya era hora!	It was about time!
tiene fama de	has a reputation for
se le olvida	he forgets
quema	he burns

E. **¡Comencemos!** Nombra tres platos peruanos.

_____ _____ _____

F. **¿De dónde son estos platos típicos?** Ya conoces muchos platos hispanos. Escribe el nombre de cada plato debajo del país correspondiente.

el ceviche (x 2)   **el lomo saltado**   **las enchiladas**   **las tapas**
el guacamole   **la paella valenciana**   **las papas a la huancaína**   **los chiles rellenos**

México	Perú	España

G. **¿Qué decimos en cada caso?** Empareja cada expresión con la situación correspondiente.

_____ **1.** Cuando hacemos un brindis, decimos...

_____ **2.** El mesero, antes de tomar la orden, pregunta...

_____ **3.** Cuando el cliente pide algo más para comer...

_____ **4.** Cuando quieres comer un poco para saber si te gusta algo o no...

a. ¿Están listos para pedir?

b. ¿Me dejas probar un poquito?

c. ¿Nos trae una orden de *papas*, por favor?

d. ¡Salud!

Comprensión del video

H. **La idea principal.** Indica la idea principal del segmento.

☐ Los tres amigos conversan y piden sus platos principales y un aperitivo.

☐ A Nayeli no le gusta su plato y quiere probar el de Sebastián.

☐ Sebastián sabe mucho de la cocina peruana, pero es muy mal cocinero.

I. **Hablando de comidas.** Completa cada oración con palabras de la lista. **OJO:** Hay palabras extra.

cambiar	el pollo	no compra los ingredientes	probar
el cilantro	la naranja	se le quema la comida	el pimiento (el ají)
el limón	mexicana	panameña	refrescante
el pavo	arroz con pollo cubano	picante	similar
el pescado	se le olvidan algunos ingredientes		

1. La carne favorita de Nayeli es _____.

2. El arroz con pollo peruano es diferente al _____.

3. Los amigos piensan que la chicha morada es una bebida _____.

4. El ceviche lleva varios ingredientes, pero los dos principales son _____ y _____.

5. Nayeli quiere _____ el plato de ceviche de su amigo.

6. Sebastián dice que él come comida _____ con mucha frecuencia.

7. Sebastián no es un buen cocinero: _____ o _____.

8. La salsa verde peruana <u>no</u> es _____ a la salsa verde mexicana.

9. Un ingrediente (verde) muy común en la cocina peruana, presente en el arroz con pollo y en la salsa verde, por ejemplo, es _____.

SEGMENTO 3

Preparación para el video

Vocabulario de consulta

caballero	gentleman
un sabor	a flavor
Qué lleno quedé	I am so full
¿Qué te pareció tu plato peruano?	How did you like your Peruvian dish?
¡No te creas!	I am joking! (Lit. *Don't believe it!*)

J. **¿Qué dices en cada caso?** Completa cada oración con la expresión correspondiente. Puedes usar el **Vocabulario de consulta,** si quieres.

¿Qué te pareció tu plato?   quedé lleno
¿Nos trae la cuenta, por favor?   ¡buen provecho!

1. Necesitamos pagar después de la comida, así que (*so*) le decimos al mesero: _____

2. Antes de empezar a comer, las personas dicen: _____

3. Ayer comí mucho y _____

4. Quiero saber si a mi amigo le gustó su plato, así que le pregunto: _____

Comprensión del video

K. **La idea principal.** Marca la idea principal del segmento.

☐ Los tres amigos comieron la deliciosa comida peruana y uno de ellos pagó la cuenta.

☐ Nayeli descubrió que su color favorito es el verde.

☐ Nayeli aprendió mucho de la cocina peruana.

L. ¿Cómo se llama cada plato? Para cada dibujo de un plato peruano, escribe el nombre correcto de la lista. **OJO:** Hay nombres extra.

ají de gallina　　**arroz con pollo**　　**lomo saltado**　　　　**salsa verde**
anticucho　　　　**ceviche**　　　　　**papas a la huancaína**　　**sudado de pescado**

1. _____　　**2.** _____　　**3.** _____

4. _____　　**5.** _____

1–5: ©McGraw-Hill Education/Klic Video Productions

M. ¿Quién pidió cada plato? Empareja las frases para formar las oraciones lógicas.

_____ **1.** El arroz con pollo lo pidió...　　　　　　　　　**a.** Eloy

_____ **2.** El ceviche lo pidió...　　　　　　　　　　　　**b.** los tres amigos

_____ **3.** El lomo saltado lo pidió...　　　　　　　　　　**c.** nadie

_____ **4.** El mesero les sirvió papas a la huancaína y salsa verde a...　　**d.** Nayeli

_____ **5.** El ají de gallina no lo pidió...　　　　　　　　**e.** Sebastián

N. Detalles. Contesta las siguientes preguntas.

1. ¿Por qué se sorprende Nayeli cuando ve su plato de arroz con pollo?

Porque es _____.

2. El arroz con pollo peruano tiene un color especial porque tiene un ingrediente que le da ese color.

¿Qué ingrediente es? _____

3. ¿Quién paga la cuenta del restaurante: Eloy, Nayeli o Sebastián?

_____

4. ¿Cómo paga la cuenta: con dinero en efectivo (*cash*), con tarjeta de crédito, con cheque?

Con _____

5. Al final del segmento Eloy bromea (*jokes*) con Nayeli cuando le dice que tiene

_____ en el

_____.

Mi país

Perú y Bolivia

SEGMENTO 1

Preparación para el video

Vocabulario de consulta

precolombino	pre-Columbian	**venerada**	adored, worshiped
antiguo/a	old, ancient	**espectáculo**	show
mate de coca	coca leaf tea	**sumamente**	immensely
soroche	altitude sickness (*Peru*)	**¡Qué maravilla!**	What an amazing place!
sobre el nivel del mar	above sea level		(*Lit.* How wonderful!)
honra	it honors	**totora**	large reed, cattail
la Madre Tierra	Mother Earth		

A. ¡Comencemos! Contesta estas preguntas.

1. ¿Qué platos son típicos de Perú?

    a. las tapas   **c.** el ceviche   **e.** el gallo pinto

    b. el guacamole   **d.** las papas a la huancaína   **f.** el lomo saltado

2. ¿Cuál de estos lugares está en Perú?

    a. la torre Eiffel   **c.** Teotihuacán

    b. Machu Picchu   **d.** Chichén Itzá

3. Mira un mapa. ¿Qué hay entre Perú y Bolivia?

    a. el lago Titicaca   **c.** Guatemala

    b. Colombia   **d.** el océano Atlántico

4. Mira un mapa. ¿Qué montañas cruzan (*cross*) Perú y muchos otros países de Sudamérica?

    a. los Alpes   **b.** las montañas Rocosas   **c.** los Andes

Comprensión del video

B. ¿Qué lugar es? Para cada foto, escribe el nombre correspondiente de la lista, según en el segmento.

Coricancha, Cusco
las islas flotantes de los uros

Machu Picchu
el Museo de Arte de Lima (MALI)

la Plaza de Armas, Cusco
la Plaza de Armas, Lima

1. _____   **2.** _____   **3.** _____

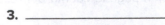

4. _____   **5.** _____   **6.** _____

1: ©Glow Images; 2–6: ©McGraw-Hill Education/Klic Video Productions

C. Orden. Ordena las actividades que hicieron Sebastián y su compañero Daniel en Perú, según el video.

_____ Fueron a Machu Picchu.

_____ Pasearon por la Plaza de Armas y visitaron el Coricancha.

_____ Pidieron ceviche y sándwiches de lomo saltado para almorzar.

_____ Viajaron a Cusco.

_____ Visitaron las islas flotantes de los uros.

D. Detalles. Completa las oraciones con los detalles que faltan. **OJO:** Hay palabras extra.

11.500	anticuchera	el queso	luna	precolombino	sus tíos
3.000	Cusco	la catedral	mate de coca	sol	té
a la huancaína	el huevo	Lima	moderno	sus primos	totora

1. _____ es la capital actual de Perú, pero durante el imperio inca, la capital fue

_____

2. En Lima, Sebastián y Daniel vieron la Plaza de Armas, el palacio de gobierno y

_____

3. Sebastián y Daniel almorzaron con _____ en Lima.

4. La salsa favorita de Sebastián es la salsa _____.

5. Dos ingredientes de la salsa a la huancaína son: _____ y el ají amarillo.

6. En MALI, Sebastián y Daniel visitaron muchas exposiciones de arte _____

7. Para no sufrir soroche, o mal de altura, Sebastián y Daniel tomaron _____

8. Cusco está a _____ pies sobre el nivel del mar.

9. El templo inca Coricancha honra a Inti, el dios del _____

10. En el lago Titicaca, uno se puede montar en las barcas de _____

SEGMENTO 2

Preparación para el video

Vocabulario de consulta

cruzamos	we crossed
cosechando	harvesting, growing
trucha a la plancha	grilled trout
chola	**mujer indígena**
bombín	**un tipo de sombrero**
estado civil	marital status

E. ¡Comencemos! Contesta estas preguntas.

1. ¿Cómo se llama la capital de gobierno de Bolivia?

   a. Lima   b. La Paz   c. Buenos Aires

2. Mira un mapa. ¿A qué país llegamos si estamos en Perú y cruzamos el lago Titicaca?

   a. a Uruguay   b. a Colombia   c. a Bolivia

Comprensión del video

F. ¿Qué es o cómo se llama? Escribe el nombre de las siguientes imágenes.

- **a.** las líneas de Nazca
- **b.** cholas con bombín
- **c.** Cañón del Colca
- **d.** Carnaval de Oruro

_____ 1.

_____ 2.

_____ 3.

_____ 4.

1–3: ©McGraw-Hill Education/Klic Video Productions; 4: ©Thierry Lauzun/Iconotec.com

G. Detalles. Contesta las siguientes preguntas sobre el segmento. **OJO:** Hay palabras extra.

14.000	Cañón del Colca	edad	la región de la costa	lomo saltado
4.000	Carnaval de Oruro	estado civil	líneas de Nazca	un avión
bombín	cholas	la región andina	trucha a la plancha	un barco

1. Al llegar a Bolivia, Sebastián y Daniel tomaron _____ a la Isla del Sol.

2. ¿De dónde viene la papa? De _____

3. ¿Cuántas variedades de papas hay? _____

4. ¿Qué plato típico boliviano almorzaron Sebastián y Daniel en la ciudad de Copacabana?

   _____ (servido con papas)

5. A las mujeres indígenas que se visten con ropa tradicional se les llaman

   _____.

6. Y el sombrero tradicional que llevan estas mujeres se llama _____.

7. El tipo de sombrero que lleva la mujer indica su _____.

8. En febrero, Sebastián y Daniel planean volver a Bolivia y Perú. En Bolivia quieren ver el

   _____ y en Perú quieren visitar las _____ y el

   _____.

¡A leer!

¿Sabías que... ?

Las Américas: un tesoro° de comidas   *treasure*

¿Sabías que muchas de las comidas que se usan en la cocina internacional vienen de las Américas? Los italianos usan salsa de tomate en la pizza, los suizos son famosos por el chocolate, los tailandeses le ponen chile y cacahuates a muchos platos y asociamos las papas con Irlanda. Pero todos estos alimentos[a] tienen sus orígenes en las Américas.

Cuando llegaron los españoles al Caribe, los indígenas se alimentaban de[b] maíz, yuca, calabaza, papaya, guayaba[c] y varios pescados y mariscos. En México y Centroamérica los españoles encontraron otras comidas típicas: el tomate, el chocolate, la vainilla, el aguacate, el chile, los frijoles y el guajolote (que también llamamos pavo). Los aztecas preparaban una bebida de agua, semillas[d] de cacao (la planta del chocolate) y chile: el origen del chocolate caliente. El tomate, también de origen mexicano, es la base de muchos platos mediterráneos, como el gazpacho y los espaguetis a la marinara. Otras comidas de origen americano, como la piña, la papaya, el marañón[e] y el chile, vienen de lugares tropicales.

El cultivo del maíz empezó en México hace unos 8.000 años y se difundió[f] por el Caribe y Sudamérica. Muchos platos típicos de México y Centroamérica llevan maíz, por ejemplo los tamales, el atole[g] y las tortillas. Las habichuelas y los frijoles* tienen su origen en Mesoamérica y de allí llegaron a todas partes de las Américas.

Hay más de sesenta variedades de papa que vienen de la región andina. La papa se usa en muchos platos típicos del mundo hispano como los llapingachos[h] de Ecuador, la papa a la huancaína de Perú y la tortilla española[i] de España. Otro alimento importante del Imperio Inca es la quínoa y uno de los platos típicos de Bolivia es el pastel de quínoa.

En muchos casos los nombres para estos alimentos provienen[j] de la palabra indígena para la fruta o legumbre, adaptado al español. Por eso tienen diferentes nombres según el país donde se consumen.

ALIMENTO	PALABRA INDÍGENA	OTROS NOMBRES
el aguacate	< náhuatl[†] *ahuacatl*	palta (Amér. Sur)
la batata	< taíno[‡] *batata*	camote (Méx.)
el cacahuate	< náhuatl *cacahuatl*	maní, cacahuete (España)
el chile	< náhuatl *chilli*	ají (Amér. Sur)
los ejotes	< náhuatl *ejotl*	judías (Esp.), habichuelas (Caribe), chauchas (Arg., Uru.)
el maíz	< taíno *mahís*	elote (Méx.); choclo (Amér. Sur); mazorca (Esp., Caribe)
la mandioca	< guaraní[§] *mandióg*	yuca (Caribe)

Los españoles llegaron a las Américas buscando oro pero el verdadero[k] tesoro fue la gran variedad de alimentos, con sabores únicos, que transformaron la cocina del mundo.

[a]*food items* [b]*se... ate, fed themselves on* [c]*guava* [d]*seeds* [e]*cashew fruit* [f]*spread* [g]*a hot, porridge-like drink* [h]*potato pancakes stuffed with cheese and cooked on a griddle* [i]*tortilla... dish made from eggs, potatoes, and onions* [j]*come from* [k]*true, real*

(Continúa.)

---

[*]Spaniards named one variant of bean "lima bean" after the city of Lima, Peru.

[†]**Náhuatl,** still spoken in Central Mexico, was the language of the Aztecs. There are currently about 1.5 million native speakers of the language.

[‡]**Taíno** was spoken on the Caribbean islands of what are now Puerto Rico, Cuba, Hispaniola (where Haiti and the Dominican Republic are located), Jamaica, the Bahamas, the Florida Keys, and the Lesser Antilles. The language is generally considered to be extinct.

[§]**Guaraní,** one of the official languages of Paraguay, is also spoken in communities in the neighboring countries of Argentina, Bolivia, and Brazil. There are currently about 4.9 million native speakers of the language.

Comprensión

1. El tomate, el maíz, el chile y el chocolate son todas comidas originarias...

a. de Perú

c. de Argentina

b. del Caribe

d. de México

2. La quínoa, la papa y los cacahuates son comidas originarias...

a. de Perú

c. de Argentina

b. del Caribe

d. de México

3. Dos platos del mundo hispano que llevan papas son...

a. atole y tamales

c. yuca frita y ceviche

b. llapingachos y tortilla española

d. habichuelas y atole

4. Escribe la palabra indígena y el idioma indígena de origen (**taíno, náhuatl** o **guaraní**) para estas palabras del español.

ESPAÑOL	PALABRA INDÍGENA	IDIOMA DE ORIGEN
a. aguacate	_____	_____
b. maíz	_____	_____
c. ejote	_____	_____
d. mandioca	_____	_____

Conexión cultural

El misterio de Machu Picchu

Vocabulario de consulta

cima	peak
cresta	ridge
noroeste	northwest
etapa	phase
incaica	Incan
estaba	was
era	was
cordillera	mountain range
diariamente	daily
sagrado	sacred

Machu Picchu, antigua ciudad de los incas

©Design Pics/Keith Levit/Getty Images RF

Imagínate una ciudad majestuosa en la **cima** de una montaña con una vista espectacular de valles verdes, un lugar abandonado por cientos de años. Hablamos de las ruinas de Machu Picchu, la antigua ciudad de los incas. Machu Picchu está en la **cresta** de una montaña sobre el valle Urubamba de Perú, cincuenta millas al **noroeste** de Cuzco. El nombre de este sitio misterioso significa «montaña vieja». En 1981 el gobierno peruano lo declaró Santuario Histórico y en 1983 las ruinas fueron nombradas Patrimonio Natural y Cultural de la Humanidad por la UNESCO.*

Se estima que la ciudad de Machu Picchu fue construida en el año 1450, durante la **etapa** más próspera de la civilización **incaica.** También sabemos que la ciudad fue abandonada antes de llegar

---

*En una encuesta (*survey*) de Internet del 2007, Machu Picchu también resultó ser una de las Nuevas Siete Maravillas (*Wonders*) del Mundo.

los españoles, pero nadie sabe por qué razón. El Imperio Inca ya **estaba** en decadencia cuando llegó el conquistador Francisco Pizarro a Perú en 1526, a causa de varias guerras entre monarcas rivales. El Imperio Inca **era** muy vasto, pero la invasión española **precipitó** su desintegración.

El objetivo de los colonizadores era encontrar la ciudad mítica de El Dorado. No encontraron ese lugar imaginario ni descubrieron Machu Picchu, por lo cual el sitio se mantuvo intacto por muchos años. Los españoles tampoco pudieron erradicar la cultura incaica, pues esta se mantiene viva en los países andinos, es decir, los que están en la **cordillera** de los Andes: Colombia, Ecuador, Perú, Bolivia, Chile y Argentina. Los quechuas de hoy tienen mucho en común con sus **antepasados** y siguen celebrando sus tradiciones **diariamente**. Para ellos, su pasado continúa en el presente y Machu Picchu es símbolo de su cultura.

La famosa ciudad indígena fue descubierta en 1911 por Hiram Bingham, un profesor e historiador de la Universidad de Yale. Hoy en día, después de tantos años, Machu Picchu sigue siendo un misterio. Los arqueólogos, historiadores y antropólogos que estudian las ruinas se hacen preguntas que no tienen respuesta definitiva. Por ejemplo, ¿para qué construyeron Machu Picchu los incas? Una de las teorías más aceptadas es que Machu Picchu era un sitio **sagrado** para practicar la religión o un tipo de residencia divina de los dioses. Otros estudiosos proponen que Machu Picchu era el lugar de descanso del emperador Pachacuti. Algunos especulan que los incas construyeron su ciudad como observatorio solar.*

También hay arqueólogos que afirman que, al tener Machu Picchu varios microclimas, se construyó para explorar el cultivo de diferentes alimentos y ver cuáles se adaptaban mejor a cada tipo de clima. Por último, algunos estudiosos opinan simplemente que a los incas les fascinó el lugar y, por eso, construyeron allí su ciudad como gran capital de su imperio.

Lo importante es que Machu Picchu existe y que todos podemos admirar su belleza. Visitar estas ruinas es como hacer un viaje fantástico por el tiempo hacia el pasado de una gran civilización.

Comprensión. Indica la respuesta correcta.

1. El nombre Machu Picchu quiere decir...

   a. sitio religioso
   b. montaña vieja
   c. cresta de la montaña
   d. montaña nueva

2. Las ruinas de Machu Picchu fueron descubiertas en...

   a. 1981
   b. 1911
   c. 1526
   d. 1450

3. ¿Cuál de estas teorías *no* se menciona en la lectura?

   a. Machu Picchu se construyó como hogar para los dioses.
   b. Machu Picchu se construyó para observar el sol.
   c. Machu Picchu se construyó para hacer sacrificios.

4. Una de las teorías más aceptadas afirma que Machu Picchu se construyó...

   a. como lugar de descanso para el emperador.
   b. para confundir a los españoles.
   c. para explorar varios cultivos.
   d. como sitio religioso.

5. Los quechuas de hoy...

   a. no tienen interés en su pasado.
   b. celebran sus tradiciones todos los días.
   c. nunca visitan Machu Picchu.
   d. prefieren no celebrar las tradiciones incaicas.

---

*Para los incas, el sol era el dios creador del universo y ellos se consideraban «hijos del sol».

Galería

Perú y Bolivia

©Nolleks86/Shutterstock RF

Machu Picchu, la mística ciudad de los incas, fue descubierta (*discovered*) en 1911. Desde entonces muchos arqueólogos, historiadores y antropólogos estudian estas ruinas, que son una maravilla arquitectónica.

©James Brunker/Latin Content/Getty Images

Una tradición muy común en la cultura andina son las ofrendas (*offerings*) a la Madre Tierra, quien también es la diosa (*goddess*) Pachamama. Los indígenas le ofrecen hojas de coca (*coca plant leaves*) y otras cosas a Pachamama a cambio de (*in exchange for*) salud y prosperidad.

©John Warburton-Lee/Getty Images

Los habitantes de las islas de los Uros en el lago Titicaca usan la totora (una planta que crece en el lago) para hacer sus botes, sus casas e incluso el piso (el suelo) de sus islas. Los isleños (*islanders*), que se llaman uros, cultivan varios productos sobre la totora, como las papas; también cocinan el pescado que pescan (*they fish*) en el lago.

©kbfmedia/Getty Images RF

El Salar (*Salt flat*) de Uyuni, en el suroeste de Bolivia, es el salar más grande del mundo. Es el más alto también, a 12.000 pies sobre el nivel del mar. Pero el Salar no siempre fue un desierto de sal. Ese lugar primero fue un lago enorme que se secó (*dried up*).

A. Comprensión. Empareja cada oración con la información correspondiente.

_____ **1.** Se llama así la Madre Tierra en la cultura andina.

_____ **2.** Es un desierto de sal en Bolivia que primero fue un lago salado enorme.

_____ **3.** Son islas que se encuentran en el lago Titicaca. Estas islas se construyen con una planta que crece en el lago.

_____ **4.** En el año _____ se descubrió Machu Picchu, una ciudad construida en _____ por los _____.

a. Perú

b. las Islas de los Uros

c. Pachamama

d. 1911

e. el Salar de Uyuni

f. incas

B. Un toque personal Busca otras imágenes de Perú o Bolivia en línea. Selecciona la que más te guste y escribe una leyenda breve sobre ese lugar: ¿Cómo se llama? ¿Dónde está? ¿Por qué te gusta? ¿Por qué te parece interesante?

_____

_____

Los recuerdos **10**

¡A escribir!

La familia y los parientes

Lee *Gramática 10.1*

A. **La familia de Radamés.** Lee lo que Radamés dice de su familia. Luego completa las oraciones con las frases de la lista para dar la misma información que nos da Radamés.

a mí	**a mi padre y a mi hermano**	**con mis padres**
a mi madre	**a mi padre y a mi sobrino**	**con nadie**
a mi madre	**con mi hermano y con mi sobrino**	**conmigo**
a mi madre y a mi hermana	**con mi padre**	

MODELO: Mi madre y yo nos parecemos.

     a. Yo me parezco *a mi madre.*

     b. Mi madre se parece *a mí.*

1. Mi madre, mi hermana Eliana y yo nos parecemos físicamente; además, nos llevamos muy bien.

     a. Mi hermana Eliana y yo nos parecemos _a mi madre_ .

     b. Yo me parezco _a mi madre y a mi hermana_ .

     c. Mi hermana y mi madre se llevan bien _conmigo_ .

2. Mi hermano Julián, su hijo Danielito y mi padre se parecen físicamente y en algunos aspectos de la personalidad. Además, todos se llevan muy bien.

     a. Mi hermano Julián se parece _a mi padre y a mi sobrino_ .

     b. Mi padre se lleva muy bien _con mi hermano y con mi_ .

     c. Mi sobrino se parece _a mi padre y a mi hermano_ .

3. Mi padre y mi madre están casados y viven en Miami, donde también vive mi hermana Iraida, que es divorciada.

     a. Mi madre está casada _con mi padre_ .

     b. Mi hermana vive _con mis padres / sola_ .

     c. Mi hermana ya no está casada _con nadie_ .

B. Las relaciones familiares. Escribe las definiciones usando las frases de la lista.

		mi esposo/a	
	la esposa (×3)	mi hermano/a	
	el esposo (×2)	mi hijo/a	
	el hermano	mi madrastra/padrastro con su ex esposo/a	
es/son	la hija (×2)	de	mi madre/padre y su nuevo esposo/a
	los hijos	mi madre, pero no es mi padre	
	los hijos	mi padre, pero no es mi madre	
	los padres	mi padre/madre	
		mis tíos	

MODELO: Mis primos _____.

Mis primos *son los hijos de mis tíos.*

1. Mi cuñada _es la esposa de mi hermano_.
2. Mis suegros _son los padres " mi esposa_.

⁵ in law 3. Mi yerno _es el esposo " mi hija_.
d " 4. Mi nuera _es el/la esposa " mi hijo_.
5. Mis sobrinos _son los hijos " mi hermano/a_.
6. Mi tío _es el hermano " mi padre/madre_.
7. Mi media hermana _es la hija " mi madre/padre y su nuevo esp_
8. Mi hermanastra _es " " " madrastra/padrastro con su ex_
9. Mi madrastra _es la esposa " " padre pero no es mi madre_
10. Mi padrastro _es el esposo " " madre " " " padre_

La niñez

Lee *Gramática 10.2*

C. La familia de Radamés

Parte 1. Indica cuál es la relación entre Radamés y las personas indicadas con números en la siguiente página; por ejemplo, **hermano, sobrino.**

1. Es mi _madre_.
2. Es mi _padre_.
3. Es mi _cuñada_.
4. Es mi _hermano_.
5. Es mi _hermana_.
6. Es mi _sobrino_.
7. Es mi _sobrina_.

La familia de Radamés

1. Omara Saborit de Fernández (65) **2. Tomás Fernández Valdés (72)**

3. Mayra Ramírez Cabrera (36) **4. Julián Fernández Saborit (45)** **Iraida Fernández Saborit (33)** **5. Eliana Fernández Saborit (35)** **David Jaume González (42)** **Radamés Fernández Saborit (24)**

Maily Fernández Ramírez (12) **6. Yovani Fernández Ramírez (13)** **Danielito Fernández Ramírez (9)** **7. Karina Jaume Fernández (12)** **Ánika Jaume Fernández (6)**

Parte 2. Indica la persona descrita (*described*), según el árbol genealógico de la familia de Radamés.

1. _Radames_: Soy el hijo soltero de mis padres y tío de cinco sobrinos. De niño tenía clases de guitarra todos los martes y jueves en una escuela de música que había cerca de mi casa.

2. _Ánika_: Mi sobrina favorita es la hija menor de mi hermana Eliana. Ella era una bebé preciosa y muy grande para su edad.

3. _Mailly_: La hija única de mi hermano Julián dormía mucho cuando era bebé.

4. _Mayra_: Cuando era pequeña, mi cuñada se divertía mucho con sus hermanas, especialmente cuando jugaban a las casitas.

5. _David_: Cuando era pequeño, mi cuñado se subía a los árboles con sus amigos.

6. _Omara_: Cuando era niña, mi mamá vivía en Guantánamo, Cuba, y jugaba mucho con su hermano mayor.

7. _Tomás_: Cuando era niño, mi papá tenía dos perros y paseaba con ellos por el parque todas las tardes.

8. _Iraida_ y _Eliana_: Cuando eran pequeñas, mis dos hermanas montaban en el cachumbambé en el parque todos los fines de semana. Les encantaba ese juego.

9. _Yovani_ y _Danielito_: Cuando mis sobrinos (♂) eran pequeños, íbamos al parque, volábamos papalotes y jugábamos al escondite.

D. A veces la vida cambia. Radamés habla de las actividades que sus hermanos y él hacían cuando eran niños. Debajo de cada dibujo, escribe en **imperfecto** las actividades, usando las expresiones de la lista. Luego, completa la segunda oración usando el pronombre apropiado y el **presente** del mismo verbo para decir si *todavía* hacen esas actividades o si *ya no* las hacen. **OJO:** Pon atención a las palabras en negrita.

comer **comida chatarra** al menos una vez por semana
jugar **al béisbol** en la escuela
✓jugar **al escondite** después de las clases
✓lavar **el carro** de Papi todos los fines de semana
leer **tiras cómicas** todos los días

✓ponerse **un disfraz** de Elvis Presley en los carnavales
✓tocar **la guitarra** por las noches
✗tomar **clases** de música todas las semanas
✓ir al cine los sábados por la tarde
✗volar **papalotes** por las tardes con Papi

MODELO:

Cuando yo tenía siete años... *tomaba clases de música todas las semanas.*
Todavía... *las tomo.*

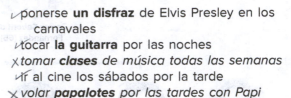

Cuando éramos pequeños, mis hermanas y yo... *volábamos papalotes por las tardes con Papi.*
Pero ya no... *los volamos*

1. Cuando yo era niño... _____
   tocaban la guitarra por
   las noches .
   Todavía... la toco
   _____ .

2. Cuando éramos niños, mis amigos y yo...
   jugabamos al escondite despúes
   de las clases .
   Pero ya no... lo juegamos
   _____

3. Cuando eran pequeñas, mis hermanas...

iban al cine los sabados

por la tarde .

Todavía... lo van

.

4. Hace muchos años, mis hermanos mayores...

lavaban el carro de Papi

todos los fines... .

Pero ya no... lo lavan

.

5. Cuando era niña, mi hermana Iraida...

leía tiras comicas todos

los dias .

Pero ya no... las lee

.

6. De niño, yo siempre... jugaba

al beisbol en la

escuela .

Pero ya no... lo juego

.

7. De niños, mi amigo y yo... _____

comíamos chatarra

.

Todavía... la comemos

.

8. De pequeño (yo) con mucha frecuencia...

me ponía un disfraz de

Elvis en los carnavales

Todavía... me lo pongo

.

E. ¡Cuántos recuerdos! Radamés conversa con sus amigos del club mientras abre un baúl (*trunk*) donde hay muchos objetos de su niñez. Completa los comentarios de Radamés con el imperfecto del verbo entre paréntesis.

¡Esta es la guitarra que yo _usaba_ (usar)[1] cuando _tenía_ (tener)[2] siete años! Recuerdo que _practicaba_ (practicar)[3] todos los días mientras mis hermanos me _escuchaban_ (escuchar)[4] pacientemente y luego me _aplaudían_ (aplaudir).[5] Siempre me _decían_ (*ellos:* decir)[6] que _iba_ (*yo:* ir)[7] a ser un músico famoso.

¡Mira! Y este es mi cuaderno de música. Cuando _era_ (*yo:* ser)[8] pequeño, _tomaba_ (tomar)[9] clases de música con el profesor Rodríguez. Las clases _eran_ (ser)[10] en el primer piso de un edificio alto.

¡La famosa corbata! El profesor Rodríguez, _era_ (ser)[11] muy divertido, ¡_Parecía_ (Parecer)[12] un músico loco por la forma de vestir! Siempre _venía_ (venir)[13] con ropa cómoda y una corbata muy loca con temas musicales. Al final del año, el profesor le _daba_ (dar)[14] su corbata como regalo al mejor estudiante del año ¡y un año me la gané[a] yo!

En esta foto estamos el profesor Rodríguez y nosotros, sus estudiantes. En la clase de guitarra _éramos_ (*nosotros:* ser)[15] ocho estudiantes: cuatro muchachas y cuatro muchachos. Todas las muchachas _se llevaban_ (llevarse)[16] muy bien conmigo y dos de los muchachos también.

[a]*won*

La juventud y otros momentos del pasado

Lee *Gramática 10.2, 10.3, 10.4*

F. De todos los días. Empareja las frases para crear explicaciones y excusas. **OJO:** Pon mucha atención a las formas verbales (**en negrita**).

___i___ **1.** (Yo) **Pensaba despertarme** temprano, ...

___j___ **2.** Nayeli y Camila **querían estudiar** por la mañana, ...

___g___ **3.** (Yo) **Quería ponerme** mi ropa favorita, ...

___a___ **4.** Sebastián **pensaba levantarse** a las siete, ...

___c___ **5.** (Yo) **Pensaba trabajar** solo de nueve a cinco, ...

___h___ **6.** Ángela **quería bañarse** por la mañana, ...

___e___ **7.** Eliana, antes nunca **querías hacer** los quehaceres de la casa, ...

___f___ **8.** Los otros músicos de Cumbancha y yo **queríamos llegar** a la fiesta temprano, ...

___d___ **9.** Omar **pensaba manejar** a su trabajo, ...

___b___ **10.** Iraida, recuerdo que en la escuela secundaria siempre **querías sacar** buenas notas, ...

a. pero el reloj no sonó y **durmió** hasta las diez.

b. y, por eso, **estudiabas** muchas horas todos los días.

c. pero **tenía** mucho trabajo y, al final, **terminé** a las ocho de la tarde.

d. pero había mucho tráfico y **decidió** ir en bicicleta.

e. pero ahora **piensas** que hay que limpiar todos los días.

f. pero había un accidente en la carretera y **nos fue** imposible.

g. pero no **estaba** limpia.

h. pero no había agua caliente y no **pudo.**

i. pero tenía mucho sueño y no **pude.**

j. pero **tenían** muchas otras cosas interesantes que hacer.

G. Las excusas. A Yovani, el sobrino de Radamés, no le gusta hacer los quehaceres domésticos ni ayudar en casa y siempre tiene excusas para su papá, Julián. Le dice, «**Iba a..., pero...** ». Completa sus conversaciones usando las excusas de la lista y el pronombre **lo, la, los** o **las** para sustituir las palabras en negrita.

EXCUSAS

✓el vecino tenía la máquina de cortar
✓estaba lloviendo y no pude sacarlo/la
  Maily ya lo/la paseó
✓mi mamá lo/la recogió primero
  no estaban sucios
✓no había agua
  sonó el teléfono
✓tenía mucho calor y no los/las cerré

MODELO: JULIÁN: Yovani, ¿por qué no **barriste el piso**?

YOVANI: *Lo iba a barrer (Iba a barrerlo), pero sonó el teléfono.*

1. JULIÁN: Yovani, hijo, otra vez se te olvidó pasear **al perro.**

   YOVANI: lo iba a pasear al perro, pero estaba lloviendo y no pude sacarlo

2. JULIÁN: ¡Ay, hijo! ¿Por qué no recogiste **el periódico**?

   YOVANI: lo iba a recoger el periódico pero mi mamá lo recogió primero

3. JULIÁN: Hijo, ¿cortaste **el césped** ayer?

   YOVANI: lo iba a cortar el cesped ayer, pero el vecino tenía la máquina de cortar

4. JULIÁN: Yovani, ¿ya sacaste **la basura**?

   YOVANI: la iba a sacar pero sonó el teléfono

5. JULIÁN: ¡Hijo, nunca me ayudas! Otra vez se te olvidó regar **el jardín**.

   YOVANI: lo iba a regar el jardín pero no había agua

6. JULIÁN: Yovani, ¿ya cerraste **las ventanas**?

   YOVANI: las iba a cerrar, pero tenía mucho calor y las cerré

7. JULIÁN: Hijo, ¿desempolvaste **los estantes** de tu dormitorio?

   YOVANI: los iba a desempolvar, pero no estaban sucios

H. ¡Qué tiempos aquellos! Radamés les está mostrando (*showing*) fotos de su niñez y de su adolescencia a algunos de sus amigos. Ayuda a Radamés a hacer una descripción para cada foto usando las frases en **Descripciones.** Luego, escribe los comentarios que hacen sus amigos usando las frases en **Comentarios.**

DESCRIPCIONES

1. Aquí **estaba** yo **comprando** una de mis guitarras favoritas.
2. Aquí mis hermanas llevaban ropa típica afrocubana porque **estaban participando** en el festival internacional de la escuela.
3. En esta foto mi familia y yo **estábamos celebrando** mi graduación en la escuela secundaria.
4. Aquí **estábamos jugando** al Tetris mi hermana Iraida y yo.
5. Aquí **estaba volando** mi papalote en el parque cerca de mi casa
6. Un ejemplo más de nuestras vacaciones juntos: Aquí Julián y yo **estábamos esquiando** en Utah.
X. *En el año 2002 mi familia y yo fuimos de vacaciones a Santo Domingo. En esta foto mis hermanas y yo **estábamos nadando** en el mar en la playa Samaná.*

COMENTARIOS

a. ¡No sabía que te gustaba la nieve ni el frío!
b. ¡Qué bueno poder ver esta foto de graduación!
c. ¡Qué vestidos tan bonitos!
d. ¿Tenías ese videojuego? ¡A mí me encantaba!
e. ¡Ay, no! ¡Tu papalote quedó atrapado en un árbol!
f. ¡Te veo muy feliz en esa foto, Radamés! Claro que la música a ti siempre te pone feliz.
X. *¡Veo que te gusta el Caribe!*

Álbum *Mis recuerdos de la adolescencia*

MODELO:

En el año 2002 mi familia y yo fuimos de vacaciones a Santo Domingo. Allí mis hermanas y yo íbamos todos los días a la playa Samaná y nadábamos en el mar.

COMENTARIO

ELOY: *¡Veo que te gusta el Caribe!*

1. _____ 3 _____

_____

_____

CLAUDIA: _____ b _____

2. _____ 2 _____

_____

_____

ANA SOFÍA: _____ c _____

3. _____ 1 _____

_____

_____

XIOMARA: _____ f _____

4. _____ 6 _____

_____

_____

FRANKLIN: _____ a _____

_____

5. _____ 4 _____

_____

SEBASTIÁN: _____ d _____

_____

6. _____ 5 _____

_____

_____

NAYELI: _____ e _____

_____

En resumen

¡Háblanos de ti! Contesta las siguientes preguntas.

1. Piensa en los miembros de tu familia. ¿A quién te pareces físicamente? ¿En qué te pareces a ellos?

   _____

   _____

   _____

2. Y en la personalidad, ¿a quién te pareces? ¿Qué actividades te gusta(ba) hacer con esa persona?

   _____

   _____

   _____

3. Si vivías en otra casa cuando eras más joven, ¿cómo era esa casa? Si no te cambiaste de casa cuando eras pequeño/a, explica cómo era la casa de un pariente (primo/a, tío/a, etcétera) o la de tu mejor amigo/a.

   _____

   _____

   _____

4. ¿Cómo era tu maestro/a favorito/a de la escuela secundaria? ¿Cómo era él/ella físicamente? ¿Qué aspectos de su personalidad recuerdas? ¿Recuerdas si todos los días tenía una rutina similar en clase? ¿Qué hacía?

   _____

   _____

   _____

   _____

   _____

5. Cuando eras pequeño/a y pensabas en tu futuro, ¿qué tipo de actividades pensabas hacer de adulto? ¿Qué querías ser? ¿En qué querías trabajar?

   _____

   _____

   _____

   _____

Exprésate

Escríbelo tú

Las actividades de tu niñez o adolescencia

Piensa en las actividades que más te gustaba hacer a la edad de diez años o a la edad de quince años. ¿Jugabas videojuegos? ¿Con quiénes jugabas? ¿Preferías jugar al béisbol? ¿Dónde lo jugabas? ¿Tenías un juguete favorito? ¿Leías mucho? ¿Ibas mucho al cine? Usa la tabla para organizar tus ideas y luego escribe una composición sobre este tema.

	MIS ACTIVIDADES FAVORITAS CUANDO TENÍA _____ AÑOS	
Introducción (Párrafo 1)	¿Qué tipo de actividades te gustaba hacer? ¿Cuáles eran tus **dos** actividades favoritas?	*Me gustaba hacer muchas cosas. Por ejemplo... Mis dos actividades favoritas eran...*
Cuerpo I (Párrafo 2)	Primera actividad favorita: ¿Por qué te gustaba esa actividad? ¿Con quién la hacías? ¿Cómo era esa persona? ¿Dónde hacían ustedes esta actividad? ¿En qué momento del año? ¿Con qué frecuencia? (todos los días, una vez a la semana,...) ¿Era necesario llevar un tipo de ropa específico? Incluye otros detalles interesantes.	*Me gustaba mucho... porque...*
Cuerpo II (Párrafo 3)	Segunda actividad favorita: ¿Por qué te gustaba esa actividad? ¿Con quién la hacías? (¿La hacías con un[a] pariente? ¿con un amigo / una amiga?) ¿Cómo era esa persona? ¿Dónde hacían ustedes esta actividad? ¿En qué momento del año? ¿Con qué frecuencia? (una vez al mes, cada verano,...) ¿Era necesario llevar un tipo de ropa específico? Incluye otros detalles interesantes.	*Mi otra actividad favorita era... Me gustaba mucho porque...*
Conclusión (Párrafo 4)	¿Por qué eran esas dos actividades tus favoritas? Da las dos razones principales.	*_____ y _____ eran mis actividades favoritas porque...*

_____

_____

_____

_____

_____

_____

_____

_____

_____

_____

_____

⌐ Enlace auditivo

Pronunciación y ortografía

Ejercicios de pronunciación

Consonants: **b, v, d, g**

A. We have already seen that the letters **b, v, d,** and **g** in the combinations **ga, go,** and **gu** are normally pronounced soft, not hard as in English.* In the case of **b** and **v,** which are pronounced identically, the lips do not completely close; in the case of **d,** the tip of the tongue is on the back of the upper teeth but does not completely stop the air; and in the case of **g,** the back of the tongue against the roof of the mouth does not completely close off the air.

Listen and then pronounce the following words and phrases with soft **b/v, d,** and **g.**

1. Mucho gusto.
2. Es divertido jugar al gato.
3. Mi amigo dice que no va a venir.
4. Abuela, por favor, abra la ventana.
5. Tiene ganas de nadar.

B. If the letters **b, v, d,** and **g** begin a word but do not begin the phrase or sentence, they usually are also pronounced soft.

Listen and then pronounce the following words with a soft **b/v, d,** and **g.**

la boca	la discoteca	la galleta
la vida	la dieta	el guante

C. The letters **b, v, d,** and **g** may be pronounced hard if the speaker pauses before a word that begins with one of these letters, as at the beginning of a sentence or phrase.

Listen and then pronounce the following sentences, all of which begin with **b, v, d,** or **g.** Remember to pronounce **b/v, d,** or **g** at the beginning of an utterance with a hard sound. In the middle of an utterance use the soft sound.

1. ¡Vamos a probar las galletas!
2. ¡Ganamos el partido!
3. Voy mañana a la biblioteca.
4. Bailan muy bien esos jóvenes.
5. Debo guardar la comida.

---

*For more practice with the pronunciation of these consonants, you may wish to review the **Pronunciación y ortografía** sections in the following chapters in this *Cuaderno de actividades*: (**b** and **v**) **Capítulo 5,** (**d**) **Capítulo 9,** (**g** in the combinations **ga, go, gu**) **Capítulo 7.**

D. The letters **b, v, d,** and **g** are also pronounced hard if immediately preceded in the same utterance by **m** or **n.**

Listen and then pronounce the following words and phrases with a hard **b/v, d,** and **g.**

1. ¿Por qué no me in<u>v</u>itaste a an<u>d</u>ar en <u>b</u>icicleta?
2. Cam<u>b</u>ió el tiempo.
3. ¡Ten<u>g</u>o ham<u>b</u>re!
4. ¡Es tan <u>b</u>onito tu coche!
5. Ten<u>g</u>o un <u>g</u>ato muy inteligente.

E. In addition, the letter **d** is pronounced hard when immediately preceded in the same utterance by the letter **l.**

Listen and then pronounce the following words and phrases with a hard **d.**

el <u>d</u>ía	el suel<u>d</u>o	el <u>d</u>omingo
el <u>d</u>eporte	el <u>d</u>isco	
la fal<u>d</u>a	el <u>d</u>edo	

Ejercicios de ortografía

I. *The Letters* **b, v, d, g**

Listen to the words and write them correctly using **b, v, d,** or **g.** Remember that the letters **b** and **v** are pronounced the same in Spanish. Since it is impossible to tell by the sound of a word if it is written with **b** or **v,** you must simply learn the spelling.

1. _____   9. _____
2. _____   10. _____
3. _____   11. _____
4. _____   12. _____
5. _____   13. _____
6. _____   14. _____
7. _____   15. _____
8. _____

II. Accents on Imperfect Verb Forms

Many verb forms in the imperfect tense must be written with an accent mark. This includes all forms of **-er** and **-ir** verbs (for example, **comía, salíamos, entendían**) and forms that are stressed three syllables from the last, that is, the **nosotros/as** forms of **-ar** verbs (for example, **estudiábamos, desayunábamos, participábamos**).

Listen and write the following imperfect forms. Include an accent mark where necessary.

1. _____   6. _____
2. _____   7. _____
3. _____   8. _____
4. _____   9. _____
5. _____   10. _____

Actividades auditivas

A. **El bebé de la familia.** Lucía y Radamés están en el centro estudiantil de la universidad, conversando sobre la familia de Radamés. Escucha la conversación.

Vocabulario de consulta

se exiliaron	(they) went into exile
cualquier gobierno	any government
chulas	cute, pretty
rebelde	rebel

Lugar mencionado

Guantánamo　　　*city in Guantánamo Province, at the southeastern end of the island of Cuba*

Indica la respuesta correcta.

1. Lucía dice que...

    a. conoce bien a la familia de Radamés.
    b. no sabe nada de la familia de Radamés.
    c. Radamés es misterioso.
    d. no sabe nada de Cuba.

2. ¿Cuántos primos tiene Radamés? Más de...

    a. tres.
    b. treinta.
    c. cuarenta.
    d. veinte.

3. Todos los primos de Radamés están en...

    a. California
    b. Miami
    c. Guantánamo, Cuba
    d. La Habana, Cuba

4. ¿Cuál es la relación entre Julián y Radamés? Julián es su...

    a. primo
    b. hermano menor
    c. hermano mayor
    d. tío

5. ¿Cuántos sobrinos tiene Radamés? Tiene...

    a. cinco: tres niñas y dos niños.
    b. cinco: dos niñas y tres niños.
    c. cuatro: tres niñas y un niño.
    d. cuatro: dos niñas y dos niños.

6. Radamés dice que él es el rebelde de la familia porque...

    a. es músico.
    b. es soltero.
    c. es el hermano menor.
    d. estudia en California.

7. Radamés tiene dos hermanas, Iraida y Eliana. Iraida...

    a. es mayor que Eliana.
    b. es menor que Eliana.
    c. y Eliana son gemelas.
    d. y Eliana son menores que Radamés.

8. Radamés dice que sus sobrinos a veces...

    a. viajan juntos.
    b. pelean.
    c. juegan al escondite.
    d. bailan.

B. Cuando la abuela era joven. Ánika Jaume Fernández es la sobrina menor de Radamés y tiene seis años. Ahora Ánika está en un parque con su abuela, doña Omara Saborit, que tiene sesenta y cinco años. Están sentadas en un banco (*bench*). Escucha su conversación.

Vocabulario de consulta

te alegras de estar viva	you're happy to be alive
alegre	happy
costumbre	custom, tradition
isla	island

Completa cada oración con palabras de la lista. **OJO:** Hay palabras y frases extra.

a su padre tocar la guitarra	jugar a las casitas	pequeña
amigas	jugar al escondite	programas de misterio en la radio
bonita	jugar en el parque	sentarse en el parque
delgada	Miami	se parecen
gorda	música en el parque	tienen el mismo nombre
grande	padres	vieja
Guantánamo	pelo	volaba papalotes
jugaba al escondite		

1. Doña Omara dice que no es malo ser _____.

2. Cuando era niña, a doña Omara le gustaba

   _____ con sus

   _____.

3. Cuando doña Omara era joven, tenía el _____

   negro y era alta, _____ y

   _____.

4. Doña Omara y su familia vivían en una casa

   _____ en

   _____.

5. Doña Omara y sus hermanos escuchaban _____

6. Ánika y su abuela _____ mucho.

7. Doña Omara y sus amigas _____ en el parque.

8. Al final, Ánika y su abuela deciden _____

Videoteca

Amigos sin Fronteras

Episodio 10: Así somos

Resumen. Claudia, Ana Sofía y Radamés están de visita en casa de Sebastián, mirando fotos y hablando de su niñez y adolescencia. Radamés, Sebastián y Ana Sofía admiten que eran traviesos cuando eran niños y cuentan algunas de sus travesuras; también describen las actividades que les gustaba hacer cuando eran adolescentes. Pero Claudia confiesa que era una niña muy seria.

©McGraw-Hill Education/Klic Video Productions

SEGMENTO 1

Preparación para el video

Vocabulario de consulta

¡sin mi permiso!	Without my permission!
Andá, ¡contános!	Come on, tell us! (*vos* form)
globos	balloons
tiraba	threw
cartero	mailman
metía	inserted, stuck
el tubo de escape	exhaust pipe
Salía disparada	Would shoot out
pegaba	would glue, would stick
una moneda de cien pesetas	a one hundred **peseta** coin, the former currency of Spain
pegamento fuerte	super glue
acera	sidewalk
intentaban	tried
con disimulo	sneakily
te reías sin parar	you couldn't stop laughing
huelo	I smell

A. ¡Comencemos! Contesta las preguntas.

1. Escribe tres actividades que tú hacías cuando eras pequeño y di con quién hacías esas actividades.

   _____

   _____

   _____

   _____

2. Describe una travesura (*prank*) que hacías cuando eras niño/a. Si no eras travieso/a, describe la travesura de un(a) hermano/a o amigo/a.

   _____

   _____

   _____

   _____

B. El Vocabulario de consulta. Empareja cada definición con la palabra correspondiente.

_D_ **1.** tirar   **a.** monedas en el piso con pegamento fuerte

_a_ **2.** pegar   **b.** al fútbol

_e_ **3.** meter   **c.** una pizza en el horno

_B_ **4.** jugar   **d.** globos de agua

_C_ **5.** hacer   **e.** papas en el tubo de escape

Comprensión del video

C. La idea principal. Indica la idea principal del segmento.

☐ Sebastián y Radamés eran niños muy traviesos.

☑ Sebastián, Claudia, Ana Sofía y Radamés recuerdan su niñez.

☐ Sebastián preparó una pizza para todos.

D. ¿Qué hacían cuando eran pequeños? Indica quién hacía cada actividad cuando era niño/a. **OJO:** Una persona hacía dos actividades.

_____ **1.** Ana Sofía   **a.** Jugaba al fútbol y a otros deportes.

_____ **2.** Sebastián   **b.** Pegaba monedas en el piso.

_____ **3.** Radamés   **c.** ponía papas en el tubo de escape de los carros.

                                      d. le tiraba globos llenos de agua a la gente.

E. Detalles. Completa las oraciones con palabras de la lista. **OJO:** Hay palabras extra.

caminaba	la mamá de Sebastián	papa
la gente	la zapatería	se sentaba
la heladería	mercado	Sebastián

1. _____ subió fotos a Facebook sin permiso.

2. Este amigo del club le tiraba globos de agua a _la gente_____ que entraba a su casa.

3. La _____ salía disparada cuando la gente encendía el motor del carro.

4. Esta amiga del club pegaba monedas en el piso a la entrada de _____ de su tío.

5. Después de pegar las monedas en el piso, ella _se sentaba_____ en la acera y miraba qué hacía a gente.

6. Los amigos del club van a comer pizza del _____ que hizo su amigo en el horno.

SEGMENTO 2

Preparación para el video

Vocabulario de consulta

los animales feroces	wild animals	escondida	hidden
nos hace reír	she makes us laugh	en cambio	on the other hand
Modestia aparte	Modesty aside	solitaria	lonely
¡Olé!	Hooray! (*Sp.*)	me volví más sociable	I became more social
vestida de sevillana	wearing a Sevillana dress		

F. ¡Comencemos! Contesta las preguntas.

1. Cuando eras adolescente, ¿eras una persona solitaria o muy sociable?

   _____

2. ¿Qué actividades hacías cuando eras adolescente durante los fines de semana? ¿Con quién las hacías? Escribe tres actividades.

   _____

   _____

   _____

G. Vocabulario de consulta. Completa cada oración con una palabra o expresión de la lista.

los animales   reír   ¡salud!   sociable   solitaria

1. Una persona que está sola casi siempre, es una persona _____5_____.

2. Cuando hacemos un brindis decimos «_____3_____».

3. Algunas personas les tienen miedo a _____1_____ feroces.

4. Una persona que hace cosas divertidas nos hace _____4_____.

5. Una persona se vuelve _____2_____ cuando cambia su actitud: primero era solitaria pero ya no lo es.

Comprensión del video

H. Las ideas principales. Indica las ideas que aparecen en el segmento.

☐ A Radamés y a Ana Sofía les gustaba acampar.

☐ Ana Sofía bailaba flamenco y se ponía vestidos de sevillana.

☐ Claudia cambió mucho cuando entró a la universidad. Antes de la universidad, era una persona muy solitaria.

☐ Los amigos del club brindan porque la pizza está muy buena.

I. ¿Quién hacía estas actividades? Indica el amigo o la amiga del club que hacía cada actividad: Radamés (**R**), Sebastián (**S**), Ana Sofía (**AS**) o Claudia (**C**).

R	S	AS	C	
☐	☐	☐	☐	**1.** Cuando era adolescente, acampaba en la playa y en el patio de su casa.
☐	☐	☐	☐	**2.** Le tenía miedo a los animales feroces.
☐	☐	☐	☐	**3.** Bailaba flamenco y viajaba mucho con su grupo de baile.
☐	☐	☐	☐	**4.** Patinaba solo/a cuando era niño/a.
☐	☐	☐	☐	**5.** Patinaba con sus amigos cuando era niño/a.
☐	☐	☐	☐	**6.** De adolescente, era un niño / una niña muy serio/a.
☐	☐	☐	☐	**7.** De adolescente, no salía mucho.

J. **Más detalles.** Completa cada oración con los detalles que faltan, según el segmento.

1. ¿Qué palabra dice en inglés Radamés y Claudia lo corrige? Escríbela en español:

   _____

2. Cuando era adolescente, Ana Sofía _____ flamenco con su grupo y

   viajaba mucho.

3. Claudia dice que cuando era pequeña, ella era una niña muy _____ y

   cuando era adolescente era súper _____.

4. Afortunadamente, cuando Claudia entró a la universidad se volvió más _____.

5. Al final del segmento, los cuatro amigos hacen un _____.

Mi país

Cuba

SEGMENTO 1

Preparación para el video

Vocabulario de consulta

mi querida isla	my beloved island
la belleza natural	natural beauty
arena	sand
palmeras	palm trees
los campos de caña de azúcar	fields of sugar cane
son	traditional Cuban song and dance
en vivo	live (*show/concert*)

A. **¡Comencemos!** Contesta las preguntas.

1. ¿Qué es Cumbancha?

   a. el equipo de fútbol de los Amigos sin Fronteras

   b. el apellido de Radamés

   c. el grupo de música de Radamés

   d. la ciudad donde nació Radamés

2. ¿Cómo se llama la isla más grande del Caribe? Consulta el mapa, si quieres.

   _____

3. ¿Qué *no* es típico de Cuba?

   a. su música   b. sus playas   c. su té   d. su café

Comprensión del video

B. Las ideas principales. Ordena las ideas que aparecen en este segmento.

_____ Radamés nos muestra algunos lugares de Varadero.

_____ Radamés nos muestra un lugar donde tomar café y escuchar música en vivo.

_____ Radamés nos cuenta su plan: quiere seleccionar imágenes del lugar que le da la inspiración para su música.

_____ Radamés nos muestra lugares de Trinidad y ejemplos de sus casas y edificios.

C. Fotos. Empareja cada imagen con la leyenda correspondiente.

1   **un grupo de música en vivo**
2   **una playa de Varadero**

3   **unas casas en Trinidad**
4   **unos campos de caña de azúcar**

1. _____2_____   2. _____4_____

3. _____3_____   4. _____1_____

1, 2 ©McGraw-Hill Education/Klic Video Productions; 3: ©Lissa Harrison; 4: ©Dave Moyer

D. Algunos lugares cubanos. Organiza cada frase de la lista con la ciudad correspondiente.

campos de caña de azúcar   **las casas y los edificios tienen color pastel**   **tomar un café muy rico**
escuchar música en vivo   **palmeras y playas de arena blanca**   **ver playas hermosas**

Varadero	Trinidad	Canchánchara, Trinidad

SEGMENTO 2

Preparación para el video

Vocabulario de consulta

llena de vida	full of life
puros	cigars
cómo los enrollan	how they roll them
carros antiguos	vintage cars
ritmos afrocubanos	Afro-Cuban rhythms
enfatizar	emphasize

E. ¡Comencemos! Contesta las preguntas.

1. ¿Qué es típico de Cuba? Marca las tres respuestas correctas.

   (a.) el tabaco (los puros)
   (b.) la música
   (c.) los carros antiguos
   d. el flamenco

2. ¿Cómo se llama la capital de Cuba? Consulta el mapa, si quieres.

   a. Santiago de Cuba
   b. Trinidad
   (c.) La Habana
   d. Varadero

3. ¿Dónde está La Habana? Consulta el mapa, si quieres.

   (a.) En la costa norte de la isla.
   b. En el centro de la isla.
   c. En la costa sur de la isla.

Comprensión del video

F. ¿Qué vemos? Indica los cuatro lugares o cosas de la lista que aparecen en este segmento del video.

☐ un presidente cubano

☐ una cantante famosa

☐ la Sierra Maestra

☐ la ciénaga de Zapata

☐ La Habana

☐ una fábrica de tabaco

☐ el Malecón

☐ una reunión de carros antiguos

G. Imágenes. Empareja cada imagen con la leyenda correspondiente.

c **1.**

a. El Capitolio de La Habana

b. El Carnaval de Santiago de Cuba

c. Celia Cruz

d. Partagás, una fábrica de puros

e. El Malecón, La Habana

a **2.**

d **3.**

e **4.**

b **5.**

1: ©Greg Mathieson/REX/Shutterstock; 2, 4: ©McGraw-Hill Education/Klic Video Productions; 3: ©Dave Moyer; 5: © Robert Van Der Hilst/Photodisc/Getty Images

H. Detalles. Completa las oraciones con la información que falta, según este segmento del video.

1. Una expresión muy famosa de Celia Cruz es «¡ _____!».

2. La _____ y la _____ de Celia Cruz están presentes en casi todas las canciones de Radamés.

3. Radamés dice que _____ la Catedral, en La Habana, siempre tiene mucha gente.

4. Según Radamés, el Capitolio de _____ se parece al Capitolio de Washington, D.C.

5. En la _____ de puros, Partagás, vemos a una mujer que enrolla puros.

6. En el Malecón de La Habana vemos: el _____ y _____ antiguos de los años _____ con la música muy fuerte.

7. En Santiago de Cuba, la _____ y los ritmos afrocubanos son muy importantes.

8. Una festividad muy importante en Santiago de Cuba es su _____.

¡A leer!

¿Sabías que... ?

El ritmo° de las palabras: canciones y rimas infantiles° *Rhythm* / rimas... *Children's Rhymes*

¿Sabías que en muchos países del mundo hispano, cuando un niño se lastima,[a] su madre le dice: «Sana, sana, colita de rana, si no sanas hoy, sanarás mañana»[b]? Esta pequeña rima tiene el propósito de distraer[c] al niño de su lesión.[d] En el mundo hispano hay una larga tradición de rimas y canciones infantiles que son parte básica de la crianza[e] de los niños.

Las canciones de cuna,[f] que también se llaman **nanas,** tienen una melodía dulce para ayudar al niño a dormir. Una de las más conocidas,[g] es «A la nanita nana». Otras nanas conocidas por todo el mundo hispano son «Señora Santa Ana» y «Este niño lindo». En el Caribe se canta «Duerme negrito», una canción que data de la época de la esclavitud.[h] En Venezuela la canción de cuna más conocida es «Duérmete mi niño»; ¡la melodía es la misma del himno[i] nacional de ese país!

Además de cantar para adormecer[j] a sus hijos, los padres y abuelos usan las canciones y las rimas para enseñarles a los niños sobre el mundo. La canción «Los elefantes» le enseña al niño a contar y la canción «Pimpón» es una lección sobre la importancia del aseo.[k] Para ayudar al niño con la pronunciación del español los adultos le enseñan trabalenguas,[l] como por ejemplo: «Erre con erre guitarra, erre con erre barril, ¡qué rápido ruedan las ruedas del ferrocarril!»[m] o «Pepe Peña pela papa, pica piña, pita un pito,[n] pica piña, pela papa Pepe Peña». Los niños también cantan cuando juegan. La canción «La víbora de la mar» acompaña un juego similar al de «*London Bridge Is Falling Down*». Para escoger a un niño para un juego, los niños dicen «De tin marín de dos pingüé, cúcara, mácara, títere fue».[ñ]

Aunque estas canciones y rimas parezcan canciones muy sencillas,[o] son una fuente rica de vocabulario y cultura. ¡Es posible cantar como los niños y aprender el español a la vez[p]!

[a]se... *gets hurt*   [b]*Sana... Heal, heal, little frog's tail, if you're not better today, you will be tomorrow.*   [c]*distract*   [d]*Injury*   [e]*upbringing*   [f]canciones... *lullabies*   [g]*well-known*   [h]data... *dates back to the era of slavery*   [i]*anthem*   [j]*make (them) fall asleep*   [k]*personal hygiene*   [l]*tongue twisters*   [m]ruedan... *the wheels roll on the train tracks*   [n]pela... *peels potatoes, chops pineapple, blows a whistle*   [ñ]*The phrase is nonsensical, the rough equivalent of English's "Eeny-meeny-miny-moe. . . ."*   [o]*simple*   [p]a... *at the same time*

Comprensión

1. Cuando un niño se lastima, ¿qué le dice su madre?

   a. «De tin marín, de dos pingüé, cúcara, mácara, títere fue.»
   b. «Sana, sana, colita de rana, si no sanas hoy, sanarás mañana.»
   c. «Erre con erre guitarra, erre con erre barril, ¡qué rápido ruedan las ruedas sobre el ferrocarril!»
   d. «A la nanita nana.»

2. ¿Para qué sirven las canciones de cuna que los padres y los abuelos les cantan a los niños?

   a. para enseñarle al niño a contar
   b. para jugar
   c. para aprender a pronunciar bien el español
   d. para adormecer al niño

3. ¿Qué canción se usa para enseñarle al niño a contar?

   a. «Los elefantes»
   b. «Pepe Peña pela papa»
   c. «Señora Santa Ana»
   d. «A la nanita nana»

4. ¿Qué canción usan los niños para escoger a un niño en un juego?

   a. «Duerme negrito»
   b. «Erre con erre guitarra, erre con erre barril, ¡qué rápido ruedan las ruedas sobre el ferrocarril!»
   c. «De tin marín, de dos pingüé, cúcara, mácara, títere fue»
   d. «A la nanita nana»

Conexión cultural

Cuba, hacia el futuro

Vocabulario de consulta

pueblo	people
esclavos	slaves
hubo	there was
dictadura	dictatorship
encabezada	headed, led
obtuvo el apoyo	got the support
arriesgando	risking
balsas	rafts
embarcaciones	water craft, vessels
tasa de alfabetización	literacy rate
no ha habido	there has not been
red de casas particulares	*network of bed and breakfast style accommodations in private homes*
se le otorgará	it will be granted
seguirá	will follow
sea cual sea	whatever might be

Entrada de los jóvenes revolucionarios en La Habana el primero de enero de 1959, año del triunfo de la Revolución cubana.

La historia de Cuba nos muestra un **pueblo** que todavía está en busca de un mejor futuro. Al llegar a Cuba en 1492, Cristóbal Colón describió la isla como la tierra más bella del mundo. Los españoles empezaron su conquista de los indígenas en 1510; en 1527 llegaron los primeros **esclavos** africanos y en los siguientes siglos **hubo** mucho conflicto con ataques de piratas e invasiones de varios países. En el siglo XIX los cubanos intentaron en varias ocasiones conseguir la independencia de España, pero no fue hasta que Estados Unidos entró en el conflicto que Cuba por fin pudo independizarse. Estados Unidos ocupó Cuba de 1899 a 1902 y de nuevo de 1906 a 1909 y en los próximos cincuenta años el gobierno de Cuba cambió más de veinticinco veces. La corrupción llegó a su máximo bajo la **dictadura** de Fulgencio Batista y, finalmente, en 1959 hubo una revolución **encabezada** por los hermanos Fidel y Raúl Castro y otros revolucionarios como Camilo Cienfuegos y Ernesto «Che» Guevara.

Bajo el mando de Fidel Castro como primer ministro y luego presidente, el gobierno cubano nacionalizó todas las industrias de Cuba. Estados Unidos reaccionó con la imposición de un embargo económico a la nación y prohibió los viajes de los estadounidenses a la isla. El gobierno de Cuba entonces buscó y **obtuvo el apoyo** económico de la Unión Soviética, el cual conserva hasta el colapso del bloque soviético en 1995.

Entre 1959 y 1995 más de medio millón de cubanos salió de Cuba, muchas veces **arriesgando** la vida para llegar a la costa de Florida en pequeñas **balsas** u otras **embarcaciones**. La mayor parte de estos cubanos exiliados se ha establecido en Florida, principalmente en Miami, pero hay comunidades de cubanos en muchas ciudades de los Estados Unidos y también en otros países.

La Revolución Cubana ha producido algunos cambios sociales muy importantes en el área de la educación y el área del cuidado médico: la **tasa de alfabetización** subió del 23 por ciento al 100 por ciento; la educación del pre kínder hasta el doctorado es gratuita y todo ciudadano cubano recibe cuidado médico y dental gratuitos. Pero todavía existe censura a nivel gubernamental y **no ha habido** elecciones en más de sesenta años.

Desde 2006 Raúl Castro, el hermano de Fidel, ha gobernado Cuba y ha permitido más libertad de comercio dentro de Cuba. Hoy en día hay pequeños restaurantes particulares, conocidos como *paladares,* que sirven deliciosas comidas cubanas en el patio o en la sala de una casa particular. También hay una **red de casas particulares** que les alquilan habitaciones a turistas. Ha habido otros cambios sociales: ahora la comunidad gay tiene protección legal y en el año 2017 se va a decidir si **se le otorgará** el derecho al matrimonio.

El embargo económico hace difícil la vida comercial en la isla, pero en los últimos diez años el turismo ha aumentado más de 50% y en tiempos recientes llegan a Cuba turistas de muchos países de América Latina, Europa, Canadá y Asia. Todavía no es legal para los estadounidenses viajar a Cuba como turistas, pero pueden obtener un permiso especial para visitar la isla y ayudar a la gente cubana en varios campos como la educación, la cultura y la religión.

Raúl Castro, ha anunciado que no **seguirá** como presidente después del año 2018. Todavía no se sabe cuándo habrá elecciones democráticas o si las habrá, pero el aumento de restaurantes, taxis y pensiones particulares demuestra que la gente cubana está lista para una nueva etapa de crecimiento económico. Hay quienes opinan que, al abrirse Cuba al turismo, la isla va a perder su extraordinaria riqueza natural y su identidad. Otros opinan que es hora ya de darles a los cubanos la libertad y las oportunidades que no han tenido en seis largas décadas. Pero **sea cual sea** la opinión, es obvio que este país caribeño empezó ya su proceso de transformación. Cuba se proyecta hacia el futuro.

Comprensión. Pon las siguientes oraciones en orden cronológico, de 1 al 12. Ya tienes la primera respuesta.

_____ Estados Unidos impuso un embargo económico a la isla.

_____ Estados Unidos entró en la guerra contra España y luego ocupó Cuba dos veces.

_____ Los primeros esclavos de África llegaron a Cuba.

_____ Algunas personas piensan que al abrirse Cuba al mundo va a perder su abundante

naturaleza.

___**1**___ En 1510 los españoles empezaron la conquista de la isla.

_____ Cuba tuvo más de veinticinco diferentes gobiernos.

_____ Se legalizaron los pequeños negocios de los paladares y el negocio de las casas

particulares.

_____ Los cubanos intentaron en varias ocasiones independizarse de España.

_____ La revolución cubana derrocó (*overthrew*) a Fulgencio Batista en 1959.

_____ Más de 500.000 cubanos se exiliaron en los Estados Unidos y en otros países.

_____ En los últimos diez años el turismo ha aumentado un 50 por ciento.

_____ El gobierno de Fidel Castro nacionalizó todas las industrias cubanas.

Galería

Cuba

Cuba tiene una gran variedad de animales exclusivas a la isla, como el caracol pintado. Muchos consideran este caracol el más bello del mundo, pero está a punto de extinguirse por el tráfico ilegal.

Los corales cubanos son unos de los más bellos y sanos del mundo. Gracias a la política de conservación en Cuba, el hábitat de estos corales cubanos está casi intacto.

Los cocodrilos cubanos, entre otras especies, se encuentran en la Ciénaga de Zapata, donde el gobierno cubano tiene una reserva para criar (raise) y hacer investigaciones sobre este animal. Estos cocodrilos son los más agresivos y rápidos de su especie.

En Cuba vive la rana más pequeña del hemisferio norte (tan pequeña como una uña) y el pájaro más pequeño del mundo: el zunzún, un colibrí (hummingbird) que pesa menos de dos gramos.

A. Comprensión. Empareja cada una de las oraciones con el animal descrito.

_____ 1. Es la más pequeña del hemisferio norte.

_____ 2. Es el más rápido y agresivo de su especie.

_____ 3. Todavía está intacto.

_____ 4. Es hábitat de muchas especies particulares y tiene una política de conservación.

_____ 5. Su «casa» es muy colorida.

_____ 6. Es el pájaro más pequeño del mundo.

a. el caracol

b. el zunzún

c. Cuba

d. el cocodrilo cubano

e. la rana

f. el coral cubano

B. Un toque personal. Escoge una de las cuatro fotos y escribe una leyenda nueva.

De viaje 11

¡A escribir!

La geografía y el clima

Lee *Gramática 11.1*

A. ¿Adónde vas y dónde has estado? Ana Sofía habla con su padre y con algunos amigos del club sobre los lugares donde ellos han estado o adonde van a ir. Completa los diálogos con las palabras y frases de la lista.

bosques	ha ~~estado~~	he ~~estado~~
costa	ha hecho	he ~~ido~~
desiertos	habéis ~~vuelto~~	he ~~visto~~
montañas	has estado	hemos estado
orilla	has ~~ido~~	
selva	has ~~visto~~	

ANA SOFÍA: Papá, ¿dónde *has estado* hoy?

PAPÁ: _He estado_ [1] todo el día sentado a la

orilla [2] de la playa. Te dije que hoy iba a

pescar con mi amigo Antonio.

ANA SOFÍA: ¡Ay, es verdad! ¿ _habéis vuelto_ (vosotros)[3] al

mismo lugar de la semana pasada?

PAPÁ: Sí, al mismo lugar, pero hoy pescamos más.

ANA SOFÍA: ¡Qué bien! Y además, ¡qué buen día ha hecho, ¿no?!

Hoy el día _ha estado_ [4] despejado y muy bonito.

(Continúa.)

ANA SOFÍA: Hola, chicos, ¿quién ha hecho alguna excursión por la _selva_ ⁵ tropical?

ELOY: Juan Fernando _ha hecho_ ⁶ ese viaje muchas veces porque le encanta estar en la naturaleza. ¿Sabías que él quiere hacer un viaje en motocicleta por Latinoamérica? Quiere escalar _montañas_ ,⁷ cruzar _desiertos_ ⁸ llenos de cactus y disfrutar de la belleza de los _bosques_ ⁹ para ver su inmensa variedad de árboles.

ANA SOFÍA: Eloy, ¿tú _has visto_ ¹⁰ un bosque de ese tipo alguna vez?

ELOY: Sí, _he visto_ ¹¹ algunos, pero no muchos.

ANA SOFÍA: Radamés, ¿a qué islas del Caribe _has ido_ ¹²?

RADAMÉS: Bueno, (yo) _he ido_ ¹³ a Cuba una vez y mi hermano Julián y yo _hemos estado_¹⁴ de vacaciones dos veces en las playas de la _costa_ ¹⁵ este de la República Dominicana.

B. ¡Qué clima! Completa cada intercambio con el comentario de Ana Sofía, según la imagen. Usa oraciones de la lista.

- a. ¡Cuánta escarcha había esta mañana!
- b. ¡Cuánta lluvia ha caído hoy!
- c. ¡Cuántos días soleados tenemos en Murcia!
- d. ¡Cuántos peces de colores y corales he visto estas vacaciones!
- e. ¡Cuántos truenos y relámpagos!
- f. ¡Qué bonito es ver el rocío por la mañana!
- g. ¡Qué cielo tan cubierto! ¡Está muy nublado!
- h. ¡Qué neblina tan espesa (thick) había anoche!
- i. ¡Qué vientos tan fuertes!

MODELO:

ANA SOFÍA: (¡Qué cielo tan cubierto! ¡Está muy nublado!)

PAPÁ: Es normal porque he escuchado en la radio que va a caer una tormenta grande durante el día y chubascos por la tarde.

1. ANA SOFÍA: ___e___

XIOMARA: Uy, sí, y me dan mucho miedo. Pensaba que iba a ser una pequeña llovizna, no esta tormenta tan grande. ¿Estaba pronosticada?

2. ANA SOFÍA: ___f___

LUCÍA: Es cierto. Me encanta levantarme y verlo. Además, cuando lo hay, el aire de la mañana se siente más fresco.

3. ANA SOFÍA: ___c___

MAMÁ: En esta ciudad del sur hay cielos despejados casi todos los días del año. ¡Son perfectos para unas vacaciones en la playa!

4. ANA SOFÍA: ___d___

RADAMÉS: ¡Yo también! Estos arrecifes tienen los mejores corales que he visto en mi vida.

5. ANA SOFÍA: ___b___

ELOY: Tienes razón. Ha llovido tanto que pensaba que iba a haber una inundación en esta ciudad.

6. ANA SOFÍA: ___i___

MAMÁ: La verdad es que sí. Venían a muchos kilómetros por hora. Parecían un huracán.

7. ANA SOFÍA: ___a___

NAYELI: Sí, he visto mucha esta semana. Parece que las noches han estado frías. ¡Pobres plantas!

8. ANA SOFÍA: ___h___

FRANKLIN: ¡Es cierto! A las once venía del centro y no se veía nada a un metro del coche.

Los medios de transporte

Lee Gramática 11.2

C. En la agencia de alquiler de coches. Ana Sofía quiere viajar por toda España con unas amigas y decide alquilar un coche. Usa las siguientes oraciones para completar el diálogo entre Ana Sofía y el empleado de la agencia.

✓ 1 **Hice la reserva en línea ayer por la tarde, pero no la he traído conmigo.**
✓ 2 **Hoy salgo para Valencia pero voy a viajar por toda España y necesito kilómetros ilimitados.**
✓ 3 **La verdad, lo prefiero de gasoil.**
✓ 4 **Mejor de marchas, por favor.**
✓ 5 **Necesito un coche para siete personas.**
✓ 6 **No, gracias, tengo mi propio seguro.**
✓ 7 **No, señor, creo que no tengo más preguntas.**
✓ 8 **Pero ¿tengo que pagar el coche con esta tarjeta de crédito?**
✓ 9 **Por una semana, por favor.**
✓ 10 **Sí, aquí está mi DNI.**
✓ 11 **Tengo carnet de conducir de España.**
✓ 12 **¿Tengo que pagar extra si uso la tarjeta de crédito?**
✓ 13 ***Vengo a recoger el coche que he reservado.***

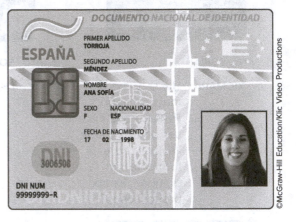

DOCUMENTO NACIONAL DE IDENTIDAD
ESPAÑA
PRIMER APELLIDO
TORROJA
SEGUNDO APELLIDO
MÉNDEZ
NOMBRE
ANA SOFÍA
SEXO NACIONALIDAD
F ESP
FECHA DE NACIMIENTO
17 02 1998
DNI
3006508
DNI NUM
99999999-R

©McGraw-Hill Education/Klic Video Productions

AGENTE: Hola, señorita. ¿En qué puedo servirle?

ANA SOFÍA: Hola, señor. *Vengo a recoger el coche que he reservado.*

AGENTE: ¿Me puede dar su reserva?

ANA SOFÍA: Lo siento, no la tengo aquí. _____1_____ 1

AGENTE: Está bien, no hay problema. Yo la busco con su información. ¿Tiene su DNI*?

ANA SOFÍA: _____10_____ 2

AGENTE: Gracias. ¿Tiene carnet de conducir[a] de España o un carnet internacional?

ANA SOFÍA: _____11_____ 3

AGENTE: Perfecto, señorita Torroja Méndez. ¿Qué tipo de coche necesita?

ANA SOFÍA: _____5_____ 4

AGENTE: ¿Prefiere un coche de marchas o automático?

ANA SOFÍA: _____4_____ 5

AGENTE: ¿Lo prefiere de gasolina o de gasoil[b]?

ANA SOFÍA: _____3_____ 6

[a]carnet... *driver's license* [b]*diesel*

*Documento Nacional de Identidad, *national identification card in Spain.*

234 *Capítulo 11*

AGENTE: ¿Quiere comprar el seguro para el coche?

ANA SOFÍA: _____ 7

AGENTE: ¿Por cuántos días lo necesita?

ANA SOFÍA: _____ 8

AGENTE: ¿Quiere tener kilómetros ilimitados^c?

ANA SOFÍA: Sí, por favor. _____

_____ 9

AGENTE: ¿Tiene una tarjeta de crédito para ponerla como depósito?

ANA SOFÍA: Sí, claro, aquí la tiene. _____

_____ 10

AGENTE: No, señorita. Puede pagar en efectivo o con tarjeta de crédito, como prefiera.

ANA SOFÍA: _____ 11

AGENTE: No, no hay cargos por pagar con tarjeta de crédito. ¿Tiene más preguntas?

ANA SOFÍA: _____ 12

Gracias por todo.

AGENTE: De nada, señorita. Firme aquí, por favor. Estas son las llaves del coche. ¡Que tenga muy buen viaje!

^c*unlimited*

D. De aquí para allá. Ana Sofía y Radamés les hacen preguntas a los otros amigos del club sobre sus actividades. Empareja cada respuesta con la pregunta correspondiente.

_____ **1.** Ángela, ¿vas de viaje otra vez? ¿Adónde vas ahora?

_____ **2.** ¿Cuándo sales en tu viaje, Lucía?

_____ **3.** Xiomara, ¿para cuándo reservaste el hotel?

_____ **4.** Nayeli, ¿cómo vas a México normalmente?

_____ **5.** Hola Sebastián, ¿adónde vas tan rápidamente?

_____ **6.** Estefanía, ¿adónde vas estas vacaciones?

_____ **7.** ¿Por dónde paseas a tus perros, Eloy?

_____ **8.** Oye, Jorge, ¿cómo vas tú a la universidad?

_____ **9.** Ana Sofía, ¿cuándo vienen tus padres a visitarte?

_____ **10.** Toma, Rodrigo. Aquí tienes mi computadora. ¿Para qué la necesitas?

a. Por avión.

b. Para el próximo fin de semana.

c. Para la estación de autobuses y luego para el aeropuerto.

d. Para la universidad.

e. Por la mañana.

f. Por el parque que hay frente a mi casa. A los dos les gusta mucho correr por ahí.

g. Por lo general voy en autobús, pero otras veces voy con una amiga en su carro.

h. En el verano, posiblemente para julio.

i. A Guatemala, para ver a mi familia.

j. Para reservar un carro para las vacaciones.

En busca de sitios

Lee *Gramática 11.3*

E. **De paseo por Sevilla.** Mira el plano de una zona de Sevilla y busca los siguientes lugares. Después ordena las instrucciones para un(a) turista.

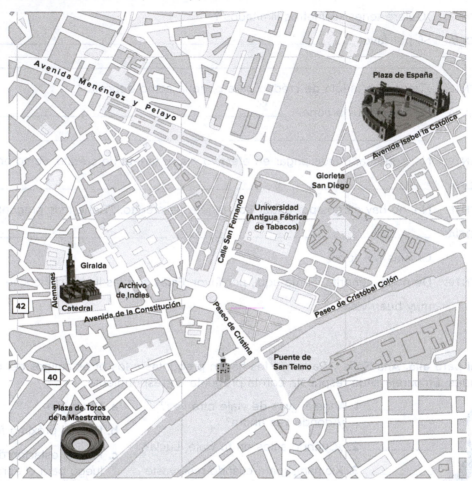

De la Plaza de Toros de la Maestranza a la Universidad (Antigua Fábrica de Tabacos)

_____3_____ Pase la glorieta y doble a la derecha en la calle San Fernando.

_____1_____ Camine por el paseo de Cristóbal Colón hasta el paseo de Cristina.

_____4_____ La Universidad de Sevilla está a la derecha.

_____2_____ Doble a la izquierda en el paseo de Cristina.

Del Archivo de Indias a la plaza de España

_____5_____ A la izquierda va a ver la famosa Plaza de España.

_____1_____ Doble a la izquierda en la avenida de la Constitución y continúe en la calle San Fernando.

_____4_____ En la glorieta San Diego, doble a la izquierda hacia la avenida Isabel la Católica.

_____2_____ Llegue a la glorieta y doble a la derecha en la avenida Menéndez y Pelayo.

_____3_____ Siga derecho hasta la glorieta San Diego.

Del puente de San Telmo a la Giralda

___7___ A la derecha va a ver la Giralda.

___6___ Camine hasta el final de la calle Alemanes.

___4___ Camine hasta la calle Alemanes.

___1___ Cruce el paseo de Cristóbal Colón.

___5___ Doble a la derecha en la calle Alemanes.

___3___ Doble a la izquierda en la avenida de la Constitución.

___2___ Siga por el paseo de Cristina hasta la glorieta.

F. Tu viaje ideal. RumboHispania, una agencia de viajes para el turismo en España, tiene una lista de sugerencias para viajeros. Completa la lista con el mandato formal (**ustedes**) para cada verbo entre paréntesis.

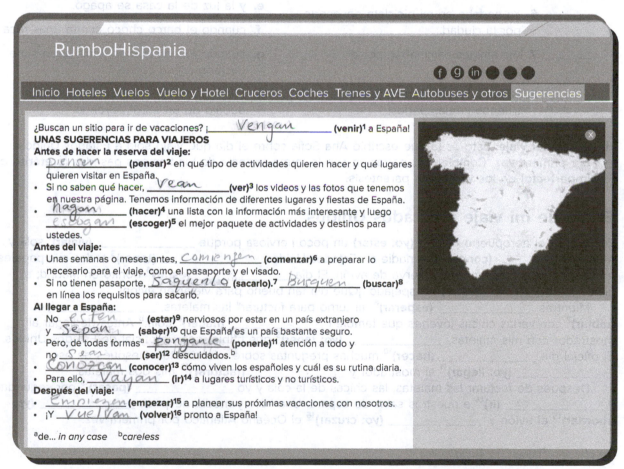

RumboHispania

Inicio Hoteles Vuelos Vuelo y Hotel Cruceros Coches Trenes y AVE Autobuses y otros Sugerencias

¿Buscan un sitio para ir de vacaciones? ¡___Vengan___ (venir)[1] a España!

UNAS SUGERENCIAS PARA VIAJEROS

Antes de hacer la reserva del viaje:
- ___Piensen___ (pensar)[2] en qué tipo de actividades quieren hacer y qué lugares quieren visitar en España.
- Si no saben qué hacer, ___Vean___ (ver)[3] los videos y las fotos que tenemos en nuestra página. Tenemos información de diferentes lugares y fiestas de España.
- ___hagan___ (hacer)[4] una lista con la información más interesante y luego ___escogan___ (escoger)[5] el mejor paquete de actividades y destinos para ustedes.

Antes del viaje:
- Unas semanas o meses antes, ___comiencen___ (comenzar)[6] a preparar lo necesario para el viaje, como el pasaporte y el visado.
- Si no tienen pasaporte, ___saquenlo___ (sacarlo).[7] ___Busquen___ (buscar)[8] en línea los requisitos para sacarlo.

Al llegar a España:
- No ___esten___ (estar)[9] nerviosos por estar en un país extranjero y ___sepan___ (saber)[10] que España es un país bastante seguro.
- Pero, de todas formas[a] ___ponganle___ (ponerle)[11] atención a todo y no ___sean___ (ser)[12] descuidados.[b]
- ___conozcan___ (conocer)[13] cómo viven los españoles y cuál es su rutina diaria.
- Para ello, ___Vayan___ (ir)[14] a lugares turísticos y no turísticos.

Después del viaje:
- ___Empiecen___ (empezar)[15] a planear sus próximas vacaciones con nosotros.
- ¡Y ___Vuelvan___ (volver)[16] pronto a España!

[a]de... in any case   [b]careless

Los viajes

Lee *Gramática 11.4*

G. ¡Qué cosas pasan! Ana Sofía nos cuenta varias anécdotas que les han pasado a ella y a su familia. Completa sus anécdotas de la forma más lógica combinando las circunstancias y situaciones con los eventos que ocurrieron en esas situaciones.

CIRCUNSTANCIAS Y SITUACIONES

___b___ **1.** (Yo) Estaba en el aeropuerto...

___c___ **2.** Tomábamos el sol en la playa...

___a___ **3.** Unos amigos escalaban una montaña de los Pirineos...

___h___ **4.** Mi mami paseaba a mis perros por el parque...

___f___ **5.** ¿Ibas en el crucero por el Mediterráneo...

___g___ **6.** Yo andaba en mi bicicleta paseando por la ciudad...

___d___ **7.** Mis amigas caminaban por el bosque...

___e___ **8.** Había una gran tormenta con truenos y relámpagos...

EVENTOS

a. cuando uno de ellos se cayó y no pudo subir más.

b. y vi salir un avión... ¡con la puerta todavía abierta!

c. cuando el cielo se cubrió de nubes y cayó un chubasco.

d. cuando a una de ellas le dio alergia a los pinos (*pine trees*) y tuvo que regresar.

e. y la luz de la casa se apagó.

f. cuando el barco chocó contra unas rocas?

g. cuando mis hermanos y mis padres me pasaron en su coche.

h. cuando me vio sentada en un banco debajo de un árbol, leyendo.

H. El día del viaje. Esto es lo que escribió Ana Sofía sobre el día que viajó sola a Estados Unidos por primera vez. Completa su narración con la forma correcta de los tiempos pasados (**pretérito** o **imperfecto**) de los verbos en paréntesis.

El día de mi viaje a Estados Unidos

Ese día en el aeropuerto *estaba* (**yo: estar**) un poco nerviosa porque __viajaba__ (**viajar**)[1] sola y no __conocía__ (**conocer**)[2] a nadie en Estados Unidos. __Tenía__ (**tener**)[3] todos mis papeles: mi pasaporte, mi visado y mi reserva de avión. El día __estaba__ (**estar**)[4] bonito en Madrid; el cielo __estaba__ (**estar**)[5] despejado. ¡Qué día tan bueno para viajar en avión!

Mientras __esperaba__ (**esperar**)[6] mi turno para facturar[a] las maletas, __hablaba__ (**yo: hablar**)[7] con varias chicas jóvenes que también __hacían__ (**hacer**)[8] cola.[b] Antes de llegar al mostrador con mis maletas, __tuve__ (**yo: tener**)[9] que hablar con un oficial de Estados Unidos. El oficial me __hizo__ (**hacer**)[10] muchas preguntas sobre mis maletas. Después de eso, __llegué__ (**yo: llegar**)[11] al mostrador y __facturé__ (**facturar**)[12] mis dos maletas.

Después de facturar las maletas, las chicas de la cola y yo __pasamos__ (**pasar**)[13] por seguridad y __fuimos__ (**ir**)[14] a nuestras salas de espera. Una hora y media después __abordé__ (**yo: abordar**)[15] el avión y __crucé__ (**yo: cruzar**)[16] el Océano Atlántico por primera vez.

[a]*to check*   [b]hacer... *to stand in line*

En resumen

I. ¿Qué dices tú? Contesta tres de las siguientes preguntas.

MODELO: Pregunta 1 → *Nunca he escalado una montaña(porque es peligroso y tengo miedo.)*

1. ¿Qué tres actividades no has hecho nunca? Explica por qué no las has hecho.

   Nunca he hecho skydiving

2. ¿Cómo es tu lugar favorito? Habla de la geografía, del clima y de las actividades que has hecho en ese lugar.

3. ¿Qué aspecto de tu coche (o del coche en el que andas con más frecuencia) no te gusta y qué quieres cambiar?

   No me gusta el interior de mi coche — quiero cambiar la materia de los asientos a cuero

4. Tu profesor es nuevo en la universidad y te pregunta cómo ir de tu salón de clase a la cafetería de la universidad. Dale instrucciones usando la forma de **usted.**

   Sigue el corredor mayor hasta la esquilla. Doble a la izquierda y sigue el corredor hasta ve la cafetería.

5. Imagínate que vas a viajar a un país hispano. ¿Qué tienes que hacer en el aeropuerto?

Exprésate

Escríbelo tú

Un viaje en automóvil

Escribe sobre un viaje que hiciste en automóvil. Usa las preguntas a continuación como guía para organizar tu composición.

Mi mejor (peor/último/...) viaje en automóvil		
Información	¿Adónde fuiste? ¿Fuiste solo/a o con algunos amigos?	
	Fui a... con... mi amigo, Brian	
Antes del viaje	¿Cómo te preparaste para el viaje? (compras, documentos, gasolina, ¿ ?)	
	Me preparé para el viaje comprando gasolina	
	¿Tuviste que hacerle alguna reparación al automóvil? ¿Qué?	
	gracias a Dios — no	
	Actividades	¿Qué viste y qué hiciste durante el viaje?
		Jugamos el golf
	¿Problemas?	¿Salió todo bien? ¿Tuvo alguna falla mecánica el coche? ¿Tuviste algún problema con los amigos o en algún lugar a donde llegaron? Descríbelo(s).
		Salió todo bien
		¿Resolviste el/los problema(s) tú solo/a o te ayudó alguien? ¿Quién?
Conclusión	¿Te divertiste en el viaje? Explica.	
	Me divertí el viaje porque Bria y yo no tenemos	
	¿Qué es lo que más/menos te gustó?	
	Lo que más/menos me gustó fue (que)... muchas oportunidades	

para tiempo juntos porque el trene y hijos y

estry muy ocupada con mi trabajo.

Enlace auditivo

Pronunciación y ortografía

Ejercicios de pronunciación

Consonants: s + Consonant

A. The pronunciation of the letter **s** when followed by a consonant varies from country to country. It is generally pronounced as an **s** when followed by the consonants **p, t, c, qu, f, j,** and **g** (followed by **e** or **i**). However, when the letter **s** is followed by the consonants **b, v, d, g** (+ **a, o,** or **u**), **y, l, r, m,** and **n,** it is pronounced much like the **z** sound in English

Listen to a Mexican speaker pronounce the following words and phrases.

[s] está, es poco, espero, contestar, escoba, espalda, castaño, es feo, semestre, descansar, tienes tiempo, gusto, esquiar, escribir, escuchar, esposa, estado, estómago, es joven

[z] es verde, béisbol, es de aquí, es más, es grande, desde, es bueno, es nuevo, es de México, es lacio, es romántico, tus libros

B. In other areas—especially the coastal areas, the Caribbean countries, and parts of the Southern Cone—the letter **s** is pronounced as an aspiration (much like a soft *h* of English), or even dropped altogether, especially if followed by a consonant. This very common practice is called "eating s's" (**comerse las eses**).

Listen to some of the same words and phrases as pronounced by a Cuban speaker.

[h] está, es poco, espero, contestar, es feo, tienes tiempo, gusto, escribir, escuchar, esposa, es joven, béisbol, es más, es grande, desde, es nuevo

Ejercicios de ortografía

I. *Medial* **r** *and* **rr**

Single **r** (**r**) and double **r** (**rr**) between vowels (in medial position) must be carefully distinguished in speaking and writing. Remember that **r** between vowels is pronounced as a single tap, while **rr** is a trill.

Write the words you hear with **r** and **rr.**

1. _____

2. _____

3. _____

4. _____

5. _____

6. _____

7. _____

8. _____

9. _____

10. _____

II. *Exclamations*

Remember that interrogative words are written with an accent mark. These include **¿Cómo?, ¿Dónde?, ¿Cuánto?, ¿Cuál?, ¿Por qué?, ¿Quién?, ¿Cuándo?,** and **¿Qué?** The words **qué** and **cuánto** are also written with an accent mark if they are used in exclamations, such as, for example: **¡Qué bonita es esta playa!**

Listen to and complete each sentence with the missing words. Make sure to include accents when needed.

1. _____ _____ es este _____!

2. ¡_____ _____! ¿_____ va a hacer _____?

3. ¡_____ _____ más _____!

4. ¡_____ _____! ¿_____ hay tanto _____ hoy?

5. ¡_____ _____! Es _____ manejar esta noche.

III. *Accent Marks on Affirmative Commands*

When a pronoun (**me, te, le, lo, la, nos, les, los, las,** or **se**) is added to a polite affirmative command that has two or more syllables, the command form must be written with an accent mark: **lávese las manos, acuéstese, cómprelo, dígale la verdad.** This use of the written accent mark follows the rules you have learned:* they are words in which the stress falls on the third syllable (or further) from the end.

Listen to and complete each sentence with the affirmative polite (**usted** and **ustedes**) command and other missing vocabulary. Remember to include the written accent mark on the stressed syllable commands that include an additional pronoun.

1. _____ el _____ hoy.

2. ¿Las _____? _____ mañana.

3. _____ temprano para llegar a tiempo.

4. _____ su nombre al empleado.

5. _____ de su _____.

6. ¿Las entradas? _____ con dinero en _____.

7. ¿Los zapatos? _____ en esa _____.

8. _____ el _____ mañana.

9. ¿El _____? _____ al mostrador.

10. ¿Los documentos? _____ y _____ sus _____.

---

*You may wish to review the rules for stress in the **Ejercicios de pronunciación II** section of **Capítulo 5** as well as the rules for written accent marks in the **Ejercicio de ortografía** section of **Capítulo 9** of this *Cuaderno de actividades*.

Actividades auditivas

A. ¡El viaje de sus sueños! La agencia Viajes Meliá tiene una promoción especial de viajes a España. Escucha su anuncio de radio.

Vocabulario de consulta

maestros	masters
pintura	painting
diseños	(fashion) designs
antigua	old
acuario	aquarium
mezquita	mosque
de sabor moro	with a Moorish flavor (influence)
¡No se pierda . . .	Don't miss . . . !
oferta	offer
aprovéchela	take advantage of it
sueños	dreams

Lugares mencionados

el Palacio Real	*Royal Palace*
los Jardines del Buen Retiro	*a magnificent park in Madrid that covers about 350 acres of land*
el Barrí Gotic	*Barrio Gótico (Gothic Quarter), Medieval neighborhood in center of Barcelona*
Granada, Córdoba, Sevilla	*cities in Southern Spain*

Completa cada oración con palabras de la lista. **OJO:** Hay palabras extra.

Barcelona	**El Greco**	**Murcia**
Barrí Gotic/Barrio Gótico	**Granada**	**quince días**
Calle de Alcalá	**Goya**	**Sevilla**
Calle de Serrano	**la Sagrada Familia**	**Velázquez**
diez días	**Madrid**	

1. ¿De cuántos días es el primer paquete en Madrid y Barcelona?

   El primer paquete en Madrid y Barcelona es de _____.

2. ¿Dónde pueden pasar los turistas cinco días visitando museos?

   Pueden pasar cinco días visitando museos en _____.

3. ¿Cuáles son los tres grandes maestros del arte español que se mencionan?

   Los tres artistas son _____,

   _____ y _____.

4. ¿Dónde se puede ir de compras en Madrid?

   En Madrid se puede ir de compras en la _____.

5. ¿Cómo se llama el famoso barrio que está en Barcelona?

   Se llama _____.

6. ¿A qué ciudad hay que ir para ver muchas obras del arquitecto Antoni Gaudí?

   Hay que ir a _____.

7. ¿Qué iglesia es una obra famosa de Gaudí?

   Es la iglesia de _____.

8. ¿En qué ciudad hay unos jardines donde se disfruta de paz y tranquilidad?

   En la ciudad de _____.

B. Hablando de España. Juan Fernando es de Costa Rica y siempre ha querido visitar España. Ahora llama a Ana Sofía para charlar sobre el país de ella. Escucha la conversación.

Vocabulario de consulta

¡Cuánto tiempo!	It's been a long time!
¿Qué hay de nuevo?	What's new?
te cuento	I'll tell you
hoyos de barro caliente	hot mud holes
estatuas	statues
El pensador **de Rodin**	Rodin's *The Thinker*
gracioso	funny
consejos	advice
¡Pura vida!	Wonderful!
¡Hecho!	Done!
posada	inn

Lugares mencionados

Tortuguero	*a national park in the northeast of Costa Rica where turtles go to lay their eggs every year*
Rincón de la Vieja	*a national park in Costa Rica around the active volcano Rincón de la Vieja that offers hot mud baths and many other amenities*
Segovia, Ávila, Toledo, Cuenca, Aranjuez, Chinchón, Guadalajara	*small but important towns and cities around Madrid, Spain*

Indica la palabra correcta para completar cada oración.

1. En **(el verano / Semana Santa / Navidad)** Juan Fernando fue a Tortuguero.

2. En Rincón de la Vieja, Juan Fernando y sus amigos se convirtieron en estatuas **(de madera / de hielo / de barro).**

3. Juan Fernando ofrece mostrarle su país, **(Nicaragua / Honduras / Costa Rica),** a Ana Sofía.

4. Juan Fernando tiene muchas ganas de visitar **(Estados Unidos / España / México)** y necesita los consejos de Ana Sofía.

5. Juan Fernando dice que nunca ha **(visto / leído / escuchado)** nada sobre **(Madrid / Sevilla / Barcelona).**

6. Ana Sofía le recomienda a su amigo que visite **(Sevilla / Madrid / Murcia)** porque hay muchas cosas que ver y hacer, y porque hay muchos lugares interesantes muy cerca.

7. Segovia, Toledo, Ávila y otras ciudades están a menos de **(cien / noventa / cincuenta)** kilómetros de Madrid. Se puede llegar a ellas por **(avión / tren / coche)** y por poco dinero.

8. Juan Fernando necesita un hotel **(caro / barato / pequeño)** o una posada para **(familias / estudiantes / turistas).**

Videoteca

Amigos sin Fronteras

Episodio 11: ¡Allá vamos, Los Ángeles!

Resumen. Eloy, Ana Sofía, Sebastián y Nayeli hacen un viaje en carro a Los Ángeles. Es la primera vez que Ana Sofía visita esa ciudad y está muy emocionada. Van a quedarse en un hotel de Santa Mónica y Eloy, que es angelino, va a llevar a sus amigos a los lugares turísticos de Los Ángeles. Por el camino paran en una gasolinera y luego manejan directamente a la playa, donde a Sebastián le espera una sorpresa.

SEGMENTO 1

Preparación para el video

Vocabulario de consulta

un traje de baño	a bathing suit
no hace falta	it's not necessary
Mejor paramos	We'd better stop
por el camino	along the way there
no perdemos tiempo	we won't waste any time
una camioneta	a (mini) van

A. ¡Comencemos! Contesta las preguntas.

1. ¿Qué hiciste para preparar tu último viaje en carro? Marca las respuestas.

   ☐ Hice la reserva del hotel.   ☐ Preparé sándwiches para el viaje.

   ☑ Alquilé un carro / una camioneta.   ☑ Manejé.

   ☑ Hice la maleta.

2. **Hacer la maleta.** En ese último viaje, ¿qué ropa metiste en la maleta (*did you pack*)?

   ☑ camisas/blusas   ☐ ropa elegante   ☐ trajes de baño   ☐ otra ropa:

   ☑ camisetas   ☑ ropa interior   ☐ vaqueros   *zapatos formales*

   ☐ chaquetas   ☐ sandalias   ☑ zapatos de tenis

Comprensión del video

B. Las ideas principales. Indica las ideas que aparecen en el segmento.

   ☐ Sebastián ya ha hecho la maleta para el viaje, pero Nayeli no la ha hecho todavía.

   ☐ Ana Sofía conoce Los Ángeles muy bien.

   ☐ Claudia hizo la reserva del hotel en Santa Mónica.

   ☐ Ana Sofía recogió la camioneta de alquiler por la mañana.

C. ¿Qué van a hacer? Empareja cada oración con la frase más lógica.

   ___d___ **1.** Los amigos del club van (destino)...   **a.** por diez días.

   ___a___ **2.** Van a estar en Los Ángeles...   **b.** por el camino.

   ___b___ **3.** No quieren llevar sándwiches, prefieren comer...   **c.** por la mañana (muy temprano, ¡a las seis!).

   ___e___ **4.** Van a manejar...

   ___c___ **5.** Se van a ver en la casa de Ana Sofía...   **d.** para Los Ángeles.

                                                                    e. por seis horas.

D. Los amigos y los viajes. Empareja cada oración con la frase más lógica.

_b_ **1.** Nayeli y Ana Sofía todavía no han hecho la maleta...

_c_ **2.** Sebastián lleva ropa «*cool*»...

_a_ **3.** Claudia viajó primero...

_d_ **4.** Claudia viajó a Los Ángeles...

_f_ **5.** Claudia hizo una reserva de hotel...

_e_ **6.** Ana Sofía hizo la reserva del coche es...

a. por avión.

b. para el viaje.

c. para ir a bailar.

d. para encontrarse con unos amigos de sus padres.

e. para las cuatro.

f. para sus amigos del club.

E. Detalles. Completa cada oración con palabra(s) de la lista que falta, según el video. **OJO:** Hay palabras extra.

camisas	Eloy	moderno	Sebastián
camisetas	felices	la piscina	texteó
caro	lentes de sol	la playa	un traje de baño
cómodos	llamó	por la noche	vaqueros
el martes	mañana	sandalias	zapatos cómodos

1. Los amigos del club salen _____ temprano (a las seis).

2. Escribe tres prendas de ropa que lleva Sebastián al viaje: _____, _____ y _____.

3. Los amigos del club quieren pasar mucho tiempo en _____ y, por eso (*because of that*), es importante llevar traje de baño.

4. Ana Sofía nunca ha visitado Los Ángeles, pero su amigo _____ conoce esta ciudad bien.

5. Claudia _____ a Nayeli y le dijo que le gustaba mucho la ciudad de Los Ángeles.

6. Claudia está en el hotel adonde van a llegar sus amigos mañana _____

7. El hotel que reservó Claudia es bueno pero no es muy _____.

8. Ana Sofía reservó una camioneta para que todos estén más _____

SEGMENTO 2

Preparación para el video

Vocabulario de consulta

llenamos el tanque	we filled up the tank
una cita	a date
el señor Roca	*Roca is a common trademark in Spain for bathroom sinks, toilets, bathtubs, and so on. Here it refers to the toilet.*
licencia de manejar	driver's license
ajustar	adjust
arrancar	to start (*the car*)
aceleraste demasiado	sped up, accelerated way too much
las papitas	potato chips

F. ¡Comencemos! Indica si cada comida es saludable (**S**) o no (**NS**).

_S_ **1.** apio con crema de cacahuete

_NS_ **2.** barra de chocolate

_NS_ **3.** donas

_S_ **4.** fresas

_NS_ **5.** papitas

_S_ **6.** un sándwich vegetariano

G. Para manejar. Indica cinco actividades que *no* puedes/debes hacer mientras manejas.

☐ Tener la licencia de manejar válida.

☑ Arreglarte el pelo/Maquillarte/Afeitarte.

☑ Ponerte el cinturón de seguridad.

☐ Estar seguro/a de que los frenos funcionan bien.

☑ Hacerte *selfies*.

☑ Dormir una siesta.

☐ Ajustar los espejos retrovisores.

☑ Textear a tu amigo/a.

Comprensión del video

H. Las ideas principales. Indica las ideas que aparecen en el segmento.

☐ Los cuatro amigos paran en una gasolinera de camino a Los Ángeles.

☐ Nayeli necesita ir al baño y quiere comprar papitas.

☐ Eloy le pone gasolina al carro.

☐ Ana Sofía narra un evento que le ocurrió el día anterior con Sebastián.

I. ¿Quién lo hizo? Empareja cada persona o grupo de personas con lo que hizo/hicieron, según el video.

_____ **1.** Ana Sofía y Nayeli

_____ **2.** Ana Sofía y Sebastián

_____ **3.** Ana Sofía

_____ **4.** Sebastián

_____ **5.** Eloy

a. compró algo de comer en la tienda.

b. fue al baño.

c. le pusieron gasolina al carro.

d. no tiene paciencia para enseñar a manejar a Sebastián.

e. recogieron el carro de alquiler (*rental*) el día anterior.

J. Detalles. Selecciona la respuesta correcta según el segmento del video.

1. Los amigos del club llenaron el tanque con gasolina (**regular/grado medio/premium**).

2. Sebastián no puede manejar porque (**tiene sueño/no tiene licencia de manejar/tiene que hablar por teléfono**).

3. En vez de (*Instead of*) ajustar los espejos, Sebastián empezó a (**hacerse *selfies*/afeitarse/ arreglarse el pelo**).

4. Después de arrancar el carro, Sebastián aceleró y casi chocó con (**un edificio/una casa/otro carro**).

5. Después de parar en la gasolinera, Ana Sofía quiere ir (**al hotel/a la playa/a ver a Claudia**).

SEGMENTO 3

Preparación para el video

Vocabulario de consulta

parque de atracciones	amusement park	**las huellas**	handprints/footprints
letrero	sign	**las estrellas de cine**	movie stars

K. ¡Comencemos! Empareja las palabras para formar frases lógicas.

___c___ **1.** los parques de...

___d___ **2.** las huellas de...

___b___ **3.** el traje de...

___a___ **4.** las estrellas de...

a. cine

b. baño

c. atracciones

d. los pies/las manos

Comprensión del video

L. La idea principal. Escribe la idea principal de este segmento del video.

_____

M. ¿Sebastián, Eloy, Ana Sofía o Nayeli? Completa las oraciones con el nombre apropiado.

1. _____ es un turista típico.

2. _____ no le gustan los parques de atracciones.

3. _____ quiere darse un baño con agua bien caliente en el hotel.

4. _____ quiere bañarse en el mar.

5. _____ quiere visitar lugares interesantes, como Hollywood Boulevard.

Mi país

España

SEGMENTO 1

Preparación para el video

Vocabulario de consulta

abanico	fan
sangría	sangria, typical wine-based Spanish drink
barca	boat
¡Qué lástima!	What a shame! What a drag!

©McGraw-Hill Education/Klic Video Productions

A. ¡Comencemos! Contesta las preguntas. Puedes consultar el mapa de España, si quieres.

1. Alrededor de España están __a__ y __c__.
   - **a.** el mar Mediterráneo
   - **b.** el océano Pacífico
   - **c.** el océano Atlántico

2. Si quieres viajar a España desde Estados Unidos puedes usar __c__ y __a__.
   - **a.** el tren
   - **b.** el barco
   - **c.** el avión
   - **d.** el coche
   - **e.** el metro
   - **f.** la bicicleta

3. ¿Cuál es la capital de España? __Madrid__

Comprensión del video

B. La idea principal. Indica la idea principal de este segmento del video.
- ☐ Ana Sofía muestra algunos lugares en toda España.
- ☐ Ana Sofía habla de las actividades que hizo con sus amigos Ángela y Álex en Madrid.
- ☐ Ana Sofía nos muestra sus comidas favoritas en España.

C. Los tres amigos en Madrid. Empareja las frases para formar oraciones lógicas, según el video.

__c__	**1.** Desayunamos...	**a.** de Picasso, Dalí y Miró.
	2. Álex compró...	**b.** en una barca.
	3. Ángela compró...	**c.** chocolate con churros.
__f__	**4.** Comimos...	**d.** un abanico.
__a__	**5.** Vimos obras...	**e.** una gorra.
__b__	**6.** Paseamos...	**f.** tapas.
__g__	**7.** Muchas tiendas cierran...	**g.** de dos a cinco para descansar.

©McGraw-Hill Education/Klic Video Productions

D. Madrid. Para cada imagen, identifica el lugar de Madrid.

a) **el Centro de Arte Reina Sofía**   **c)** **el Retiro**   **e)** **la Plaza del Sol**
b) **el Rastro**   **d)** **el restaurante Botín**   **f)** **la Plaza Mayor**

1. _____ *b* _____   2. _____ *f* _____   3. _____ *e* _____

4. _____ *c* _____   5. _____ *d* _____   6. _____ *a* _____

1–6: ©McGraw-Hill Education/Klic Video Productions

E. ¿Qué pasó en Madrid? Completa cada oración con la(s) palabra(s) de la lista, según el video. **OJO:** Hay palabras extra.

cinco	dos	la Plaza Mayor	metro	un mercado
coche	fotos	la Plaza Principal	obras	un restaurante

1. Cuando Ana Sofía vio a sus amigos, les dio _____ besos.

2. Compraron una gorra y un abanico en _____ famoso, el Rastro.

3. Del Rastro a la Plaza Mayor, los tres amigos fueron por/en _____.

4. En _____ comieron y bebieron algo mientras miraban la plaza y a la gente.

5. Muchas tiendas cierran de dos a _____ para comer y dormir la siesta.

6. En el centro de Arte Reina Sofía, vimos _____ de Picasso, Dalí y Miró.

SEGMENTO 2

Preparación para el video

Vocabulario de consulta

árabe	Arab	**su obra maestra**	his masterpiece
palacio	palace	**aún**	still
torre	tower	**incompleta**	unfinished
gótica	Gothic	**basílica**	basilica, large church
un tablao flamenco	flamenco dance floor	**peatonal**	pedestrian
el puerto	port	**estupendas**	wonderful
arquitectura	architecture		

F. ¡Comencemos! ¿Sabes quiénes vivieron en España por más de 700 años (711-1492)?

☐ los incas   ☐ los mayas   ☑ los árabes   ☐ los aztecas

G. Ciudades españolas. ¿Dónde están estas ciudades españolas? Puedes consultar el mapa, si quieres.

_b_ **1.** Madrid   **a.** al sur de España

_a_ **2.** Sevilla   **b.** en el centro de España

_c_ **3.** Barcelona   **c.** al norte de España

Comprensión del video

H. Las ideas principales. Indica las ideas que aparecen en este segmento del video.

☐ Los tres amigos viajaron a Andalucía.

☐ Ángela y Alex viajaron a Sevilla en tren.

☐ Los tres amigos viajaron a Barcelona.

☐ El viaje de Ángela y Alex por España fue muy largo.

I. Excursiones por España. Empareja cada imagen con el nombre correcto.

_c_ **1.**

_a_ **2.**

_b_ **3.**

_e_ **4.**

_f_ **5.**

_d_ **6.**

a. basílica de la Sagrada Familia, Barcelona

b. la Alhambra, Granada

c. la torre de la Giralda, Sevilla

d. la Rambla

e. paella

f. tablao flamenco

1, 2: ©Pixtal/agefotostock RF; 3–6: ©McGraw-Hill Education/Klic Video Productions

J. Detalles. Completa los detalles, según el video. Consulta el **Vocabulario de consulta,** si quieres.

1. Para viajar a Andalucía, Ángela y Alex tomaron el AVE, un _tren_ muy rápido.

2. Sevilla es una _ciudad_ con mucha influencia árabe.

3. La Catedral de Sevilla es la catedral gótica más _grande_ del mundo.

4. En el palacio de la Alhambra hay unos _____ muy bellos.

5. Ana Sofía, Alex y Ángela comieron en el puerto: Alex pidió _____ y Ángela pidió _____ fresco.

6. Los tres amigos visitaron algunas obras de Gaudí: el _____ Güell, algunas _____ con arquitectura extraordinaria y su obra incompleta: la _basília_ de la Sagrada Familia.

7. Finalmente fueron de compras a la Rambla, una _____ peatonal, y al famoso _____ el Corte Inglés.

8. El _____ del video es de la aerolínea española Iberia.

¡A leer!

¿Sabías que... ?

La presencia gitana° en España

Gypsy (adj.)

¿Sabías que hay más de 600.000 personas en España que son descendientes de gente nómada[a] de la India? Tras la invasión de la India por los musulmanes[b] en el siglo IX, varios grupos de indios salieron del norte de su país y empezaron a establecerse en muchos países de Europa y el norte de África. Algunos de ellos eran de Egipto y Turquía, y llegaron a España en el año 1425. Los españoles del siglo XV los llamaron «egiptanos[c]», palabra que se transformó en «gitanos[d]».

Los gitanos han sufrido mucha discriminación en España y en otros países de Europa; han tenido que vivir al margen de la sociedad. Tradicionalmente los gitanos se dedicaban a los trabajos agrícolas[e] y algunos eran excelentes herreros y artesanos.[f] Pero esta comunidad siempre ha tenido una alta tasa de desempleo y analfabetismo.[g] Los gitanos de hoy en día se concentran en Andalucía, Cataluña y la Comunidad* Valenciana, pero su idioma y su cultura han tenido una influencia profunda en la cultura española en general. Los gitanos llegaron a España hablando **romaní**, un idioma de la India, y gradualmente crearon su propio[h] idioma mixto, llamado **caló**, que utiliza la gramática del español con vocabulario del romaní. Muchas palabras del caló han pasado a formar parte del castellano coloquial, entre otras: **payo/a** (una persona no gitana), **chaval(a)** (un niño o una niña), **chungo/a** (malo/a o difícil) y **jamar** (comer).

La música flamenca es la expresión más popular de la cultura gitana. Esta música surgió en Andalucía a fines del siglo XVII pero tiene sus raíces[i] en la cultura del sur de España, con influencia gitana, mora[j] y judía. El baile flamenco se caracteriza por el rítmico zapateo[k] y el cante jondo, un tipo de canción que expresa el sufrimiento del pueblo gitano. Hay muchos gitanos que son famosos bailarines (o «bailaores», como dicen en Andalucía) de flamenco, pero también hoy en día hay gitanos en todas las profesiones. Aunque los gitanos llegaron a España como gente nómada, ahora su cultura es una parte íntegra de la sociedad española.

[a]*nomadic*   [b]*Tras... After the Muslim invasion of India*   [c]palabra española del siglo XV para referirse a los egipcios   [d]*Gypsies*   [e]*agricultural*   [f]herreros... *blacksmiths and artisans (craftsmen)*   [g]alta... *high rate of unemployment and illiteracy*   [h]*own*   [i]*roots*   [j]*Moorish*   [k]*stamping of feet*

Comprensión

1. ¿Los gitanos son originalmente de qué país?

   a. España   **c.** Turquía
   b. Egipto   **d.** India

2. En la España actual, los gitanos viven mayormente en...

   a. Andalucía, Valencia y Cataluña
   b. el País Vasco, Galicia y Madrid
   c. Asturias, Andalucía y Cantabria
   d. Cataluña, País Vasco y La Rioja

3. El idioma que hablan los gitanos en España se llama...

   a. romaní   **c.** hindi
   b. caló   **d.** catalán

4. El estilo de música que combina elementos de los gitanos, los moros y los judíos es...

   a. el zapateo
   b. el flamenco
   c. el cante de los romaníes
   d. la música del caló

---

*Spain is geographically and politically divided into seventeen **Comunidades Autónomas,** regional areas that, while part of Spain, administer local laws and conserve their own customs.

Conexión cultural

El nuevo flamenco

María Bermúdez

Sara Baras

Vocabulario de consulta

espectáculos	shows
llamativos	flashy
raíces	roots, origin
moros	Moors
judíos	Jews
gitanos	Gypsies
sureñas	southern
perseguida	persecuted
comienzos	beginnings
adquirió	acquired
cantaores	Flamenco singers
bailaor(a)	Flamenco dancer
mezcla	mixture
emocionante	exciting

Cuando escuchamos la palabra *flamenco,* muchos pensamos en **espectáculos** dramáticos con mujeres de **llamativos** vestidos multicolores, que bailan al ritmo de las castañuelas. Pero el flamenco incluye mucho más. Esta fascinante tradición de música y baile nació en Andalucía, región del sur de España, y sus **raíces** vienen de tres culturas: la cultura de los **moros,** la de los **judíos** y la de los **gitanos.**

En España, el flamenco tiene una rica tradición de músicos serios y dedicados a su arte. En las ciudades **sureñas** —Cádiz, Jerez de la Frontera, Sevilla, Granada— la presencia del flamenco es constante. Los andaluces tienen una manera musical de expresarse, pero su canto también expresa el dolor y el sentimiento de los gitanos, gente pobre y **perseguida.**

Este estilo de música y baile **adquirió** su forma contemporánea entre los años 1869 y 1910, en sitios muy populares que se llamaban «cafés cantantes». En el siglo XX surgieron grandes artistas de flamenco, entre ellos el guitarrista Paco de Lucía y los **cantaores** El Lebrijano, Camarón de la Isla y Enrique Morente. Pero desde los años setenta el flamenco empezó a cambiar al recibir la influencia de otros estilos musicales como el son y el bolero de Cuba, el jazz, el blues y la música brasileña. El resultado de este cambio es lo que hoy llamamos nuevo flamenco o flamenco fusión.

Uno de los grupos más populares del nuevo flamenco fue Ojos de Brujo, que se formó en Barcelona y combinaba hip hop, reggae y rock con ritmos flamencos. Este grupo se disolvió y tres de sus fundadores crearon Lenacay, una banda que mezcla el flamenco con la música electrónica. Otro grupo, Chambao, se ha hecho popular con el estilo flamenco *chill*. Hay también famosas bailarinas como Sara Baras y María Bermúdez que representan esta fusión cultural. Baras, una joven **bailaora** y coréografa de Cádiz, usa el flamenco para contar historias. Bermúdez, en cambio, es una bailarina mexicoamericana de Los Ángeles que lleva muchos años de triunfos en España. Bermúdez combina sus raíces mexicoamericanas con la cultura de Andalucía; así crea un producto diferente, fresco e innovador.

Cuando se habla del flamenco fusión, algunos músicos lamentan la **mezcla** de estilos que caracteriza nuestra época. Por otra parte, otros ven en la transformación algo **emocionante** y necesario. En todo caso, los cambios son inevitables. Además, para tranquilidad de músicos y admiradores, la música flamenca en su forma más pura no ha desaparecido del sur de España. Allí, esa rica tradición continúa viva.

Comprensión

1. El flamenco nació en _____, región del sur de España.

2. Las raíces del flamenco se encuentran en la cultura de los _____, de los

   _____ y de los _____.

3. El canto flamenco expresa _____.

4. Menciona cuatro artistas del flamenco del siglo pasado.

   _____

5. ¿Qué influencia recibió el flamenco a partir de (*starting in*) los años setenta? _____

   _____

6. El grupo Ojos de Brujo se formó en _____ y combinaba los estilos de música

   _____, _____ y rock con ritmos flamencos.

7. La bailaora que usa el flamenco para contar historias se llama _____.

8. La bailarina María Bermúdez es de _____. En su baile, ella combina

   _____

Galería

España

En Buñol, en la provincia de Valencia, se celebra la Tomatina el último miércoles de agosto. En esta fiesta única, ¡la gente puede participar en una verdadera guerra de tomates!

En Pamplona, Navarra, hay un festival emocionante. Del siete al catorce de julio se celebra San Fermín o los Sanfermines. Durante el encierro de los toros (*running of the bulls*), el evento más conocido, miles de personas vestidas de blanco y rojo corren delante de los toros por las calles.

La fiesta de las Fallas se celebra en la ciudad de Valencia del quince al diecinueve de marzo. Las fallas, estatuas gigantes de papel maché, cartón (*cardboard*) y madera (*wood*), representan temas sociales y culturales de España con ironía y humor. El último día de la fiesta, a medianoche, se queman todas las fallas.

En Sevilla, Andalucía, se celebra la Semana Santa con desfiles por las calles desde el Domingo de Ramos (*Palm Sunday*) hasta el Domingo de Pascua. En estas procesiones, los penitentes acompañan «los pasos» (estatuas religiosas) por varias calles mientras se escuchan emotivas «saetas», canciones tradicionales.

A. Comprensión. Indica el lugar y el nombre del festival que corresponde al detalle.

_____ **1.** batalla de tomates

_____ **2.** estatuas gigantes

_____ **3.** pasos

_____ **4.** encierro de los toros

a. Pamplona, Navarra

b. Buñol, Valencia

c. ciudad de Valencia

d. Sevilla, Andalucía

e. Fallas

f. San Fermín

g. la Semana Santa

h. la Tomatina

B. Un toque personal. Vas a visitar una de estas celebraciones españolas. ¿En cuál quieres participar? Describe el aspecto de la fiesta que más te gusta. ¿Por qué te parece interesante?

_____

_____

La salud 12

¡A escribir!

El cuerpo humano y la salud

A. El cuerpo. Combina tres frases para formar la definición de cada parte del cuerpo.

1 Es un órgano interno... 2 Es/son parte(s) del cuerpo... 3 *Es/Son parte(s) del cuerpo; está(n) adentro de la boca...*	4 que sirve(n) para...	5 caminar, saltar, correr y bailar. 6 comer todo tipo de comida, hablar, cantar, silbar y besar. 7 mandar la sangre por todo el cuerpo. 8 *masticar y morder.* 9 oír, escuchar y poner atención. 10 oler, respirar, estornudar e inhalar. 11 tocar, comer alguna comida, escribir y tocar la guitarra.

MODELO: Los dientes, las muelas: *Son partes del cuerpo que están adentro de la boca. Sirven para masticar y morder.*

1. Los pies: _____ 2 _____ 4 _____ 5 _____

_____.

2. La boca: _____ 3 _____ 4 _____ 6 _____

_____.

3. Los dedos de la mano: _____ 2 _____ 4 _____ 11 _____

_____.

4. La nariz: _____ 2 _____ 4 _____ 10 _____

_____.

5. El corazón: _____ 1 _____ 4 _____ 7 _____

_____.

6. Los oídos: _____ 2 _____ 4 _____ 9 _____

_____.

B. En el consultorio. Varios amigos del club y sus familias van al médico por problemas de salud. Completa sus conversaciones con las palabras de la lista.

~~las caderas~~	~~costillas~~	~~el hígado~~	~~los oídos~~	~~la rodilla~~
~~el codo~~	~~las encías~~	~~muela~~	~~pestaña~~	~~sangre~~
~~el corazón~~	~~la garganta~~	la muñeca	~~pulmones~~	~~el tobillo~~

DENTISTA: A ver, muéstrame dónde te duele.[a] Abre la boca, por favor.

PACIENTE: Me duele mucho esta ___muela___.[1] Creo que está muy mal porque no puedo masticar con ella.

DENTISTA: Efectivamente, está mal, pero ___las encías___[2] también están bastante mal. Cuando están saludables, son rosadas y las tuyas no están rosadas. ¿Ves ___sangre___[3] en el cepillo de dientes cuando te cepillas los dientes?

MÉDICO: ¿Qué te ha pasado, Nayeli?

NAYELI: Me caí de la bicicleta esta mañana y ahora me duele todo. Creo que tengo algún problema en ___el codo___[4] derecho porque no puedo doblar el brazo. Ah, y tampoco puedo mover bien la mano. ¿Puede examinarme también ___la muñeca___[5]?

JUAN FERNANDO: Doctor, quiero estar en buenas condiciones para la competición del Fortachón Venezolano. ¿Puede darme algunas recomendaciones?

MÉDICO: Bueno, lo principal es tener buena salud. Así que debes tener una dieta saludable: no bebas alcohol y ten cuidado con el colesterol. Ya sabes que el alcohol es malo para el ___hígado___[6] y si no controlas el colesterol puedes tener problemas con ___el corazón___,[7] también.

[a]hurts

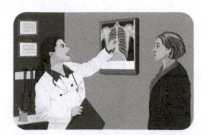

MÉDICO: Mire los rayos X, señora. Aquí puede ver que tiene tres ____costillas____ [8] rotas, pero afortunadamente no le tocaron los ____pulmones____ [9] ni otro órgano interno. ¿Vino su hijo Jorge con usted?

OMAYRA: Sí, me está esperando afuera.

MÉDICO: ¿Qué te pasa, Ana Sofía?

ANA SOFÍA: Pues que llegó el invierno y a mi cuerpo no le gusta el frío. Me duele mucho ____la garganta____ [10]; no puedo ni hablar. Ah, y también me duelen mucho ____los oídos____ [11] especialmente el izquierdo, y no puedo oír bien.

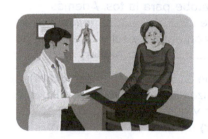

MÉDICO: Hola, señora. ¿Cómo está hoy?

OMARA: Hola, doctor. Estoy regular. ____La rodilla____ [12] izquierda me duele mucho cuando doblo la pierna y no puedo caminar más de media hora porque me duelen mucho ____las caderas____ (hip) [13].

MÉDICO: ¡¿Qué te pasó, Jorge?!

JORGE: Pues, que tuve un pequeño accidente cuando estaba escalando una montaña y ahora no puedo poner el pie en el piso. Creo que el problema es ____el tobillo____ [14].

CLAUDIA: Me duelen y me lloran mucho los ojos. ¿Me los puede examinar, por favor?

ÓPTICO: Claro que sí. A ver, abre los ojos. Parece que el problema son las alergias. Pero, además, tienes una ____pestaña____ [15] dentro del ojo.

Las enfermedades y su tratamiento

Lee *Gramática 12.1, 12.2*

C. **¿Qué les recomiendas?** Contesta las preguntas de los amigos con los tratamientos que le recomiendas a cada uno. Luego completa cada recomendación con el verbo entre paréntesis en la forma correcta de subjuntivo.

<u>e</u> **1.** JORGE: Me duele el oído izquierdo. ¿Qué puedo hacer?

<u>d</u> **2.** DANIEL: A Sebastián le duele mucho el estómago. ¿Qué debe hacer?

<u>a</u> **3.** OMAR: Marcela, los chicos y yo tenemos fiebre y nos duele el cuerpo. ¿Qué podemos hacer?

<u>c</u> **4.** ANA SOFÍA: Claudia y Nayeli tienen dolor de garganta y tos. ¿Qué puedo hacer para ayudarlas?

<u>b</u> **5.** CLAUDIA: A Eloy le duele mucho el tobillo. ¿Qué debe hacer?

a. Les recomiendo que <u>se quede</u> (*ustedes:* **quedarse**) en la cama y que <u>tome</u> (*ustedes:* **tomar**) caldo de pollo y muchos líquidos.

b. Le recomiendo (a él) que <u>se ponga</u> (**ponerse**) un vendaje, que <u>ponga</u> (**poner**) el pie en alto y que <u>use</u> (**usar**) muletas para caminar.

c. Te recomiendo que les <u>des</u> (*tú:* **dar**) jarabe para la tos. Además quiero que <u>hagan</u> (*ellas:* **hacer**) gárgaras con agua de sal y que (ellas) no <u>hablen</u> (*ellas:* **hablar**) mucho.

d. Quiero que <u>beba</u> (*él:* **beber**) · té de manzanilla (*chamomile*) con limón y sin azúcar y que (él) no <u>coma</u> (*él:* **comer**) mucho.

e. Te recomiendo que <u>te pongas</u> (*tú:* **ponerse**) gotas y que no <u>salgas</u> (*tú:* **salir**) a la calle si hace frío.

D. **Recomendaciones de salud.** La abuela de Jorge sabe muchos remedios. Ella le da una lista de recomendaciones a su nieto para que la comparta con todos los amigos del club. Completa la lista de recomendaciones con las siguientes palabras, cambiando los verbos al subjuntivo.

- ✗ cortarse
- ✗ dolerle(s) el oído
- ✗ dolerle(s) la cabeza
- ✗ dolerle(s) la garganta
- ✗ dolerle(s) las muelas
- ✗ tener alergias
- ✗ tener fiebre
- ✗ tener gripe
- ✗ tener la nariz tapada
- ✗ tener los ojos rojos y secos
- ✗ tener un esguince en el tobillo
- ✗ tener un resfriado fuerte y tos

Jorge

Mi abuelita siempre me ha dicho que cuando (yo) <u>tenga</u> <u>la nariz tapada</u>,[1] debo tomar un descongestionante. Además me ha dado esta lista de remedios para todos...

- No pasa con frecuencia, Jorge, pero cuando (tú)

  __te corte el oído__,[2] te sugiero que limpies

  bien esa parte y te pongas una curita.

- En primavera le ocurre a mucha gente, así que no tengan miedo. Cuando

  (ustedes) __tengan los ojos rojos y secos__,[3] les sugiero

  que se pongan gotas para los ojos y que los cierren por unos minutos.

  La abuela de Jorge

- Cuando a ustedes __les duelan las muelas__,[4] quiero que consulten con

  el dentista inmediatamente. Puede ser una infección seria.

- Para todos los que sufren con la llegada de la primavera: Cuando (ustedes)

  __tengan alergia__,[5] les recomiendo que tomen un antihistamínico.

- Estas recomendaciones son especialmente para Estefanía y para Franklin porque sé que sufren

  de estos problemas: Estefanía, cuando __te duela el oído__,[6] te

  recomiendo que te pongas un algodón con alcohol en él y que vayas al otorrinolaringólogo[a] si

  no pasa el dolor. Y, Franklin, cuando __te duela la cabeza__,[7] te

  sugiero que tomes aspirina o paracetamol; quizás te duela por el estrés de las clases.

- Este consejo es para todos ustedes. Cuando __te duelan la garganta__,[8]

  quiero que hagan gárgaras de agua con sal, que no hablen mucho y que tomen té caliente

  con miel y limón.

- Jorge, pon mucha atención a esto, que siempre te pasa: Cuando (tú)

  __tengas un resfriado fuerte y tos__,[9] te sugiero que tomes mucha vitamina C, que

  comas muchas naranjas y que tomes un jarabe para la tos.

- Esto va destinado a varios de ustedes, especialmente a los que les gusta escalar montañas y correr:

  Cuando __tengan un esguince el tobillo__,[10] al principio[b] es necesario que usen

  muletas o un bastón y que no caminen mucho. Pero, recuerden que deben consultar con el médico.

- Lucía, esto va por ti. Cuando __tengas fiebre__,[11] te recomiendo que

  tomes aspirina o paracetamol y que te pongas algo frío en la frente para que baje la temperatura.

- Omar, te informo que cuando los niños vienen de la escuela, muchas veces traen virus a la

  casa y, al final, todos los miembros de la familia se contagian. Bueno, pues cuidado y cuando

  tus niños __tengan gripe__,[12] te sugiero que les des muchos

  líquidos, que se acuesten y descansen, y que consulten tú y Marcela con el médico si los sín-

  tomas empeoran.[c] ¡Ah... y que no vayan a la escuela!

  [a]*ear, nose, and throat doctor* [b]*al... at first* [c]*get worse*

La atención médica

Lee *Gramática 12.3*

E. Atención médica en el hospital. Completa las conversaciones entre los doctores y los pacientes en los consultorios del hospital con las expresiones de la lista. **OJO:** Escribe los verbos en negrita con la forma de **usted** del imperativo (mandatos).

- **Abrir** el ojo y no **moverse (ue)**.
- **Acostarse (ue)** aquí para escucharle el corazón a su bebé.
- **Contarme (ue)** *qué le pasa a su hijita*.
- **Contarme (ue)** qué siente. ¿Por qué está enojado?
- **Darme** los documentos de su seguro médico.
- **Decirme** (*irreg.*) qué muela le duele.
- **Decirme** (*irreg.*) qué pierna le duele.
- **Explicarme (qu)** qué síntomas tiene, para ver si son los síntomas de la gripe.
- **Mostrarme (ue)** la receta que le dio el médico; **no pagarme (gu)** todavía.
- **Quitarse** la chaqueta y **darme** (*irreg.*) el brazo para ponerle la vacuna. **No ponerse** (*irreg.*) nerviosa.

> MODELO: PEDIATRA: *Cuénteme qué le pasa a su hijita.*
> MAMÁ DE LA PACIENTE: Ha estado varios días con tos y con fiebre. Además no quiere comer.

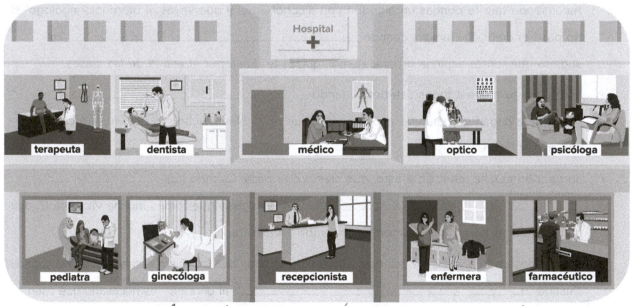

1. GINECÓLOGA: _Acuesteme aquí para escucharle el corazon a su bebé_

   PACIENTE: ¡Qué emoción! Sí, puedo escuchar su corazón, pero tengo unas ganas enormes de verle la cara ya.

2. ENFERMERA: _Quitese la chaqueta y me dé el brazo... No se ponga nerv_

   PACIENTE: Es que le tengo mucho miedo a las vacunas, a los médicos, a los hospitales... ¡Quiero llorar!

3. FARMACÉUTICO: _Muestreme la receta; no me pague todavia_

   PACIENTE: Está bien. Aquí tiene mi receta. Claro, le pago cuando usted me diga.

4. RECEPCIONISTA: _Déme los documentos de su seguro medico_

   PACIENTE: Aquí los tiene, señor.

5.   TERAPEUTA: _Dígame qué pierna le duele_

     PACIENTE: La pierna izquierda, doctor. Mire, aquí.

6.   DENTISTA: _Dígame qué muela le duele_

     PACIENTE: No sé exactamente cuál es, pero creo que es una de estas dos de arriba.

7.   MÉDICO: _Explíqueme qué síntomas tiene..._

     PACIENTE: Pues me duelen la cabeza y la garganta, tengo un poco de fiebre y me duele todo el cuerpo.

8.   ÓPTICO: _Abra el ojo y no se mueva_

     PACIENTE: Está bien, pero es difícil no cerrarlo.

9.   PSICÓLOGA: _Cuénteme qué siente. ¿Por qué está enojado?_

     PACIENTE: Bueno, tengo muchas razones para estar enojado, pero la razón principal es que ya no tengo trabajo.

F. **Sugerencias en el hospital.** El director de un hospital le manda un memorándum al personal (*personnel*) que trabaja allí. Primero, completa el memorándum con los nombres de los especialistas de la lista. Luego, escribe la forma apropiada del subjuntivo de cada verbo entre paréntesis, usando un pronombre (**le, les, se**) cuando sea necesario. **OJO:** Algunos verbos tienen cambios al radical (*stem changes*) o cambios ortográficos. Hay palabras extra en la lista.

MÉDICOS ESPECIALISTAS

enfermeros	pediatras	cardiólogo	dentista	psiquiatra
farmacéuticos	veterinarios	cirujano	ginecólogo	terapeuta

Al ___cardiólogo___ [1] le sugiero que...

• ___intente___ [2] (**intentar**) resucitar inmediatamente a los pacientes con infarto.

• ___diagnostique___ [3] (**diagnosticar**) con mucho cuidado los problemas de los vasos sanguíneos.[a]

• ___Les aconseje___ [4] (**aconsejarles**) a los pacientes cómo mejorar la salud del corazón.

A los ___enfermeros___ [5] les pedimos que...

• ___Les pongan___ [6] (**ponerles**) las vacunas y las inyecciones a los pacientes.

• ___Les tomen___ [7] (**tomarles**) la temperatura y el pulso a los enfermos.

• ___Atiendan___ [8] (**atender**) a los pacientes cuando lleguen al consultorio.

Al ___cirujano___ [9] principal le aconsejo que...

• siempre ___se ponga___ [10] (**ponerse**) guantes antes de hacer las operaciones.

• ___haga___ [11] (**hacer**) las cirugías con mucho cuidado.

• ___les pida___ [12] (**pedirles**) el bisturí a los enfermeros que le ayuden.

Al ___psiquiatra___ [13] siempre le digo que...

• ___trate___ [14] (**tratar**) los problemas mentales tan pronto como[b] los diagnostique.

• ___recete___ [15] (**recetar**) solo los estimulantes y antidepresivos realmente necesarios.

[a]vasos... *blood vessels*   [b]tan... *as soon as*

Los accidentes y las emergencias

Lee *Gramática 12.4*

G. Pequeños accidentes. Mira las imágenes y completa las oraciones usando un pronombre personal y las formas en pretérito de los siguientes verbos: **acabarse, caerse, descomponerse, olvidarse, perderse, quedarse, romperse (×2).** Pon atención a las palabras en negrita.

MODELO:

JORGE: Una vez, *se me cayeron* **varios platos** en el pie derecho y *se me rompió* **un dedo.**

1.

Xiomara está enojada porque

_____ se les _____ rompieron

los lentes cuando se cayó.

2.

ANA SOFÍA: ¿Por qué estás preocupado, Sebastián?

SEBASTIÁN: Es que (a mí) _____ se le _____ olvidó _____ **la receta** en casa y necesito comprar el antibiótico para tomarlo a las seis.

3.

FRANKLIN: _____ Se me _____ cayó _____ **la muleta** y necesito otra urgentemente.

4.

ELOY: Estoy de mal humor porque _____ se le _____ perdió _____ **el estetoscopio** y lo necesito para mis prácticas. ¿Dónde puede estar?

5.

A Camila y a Nayeli _se les_
acabaron **las curitas**. Necesitan
comprar más en la farmacia.

6.

MAMÁ DE ELOY: A los socorristas
_se le_
descompuso
la ambulancia.

H. La historia de mi accidente. Jorge le cuenta a Sebastián un accidente
que tuvo en Mérida, Venezuela, cuando tenía diez años. Ordena la
historia de la forma más lógica: Escribe los números del 1 a 5 en la
primera parte de la historia y del 6 a 10 en la segunda parte.

Parte 1

JORGE: El accidente ocurrió hace unos diez años, muy cerca de mi casa.
Esto es lo que pasó ese día.

___5___ El chofer se bajó de su vehículo muy rápidamente y vino a
verme mientras yo estaba en el suelo, con sangre en la cabeza.

___3___ Doblé a la izquierda para entrar en la Avenida 4 Bolívar y, al doblar, vi que una camioneta
roja enorme venía hacia mí.

___1___ Todas las mañanas durante las vacaciones de verano iba en bicicleta a comprar el pan a
la panadería del barrio. Esa mañana de julio, salí de casa a las diez de la mañana para ir a
comprar el pan, como siempre.

___2___ Iba pensando en mis planes para el día sin ver por dónde iba.

___4___ El chofer de la camioneta frenó muy rápido, pero de todas formas (_anyway_) chocamos.

Parte 2

SEBASTIÁN: Jorge, ¿y qué pasó después? ¿Vino una ambulancia?
Cuenta.

JORGE: Pues todo pasó tan rápidamente...

___10___ A los tres días salí del hospital con el brazo enyesado y con
esta experiencia inolvidable.

___7___ Al momento llegó una ambulancia y bastante personal
médico. De la ambulancia se bajaron tres enfermeros y un
médico de urgencias con una camilla.

___6___ A los diez minutos llegaron dos policías en motocicleta. Uno de los policías llamó a una
ambulancia mientras estaba a mi lado. El otro policía empezó a hacerle preguntas al
chofer y a tomar apuntes sobre el impacto.

___9___ En el hospital llamé a mi mamá y ella vino rápidamente.

___8___ Me acostaron en la camilla y me metieron a la ambulancia para llevarme al hospital.

En resumen

I. **La acupresión.** Mira los siguientes ejercicios y masajes que ofrece la acupresión para solucionar pequeños problemas de salud y mejorar la salud y el bienestar. Luego contesta las preguntas.

Pequeños problemas de salud

DOLOR DE CABEZA

1. Póngase las palmas de las manos a los lados de la cabeza.
2. Presione la cabeza.
3. Mueva los dedos por el cráneo (calavera). Presione y repita.

OJOS CANSADOS

1. Cúbrase la cara con las dos manos.
2. Ponga un poco de presión.
3. Dese[a] un masaje en las sienes.[b]

TENSIÓN

1. Agárrese la cabeza con las dos manos.
2. Ponga un poco de presión.
3. Dese un masaje con los pulgares.
4. Respire profundamente.[c]

TENSIÓN MUSCULAR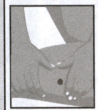

1. Agárrese el área afectada entre el pulgar y los dedos.
2. Haga un poco de presión.
3. Presione firmemente.

INSOMNIO

1. Presione el puente de la nariz con el pulgar.
2. Mantenga la presión y luego quítela.
3. Repítalo.

Consejos saludables

RELAJACIÓN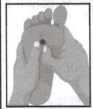

1. Agárrese[d] el pie y presiónelo con los pulgares.
2. Dese un masaje vigoroso por la planta (*sole*) del pie.

CONCENTRACIÓN

1. Presione hacia arriba.
2. Mantenga la presión tres segundos.
3. Presione hacia abajo.
4. Repítalo tres veces.

MEMORIA

1. Póngase un dedo en cada sien.[e]
2. Aplique presión ligera por dos minutos.
3. Haga esto tres veces al día.

CLARIDAD MENTAL

1. Ponga los dedos índices (*index*) en las orejas.
2. Muévalos adelante y atrás con un poco de presión.

EJERCICIO DE OJOS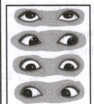

1. Mire arriba.
2. Mire a la izquierda.
3. Mire abajo.
4. Mire a la derecha.
5. Haga los movimientos 1-4 seguidos.[f]

[a]*Give yourself* [b]*temples* [c]*deeply* [d]*Hold* [e]*temple* [f]*in succession*

1. ¿Qué les recomienda la acupresión a las personas con insomnio?

   Les recomienda que __e__ presionen ... mantengan ... repítanlo
   _____

2. ¿Y qué les sugiere a las personas con los ojos cansados?

   __b__ cúbranse ... pongan ... dense

3. ¿Qué aconseja la acupresión para relajarse?

   __f__ agárrense ... dense
   _____

4. Imagínate que vives con varios estudiantes. Llama a tus compañeros/as de cuarto y dales

   instrucciones (mandatos) de qué hacer para... *informal*   *plural ; inf. 3 Person Plural*

   a. la concentración

      __g__ presionan ... mantengan ... presionan ... repítelo

   b. la memoria

      __h__ pongan ... aplican ... hagan

   c. la claridad mental

      __(__ pongan ... muevan

5. Ahora habla con tu profesor de español y cuéntale qué debe hacer para...

   a. el dolor de cabeza *formal*

      __a__ _____

   b. la tensión muscular

      __d__ _____

   c. hacer ejercicio de ojos

      __f__ _____

Exprésate

Escríbelo tú

Un accidente

Escribe sobre algún incidente con final feliz o chistoso que hayas tenido. Si no has tenido ningún incidente con final feliz o chistoso, escribe sobre la historia de alguna persona conocida. Usa los ejemplos en la tabla para guiarte.

EL AMBIENTE	
	Ejemplo
día/mes/año/...	*Era el lunes, dos de enero del año 2017.*
hora	*Eran casi las seis de la tarde.*
clima/estación	*Hacía frío y nevaba **porque** ya era invierno y...*
otra información del ambiente	*... **por eso,** los árboles ya no tenían hojas. Había muchas hojas amarillas en el suelo y empezaba a acumularse la nieve.*
las personas	*Yo estaba leyendo una novela romántica en la sala y mi mejor amigo estaba preparando la cena en mi casa.*
LA ACCIÓN	
	Sucesos (Parte 1)
lista de sucesos/acciones	*Escuché un gran ruido afuera.*
	***Entonces,** me levanté del sofá y...*
	... salí corriendo de mi casa.
resultado final	***Cuando** llegué a la calle, vi un accidente que parecía serio: Un coche chocó contra el poste de la luz **porque**...*
	... había hielo en el asfalto y aunque el chofer pisó los frenos, no pudo detener el coche. El chofer era mi vecino.
	*Mi pobre vecino estaba herido y su esposa no estaba en casa. **Así que** (So) me subí a la ambulancia con él. Mientras, mi amigo llamó a diferentes personas para localizar a la esposa de mi vecino y decirle que estaba herido. Al final la localizó.*
	Sucesos (Parte 2)
lista de sucesos/acciones	*En el hospital atendieron a mi vecino. Su esposa llegó al hospital y habló con los médicos. Ellos le dijeron que el paciente (su esposo) podía regresar a casa. Sus heridas no eran tan graves como yo creía. Unas horas después, todos salimos del hospital. La señora llevó a su esposo a su casa y yo regresé a la mía con mi amigo.*
resultado final	*Cuando mi amigo y yo llegamos a casa, había humo por toda la cocina; a mi amigo se le olvidó apagar la estufa y se quemó la cena. Pero **al final** no fue una noche tan terrible... La esposa de mi vecino preparó una ensalada y pidió unas ricas pizzas por teléfono. Comimos todos juntos en casa de ellos... ¡La aventura tuvo un final feliz!*

Era el invierno, 2013, en Utah. Estaba esquiando con 6 otros sacerdotes. De repente, sin aviso, era una tormenta de nieve muy fuerte. Inmediatamente, las condiciones empeoraron y escuchamos una alarma para bajar el monte rapidamente. Formamos una cola para seguir uno a otro y estaba el ultimo persona en la fila. Eran muchas curvas en el camino, y desafortunadamente, me caye 6 metros en un barranco!

Los otros sacerdotes regresaron en el punto donde entré el barranco y ellos connectaron sus bastones de esqui para salvarme.

A pesar de que estaba herido, nosotros reimos en el lodge, tomando ciocolate caldo.

Enlace auditivo

Pronunciación y ortografía

Ejercicios de ortografía

I. Accent Mark Exceptions: Word Pairs

There are pairs of words in Spanish whose meaning is distinguished by a written accent mark. The most common are the following.

UNACCENTED WORD		ACCENTED WORD	
de	of; from	dé	give (pol. sing. command; subjunctive)
el	the	él	he
mi	my	mí	me
se	(obj. pron.) self; (impersonal) you, one	sé	I know
si	if	sí	yes
te	(obj. pron.) you; (refl. pron.) yourself	té	tea
tu	your	tú	you

The following sentences each use a pair of the words listed. Listen to the sentences and write the missing words. Decide from the meaning which need accent marks.

1. _____ mamá es doctora, ¿no? ¿Y _____ eres doctora también?

2. ¿ _____ gusta el _____ de menta o el de manzanilla?

3. _____ voy contigo ... _____ me invitas, claro.

4. _____ hermano mandó estas flores, pero son para ti. No son para _____.

5. Y, ¿ _____ quién es este florero?

6. Yo no _____ si Jorge _____ fracturó la pierna o no.

7. No me _____ las muletas; prefiero usar el bastón _____ don Antonio.

8. Me duele mucho el brazo; _____ el doctor me receta el paracetamol, yo _____ lo voy a tomar.

9. ¿Me permites manejar _____ coche?

10. _____ sabes que el coche es de _____ hermano, pero _____ quieres, puedes hablar con _____.

II. Orthographic Changes in the Subjunctive and Polite Commands

Several types of verbs have spelling changes in certain subjunctive forms and the polite commands in order to preserve the sound of the infinitive. You have seen some of the changes in the present indicative and in the preterite (past) tense. Review the following spelling changes before beginning the exercise.

CHANGE	INFINITIVE	PRESENT INDICATIVE	PRETERITE	PRESENT SUBJUNCTIVE, POLITE COMMANDS (USTED, USTEDES)
g to **j** (before **a, o**)	proteger	prote**j**o,* prote**g**es	prote**g**í	prote**j**a
g to **gu** (before **e**)	pagar	pa**g**o	pa**gu**é,† pa**g**aste	pa**gu**e
gu to **g** (before **a, o**)	seguir	si**g**o,‡ si**gu**es	se**gu**í	si**g**a
c to **z** (before **a, o**)	convencer	conven**z**o,* conven**c**es	conven**c**í	conven**z**a
c to **zc**§ (before **a, o**)	conocer	cono**zc**o,‡ cono**c**es	cono**c**í	cono**zc**a
c to **qu** (before **e**)	buscar	bus**c**o	bus**qu**é,† bus**c**aste	bus**qu**e
z to **c** (before **e**)	cruzar	cru**z**o	cru**c**é,† cru**z**aste	cru**c**e

The most common verbs in each class are the following.

1. **g** to **j**: **coger** (*to take; to catch*), **dirigir** (*to direct*), **elegir** (*to elect*), **escoger** (*to choose*), **proteger** (*to protect*), **recoger** (*to pick up*)

2. **g** to **gu**: **entregar** (*to hand in/over*), **jugar** (*to play*), **llegar** (*to arrive*), **negar** (*to deny*), **obligar** (*to compel; to obligate*), **pagar** (*to pay [for]*), **pegar** (*to hit; to glue*), **regar** (*to water*)

---

*Recall that the first-person singular (**yo**) form of the present indicative has the same spelling change to preserve the sound of the infinitive.

†Recall that the first-person singular (**yo**) form of the preterite has the same spelling change to preserve the sound of the infinitive.

‡In addition, a **k** sound is inserted in these forms; thus the full change is **c** (s) to **zc** (sk).

3. **gu** to **g: conseguir** (*to get, attain*), **perseguir** (*to pursue*), **seguir** (*to follow; to continue*)

4. **c** to **z: convencer** (*to convince*), **torcer** (*to twist*), **vencer** (*to defeat*)

5. **c** to **zc: agradecer** (*to be grateful for*), **conducir** (*to drive; to conduct*), **conocer** (*to know*), **favorecer** (*to favor*), **ofrecer** (*to offer*), **parecer** (*to seem*), **producir** (*to produce*), **traducir** (*to translate*)

6. **c** to **qu: acercarse** (*to get close to*), **buscar** (*to look for*), **chocar** (*to crash*), **criticar** (*to criticize*), **comunicarse** (*to communicate*), **explicar** (*to explain*), **indicar** (*to indicate*), **pescar** (*to fish*), **practicar** (*to practice*), **rascar** (*to scratch*), **sacar** (*to take out*), **secar** (*to dry*), **tocar** (*to play; to touch*)

7. **z** to **c: abrazar** (*to embrace*), **almorzar** (*to have lunch*), **comenzar** (*to begin*), **cruzar** (*to cross*), **empezar** (*to begin*), **rechazar** (*to reject*), **rezar** (*to pray*)

Listen to each sentence and write the missing words. Pay close attention to the spelling of subjunctive and command verb forms. Remember to add a written accent to affirmative commands with attached pronouns.

1. Señorita Gómez, quiero que me _____ el _____.

2. Usted _____ muy bien del inglés al español. Por favor, _____ este _____.

3. Doctor, quiero que me _____ el _____.

4. Omar, te recomiendo que _____ las cápsulas esta tarde en la _____.

5. En cuanto _____ los _____, le aconsejo que _____ la meditación.

6. Quiero hablar contigo antes de que le _____ el _____ al doctor.

7. Cuando _____ los _____ del análisis de _____, _____ conmigo.

8. Si quieren comenzar la _____ temprano, _____ en media hora.

9. Está bien, pero el doctor no quiere que _____ tan _____.

10. El _____ debe llegar ahora. Espero que no _____ tarde.

Actividades auditivas

A. **En la sala de urgencias.** Don José Torroja Yepes, padre de Ana Sofía, se cayó del techo y ahora está en la sala de urgencias del hospital Virgen de la Arrixaca de Murcia. Escucha su conversación con la médica.

Vocabulario de consulta

equilibrio	balance
escalera	ladder
albañiles	masons; construction workers
radiografía	X-ray

Pon estas oraciones en orden cronológico, de 1 a 8.

_____ La doctora le dice a don José que va a tener la pierna enyesada por ocho semanas y...

_____ Antes de sacarle la radiografía, la doctora va a darle unas pastillas para el dolor.

_____ Don José se subió al techo para revisar la chimenea.

_____ La doctora cree que don José se fracturó la pierna cuando se cayó y va a sacarle una radiografía.

_____ Don José se cayó del techo de su casa.

_____ Don José le dice a la doctora que tiene que jugar al fútbol en dos semanas.

_____ Cuando don José trató de caminar, le dolía mucho la pierna izquierda.

_____ ... no va a poder jugar al fútbol en cuatro meses.

B. En cama por tres días. Hoy el profesor Sotomayor Sosa se siente mal. Anoche estuvo tosiendo y estornudando y no pudo dormir. Ahora está en el consultorio del médico. Escucha el diálogo.

Vocabulario de consulta

profundamente	deeply
grave	serious
sospechaba	suspected
bastante	rather, quite
la cápsula	capsule, pill

Escribe la información en la ficha médica.

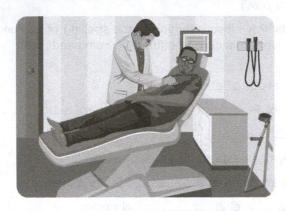

FICHA MÉDICA

Nombre del (de la) paciente: _____

Síntomas:

_____ tos		_____ dolor de oídos
_____ estornudos		_____ dolor de cabeza
_____ fiebre		_____ dolor en los pulmones
_____ congestión		_____ dolor de espalda
_____ insomnio		_____ dolor de muelas

Diagnóstico: _____

Recomendaciones: _____

_____

Receta: _____

Preocupación del paciente: _____

Videoteca

Amigos sin Fronteras

Episodio 12: No me siento bien.

Resumen. Sebastián tiene gripe y le pide a Nayeli que lo ayude porque se siente muy mal. Sebastián habla con «la abuela» de Franklin, que sabe mucho de remedios caseros, y «la abuela» le hace algunas recomendaciones. Después llega Eloy a casa de Sebastián y, como es estudiante de medicina, examina a su amigo y le dice que debe tomar jarabe y que pronto va a estar mejor.

©McGraw-Hill Education/Klic Video Productions

SEGMENTO 1

Preparación para el video

Vocabulario de consulta

¡Ay pobre de ti!	You poor thing!
Salgo a buscarte	I'm leaving to pick you up
estacionamiento	parking lot
remedio casero	home remedy
Te debo (un gran favor)	I owe you (a big favor)

A. ¡Comencemos! La última vez que tuviste gripe (o catarro), ¿cómo te sentías? Indica todas las respuestas necesarias.

☑ Tenía fiebre. ☑ Estaba congestionado.

☐ Me dolía la cabeza. ☐ Tosía.

☑ Me dolía el pecho. ☐ Me dolía la garganta.

B. Vocabulario. Indica la frase correcta para completar cada oración. Puedes consultar el **Vocabulario de consulta,** si quieres.

___c___ **1.** Mi abuela no quiere que yo tome medicinas; ella siempre me recomienda...

___d___ **2.** Cuando mi amigo me ayude con un problema, le voy a decir...

___a___ **3.** Sé que, en cuanto llame a mi madre y le diga que no me encuentro bien, ella me va a decir...

___b___ **4.** Cuando llegue al hospital, voy a buscar _____ para el carro.

a. Salgo a buscarte ahora.

b. un estacionamiento

c. un remedio casero

d. Te debo (un gran favor)

Comprensión del video

C. La idea principal. Indica la idea principal que aparece en el segmento.

☐ Franklin va a hablar con su abuela.

☐ Nayeli maneja a la universidad para recoger a su amigo.

☑ Sebastián está enfermo y llama a dos buenos amigos para que lo ayuden.

D. Orden. Ordena las siguientes oraciones según el segmento del video.

_____2_____ Nayeli le da un té a Sebastián.

_____3_____ Sebastián habla con Franklin por teléfono.

_____4_____ Sebastián le pide a Franklin que le pregunte a su abuela qué hacer.

_____1_____ Sebastián llama a Nayeli y le pide que lo recoja en la universidad.

E. Detalles. Completa cada oración, según el video. Puedes consultar el **Vocabulario de consulta,** si quieres.

1. Sebastián se siente muy mal: tiene un poco de _____, le duele mucho la _____cabeza_____ y tiene ___el estómago revuelto___.

2. Nayeli le dice que en _____10_____ minutos va a estar en la universidad.

3. La abuela de Franklin siempre tiene un _____remedio_____ casero para todo.

4. Franklin le dice a Sebastián que le va a pedir a su _____ que lo llame.

SEGMENTO 2

Preparación para el video

Vocabulario de consulta

el estómago revuelto	an upset stomach
me está cayendo muy bien	it's agreeing with me (food, drink)
eucalipto	eucalyptus
buganvilia	Bougainvillea (flower)
expectorante	expectorant
si sigo tosiendo	if I continue coughing
¡Qué asco!	How gross!

F. ¡Comencemos! Clasifica las siguientes frases en: síntomas/enfermedades (**S**) o remedios (**R**).

S R
□ □ **1.** té negro con miel y limón

□ □ **2.** bronquitis

□ □ **3.** congestionado/a

□ □ **4.** té de buganvilia

□ □ **5.** tos

□ □ **6.** dolor de pecho

□ □ **7.** el estómago revuelto

□ □ **8.** fiebre

S R
□ □ **9.** inyección

□ □ **10.** jarabe de cebolla morada con rábano

□ □ **11.** mareos

□ □ **12.** descansar

□ □ **13.** té de eucalipto

□ □ **14.** antibióticos

□ □ **15.** dolor de cabeza

G. Preguntas y respuestas. Empareja cada respuesta con la pregunta correspondiente.

_____ **1.** ¿Te duele todo el cuerpo?

_____ **2.** ¿Tienes el estómago revuelto?

_____ **3.** ¿Tienes fiebre?

_____ **4.** ¿Tienes tos?

a. Sí, y el pecho me duele mucho cuando toso.

b. Sí, tengo un poco de fiebre.

c. No, solamente me duelen la cabeza y el pecho.

d. No, no tengo el estómago revuelto, pero tampoco tengo hambre.

Comprensión del video

H. La idea principal. Escribe la idea principal de este segmento.

_____

I. Recomendaciones. Empareja las cláusulas para formar recomendaciones de la «abuela» de Franklin a Sebastián en el video.

_____ **1.** Si tienes tos,...

_____ **2.** Si necesitas un expectorante...

_____ **3.** Si después del té de buganvilia sigues tosiendo,...

_____ **4.** Si te duele mucho el pecho...

a. quizás tengas bronquitis y necesites un antibiótico.

b. te aconsejo que te tomes el jarabe de cebolla morada con rábano.

c. te recomiendo que te tomes un té de buganvilia con miel y limón.

d. te sugiero que bebas mucha agua.

J. Detalles. Indica cómo se siente Sebastián, según el video. **OJO:** Hay cinco respuestas correctas.

☐ **1.** Está muy cogestionado.

☐ **2.** Tiene hambre.

☐ **3.** Le duele mucho la cabeza.

☐ **4.** Le duele mucho el pecho cuando tose.

☐ **5.** Tiene dolor de estómago.

☐ **6.** Tiene dolor de garganta.

☐ **7.** Tiene el estómago revuelto.

☐ **8.** Les tiene miedo a las inyecciones.

☐ **9.** Tiene la nariz tapada.

☐ **10.** Tiene la presión alta.

☐ **11.** Tiene mareos.

☐ **12.** Tiene un poco de fiebre.

SEGMENTO 3

Preparación para el video

Vocabulario de consulta

respira hondo	take a deep breath
el sabor	the taste
se ocupa	(she) takes care
con cariño	lovingly
contagiarse	to get infected

K. ¡Comencemos! ¿Quién dice las siguientes frases: el médico (**M**) o el paciente (**P**)?

M P

☐ ☐ **1.** ¿Cuánto tiempo debo tomarme el jarabe?

☐ ☐ **2.** Con esta medicina vas a estar mejor pronto.

☐ ☐ **3.** Cuando toso, me duele el pecho.

☐ ☐ **4.** Me dan miedo las inyecciones.

☐ ☐ **5.** Me duele la garganta.

☐ ☐ **6.** No me gusta tomar jarabe.

☐ ☐ **7.** Respira hondo.

☐ ☐ **8.** Si se siente peor, llámeme.

☐ ☐ **9.** Te voy a tomar la temperatura.

☐ ☐ **10.** Tienes fiebre.

Comprensión del video

L. Las ideas principales. Indica las tres ideas que aparecen en este segmento.

☐ Nayeli estudia para ser enfermera.

☐ Eloy examina a su amigo Sebastián.

☐ Franklin le lleva a Sebastián el jarabe de cebolla y rábano y una rama de buganvilia.

☐ Nayeli le prepara a Sebastián el jarabe de cebolla morada y rábano.

☐ Eloy y Franklin tienen clase.

M. Detalles. Completa las oraciones con los detalles de este segmento del video. **OJO:** Hay palabras extra.

catarros	ciento dos	duerma	ocho horas	se sienta	un antibiótico
cien	congestionados	gripes	saludables	tres horas	una inyección

1. Después de escucharle los pulmones a Sebastián, Eloy le dice que tiene los pulmones muy _____.

2. Eloy le toma la temperatura a Sebastián y ve que tiene _____ grados.

3. Eloy le explica que, con esa fiebre, es posible que necesite _____.

4. Sebastián debe tomarse el jarabe de cebolla morada y rábano cada _____.

5. Nayeli piensa quedarse con Sebastián hasta que él _____ mejor.

6. Nayeli piensa que Sebastián tiene uno de esos _____ que se van al pecho.

Mi país

Venezuela

SEGMENTO 1

Preparación para el video

Vocabulario de consulta

el libertador	liberator	**precioso**	gorgeous
petrolera	oil-producing (adj.)	**protegerme**	to protect myself
norte	North	**noroeste**	Northwest
archipiélago	archipelago	**deshidratarse**	dehydrate
cristalina	crystal clear	**gafas del sol**	sunglasses

A. ¡Comencemos! Contesta las preguntas. Puedes consultar el mapa, si quieres.

1. ¿Cuál es la capital de Venezuela?

   a. Bogotá   **b.** Santiago   **c.** Caracas   **d.** Tegucigalpa

2. ¿Cómo se llama el mar al norte de Venezuela?

   a. el mar Mediterráneo
   b. el mar Rojo
   c. el mar Caribe

3. Cuando estás en la playa, ¿qué es importante hacer? Indica dos precauciones.

   a. Tomar mucha agua para no deshidratarse.
   b. Protegerse del sol con crema y gafas de sol.
   c. Comer muchos carbohidratos.
   d. Dormir doce horas todas las noches.

Comprensión del video

B. Los lugares. Ordena estos lugares según aparecen en este segmento del video.

_____ algunos lugares de Caracas

_____ el desierto Médanos de Coro

_____ la Isla Margarita

_____ las islas del archipiélago Los Roques

_____ Maracaibo y el lago Maracaibo

C. Descripciones. Para cada imagen, escribe el nombre y la descripción correctos de la lista.

LUGARES	DESCRIPCIONES
el archipiélago Los Roques	Es una ciudad petrolera.
Caracas	Es un lugar increíble, con dunas de arena muy bonitas.
desierto Médanos de Coro	La capital tiene edificios altos como las torres de El Silencio.
Maracaibo	Hay más de trescientas islas, con playas, corales y peces preciosos.

1. Lugar: _____

_____

_____

2. Lugar: _____

_____

_____

3. Lugar: _____

_____

_____

4. Lugar: _____

_____

_____

1, 2, 4 ©McGraw-Hill Education/Klic Video Productions; 3: ©Dmitry Burlakov/123RF

D. Detalles. Emparejar cada oración con el nombre o lugar correspondiente, según el video.

_____ **1.** La ciudad más grande del país es...

_____ **2.** La parte más antigua de Caracas es...

_____ **3.** El libertador de Venezuela fue...

_____ **4.** Una ciudad petrolera importante es...

_____ **5.** Un destino de vacaciones con playas preciosas es...

_____ **6.** Una zona excepcional al noroeste de Venezuela, con dunas de arena es...

a. Simón Bolívar.

b. Maracaibo.

c. Caracas.

d. el desierto Médanos de Coro.

e. el centro.

f. Isla Margarita.

E. Recomendaciones. ¿Qué nos recomienda Jorge si vamos a estos lugares? Completa cada oración con la forma correcta de verbos de la lista.

ponerse	protegerse	tener	tomar

1. JORGE: Cuando vayan a las playas del archipiélago Los Roques y tomen el sol,

_____ cuidado y _____ del sol.

2. JORGE: Cuando visiten el desierto Médanos de Coro, _____ agua para no

deshidratarse y _____ gafas de sol para protegerse del sol y del viento.

SEGMENTO 2

Preparación para el video

Vocabulario de consulta

oeste	West
teleférico	aerial tramway
altitud	altitude, height
estación médica	medical care station
paradas	stops
sabores	flavors
la catarata	waterfall
el tepuy	table top rock formation

F. ¡Comencemos! ¿Qué ciudad está al oeste de Venezuela? Consulta el mapa y el **Vocabulario de consulta,** si quieres.

☐ Caracas ☐ Maracaibo ☐ Maracay ☐ Mérida

G. Preguntas. Contesta las preguntas.

1. ¿Cuántos sabores de helado había en la última heladería que visitaste? _____

2. ¿Has visitado un parque nacional alguna vez? ¿Qué viste en ese parque (animales, árboles, formaciones geológicas, ...)?

_____

Comprensión del video

H. Las ideas principales. Indica las ideas que aparecen en este segmento del video.

☐ Hay playas muy bonitas con arena blanca.

☐ Mérida es una ciudad colonial y universitaria.

☐ Podemos bucear y ver corales muy bonitos.

☐ En el Parque Nacional está la catarata más alta del mundo y varios tepuyes.

I. ¡Son lo máximo! Empareja las oraciones, según la información del video.

_____ **1.** En Mérida está el teleférico más alto y largo del mundo.

_____ **2.** El Salto Ángel es la catarata más alta del mundo.

_____ **3.** Los tepuyes son unas de las formaciones más antiguas del planeta.

    a. Tiene dos veces la altura del *Empire State Building* de Nueva York.

    b. Tienen entre 1.500 y 2.000 millones de años.

    c. Está a más de 15.000 pies sobre el nivel del mar.

J. Lugares interesantes. Escribe el nombre de cada lugar debajo de las imágenes.

la catarata Salto Ángel　　　　**el teleférico**　　　　　　**una zona colonial de Mérida**
la heladería Coromoto　　　　　**los tepuyes**

1. _____

2. _____

3. _____

4. _____

5. _____

K. Mérida y el Parque Nacional Canaima. Indica el lugar correspondiente: Mérida (**M**) o el Parque Nacional Canaima (**C**).

M C

☐ ☐ **1.** Es un parque inmenso.

☐ ☐ **2.** Es una ciudad colonial y universitaria.

☐ ☐ **3.** Tiene el teleférico más alto del mundo.

☐ ☐ **4.** Tiene la catarata Salto Ángel.

☐ ☐ **5.** Tiene tepuyes, como el tepuy Roraima.

☐ ☐ **6.** Tiene una heladería (Heladería Coromoto) con más de ochocientos sabores.

¡A leer!

¿Sabías que... ?

La influencia árabe en el campo de la medicina

¿Sabías que los árabes han tenido mucha influencia en el campo[a] de las ciencias y la medicina? Los árabes gobernaron[b] la mayor parte de España desde el año 711 hasta 1492 d.C.[c] Durante ese tiempo, los hispanoárabes hicieron investigaciones[d] importantes en el campo de la medicina y realizaron descubrimientos científicos valiosos. Su trabajo tuvo un gran impacto en el conocimiento[e] médico del mundo entero.

Los árabes tradujeron muchas de las grandes obras griegas sobre la filosofía y las ciencias —Aristóteles, Galeno, Hipócrates— y así las preservaron para futuros científicos. Pero los árabes no se limitaron a las obras de los antiguos griegos; varios hispanoárabes escribieron sus propios textos médicos. Abulcasis, nacido en Córdoba en 963, se considera el padre de la cirugía.[f] Durante una carrera de casi cincuenta años, inventó más de 200 distintos dispositivos quirúrgicos[g] y habló de la importancia de una relación positiva entre el médico y el paciente. Abulcasis escribió *El libro de la práctica médica*, una enciclopedia médica de treinta volúmenes; en ella presenta varias prácticas médicas innovadoras, como el uso del yeso para las fracturas.

Avenzoar, nacido en Sevilla en 1092, escribió sobre el uso de agua fría para bajar la fiebre y recomendó usar siempre la más pequeña dosis efectiva de un medicamento. Sus textos fueron traducidos al latín en el siglo XIII y se usaron en las universidades de Europa hasta el siglo XVIII. Pero el nombre más célebre entre los médicos hispanoárabes es el de Averroes. Nacido en 1126 en Córdoba, fue filósofo, astrónomo y matemático y escribió varios textos dedicados a la anatomía, la fisiología, la higiene y los medicamentos.[h]

Con casi ocho siglos de presencia árabe en España, no es sorprendente que el idioma español haya heredado[i] de la lengua árabe muchas palabras que están relacionadas con la ciencia o la medicina, entre otras, **alcohol** de *al kohól*, **talco** de *talq*, **jarra** de *yárra*, **jarabe** de *sharâb*, **algodón**[j] de *al qutn*, **álgebra** de *al yebr*, **almanaque** de *al manâh*, **cifra**[k] de *sifr* y **jaqueca**[l] de *saqiqa*. Muchas de estas palabras pasaron del español al francés y eventualmente al inglés.

Una palabra de origen árabe muy usada en español es **ojalá**,[m] la cual se refiere a Alá, nombre que dan los musulmanes a Dios.[n] La palabra **ojalá** viene del árabe *wa sha llâh*, que en español quiere decir *Y que Dios lo quiera*.[ñ] Hoy en día **ojalá** no tiene connotación religiosa. Si un amigo está enfermo, podemos decirle «¡Ojalá (Espero) que te mejores[o] pronto!»

[a]*field* [b]*governed* [c]*después de Cristo (A.D.)* [d]*research* [e]*knowledge* [f]*surgery* [g]*dispositivos... surgical devices* [h]*medications* [i]*haya... has inherited* [j]*cotton* [k]*cipher (code) or figure (number)* [l]*migraine* [m]*Hopefully* [n]*God* [ñ]*God willing* [o]*te... you get better*

Comprensión

1. ¿Por cuántos años estuvieron los árabes en España?

   a. casi 900

   b. más de 200

   c. casi 2.000

   d. más de 700

2. Abulcasis se considera el padre de la...

   a. cirugía

   b. anatomía

   c. farmacología

   d. ginecología

3. El médico Avenzoar recomendó el uso de...

   a. tratamientos dietéticos en vez de la medicina árabe

   b. la dosis efectiva más pequeña de una droga

   c. instrumentos quirúrgicos

   d. un yeso para las fracturas

4. Empareja la palabra árabe con la palabra moderna en español: **aceite, almanaque, alberca** (piscina), **algodón, almohada, azúcar, jarabe.**

   a. *al súkkar* _____

   b. *al mihádda* _____

   c. *al qutn* _____

   d. *sharâb* _____

   e. *al zeit* _____

   f. *al birká* _____

   g. *al manâh* _____

Conexión cultural

En Venezuela la música es para todos.

Vocabulario de consulta

capaz	capable
de bajos recursos	low-income people
sin esperanzas	without hope
fundó	founded
superar los retos	overcome challenges
seguridad en sí mismos	self-assurance
autoestima	self-esteem
apoyar	support
logros	achievements
tener derecho	to have the right
belleza	beauty
servir	to be good, useful
eficaz	effective
ha obtenido	has obtained

Gustavo Dudamel dirige la Orquesta Filarmónica de Los Ángeles

Durante la segunda mitad del siglo veinte, Venezuela era un país rico en petróleo. Esa afluencia creó un país moderno, **capaz** de competir a nivel mundial. Pero también había personas **de bajos recursos** que pasaban hambre, no tenían acceso a los servicios médicos y no podían educar a sus hijos. Es por eso que el economista y músico José Antonio Abreu fundó en 1975 un programa educativo para ofrecer clases gratuitas de música clásica a todos los niños interesados. Influenciado por su amor a la música, Abreu sin duda consideró la situación de tantos niños sin **esperanzas**.

Este programa, llamado El Sistema, ha creado centros (núcleos) por todo el país donde los niños pasan tres horas, seis días por semana. Allí (en los núcleos) se les proveen la instrucción musical y los instrumentos necesarios a los niños, pero también se les ayuda a aprender disciplina, a **superar los retos** de la vida, a tener **seguridad en sí mismos** y a aumentar su **autoestima**. El Sistema también educa a los padres para que **apoyen** al niño y le celebren sus **logros**. Y, muy importante, este programa ha creado el Sistema Nacional de Orquestas y Coros Juveniles e Infantiles de Venezuela para que todos los alumnos tengan la experiencia de interpretar para el público.

Los valores fundamentales que forman la base de la instrucción en los núcleos incluyen la idea de que todo ser humano **tiene derecho** a una vida llena de **belleza**, dignidad y oportunidad de contribuir a la sociedad y que los beneficios de la música le van a **servir** para toda la vida. Finalmente, El Sistema afirma que la educación más **eficaz** es aquella que se basa en al amor, la aprobación, la alegría y las experiencias positivas dentro de una comunidad funcional que protege y apoya al niño.

El Sistema ha tenido gran éxito y muchos de sus alumnos han dedicado su vida a la música. Un buen número de exalumnos, ahora adultos, enseña música en los núcleos. Otros han triunfado dentro y fuera del país. Gustavo Dudamel dirige ahora la Filarmónica de Los Ángeles, California, y la Orquesta Sinfónica Simón Bolívar (Venezuela). Edicson Ruiz es el primer miembro hispano de la Orquesta Filarmónica de Berlín. Joen Vázquez **ha obtenido** prestigiosos premios en Estados Unidos, como el Artist International de Nueva York y el Premio Passamaneck de Pittsburgh (dos veces). El Sistema se ha imitado en Estados Unidos, Canadá, Escocia, Colombia, Cuba, Costa Rica, Suecia, Corea y otros países. Si quieres ver la alegría, el talento y la preparación de estos niños y jóvenes, ¡busca sus conciertos en Internet!

La Orquesta Sinfónica Infantil Nacional de Venezuela

©Emmanuel Dunand/AFP/Getty Images

A. ¿Quién es? Empareja a las siguientes personas con su descripción.

_____ **1.** José Antonio Abreu

_____ **2.** Gustavo Dudamel

_____ **3.** Edicson Ruiz

_____ **4.** Joén Vázquez

a. es miembro de la Orquesta Filarmónica de Berlín.

b. ha recibido muchos premios en los Estados Unidos.

c. es el creador de El Sistema.

d. dirige la Orquesta Sinfónica Simón Bolívar.

B. Oraciones. Indica la respuesta más lógica.

1. La idea principal del primer párrafo

   a. Venezuela tiene mucho petróleo.
   b. En 1975 todos los venezolanos tenían acceso a los servicios médicos.
   c. Un economista y músico venezolano quiso ayudar a los niños pobres de Venezuela.
   d. En 1975 Venezuela era capaz de competir a nivel mundial.

2. La idea principal del segundo párrafo

   a. El Sistema provee los instrumentos que los niños necesitan.
   b. El Sistema ayuda a los niños que estudian en sus núcleos y a sus padres de muchas maneras.
   c. Los niños pueden interpretar la música en las orquestas creadas por El Sistema.
   d. Los padres necesitan instrucción también.

3. La idea principal del tercer párrafo

   a. La educación que provee El Sistema se basa en varios valores fundamentales.
   b. Una comunidad funcional es importante para la educación del niño.
   c. Los beneficios de la música duran toda la vida.
   d. Las experiencias positivas son la base de la educación en El Sistema.

4. La idea principal del cuarto y último párrafo

   a. Gustavo Dudamel, Edicson Ruiz y Joén Vázquez han triunfado fuera de Venezuela.
   b. Hay programas basados en El Sistema en muchos países del mundo.
   c. Algunos maestros en los núcleos de El Sistema fueron alumnos en esos núcleos.
   d. Hay dos pruebas (*proofs*) de que El Sistema ha tenido éxito: muchos de los estudiantes son ahora profesores de música y otros tienen empleos importantes en el campo de la música.

Galería

Venezuela

La Isla de Margarita está en el Mar Caribe, al norte de Venezuela. Los turistas pueden disfrutar de las cincuenta playas de arena blanca, el agua cristalina y los corales hermosos casi todo el año. Por estar cerca del ecuador, tienen alrededor de 320 días de sol al año.

El Salto Ángel, en el Parque Nacional Canaima de Venezuela, es la catarata más alta del mundo, con una caída continua de 807 metros (*2,647 feet*) del tepuy Auyantepuy. El 85 por ciento de los tepuyes, montañas planas con paredes verticales, se encuentran en Venezuela.

El nuevo teleférico de Mérida lleva un nombre indígena, Teleférico Mukumbarí. Es el más largo (12.5 kilómetros) y elevado del mundo. Para los venezolanos, el boleto cuesta 3.000 bolívares ($0.30). Para los extranjeros (*foreigners*), el precio es de $50.00 (cincuenta dólares) que se debe pagar con tarjeta de crédito.

El Parque Nacional Médanos de Coro es una zona de dunas y desierto, una de las más áridas de Venezuela. Se puede hacer muchas actividades allí. Una de las mejores es deslizarse en una tabla de arena (*slide on a sand board*). La tabla es similar a las tablas de nieve, pero es para la arena.

A. Comprensión. Completa cada oración con el nombre correspondiente según las leyendas.

1. Si quieres divertirte con una tabla de arena en un lugar desértico con dunas, te recomiendo que vayas al _____.

2. Si quieres ver un tepuy y conocer la caída de agua más alta del mundo te sugiero que visites _____

3. Mukumbarí es el nuevo _____ de Mérida.

4. Si buscas un lugar con muchas playas, clima agradable casi todo el año y hermosos corales, ¿por qué no vas a _____?

B. Un toque creativo. Escribe una leyenda original para *una* de las fotos. Puede ser una exclamación (**¡Qué... tan... !**) o una descripción de lo que ves en la foto.

_____

_____

La familia y la crianza 13

¡A escribir!

Los lazos familiares

Lee *Gramática 13.1*

A. Relaciones. Usa las formas apropiadas de los verbos de la lista para contestar las preguntas sobre los hábitos de las parejas y los amigos.

abrazarse
besarse
comprenderse
comunicarse por Skype
enojarse

enviarse emails
escribirse por Facebook
golpearse
gritarse
hablarse por teléfono

insultarse
pelearse
quererse mucho
textearse
tomarse de la mano (*to hold hands*)

¿Cómo muestran su amor tu novio/a (esposo/a) y tú cuando están juntos en público?	¿Qué hacen dos personas que están en una mala relación?	¿Qué hacen dos personas que están en una relación de amistad a distancia?
1. Mi novio/a (esposo/a) y yo... *nos abrazamos* — nos tomamos de la mano — nos besamos — nos comprendemos — nos queremos mucho	2. Por lo general, estas personas... — se gritan — se enojan — se golpean — se insultan — se pelean	3. Por ejemplo, Ana Sofía y su mejor amiga en España... — se comunican por Skype — se escriben por FB — se textean se hablan por teléfono — se envían emails

B. Planes de boda. Franklin le escribe el siguiente correo electrónico a su mejor amigo, Hermes, para contarle sus planes de boda. Completa el email con las formas apropiadas de presente de los verbos **ser** y **estar**.

De: Franklin Sotomayor Sosa <fsotomayor@peralta.edu>
A: Hermes Pérez Soler <hermesps@gmail.com>
Asunto: ¡Sorpresa!

Hola, Hermes:

Te escribo para contarte que Estefanía y yo ya _estamos_ [1] planeando nuestra boda. Como bien sabes, ella y yo _estamos_ [2] comprometidos desde hace varios meses. Nos conocemos muy bien y pensamos que _estamos_ [3] listos para casarnos. Estefanía quiere casarse en Quetzaltenango (o Xela, como se conoce comúnmente), Guatemala, porque toda su familia _es_ [4] de allí.

Ya sabemos algunos detalles de la boda, pero no todos. Sabemos que la fecha _es_ [5] el próximo quince de julio, pero no sabemos la hora todavía. También sabemos que _es_ [6] en la iglesia del Espíritu Santo, una iglesia que _está_ [7] muy cerca de la casa de los bisabuelos de Estefanía. Ah, y los padrinos de la boda van a ser dos de nuestros amigos del club: Claudia va a ser la madrina y Sebastián el padrino. Y el cura va a ser un amigo de la familia de Estefanía que normalmente _está_ [8] en otra iglesia de Guatemala, pero que ha aceptado ir a Xela a casarnos. Para la luna de miel vamos a viajar a la República Dominicana porque las playas de esta isla caribeña _son_ [9] bellas y el clima _es_ [10] agradable y muy parecido al de Puerto Rico.

Uno de los detalles que no tenemos todavía es qué va a pasar con la recepción. Los padres de Estefanía van a pagar la recepción y ellos _están_ [11] planeándolo todo. Dicen que _es_ [12] un secreto. Lo único que sabemos es que _es_ [13] en el salón de un hotel. Así es que imagínate... tú sabes que, por lo general, yo no _soy_ [14] nervioso, pero en este caso sí _estoy_ [15] bastante nervioso porque no sé nada de ese tema. Pero, voy a tener una actitud positiva.

Bueno, y ya sabes, mi querido amigo Hermes, ¡cuento contigo para ser el padrino de mi primer hijo!

Abrazos,

Franklin

la iglesia está muy cerca

#7 (está) estar : located permanently
#6 (es) ser : event / references to event - including places
  cf. #6, 7

*La fiesta es
en mi casa*

Las órdenes, los consejos y los buenos deseos
Lee *Gramática 13.2, 13.3*

C. Franklin se queja. De pequeño Franklin se quejaba cuando sus padres le daban órdenes. Usa las oraciones de la lista para completar los diálogos.

A **¡Que las tienda mi hermana!** ✓

B **¡Que la saque mi hermana!** ✓

C **¡Que llegue pronto mi hermana también!** ✓

D **¡Que lo apague mi hermana!**

E **¡Que lo recoja mami cuando llegue!** ✓

F **¡Que lo saque a pasear mi hermana!** ✓

G **¡Que te las traiga mi hermana!** ✓

H **¡Que vaya ella sola!** ✓

MODELO: MAMÁ: No llegues tarde a casa después de clases, Franklin.

FRANKLIN: *¡Que llegue pronto mi hermana también!* Yo no voy a ser el único.

PAPÁ: Buenos días, Franklin. ¿Dormiste bien? Tráeme las zapatillas, por favor.

FRANKLIN: ¿Por qué yo? ___G_____.[1]

PAPÁ: No seas descortés,[a] Franklin. ¡Ay! El periódico se cayó de la mesa. Tú tienes más

energía que yo. Recógelo, por favor.

FRANKLIN: _____E_____.[2]

MAMÁ: ¿Ya terminaste de comer, Franklin? Pues ahora tiende tu cama y la de tu hermana.

FRANKLIN: _____A_____[3] Yo las tendí ayer.

MAMÁ: Bien, entonces saca a pasear al perro, por favor.

FRANKLIN: _____F_____.[4] Esta mañana estoy muy cansado

y no tengo ganas de salir.

PAPÁ: No discutas, Franklin. Vas a sacar a pasear al perro y antes de irte a la escuela, saca la

basura.

FRANKLIN: _____B_____.[5] Ayer la saqué yo.

MAMÁ: Adiós, hijo. Diviértete en la escuela. ¿Vas a ir con tu hermana al partido de fútbol esta

tarde?

FRANKLIN: _____H_____.[6] Yo no quiero ir con ella.

MAMÁ: ¡Ay, Franklin!

[a]*rude*

D. Muchas órdenes. Omar y Marcela siempre le dicen a su hijo Carlitos lo que debe y no debe hacer. Completa las oraciones con los verbos de la lista usando las formas afirmativas y negativas de los mandatos informales (**tú**). **OJO:** Algunos de los mandatos llevan pronombres; pon atención a las palabras en negrita.

~~comer~~   ~~jugar~~   recoger
~~cruzar~~   ~~lavarse~~   ~~regar~~
hacer   ~~llegar~~   ~~tirar~~

MODELOS:

No *tires* juguetes al inodoro; *tira* solo papel higiénico (*toilet paper*).

No *cruces* **la calle** sin mirar; *crúza*la con mucho cuidado siempre y mira a los dos lados.

No __llegues__¹ tarde a casa después de las clases; __Llega__² a las cinco a más tardar (*at the latest*).

¡Tengo hambre, mami!

¡La comida estaba deliciosa, mami!

No __te laves__³ **las manos** solamente antes de comer; __Lávatelas__⁴ después de comer también.

No __riegues__⁵ **las plantas** ahora; mejor __Riégalas__⁶ después de las seis de la tarde.

No __c o m a s__ ⁷ nada que te

den las personas en la calle;

__c o m e__ ⁸ solamente la

comida que yo te dé.

No __recojas__ ⁹ solo tus juguetes;

__Recoge__ ¹⁰ los juguetes de tu hermana

también.

Carlitos, no __juegue s__ ¹¹ videojuegos tantas

horas; __juega__ ¹² media hora como máximo.

No __haga s__ ¹³ **la tarea** durante la clase;

__Hazla__ ¹⁴ en casa por la tarde.

E. Consejos. El abuelo de Franklin, don Rafael Sotomayor, le da consejos a Franklin. Primero, empareja las frases de manera lógica. Luego escribe la forma del subjuntivo del verbo entre paréntesis.

__c__ **1.** Si ya están comprometidos varios meses y quieren casarse pronto,...

__d__ **2.** Si quieren ir de luna de miel después de la boda,...

__a__ **3.** Si quieren mantener un matrimonio por muchos años,...

__e__ **4.** Si piensan tener hijos después del matrimonio,...

__b__ **5.** Si Estefanía quiere bautizar a sus hijos en Guatemala,...

a. les aconsejo que se quieran mucho y que _se respeten_ **(respetarse)** los dos.

b. ojalá ustedes nos _digan_ **(decir)** sus planes con tiempo para poder asistir al bautizo.

c. es preferible que _comiencen_ **(comenzar)** a planear la ceremonia pronto.

d. es mejor que _busquen_ **(buscar)** el lugar del viaje pronto.

e. les aconsejo que _planeen_ **(planear)** bien cuándo los van a tener y cuántos quieren tener.

La crianza

Lee *Gramática 13.4*

F. Fotos en Facebook. Franklin sube unas fotos a Facebook y varias personas las comentan. Mira las fotos y escoge una descripción de la foto y un comentario de cada lista.

DESCRIPCIÓN DE LAS FOTOS

a ✓ • *Aquí estábamos en la puerta de la iglesia. Nosotros* (los recién casados) y *los padrinos estábamos mirando al cielo. ¡Estaba muy nublado! Parecía que iba a llover.*

b ✓ • Aquí estábamos saliendo de la boda de mi tía Lili. Janira y yo estábamos muy enojados porque queríamos ir a jugar al parque que había enfrente de la iglesia, pero nuestros padres no nos lo permitieron.

c ✓ • ¡Mi hermana Janira era tan traviesa! Siempre estaba subiéndose a los árboles. Le encantaba hacer eso.

d ✓ • Es la boda de mi primo Pedro. Lo mejor de esta foto: la cara de felicidad al ponerse los anillos. Yo creo que mi primo nunca ha estado tan feliz en su vida. Fue un gran día para él.

e ✓ • ¡Mi foto favorita! Mira cómo nos divertíamos mi primo Pedro y yo durante el bautizo de mi hermana Janira. ¡Estábamos haciendo caras locas los dos!

COMENTARIO 1

f ✓ • ¿Cuántos años tenían tu primo y tú en esa foto, Franklin?

g ✓ • Franklin, ¿y tú también te subías?

h ✓ • ¿Querían jugar en el parque con la ropa nueva?

i ✓ • *¿Y llovió al final?*

j ✓ • Parece que fue un gran día para ustedes. Me imagino que todos estaban muy contentos.

COMENTARIO 2

k ✓ • A veces, pero no tanto como mi hermana.

l ✓ • Los dos teníamos seis años aproximadamente. Nos gustaba mucho jugar juntos pero mi primo vivía en otra ciudad, en Caguas, y solo nos veíamos de vez en cuando.

m ✓ • *Sí, al final llovió pero afortunadamente estábamos cerca del lugar de la recepción.*

n ✓ • Sí claro, lo importante para nosotros era jugar; para mí, con ocho años y para mi hermana con tres, la ropa no era un problema. Pero al final no jugamos. Mis padres no nos dejaron.

o • ¡Qué suerte que pudiste estar allí con ellos! Y pronto vamos a celebrar este mismo momento contigo y con Estefanía.

Franklin Sotomayor Sosa

Estábamos en la puerta de la iglesia. Nosotros (los recién casados) y los padrinos estábamos mirando al cielo. ¡Estaba muy nublado! ¡Parecía que iba a llover!

a
m

Me gusta · Comentar · Compartir

Xiomara ¿Y llovió al final?

Estefanía: Si, al final llovió pero afortunadamente estábamos cerca del lugar de la recepción.

Escribe un comentario...

©McGraw-Hill Education/Klic Video Productions

1.

ÁNGELA: _____ *g* _____

_____ *c* _____

FRANKLIN: _____ *g* _____

_____ *k* _____

2.

NAYELI: _____ *e* _____ *f* _____

FRANKLIN: _____ *l* _____

_____

3.

CLAUDIA: _____ *d* _____

ANA SOFÍA: _____ *f* _____ *o* _____

4.

LUCÍA: _____ *b* _____ *n* _____

FRANKLIN: _____ *h* _____

_____

G. Recuerdos. Franklin recuerda algunas actividades que su hermana Janira y él hacían cuando eran pequeños. Completa sus descripciones con una de las siguientes respuestas.

apagué   estaba   no lo he hecho nunca más
castigó   me relajaba   se enojó
eran   no fue nada grave   se levantaban

HACE MUCHOS AÑOS

1. Mi hermana Janira siempre se subía a los árboles y allí actuaba como una actriz de Hollywood.

   Estas _____eran_____ sus dos actividades favoritas.

2. Un día mi hermana Janira se cayó de un árbol. Realmente

   _____no fue nada grave_____ pero se hizo un esguince en el tobillo.

3. Otro día (yo) me subí a un árbol y grité «¡Socorro!» Solo lo hice esa vez y tuve tanto miedo que

   _____no lo he hecho nunca más_____.

CUANDO TENÍA TRECE AÑOS

4. Me gustaba escuchar música mientras leía. Cuando hacía esas dos actividades

   _____me relajaba_____ mucho.

5. Recuerdo que un día estaba leyendo una novela de ciencia ficción cuando empezó una

   tormenta de truenos y relámpagos. Nunca lo voy a olvidar. La novela

   _____estaba_____ en su mejor momento y ese ruido me asustó

   (*frightened me*) mucho.

6. Y recuerdo que otra noche estaba terminando de leer mi primera novela de suspenso, cuando

   escuché un trueno enorme. Así que _____apagué_____ todos los

   aparatos eléctricos y las luces y encendí una vela para seguir con mi novela.

DE PEQUEÑO(S)

7. Mi hermana y yo comíamos muy despacio porque jugábamos y nos peleábamos mucho durante

   la comida. Mi mamá y mi papá siempre terminaban de comer mucho antes que nosotros y ellos

   _____se levantaban_____ de la mesa para ordenar la cocina.

8. Recuerdo un día en el que estaba almorzando en casa cuando vi al señor de las piraguas

   (*snoballs*) y salí de casa sin decirle nada a mi mamá. Mi mamá

   _____se enojó_____ mucho conmigo por salir de casa sin decirle

   nada y me castigó.

9. Recuerdo un día en que mi madre cocinó una comida que no me gustaba. Puse la comida dentro

   de una servilleta de papel y la tiré al zafacón (a la basura). Mi madre no vio que yo tiré la comida,

   pero mi hermana se lo dijo y mi mamá me _____castigó_____: ¡tuve

   que comer esa comida por tres días!

H. Crianzas diferentes. Omar compara su vida con la de sus hijos. Siguiendo el modelo, completa cada oración con uno de los verbos de la lista en la forma de **imperfecto, pretérito perfecto** (*present perfect*) y **pretérito**. Además usa las siguientes formas impersonales del verbo **haber: hay, hubo, había.**

castigar   escuchar   haber   hablar   *limpiar*   portarse

MODELO: Cuando yo era pequeño, *limpiaba* mi cuarto todas las semanas, pero mi hijo Carlitos es diferente. Él no *ha limpiado* su cuarto en mucho tiempo. La última vez que lo *limpió* fue hace dos meses.

1. Cuando era joven (yo) casi nunca __hablaba__ con personas en otros países. Sin embargo, en los últimos meses __he hablado__ mucho por Skype con los amigos del club. Ayer mismo fue la última vez que *hablé* con algunos de ellos.

2. Cuando era joven (yo) nunca __me portaba__ mal en la escuela, pero Carlitos es diferente. Hace un par de meses él __se portó__ muy mal en la escuela y le pegó a otro niño. Afortunadamente, desde ese día no __se ha portado__ mal.

3. Cuando yo era pequeño, mis padres nos __castigaba__ cuando nos portábamos mal, pero los padres de hoy somos diferentes. Marcela y yo no __castigamos__ a nuestros hijos casi nunca. La última vez que los __castigaron__ fue una vez que se pelearon.

4. Cuando mis hermanos y yo éramos pequeños, en general, (nosotros) nunca __escuchábamos__ de casos de hostigamiento (*bullying*) en las escuelas. Pero últimamente, (yo) __escuchaba__ de muchos casos. Ayer mismo __escuché__ en la radio de un caso en mi ciudad.

5. Cuando yo era joven, no __había__ tantas oportunidades para estudiar en el extranjero; es más, creo que en mi escuela nunca __hubo__ esa opción. Pero hoy en día __hay__ muchas oportunidades.

En resumen

I. La familia de Franklin y su niñez

Parte 1. Lee cómo se describen los miembros de la familia de Franklin y luego indica lo que ellos dicen sobre su niñez.

_____d_____ **1.** Soy el padre de Franklin. Me llamo Marcial Sotomayor Ponce y tengo sesenta y seis años. Trabajo en el canal de televisión BorinquenTV, que se ve en Estados Unidos gracias a DirectTV.

_____b_____ **2.** Soy la madre de Franklin. Me llamo Lidia Sosa Ortiz y tengo sesenta y dos años. Soy profesora de historia en la Universidad de Puerto Rico, en Río Piedras.

_____c_____ **3.** Me llamo Rafael Sotomayor y soy el abuelo paterno de Franklin, el padre de Marcial. Tengo ochenta y ocho años. Cuando era joven era peluquero.

_____a_____ **4.** Me llamo Janira Sotomayor Sosa y soy la única hermana de Franklin. Tengo veintitrés años. Soy actriz de telenovelas pero quiero ser actriz de cine.

a. Cuando era niña me gustaba ponerme disfraces, actuaba y me imaginaba que era otra persona.

b. Cuando era niña y también de adolescente, siempre jugaba a ser maestra y mis hermanos eran mis estudiantes.

c. De niño, yo les cortaba el pelo a mis hermanos porque éramos muchos y no teníamos dinero para ir todos a la peluquería.

d. Recuerdo muy bien el mejor día de mi vida. Yo tenía unos ocho años y mis compañeros de la escuela y yo hicimos una excursión a la estación de televisión.

Parte 2. Ahora usa los ejemplos de la familia de Franklin y los modelos de abajo para presentar a uno de tus abuelos y a otro miembro de tu familia, por ejemplo un(a) tío/a, primo/a, hermano/a). y luego preséntate tú. Escribe algo que hacían esas personas de pequeñas y lo que hacías tú.

MODELOS: _Mi abuela se llama... Es la madre de mi madre/padre. Tiene... años. Era/Es... (profesión). Cuando era pequeña,... (actividad relacionada con su profesión)._

Me llamo... y soy el hijo mayor / menor / del medio / único de mis padres. Tengo... años. Ahora trabajo de... (empleo, oficio, por ejemplo: mesero/a) y en el futuro quiero ser... (profesión). Cuando era pequeño/a,... (actividad relacionada con tu futura profesión).

MI ABUELO(A)

se llamaban Loreto. Era la madre de mi padre.
Tenían 98 años cuando se murió. Era una abogada
Cuando era niña trabajaba por Dwight Eisenhower

MI primo se llama Toby. Es el hijo de mi tía.
Tiene 50 años. Es un medico en las Filipinas
y está casado y tiene 3 hijos.
Cuando era niño, jugaba baloncesto muy bien

YO

Me llamo P. Geronimo. Soy el hijo mayor de mis padres. Tengo 49 años. Trabajo como sacerdote, profesor, decano y formador en el seminario. Cuando era pequeño, jugaba al tenis frecuentamente

Exprésate

Escríbelo tú

Un evento inolvidable

Narra un evento inolvidable de tu pasado. Puede ser una fiesta, una celebración, un incidente, un viaje o un encuentro con alguien. Usa estos pasos para guiarte.

1. Describe la escena: el momento, el lugar y lo que estaba pasando.
2. Cuenta lo que pasó de pronto (*suddenly*).
3. Continúa la narración.
4. Narra el resultado e incluye un final.

Mira el modelo, donde Franklin narra una experiencia que tuvo una tarde cuando regresaba a casa en autobús. Las formas de los verbos (pretérito o imperfecto) se indican entre paréntesis.

MODELO: Una tarde (yo) **esperaba** (*imperfecto*) el autobús para ir a casa. A veces uso el transporte público cuando no quiero manejar. Esa tarde **llovía** (*imperfecto*) mucho y yo **me sentía** (*imperfecto*) cansado después de un día difícil en el trabajo. Entonces **vi** (*pretérito*) a mi amigo Radamés que **pasaba** (*imperfecto*) en su carro. Lo **saludé** (*pretérito*) y él me **saludó** (*pretérito*) también, pero **no paró** (*pretérito*). El autobús **llegó** (*pretérito*), **me subí** (*pretérito*), y **noté** (*pretérito*) que **estaba** (*imperfecto*) lleno de gente; muchas personas **iban** (*imperfecto*) de pie.[a] Por fin **llegamos** (*pretérito*) a mi parada de autobús. **Me bajé** (*pretérito*) y **caminé** (*pretérito*) a casa. La casa **estaba** (*imperfecto*) totalmente oscura, como siempre. Pero entonces, cuando **abrí** (*pretérito*) la puerta, Estefanía y todos mis amigos **me gritaron** (*pretérito*): «¡Feliz cumpleaños, Franklin!» ¿Y sabes quién **estaba** (*imperfecto*) allí también? ¡Mi amigo Radamés! Después de todo, **fue** (*pretérito*) una experiencia inolvidable.

[a]iban... *were standing*

Una tarde manejaba mi coche en la calle Ayala para ir Mi hermana.

De repente, un otro coche me pegó de atrás.

Yo apegué mi coche para chequar con la otra conducista. Gracias a Dios, nadie estaba herida.

Las autoridades llegaron para aydarnos y despues — nos dijeron que podriamos salir

Cuando llegué a la casa de mi hermana, expliqué todo que se pasó

 # Enlace auditivo

Pronunciación y ortografía

Ejercicios de ortografía

I. *Diphthongs and Other Vowel Combinations*

When two vowels in Spanish occur together and at least one of them is an unstressed **i** or **u,** they are pronounced together as a single syllable. This combination is called a *diphthong.* There are many diphthongs possible within a word: **iu, ua, ue, ui, uo, ai** or **ay, ei, oi** or **oy, au, eu,** and **ou.**

Listen to examples of Spanish words with diphthongs.

DIPHTHONG	EXAMPLE	DIPHTHONG	EXAMPLE
ia	hacia	**uo**	antiguo
ie	tiene	**ai** or **ay**	hay
io	novio	**ei**	seis
iu	ciudad	**oi** or **oy**	voy
ua	cuatro	**au**	bautizo
ue	hueso	**eu**	Europa
ui	ruina	**ou**	estadounidense

If these vowel combinations are instead pronounced so they are clearly separate vowels, an accent mark must be written on the **i** or the **u** to show that there is no diphthong: **día, fríe** (*he/she fries*), **mío, actúa, continúe, actúo, leí, egoísta, país, aún** (*still, yet*), **se reúne.**

Listen and write the words you hear. If the vowel combination is pronounced as a diphthong, do not write an accent mark. If the vowels are pronounced separately, write an accent mark on the **i** or the **u.**

1. _____   **9.** _____

2. _____   **10.** _____

3. _____   **11.** _____

4. _____   **12.** _____

5. _____   **13.** _____

6. _____   **14.** _____

7. _____   **15.** _____

8. _____

II. *Accent Review (Part 2)*

A. Remember that question and exclamation words always have a written accent mark: **¿qué?, ¡qué!, ¿cómo?, ¡cómo!, ¿dónde?, ¿cuándo?, ¿por qué?, ¿quién?, ¿cuál?, ¿cuántos/as?, ¡cuántos/as!** Listen to the following questions and exclamations and write the missing words. Be sure to add an accent mark to the question or the exclamation word.

1. ¿_____ se llama el _____ de Claudia?

2. ¿_____ es su _____ con el _____?

3. ¿ _____ tiene _____ la _____?

4. ¿ _____ paga los _____?

5. ¿De _____ color es el _____ de la _____?

6. ¡ _____ _____ más _____!

7. ¡ _____ es esta _____!

8. ¿ _____ _____ _____

_____ durante la _____?

9. ¡ _____ personas _____ en esta _____!

10. ¡ _____ _____ es la _____ de la novia!

B. As you know, words that end in a vowel, **-n,** or **-s** should be stressed on the next-to-last syllable. Some examples of this rule are: **ca-ri-<u>ño</u>-so, ma-<u>dri</u>-na, <u>cu</u>-ra, <u>pri</u>-mos, <u>ca</u>-si, des-<u>cu</u>-bren.** Whenever the stress is on the last syllable in words that end in a vowel, **-n,** or **-s,** a written accent mark must be added to that syllable. See, for example: **pa-<u>pá</u>, des-<u>pués</u>, ob-ser-<u>vé</u>, co-<u>mún</u>, a-<u>quí</u>, so-lu-<u>ción</u>.**

Listen to the following words and write each one. Then decide if it needs a written accent mark.

1. _____   **6.** _____

2. _____   **7.** _____

3. _____   **8.** _____

4. _____   **9.** _____

5. _____   **10.** _____

C. Words that end in a consonant (except **-n** or **-s**) are stressed on the last syllable: **sig-ni-fi-<u>car</u>, so-<u>cial</u>, us-<u>ted</u>, po-pu-<u>lar</u>, ni-<u>ñez</u>.** Whenever the stress falls on any other syllable in words that end in a consonant other than **-n** or **-s,** it must be marked with a written accent: **<u>sué</u>-ter, <u>ár</u>-bol, <u>lá</u>-piz, <u>fá</u>-cil, <u>sánd</u>-wich.**

Listen to the following words and write them correctly, with or without an accent mark, depending on where the stress falls.

1. _____   **6.** _____

2. _____   **7.** _____

3. _____   **8.** _____

4. _____   **9.** _____

5. _____   **10.** _____

D. Any word that is stressed on the third-to-the-last syllable or before must have a written accent mark: **<u>clá</u>-si-co, <u>ú</u>-ni-co, <u>tí</u>-mi-da, <u>mú</u>-si-ca, <u>lám</u>-pa-ras, pe-<u>lí</u>-cu-las, <u>pú</u>-bli-ca-men-te.**

Listen and write the following words. Do not forget to place a written accent mark on the correct syllable.

1. _____   **6.** _____

2. _____   **7.** _____

3. _____   **8.** _____

4. _____   **9.** _____

5. _____   **10.** _____

E. As you know, unstressed vowels **i** and **u** normally join another vowel to form a diphthong. When this is not the case, i and **u** have a written accent mark, as in **frí-o, pa-ís, ma-íz, con-ti-nú-a.**

Listen and write the following words. Remember to write an accent mark over the **i** or the **u** to signal that it is stressed.

1. _____   6. _____
2. _____   7. _____
3. _____   8. _____
4. _____   9. _____
5. _____   10. _____

F. The first- and third-person singular preterite forms of regular verbs are always stressed on the last letter of the last syllable. To indicate that they break the normal rule of pronunciation for words that end in a vowel, **-n,** or **-s,** these forms have a written accent mark: **besé, besó; ven-dí, ven-dió; descubrí, descubrió.** Remember that irregular verb forms *do not* have a written accent mark in the preterite: **dije, dijo; puse, puso; tuve, tuvo; vi, vio.**

Listen to the following sentences and write the missing words. Be sure to write an accent mark when appropriate.

1. El _____ _____ con los novios _____ de la

_____.

2. Mi _____ _____ _____ anoche pero _____

muy cansada y no _____ el teléfono.

3. Mi _____ _____ _____ en la universidad y

_____ muy contenta cuando _____ el regalo que

le _____.

4. _____ asistir a la _____ de mi _____ ayer, pero no

_____ porque _____ _____ trabajar.

5. Mi _____ _____ _____ y para castigarlo

_____ _____ la patineta por una semana.

G. Remember that many verb forms in the imperfect take accent marks. Verbs that end in **-ar** take an accent in the **nosotros/as** form: **tomábamos.** Verbs that end in **-er** and **-ir** take accents in all forms: **tenía, tenías, tenía, teníamos, teníais, tenían.**

Listen to the following sentences and write the missing words. Write an accent when necessary.

1. _____ _____, mi hermano y yo _____ mucho.
2. Nuestra madre _____ _____ y luego mi hermano y yo

_____ _____ _____.

3. _____ _____, _____ mucho pero mi hermano

_____ jugar videojuegos.

4. Cuando mi _____ era niño, los _____ no _____.

5. Cuando _____ adolescentes, mis amigas y yo _____

_____ durante las clases.

H. As you know, affirmative commands of more than one syllable need accent marks when one or more pronouns have been added: **báñate, cómanlo, contéstame, dígaselo, háblenme, péinate, tráiganosla.**

    Listen to the following sentences and write the missing words. Write an accent mark on the command when necessary.

1. _____ los papeles al _____.

2. _____ y _____ porque ya es _____.

3. _____ las _____ a Carmen y Eloy, luego _____ a mí.

4. _____ la tarea hoy, _____ _____.

5. _____ y _____ _____ _____ porque las clases _____ en media hora.

Actividades auditivas

A. **¡Algún día!** Omar está de visita en California por segunda vez, ahora con su esposa y sus hijos. Marcela, su esposa, se ha hecho muy buena amiga de Lucía, estudiante del club Amigos sin Fronteras. Ahora conversan las dos en un café de Berkeley. Escucha su conversación.

Vocabulario de consulta

rato	while, short time
de vez en cuando	every once in a while
mantener	support
aprovechar	take advantage of
etapa	phase, period

Marcela tiene varias preocupaciones y Lucía le da algunos consejos. Escribe sus consejos.

Preocupación: Estoy muy cansada últimamente.

Consejo: _____[1] más.

Preocupación: Omar está muy ocupado y no me ayuda con la crianza de los niños.

Consejos: _____[2] con Omar. _____[3] bien la situación.

_____[4] que pase más tiempo con la familia, que no trabaje tanto.

Preocupación: No es fácil mantener a una familia con un solo sueldo.

Consejo: _____[5] un trabajo de economista.

Preocupación: Los niños me necesitan.

Consejo: _____[6] de tus hijos ahora.

B. El chico más normal del club. Jorge y Claudia conversan sobre su niñez y adolescencia en una fiesta del club Amigos sin Fronteras. Escucha su conversación.

Vocabulario de consulta

robots	robots
obedecer	obey
travieso	mischievous
tele	TV
¿nunca te prohibían... ?	they never forbade/prohibited you . . . ?
prohibido	forbidden
reglas	rules

Empareja las frases lógicamente.

_____ **1.** Jorge era un niño travieso; también él siempre...

_____ **2.** Jorge empezó a interesarse en las computadoras...

_____ **3.** Jorge y su hermano todavía pelean y gritan, pero...

_____ **4.** El castigo que Jorge más detestaba era...

_____ **5.** Si Claudia se portaba mal cuando era niña...

_____ **6.** Cuando Claudia era adolescente...

_____ **7.** En la casa de Claudia no gritan porque...

_____ **8.** Claudia dice que cuando tenga hijos...

a. no le permitían ver televisión.

b. está prohibido.

c. no poder usar la computadora.

d. son muy buenos amigos.

e. cuando era niño.

f. no los va a criar con reglas.

g. peleaba con su hermano.

h. no podía ir a fiestas.

Videoteca

Amigos sin Fronteras

Episodio 13: ¡Que vivan los novios!

Resumen. Franklin y Radamés están en un café, conversando sobre los planes de boda de Franklin y Estefanía. Luego Claudia y Nayeli se encuentran con ellos en el café. Nayeli los invita a su casa para mostrarles unas fotos de la boda de su tía Margarita y les cuenta una anécdota chistosa de esta tía. Resulta que (*It turns out that*) Margarita llegó a la iglesia el día de la boda, esperó y esperó, ¡pero el novio no apareció!

SEGMENTO 1

Preparación para el video

Vocabulario de consulta

muy mayores	elderly
tampoco hay ganas	there is no willingness either
tiene cierta fama de «don Juan»	He has a bit of a reputation as a ladies' man
¡Que vivan los novios!	Long live the bride and groom!
chistosita	funny (*diminutive of* **chistosa**)
Por si acaso	Just in case
apunta	jot down, write down
bien grandes	very big, large
Dudo que... falte a (su propia boda)	I doubt that he will miss (his own wedding)
bien vigilado	kept under close watch

A. ¡Comencemos! Completa cada oración con palabras de la lista. **OJO:** Hay palabras extra.

a	b	c	d	e	f	g
abuelos	**bisabuelox**	**casados**	**esposos**	**la luna de miel**	**los novios**	**solteros**

1. Durante la ceremonia de la boda, _____ *d* _____ se casan. Y, después de la boda, normalmente hacen un viaje, que se llama _____ *e* _____.

2. Antes de la boda, los novios son _____ *g* _____, pero después están _____ *e* _____.

3. Los abuelos de mi padre son mis _____ *b* _____.

B. Expresiones. Empareja cada expresión con la explicación o sinónimo correspondiente.

_____ *c* _____ **1.** Ser muy mayores.   **a.** Estar muy observado.

_____ *d* _____ **2.** Tener fama de «don Juan».   **b.** Escribe.

_____ *e* _____ **3.** ¡Que vivan los novios!   **c.** Ser personas que tienen muchos años.

_____ *b* _____ **4.** Apunta.   **d.** Ser un hombre que conquista a muchas mujeres.

_____ *a* _____ **5.** Estar bien vigilado.   **e.** Expresión que se usa en las bodas.

Comprensión del video

C. La idea principal. Indica la idea principal del segmento.

☐ La familia de Estefanía está en Guatemala y sus bisabuelos ya son mayores.

☐ Franklin, Radamés, Nayeli y Claudia conversan sobre los planes de boda de Franklin.

☐ Nayeli habla de la importancia de marcar las fechas importantes en el calendario.

D. Los amigos del club. Completa cada oración con el nombre del amigo del club correcto.

1. _____ está un poco nervioso y emocionado por la boda.

2. _____ tiene mucha familia en Guatemala.

3. _____ es una persona muy ocupada y no tiene tiempo para tener una familia.

4. _____ es muy buena gente, es talentoso, simpático y un «don Juan».

5. _____ dice que su tía tuvo una experiencia interesante el día de su boda.

6. _____ llega con Nayeli al café donde están Franklin y Radamés.

E. Detalles. Empareja cada pregunta con la respuesta correspondiente.

_____ **1.** ¿Dónde está Estefanía, la novia de Franklin?

_____ **2.** ¿Ya saben los novios dónde van a ir de luna de miel?

_____ **3.** ¿Qué van a hacer Franklin y Estefanía en Guatemala?

_____ **4.** ¿Qué dijo Nayeli cuando llegó al café?

_____ **5.** ¿Qué le sugiere Nayeli a Franklin para que no olvide cuándo es su boda?

_____ **6.** ¿Por qué dice Radamés que no cree que Franklin olvide la fecha de su boda?

_____ **7.** ¿Qué les dice Nayeli a sus amigos al final del segmento?

a. Es muy posible que se casen en ese país.

b. Que apunte la fecha en su calendario.

c. Está en clase toda la tarde.

d. Porque la familia de Estefanía va a estar vigilándolo (observándolo).

e. No, no han planeado ese detalle todavía.

f. «Vamos a mi casa a ver unas fotos de la experiencia interesante de mi tía.»

g. ¡Que vivan los novios!

F. Radamés es muy especial. ¿Cómo (no) es/está Radamés, según Franklin? Indica las respuestas correctas. **OJO:** Hay ocho respuestas.

☐ **1.** Está ocupado siempre.

☐ **2.** No es casado.

☐ **3.** Es muy bueno con la tecnología.

☐ **4.** Es estudiante.

☐ **5.** Es guapo.

☐ **6.** Es muy popular entre las chicas.

☐ **7.** Es simpático.

☐ **8.** Es el presidente del club de amigos.

☐ **9.** Está preocupado Cumbancha.

☐ **10.** Es talentoso.

☐ **11.** Es muy buena gente.

☐ **12.** Está nervioso por la boda de Franklin.

SEGMENTO 2

Preparación para el video

Vocabulario de consulta

fallar	fail	**bostezando**	yawning
anécdota	anecdote	**se confundió**	got confused, misunderstood
Se trata de	It´s about	**¡No es para menos!**	It's no wonder!
maravillosa	great, fabulous	**estupendas**	wonderful, awesome
no se iba a quedar soltera	(she) wasn´t going to remain a single woman	**de dieta**	diet (drink)
el cuento	the story		
despeinado	disheveled, with messy hair		

G. ¡Comencemos! Imagínate que tu mejor amigo está en las siguientes situaciones. ¿Qué le dices en cada caso? Empareja cada situación con el mandato más lógico.

Si mi mejor amigo...

_d_ **1.** está bostezando.

_a_ **2.** dice que no quiere engordar.

_b_ **3.** no se quiere quedar soltero.

_c_ **4.** está despeinado.

_e_ **5.** se confundió con la fecha del examen.

Yo le digo: ...

a. ¡Bebe agua o refrescos de dieta!

b. ¡Cásate!

c. ¡Péinate!

d. ¡Duerme un poco!

e. ¡No te preocupes! ¡Pon más atención la próxima vez!

H. Sentimientos (_Feelings_) y bodas. Indica la categoría más adecuada **sentimiento (S)** o **boda (B)**.

_S_ **1.** confundido/a

_S_ **2.** contento/a

_B_ **3.** cura

_S_ **4.** enojado/a

_S_ **5.** feliz

_S_ **6.** furioso/a

_B_ **7.** iglesia

_B_ **8.** invitado/a

_B_ **9.** novios

_B_ **10.** padrinos

_S_ **11.** preocupado/a

_B_ **12.** prometido/a

Comprensión del video

I. El orden de los eventos. Pon en orden de 1 a 3, los eventos que aparecen en el segmento.

_____ Nayeli les ofrece bebidas a sus amigos.

_____ Los cuatro amigos del club van a la casa de Nayeli.

_____ Nayeli les cuenta a sus amigos la anécdota de su tía el día de la boda.

J. La boda de Margarita. Empareja cada imagen con la oración de la lista correcta.

    a. Todos están enojados en la puerta de la iglesia.

    b. Javier salió al balcón despeinado y bostezando.

    c. La novia y los invitados están esperando al novio en la puerta de la iglesia. Todos están contentos.

    d. Margarita perdonó a Javier y el cura los casó allí mismo. La anécdota tuvo un final feliz.

_c_ **1.**

_a_ **2.**

_b_ **3.**

_d_ **4.**

1-4: ©McGraw-Hill Education/Klic Video Productions

K. Detalles. Empareja cada pregunta con la respuesta correspondiente. **OJO:** Hay respuestas extra.

_____ **1.** ¿Cuándo fue la boda de Margarita?

_____ **2.** ¿Quién tomó fotos de la boda?

_____ **3.** ¿Quién es más organizado/a: Javier o Margarita?

_____ **4.** ¿Dónde esperaron Margarita, sus padres y los padrinos?

_____ **5.** ¿Adónde fueron después de esperar en la iglesia?

_____ **6.** ¿Cuándo comprendió Javier lo que estaba pasando?

_____ **7.** ¿Qué ropa llevaba Javier cuando el cura los casó?

_____ **8.** ¿De dónde es el café que les ofrece Nayeli a sus amigos?

    a. de Chiapas

    b. al ver a Margarita con su traje de novia

    c. el año pasado

    d. el padre de Nayeli

    e. el pijama

    f. Javier

    g. a la casa del novio

    h. en la puerta de la iglesia

    i. Margarita

    j. un traje gris

Mi país

Puerto Rico y la República Dominicana

SEGMENTO 1

Preparación para el video

Vocabulario de consulta

Isla del Encanto	Island of Enchantment (Puerto Rico)	**siglo**	century
el revolú	racket, uproar (*PR, Dom. Rep.*)	**bosque lluvioso**	rainforest
conventos	convents	**cascada(s)**	waterfall(s)
fuertes	forts	**el coquí**	*frog native of Puerto Rico, makes «co-quí, co-quí» sound*
gozar	enjoy		
comida criolla	typical food		
¡Ay bendito!	Oh, my God! (*PR*)	**una rana**	a frog
el castillo	castle	**sonido**	sound

A. ¡Comencemos! Contesta las preguntas. Consulta el mapa, si quieres.

1. ¿Cómo se llama la capital de Puerto Rico? _____

2. ¿Qué países hispanos están en el Caribe?

   ☐ Cuba   ☐ Argentina   ☐ Puerto Rico

   ☐ República Dominicana   ☐ España   ☐ Perú

3. ¿Sabes cuál es el deporte favorito de los puertorriqueños?

   ☐ el fútbol   ☐ el baloncesto   ☐ el béisbol   ☐ el golf

Comprensión del video

B. Lugares. Franklin piensa en los estos lugares. Identifica cada uno con nombres de la lista.

Ponce	**Culebra**	**Mayagüez**
el Parque Nacional el Yunque	**San Juan**	**el Museo del Deporte**

1. _____   2. _____   3. _____

1-3: ©McGraw-Hill Education/Klic Video Productions

C. San Juan o el Yunque. Indica si cada oración describe San Juan (**SJ**) o el Yunque (**Y**)

_____ **1.** Es el único bosque lluvioso de Estados Unidos.

_____ **2.** Allí está el Castillo de San Cristóbal.

_____ **3.** Es donde está el Fuerte de San Felipe del Morro.

_____ **4.** Hay animales únicos, como el coquí.

_____ **5.** Hay cascadas.

_____ **6.** Hay mucho revolú.

_____ **7.** Se pueden ver edificios históricos, como catedrales, conventos
y fuertes.

el coquí

©McGraw-Hill Education/Klic Video Productions

D. Detalles. Empareja cada pregunta con la respuesta correcta. **OJO:** Hay respuestas extra.

La luna de miel de Franklin y Estefanía

_____ **1.** ¿Se han casado ya Franklin y Estefanía?

_____ **2.** ¿Cuál es el destino de la luna de miel de Franklin y Estefanía?

_____ **3.** ¿Quién(es) ha(n) viajado ya (*already*) a Puerto Rico y República Dominicana?

a. Todo el Caribe

b. Franklin

c. No, todavía no, pero lo van a hacer pronto.

d. Franklin y Estefanía

e. Puerto Rico y República Dominicana

La capital

_____ **1.** ¿Cómo llaman también a Puerto Rico?

_____ **2.** Según Franklin, ¿dónde está el revolú?

_____ **3.** ¿Qué le gusta mucho comer a Franklin?

_____ **4.** ¿Qué fuerte es del siglo XVI?

a. Empanadas y lasaña

b. La comida criolla

c. En la zona de la playa

d. En las calles del Viejo San Juan

e. El Morro (San Felipe del Morro)

f. La Isla del Encanto

La naturaleza

_____ **1.** ¿Qué está a veinticinco millas de San Juan?

_____ **2.** ¿Por qué se llama coquí la típica rana puertorriqueña?

_____ **3.** ¿Cuál es el deporte favorito de los puertorriqueños?

a. la playa de Mayagüez

b. Por el sonido que hacen.

c. el béisbol

d. el Parque Nacional el Yunque

e. Porque son muy pequeñas.

SEGMENTO 2

Preparación para el video

Vocabulario de consulta

señala	he points
taíno/a	belonging to a group of indigenous people (**arahuacos**) who lived in Puerto Rico before Cristopher Columbus' arrival
indígena	indigenous
merengue	type of music and dance that originated in the Dominican Republic
bachata	type of popular music and dance from the Dominican Republic
deportes acuáticos	water sports

E. ¡Comencemos! Contesta las preguntas de abajo.

1. ¿Qué te gusta hacer en las zonas de mar y playa?

☐ nadar   ☐ disfrutar del sol   ☐ pescar

☐ jugar al voleibol   ☐ caminar por la arena   ☐ disfrutar del sol

☐ otra(s) actividad(es) _____

2. ¿Qué tipos de música conoces?

☐ merengue   ☐ bachata   ☐ cumbia

☐ flamenco   ☐ tango   ☐ salsa

☐ otro(s) tipo(s) de música _____

Comprensión del video

F. La idea principal. Marca la idea principal de este segmento:

☐ Para Estefanía, lo más importante de la luna de miel es ir a la playa.

☐ Franklin y Estefanía quieren aprender a bailar música dominicana.

☐ Franklin y Estefanía van a visitar República Dominicana, sus playas y su capital.

G. Descripciones. Empareja cada imagen con las descripciones de la lista correspondientes.

_____ **1.**

_____ **2.**

_____ **3.**

a. Algunas playas bellas: Samaná, Cabarete, Puerto Plata y San Pedro de Macorís

b. Cristóbal Colón señala a España.

c. Está en la ciudad más antigua de las Américas.

d. Hay una mujer taína debajo.

e. Se puede hacer deportes acuáticos.

f. la estatua de Cristóbal Colón

g. Se puede pescar, tomar el sol o descansar.

h. Está en la plaza que hay enfrente de la catedral.

i. Está en Santo Domingo (imagen del Alcázar de Colón)

H. Detalles. Contesta las preguntas según la información del video.

1. ¿Adónde van a ir Franklin y Estefanía después de visitar Puerto Rico?

A _____

2. ¿Qué medio de transporte van a usar para ir de un país al otro?

El _____

3. ¿Cómo se llaman los indígenas que vivían en las islas del Caribe antes de que llegara Cristóbal Colón?

_____

4. ¿Qué les gustaría hacer en las playas dominicanas a Franklin y Estefanía después de la boda y de tanto viajar?

Les gustaría _____.

¡A leer!

¿Sabías que... ?

Los taínos, artesanos del Caribe

¿Sabías que cuando Cristóbal Colón llegó a La Española[a] en 1492, se encontró primero con los indígenas taínos? Los taínos eran gente pacífica[b]; la palabra *taíno* significa «bueno» o «noble» en su propio idioma. Ocupaban el territorio que hoy es Puerto Rico, la República Dominicana,* Haití, Jamaica, las Bahamas y parte de Cuba. Los taínos pertenecían al grupo de indígenas arahuaco, originario de Brasil y Venezuela, y colonizaron las Antillas en el año 600 d.C.[c]

Por más de 800 años los taínos vivieron en armonía con la naturaleza, cultivando mandioca,[d] maní,[e] batata, calabaza, tabaco y algodón, pescando en las aguas del Caribe y cazando[f] iguanas, tortugas y manatíes. Los pueblos taínos, llamados *yucayeques*, eran gobernados por un cacique.[g] En el yucayeque había varios *bohíos*, casas redondas[h] hechas de palma, organizados alrededor de una plaza central. Allí se presentaban *areitos*, ceremonias religiosas y culturales en las cuales los indígenas recitaban su historia y les rezaban[i] a sus muchos dioses acompañados de música de tambores.[j]

Los taínos esculpían[k] pequeños ídolos, *los cemíes*, que eran representaciones físicas de los dioses. Los cemíes, hechos de piedra, madera, hueso o concha,[l] combinaban las formas del ser humano con las de un animal. El arte era una parte íntegra de su vida diaria. Fabricaban *dujos* (o *duhos*), que eran sillas ceremoniales de madera o piedra; también hacían envases de cerámica. Se pintaban el cuerpo, se decoraban con tatuajes religiosos y llevaban joyas[m] de concha, hueso, piedra y plumas.[n] Además construían grandes canoas de madera para hacer comercio[ñ] con los mayas en Honduras, los mexicas en México y los caribes en la costa de Venezuela.

El final de los taínos fue trágico. Casi todos murieron durante la colonización española a causa del duro trabajo, el trato cruel que les dieron los españoles y las enfermedades que estos trajeron.[†] Pero se ha descubierto, en una investigación de la Universidad de Puerto Rico, que el sesenta y un por ciento de todos los puertorriqueños todavía conserva ADN[o] de los indígenas. Y se estima que en la República Dominicana el quince por ciento de la población conserva material genético de esta tribu indígena. El español tiene muchas palabras del idioma de los taínos; entre otras: **barbacoa, batata, canoa, cigarro, guayaba, huracán, iguana, maíz, manatí, papaya** y el nombre de estas islas caribeñas: Bahamas, Cuba y Jamaica. Si quieres ver ejemplos de su arte, el Museo del Hombre Dominicano en Santo Domingo y el Museo de la Universidad de Puerto Rico tienen colecciones de arte taíno que demuestran la riqueza de su cultura. La civilización taína desapareció pero su espíritu sigue vivo en la gente del Caribe.

[a]*Hispaniola*, la isla donde ahora se encuentran Haití y la República Dominicana [b]*peaceful* [c]*después de Cristo (A.D.)* [d]*cassava root* [e]*cacahuate* [f]*hunting* [g]*chief* [h]*round* [i]*prayed* [j]*drums* [k]*sculpted* [l]*piedra... stone, wood, bone or seashell* [m]*jewelry* [n]*feathers* [ñ]*trade* [o]*DNA*

Comprensión

1. ¿Qué significa la palabra *taíno* en el idioma de los indígenas taínos?

   a. «habitante del Caribe»   c. «primer hombre»
   b. «noble» o «bueno»   d. «cacique»

2. ¿Cómo se llamaban las casas redondas del yucayeque taíno?

   a. bohíos   c. duhos
   b. areitos   d. cemíes

(*Continúa.*)

*En el idioma de los taínos, Puerto Rico se llamaba *Borinquen* y la República Dominicana se llamaba *Quisqueya*.
[†]Casi toda la población murió por enfermedades como la viruela (*smallpox*) y el sarampión (*measles*).

3. Los cemíes eran...

    a. sillas ceremoniales   **c.** representaciones de los dioses

    b. los jefes de los pueblos taínos   **d.** las casas de los taínos

4. Indica las palabras en español que vienen del idioma taíno.

☐ huracán   ☐ papaya

☐ tomate   ☐ chocolate

☐ cigarro   ☐ guayaba

☐ papa   ☐ coyote

☐ maíz   ☐ manatí

☐ iguana   ☐ aguacate

☐ cacahuate   ☐ canoa

☐ chile   ☐ barbacoa

Conexión cultural

Puerto Rico: En busca° de su identidad   *search*

Vocabulario de consulta

Encanto	Enchantment
oro	gold
puerto	port
esclavitud	slavery
minas	mines
haciendas	estates, ranches
ciudadanía	citizenship
gozan de	enjoy
ejército	army
soberanía	sovereignty, self-rule
votaciones	voting
autóctono	indigenous, of native origin
a pesar de	in spite of

Puerto Rico tiene dos banderas oficiales: la estadounidense y la puertorriqueña.

Puerto Rico es una de las islas más bellas del mundo, por eso mucha gente la llama «Isla del **Encanto**», nombre que alude a los hermosos paisajes de la isla, sus playas, ríos y lagos. Pero el nombre Puerto Rico, en realidad, se refiere al **oro** que encontraron los españoles en el **puerto** que finalmente llamaron San Juan Bautista. Antes de llegar Cristóbal Colón a Puerto Rico en 1493, la isla estaba habitada por los indígenas taínos, quienes la llamaban «Borinquen*». Se calcula que había entre 30.000 y 60.000 habitantes taínos en la isla. Tristemente, muchos de estos indígenas murieron a causa del trabajo excesivo que tenían que hacer para los españoles en su **esclavitud** en las **minas** y las **haciendas** y también por las enfermedades que trajeron los colonizadores. Para el año 1524, los pacíficos taínos habían sido exterminados casi completamente.

---

*Hay varias teorías sobre lo que esta palabra significaba para los taínos. La más aceptada es que *borinquen* significa «isla de cangrejos (*crabs*)».

Puerto Rico fue colonia de España hasta finales del siglo XIX. En 1898, como resultado de una guerra entre España y Estados Unidos,[†] España perdió sus últimas colonias: Puerto Rico, Cuba, Guam y las Filipinas. Cuba consiguió la independencia absoluta, pero Puerto Rico quedó bajo control militar de Estados Unidos. Los puertorriqueños recibieron **ciudadanía** estadounidense en 1917 y muchos años después, en 1952, su país se convirtió en Estado Libre Asociado —the *Commonwealth of* Puerto Rico en inglés— de Estados Unidos. Puerto Rico es la única nación hispana que tiene esa designación política. Los puertorriqueños **gozan de** todos los privilegios de los ciudadanos estadounidenses pero no tienen representación de voto en el Congreso ni derecho a votar en las elecciones federales si no residen en un estado de los Estados Unidos.[§] En cambio sí pueden enlistarse en el **ejército** de Estados Unidos y, de hecho, muchos puertorriqueños han participado en las guerras de este país.

Esta situación peculiar de Puerto Rico es motivo de debate en la isla caribeña. Algunos puertorriqueños opinan que su país debe ser un estado oficial de Estados Unidos, mientras que otros rechazan esta identidad porque la consideran situación de colonialismo. El debate político se centra en tres posibles formas de identidad nacional: 1) independencia absoluta, 2) Estado Libre Asociado con más **soberanía** y 3) anexión a Estados Unidos. Hasta el 2012, solo la identidad de Estado Libre Asociado había predominado en todas las **votaciones** del país. En ese año, una mayoría votó por anexión a Estados Unidos, pero el gobierno de Puerto Rico no aceptó ese resultado. Decidió que era un voto manipulado porque las opciones no incluían la de Estado Libre Asociado Mejorado. El 11 de junio de 2017 votaron de nuevo, con una mayoría en favor de la anexión, es decir, la conversión de Puerto Rico en el estado número 51.

Durante toda la historia de Puerto Rico, mucha gente en la isla se ha preguntado cuál es su identidad nacional, pues desde 1493 el país no ha tenido un gobierno **autóctono** ni independiente. Sin duda los puertorriqueños se sienten hispanos culturalmente; aunque el inglés y el español son idiomas oficiales, el español es el que más se habla en el país y es el idioma de su literatura. La cultura de Puerto Rico refleja sus raíces afrohispanas. Pero **a pesar de** esta fuerte base cultural, la búsqueda de identidad de este país caribeño continúa hasta hoy en día.

Comprensión

Empareja las frases para formar oraciones sobre Puerto Rico.

_____ 1. Los españoles llamaron a la isla «Puerto Rico»...

_____ 2. A Puerto Rico también lo llaman...

_____ 3. Una gran mayoría de los taínos que habitaban Puerto Rico murió...

_____ 4. Los puertorriqueños que viven en Puerto Rico...

_____ 5. En la guerra hispano estadounidense España...

_____ 6. El gobierno de Puerto Rico no aceptó los resultados de la votación de 2012...

_____ 7. Los taínos habitaban Puerto Rico...

_____ 8. Desde 1952 Puerto Rico...

a. perdió Puerto Rico, Cuba, Guam y las Filipinas.

b. porque las opciones no incluían la de Estado Libre Asociado Mejorado.

c. es un Estado Libre Asociado de los Estados Unidos.

d. cuando llegaron los españoles en 1493.

e. por la enorme cantidad de oro que encontraron allí.

f. son ciudadanos estadounidenses, pero no pueden votar en las elecciones federales.

g. la Isla del Encanto por sus paisajes, playas, ríos y lagos.

h. a causa del trabajo excesivo en las minas y de las enfermedades que trajeron los colonizadores.

[†]La Guerra hispanoestadounidense, conocida en inglés como *the Spanish-American War*.
[§]El cargo (*office*) político más alto que se permite en Puerto Rico es el de gobernador, porque el presidente de ese país es el mismo de Estados Unidos.

Galería

Puerto Rico y la República Dominicana

En el bosque nacional de El Yunque, Puerto Rico, uno puede estar en contacto directo con la naturaleza, ver la hermosa cascada La Mina y escuchar el sonido de la pequeña rana coquí. En el sur del bosque se pueden ver los petroglifos—dibujos o grabados (*carvings*) en las rocas—de los taínos.

El Castillo de San Felipe del Morro en San Juan, Puerto Rico, es el fuerte más grande del Caribe. Se construyó en el siglo XVI para proteger la ciudad de los piratas y otros enemigos. Hoy esta atracción turística tiene un museo con artículos de la época colonial.

Tres generaciones de la familia de Cristóbal Colón vivieron en el Alcázar de Colón, en la zona colonial de la República Dominicana. El edificio también ha servido como almacén (*warehouse*) y prisión. Ahora es un museo importante con muchos artefactos de la época de la colonia española.

Después de un día en playas de aguas cristalinas y arenas blancas de Puerto Plata (República Dominicana), uno puede subir al único teleférico del Caribe. La vista incluye la estatua de Jesucristo en la loma Isabel Torres. En la ciudad, debes visitar las zonas con arquitectura victoriana y sus edificios de vivos colores o el Museo del Ámbar Dominicano.

A. Comprensión. Completa cada descripción con el lugar correspondiente de las leyendas. **OJO:** Hay dos descripciones para cada lugar.

1. Tres generaciones de la familia Colón vivieron en _____ en la República Dominicana.

2. En _____ hay playas hermosas, residencias de estilo victoriano y un teleférico.

3. _____ protegía a la ciudad de San Juan de todo tipo de enemigos.

4. En _____ de Puerto Rico vive una rana pequeñita que emite un sonido del cual viene su nombre.

5. Construida en el siglo dieciséis, _____ es el más grande del Caribe.

6. La cascada La Mina está en _____.

7. Los turistas suben al teleférico en _____ para ver una enorme estatua de Jesucristo y admirar la ciudad desde arriba.

8. _____ está en la zona colonial de Santo Domingo y tiene un museo importante.

B. Un toque personal. Imagínate que visitaste uno de estos lugares y la foto es de tus vacaciones. Escribe una leyenda que describe tu experiencia.

De compras

14

¡A escribir!

Los productos y los materiales

Lee *Gramática 14.1*

A. Conversaciones. Completa cada oración de la lista usando **por** o **para.** Luego usa las frases para completar el diálogo.

MODELO:

a. Claro, ya comprendo por qué compraste las de plástico. *¿Para* qué las necesita ella?

b. ¿De plástico? *¿Para* quién son?

c. Las compré *por* solo dos dólares.

OMAR: Ayer compré unas tijeras de plástico.

MARCELA: ____b____ (*¿De plástico? ¿Para quién son?*)

OMAR: Son para Maritza.

MARCELA: ____a____ (*Claro, ya comprendo por qué compraste las de plástico. ¿Para qué las necesita ella?*)

OMAR: Para hacer una actividad en la escuela.

MARCELA: ¡Qué raro! No me dijo nada. ¿Y cuánto te costaron?

OMAR: ____c____ (*Las compré por solo dos dólares.*)

MARCELA: ¡Qué buen precio! Gracias por comprarlas.

a. Cuesta treinta dólares pero está en oferta. Se la vendo _por_ veinte dólares.

b. Es _para_ mi sobrina Ánika, de seis años.

c. _Por_ solo tres dólares más puede comprar la guitarra de madera.

DEPENDIENTA: Hola, ¿en qué le puedo servir?

RADAMÉS: Necesito un regalo.

DEPENDIENTA: ¿Para quién es? ¿Es para un niño o para un adulto?

RADAMÉS: _b_ 1

DEPENDIENTA: Mire, tengo estos juguetes.

RADAMÉS: Me gusta mucho esa guitarra de plástico.

DEPENDIENTA: _a_ 2

RADAMÉS: Bien, la de madera, entonces. ¿Cuánto cuesta, señorita?

DEPENDIENTA: _c_ 3

RADAMÉS: Perfecto. Como[a] es para un regalo, ¿puede envolverla con papel de regalo?

DEPENDIENTA: Por supuesto.

[a]*Since*

a. Es muy bonita pero no quiero pagar más de cuarenta dólares _por_ una blusa.

b. Sí, necesito una _para_ ponérmela en la fiesta de graduación de mi prima.

c. No recuerdo la hora exacta. Sé que es _por_ la tarde.

XIOMARA: Me gusta mucho esta blusa de seda.

ANA SOFÍA: ¿Necesitas una?

XIOMARA: _b_ 4

ANA SOFÍA: ¿Y a qué hora es la fiesta de graduación?

XIOMARA: _c_ 5

ANA SOFÍA: A ver... ¡Ay, cuesta sesenta dólares!

XIOMARA: _a_ 6

ANA SOFÍA: ¡Mira! Dice que está en oferta y cuesta solo treinta dólares. ¿Quieres probártela?

XIOMARA: ¡Claro que sí!

a. _Por_ tres meses ya. Dice que le encanta esa compañía.

b. _Para_ una compañía de contabilidad de Quito que se llama Auditorpool, S.A.

ESTEFANÍA: ¿Para quién trabaja Omar?

MARCELA: _b_ 7

ESTEFANÍA: ¿Ha trabajado mucho tiempo ahí?

FRANKLIN: _a_ 8

ESTEFANÍA: ¿Y cómo llega al trabajo?

FRANKLIN: Normalmente en autobús, pero a veces prefiere manejar.

a. Esta vez _por_ avión. Es lo más rápido.

b. Faltan cinco _por_ las diez.

c. Sí, claro y _para_ celebrar el Día de Acción de Gracias con ellos.

d. Voy _para_ Los Ángeles.

ELOY: ¿Qué hora es?

LUCÍA: _b_ 9

ELOY: Uy, es tarde. Tengo que salir ya.

LUCÍA: ¿Adónde vas?

ELOY: _d_ 10

LUCÍA: ¿Para visitar a tu familia?

ELOY: _c_ 11

LUCÍA: ¿Y cómo vas a viajar?

ELOY: _a_ 12

LUCÍA: Bueno, pues chao, que lo pases bien.

B. **De compras.** Varios amigos del club compraron cosas nuevas. Mira los dibujos y escribe oraciones sobre los objetos que compraron. Incluye una frase de cada categoría y el precio del objeto. Sigue el modelo.

MODELO:

SEBASTIÁN: *Para* preparar un arroz peruano delicioso, *compré* una sartén *de hierro por cuarenta dólares.*

USO		OBJETO		MATERIAL	
a	para caminar cómodamente	h	un anillo de compromiso	o	acero inoxidable
b	para cortarle el pelo a mi perro Chulis	i	una chaqueta	p	cartón
c	para surfear en las playas de California	j	una caja	q	fibra de vidrio
d	para mandarles a mis padres un regalo	k	*una sartén*	r	cuero
e	para no tener frío cuando vaya a esquiar	l	una tabla de surfeo	s	*hierro*
f	para pedirle a Estefanía que se case conmigo	m	unas tijeras	t	lana
g	*para preparar un arroz peruano delicioso*	n	unos zapatos cómodos	u	oro blanco y diamantes

FRANKLIN   ELOY   ANA SOFÍA

1. FRANKLIN: _Para f, compré h de u por $1,450_

2. ELOY: _↓ b, " m de o_

3. ANA SOFÍA: _↓ e, " i de t por $67_

JORGE   ESTEFANÍA   NAYELI

4. JORGE: _Para c, compré l de q por $500_

5. ESTEFANÍA: _↓ a " h " m " $120_

6. NAYELI: _↓ d " j " p " $3_

Comprando ropa

Lee *Gramática 14.2*

C. En la tienda. Empareja cada declaración con la oración o pregunta más lógica. Pon atención a las palabras en negrita.

_b_ **1.** Me gusta mucho este camisón de lunares.

_e_ **2.** Esta camisa de rayas me queda muy apretada.

_f_ **3.** A mi hermana le encantan estos zapatos de tacón alto.

_a_ **4.** A Camila le encantan esas botas.

_g_ **5.** Mami, ¿me compraste la bata de cuadros que te dije?

_c_ **6.** Necesito dos pares de guantes de piel, unos de mujer y otros de hombre. ¿Tiene?

_d_ **7.** ¡Ay, está lloviendo y no traje el paraguas!

a. **Se las** pone todos los días, ¿verdad?

b. ¿Puedo probár**melo**?

c. Sí, claro. Tengo estos. ¿Quiere que **se los** envuelva con papel de regalo?

d. ¿Puedes prestar**me uno**? **Te lo** devuelvo mañana cuando nos veamos.

e. ¿Puede mostrar**me una** más suelta?

f. ¿**Se los** regalamos? ¿O le regalamos unas sandalias?

g. No, no **te la** compré. Ahora vamos a la tienda y **te la** compro.

D. En la tienda de ropa. Ordena la siguiente conversación de Franklin y el dependiente de una tienda. El número 1 indica el primer parlamento (*line*) de la conversación. Escribe los números del 2 al 9 en la primera parte y del 10 al 14 en la segunda.

_2_ FRANKLIN: Buenas tardes. Necesito unos pantalones para ir a una fiesta. ¿Me puede mostrar los que tiene?

_5_ DEPENDIENTE: Los pantalones de esas tallas están allá, al lado de los probadores. ¿Los quiere de un color específico?

_4_ FRANKLIN: De cintura uso la talla treinta y de largo llevo la treinta y dos.

_6_ FRANKLIN: Pues tal vez en gris oscuro...

_1_ DEPENDIENTE: Buenas tardes. ¿En qué puedo servirle?

_8_ FRANKLIN: ¿Solo los tiene en negro? No sé qué hacer... No puedo esperar a mañana; los necesito para esta noche.

_3_ DEPENDIENTE: Sí, claro, ahora se los muestro. ¿Qué talla lleva?

_9_ DEPENDIENTE: Ya veo, los quiere para hoy. Pues, estos negros son muy bonitos. Pruébeselos.

_7_ DEPENDIENTE: A ver, gris oscuro... Lo siento, de su talla solamente nos quedan pantalones en negro. Los grises nos los traen mañana.

Cinco minutos después...

_14_ FRANKLIN: Gracias, igualmente. Adiós.

_13_ DEPENDIENTE: Está bien. Aquí tiene su bolsa. ¡Que pase un buen día!

_12_ FRANKLIN: No, no es necesario que me los envuelva. Póngamelos en una bolsa, por favor.

_10_ FRANKLIN: Me los he probado y me quedan muy bien. Me los llevo. ¿Aceptan tarjetas de crédito?

_11_ DEPENDIENTE: Sí, claro, tarjetas de crédito y efectivo. ¿Quiere que se los envuelva?

Las compras y el regateo

Lee *Gramática 14.3*

E. **De compras por la ciudad.** Mira la imagen de la ciudad y completa las conversaciones que tienen lugar en cada tienda usando las oraciones de la lista.

1 Está poniéndo**selo** ahora mismo.
2 No, todavía no **nos los** han traído.
3 Pónga**noslas** de chocolate y vainilla, por favor.
4 Por favor, tráiga**melos** en un número más grande.
5 Sí, claro, **se los** envuelvo ahora mismo.
6 Sí, **me lo** dio anoche.
7 Sí, por favor, córte**mela** en filetes.
8 Sí, por favor, envuélva**nosla**.

1. En la carnicería...

CARNICERO: ¿Quiere que le corte la carne de ternera?

CLIENTE: _____ 7 _____

2. En la frutería...

CLIENTE: ¿Puede envolverme los plátanos en papel?

FRUTERO: _____ 8 5 _____

3. En la heladería...

DEPENDIENTA: ¿De qué sabor quieren las dos bolas de helado?

CLIENTE: _____ 3 _____

4. En el café...

CHICA 1: ¿Ya te dio tu novio el anillo de compromiso?

CHICA 2: _____ 6 _____

5. En la tienda de ropa...

FRANKLIN: ¿Ya les han llegado los pantalones grises?

DEPENDIENTA: _____ 2 _____

6. En la tienda de vestidos de novia...

ANA SOFÍA: ¿Ya se ha probado Estefanía el traje de novia?

CLAUDIA: _____/_____

7. En la zapatería...

DEPENDIENTE: Esos zapatos le quedan pequeños, ¿verdad?

CLIENTE: Sí, me quedan apretados. _____4_____

_____

8. En la florería (floristería)...

FLORISTA: ¿Les envuelvo la planta en papel de regalo?

CLIENTES: _____8_____. Es un regalo para mi mamá.

F.   El regateo. Franklin y Estefanía están en un mercado al aire libre en Guatemala y quieren comprar varias prendas de ropa. Completa la conversación con **lo, la, le (×2), les, me, me lo (×2), nos lo, se lo (×3).**

FRANKLIN: Mira qué chaqueta de lana más bonita. ¿__La__¹ quieres, Estefanía?

ESTEFANÍA: Es muy bonita, pero prefiero aquel huipil.

FRANKLIN: Entonces preguntemos el precio.

ESTEFANÍA: Sí, claro... Señor, ¿cuánto cuesta aquel huipil que está allí?

VENDEDOR: Vale Q300 (300 quetzales); está bordado a mano.

ESTEFANÍA: ¡Me gusta mucho!

VENDEDOR: Qué bien. Mire, señorita, aquí __lo__² tiene.

ESTEFANÍA: Gracias, señor.

VENDEDOR: Bueno, ¿__le__³ gusta algo más? Tenemos muchas prendas de ropa.

FRANKLIN: Sí, (a mí) __me__⁴ gusta todo pero no nos lo podemos llevar todo.

VENDEDOR: Si se quieren probar algo, díganmelo.

FRANKLIN: Sí, sí, claro. Pero bueno, con respecto al huipil, pienso que es muy caro por Q300.
__Se__⁵ ofrezco Q250.

VENDEDOR: No, no __se__ __lo__⁶ puedo rebajar tanto (a usted).

FRANKLIN: ¿__Me__ __lo__⁷ puede dejar (a mí) en Q260?

VENDEDOR: No, lo siento, no __se__ __lo__⁸ puedo dar por Q260. Mi precio final es Q285.

ESTEFANÍA: __Le__⁹ doy Q275.

VENDEDOR: Pues...

ESTEFANÍA: Por Q275, __nos__ __lo__¹⁰ llevamos.

VENDEDOR: Está bien, Q275. ¿__Se__ __lo__¹¹ envuelvo (a ustedes)?

ESTEFANÍA: No, gracias, __me__ __lo__¹² voy a poner ahora mismo.

Gastos y ahorros

Lee *Gramática 14.4*

G. Opiniones. Mira la siguiente tabla con opiniones de los padres de Estefanía y de su hermano menor, Guillermo, sobre cómo gastar el dinero. Usa la información para responder a las preguntas.

	Opiniones de... sus padres	su hermano menor
Comprar el Nintendo NX Q2.838,45	no	sí
Darle un donativo a NPH (Nuestros Pequeños Hermanos™) de Guatemala: Q6.750,00	sí	no
Hacer una gira por Europa: Q15.440,35	sí	no
Comprar una bicicleta Trek usada: Q1.200	no	sí
Un coche pequeño (VW Polo, 2018) para Viviana, la hermana de Estefanía y Guillermo: Q58.000	sí	no

MODELOS: ¿Piensan **comprar** el Nintendo NX los padres de Estefanía?
No, no es probable que *lo* compren.

¿Piensa Guillermo que es necesario **comprar** el Nintendo NX?
Sí, él piensa que es necesario comprar*lo*.

¿Cuánto cuesta el Nintendo NX?
Cuesta Q2.838,45 (*dos mil ochocientos treinta y ocho quetzales con cuarenta y cinco centavos.*).

1. ¿Los padres de Estefanía van a **dar** un donativo?

   Sí, ellos piensan _____ *darselo* _____ a Nuestros Pequeños Hermanos de Guatemala.

2. ¿De cuánto es el donativo que le piensan dar a NPH?

   Es de _____ Q 6750 _____

3. Para Guillermo, ¿**es** necesario gastar el dinero en hacer una gira por Europa?

   No, él no cree que _____ *sea* _____ necesario.

4. ¿Cuánto cuesta una gira por Europa?

   Cuesta _____ Q 15,440 _____

5. ¿Piensan **comprar** la bicicleta Trek usada los padres de Estefanía?

   No, no es probable que _____ *la compren* _____

6. Según Guillermo, ¿es necesario **comprar** la bicicleta Trek usada?

   Guillermo cree que sí es muy necesario _____ *comparla* _____

7. ¿Los padres de Estefanía le **van a comprar** el coche a Viviana?

   Sí, es seguro que ellos _____ *Van a comparselo* _____ | se lo van a comprar

8. ¿Cuánto cuesta el coche que piensan comprarle a Viviana?

   Cuesta _____ Q58k _____

H. Dos tipos de compradores

Parte 1. Primero, usa las oraciones de la lista para describir a los dos tipos de compradores (*shoppers*): los compulsivos y los responsables.

a **Ahorra dinero para las emergencias de la vida.**
b **Casi nunca mira en la sección de ofertas ni considera la mercancía barata.**
c **Compra lo que realmente necesita y es indispensable.**
d **Compra solamente las cosas que necesita y paga en efectivo.**
e **Gasta más de lo que puede pagar con su sueldo.**
f **Intenta gastar solo lo necesario y ahorrar el resto.**
g **Pide préstamos para comprar cosas que no necesita.**
h **Quiere comprar coches y otros productos de lujo que no son necesarios.**
i **Siempre compra a crédito y muchas veces no puede pagar al final del mes.**

1. ¿Qué hace un comprador compulsivo?

   _____ b _____ e _____ g _____ h _____

   _____ i _____

2. ¿Qué hace un comprador responsable?

   _____ a _____ c _____

   _____ d _____ f _____

Parte 2. Ahora contesta las preguntas siguiendo el modelo. **OJO:** A veces se necesita el indicativo y otras veces el subjuntivo.

   MODELO: ¿Crees que un comprador compulsivo **tiene** problemas con su familia por su adicción a las compras?

   Sí, es muy probable que *un comprador compulsivo* **tenga** *problemas con su familia por su adicción a las compras.*

1. En tu opinión, ¿un comprador compulsivo **paga** las tarjetas de crédito completamente todos los meses?

   Dudo que _____ " _____ " pague " _____ " _____ " _____.

2. ¿Piensas que un comprador responsable **está** más tranquilo mentalmente que un comprador compulsivo?

   Sí, estoy seguro que _____ está _____.

3. ¿Crees que un comprador responsable **prefiere** pagar en efectivo en vez de usar tarjetas de crédito?

   Sí, es muy probable que _____ prefiera _____.

4. ¿Crees que el historial de crédito de un comprador compulsivo **es** bueno?

   No, no creo que _____ sea _____.

5. Si un comprador responsable pide préstamos, ¿crees que los **paga** a tiempo (*on time*)?

   Sí, estoy seguro de que _____ " _____.

En resumen

I. Regalos y compras. Contesta las siguientes preguntas.

1. ¿Cuál ha sido el mejor o peor regalo que has recibido? Describe el regalo y explica por qué es el mejor (peor). ¿Quién te lo regaló? ¿Por qué te dieron ese regalo? ¿Era una ocasión especial? Explica.

El mejor regalo que he recibido ha sido un Mercedes por mi ordenación diaconal.
Mis amigos me lo regalaron porque ellos querían darme un coche muy elegante.

2. ¿Cuál es la peor compra (*purchase*) que has hecho en tu vida? ¿Qué compraste y dónde lo compraste? ¿Cómo lo pagaste (con dinero en efectivo, con cheque, con tarjeta de crédito/débito)? ¿Para quién era esa compra (para mí, para mi amigo, etcétera)? ¿Qué le dices a un amigo o pariente que tiene planes de comprar ese mismo objeto?

La peor compra que he hecho en mi vida fue un maleta pequeña. Lo compré online porque era muy barato pero se rompió, diez minutos mientras después
estaba caminando en el aeropuerto en Roma.

Exprésate

Escríbelo tú

Vivo dentro de mis posibilidades

Escribe un ensayo sobre lo que haces para vivir dentro de tus posibilidades. ¿Prefieres gastar dinero o ahorrarlo? Si prefieres ahorrar, ¿qué porcentaje de tu sueldo ahorras cada mes? En tu opinión, ¿es importante ahorrar? ¿Por qué? ¿Cuánto ahorras tú al mes? ¿En qué gastas más dinero: en comida, en libros, en música, en ropa, en el alquiler de la casa, en el carro? ¿Tienes un presupuesto? Descríbelo. ¿Es fácil para ti ajustarte a ese presupuesto? ¿Por qué? Si no tienes un presupuesto, ¿cómo decides en qué gastar tu dinero?

Hablando de dinero, estoy muy conservativo. Tengo un plan muy específico para ahorrarlo y invertirlo. Gasto solamente lo que necesito para vivir y coloco el resto en varias cuentas. Aunque no tengo un presupuesto, practico mucha disciplina con mi dinero y además, ofrezco servicios de consultación para otros sacerdotes que no tienen experiencia en administrando el dinero y tienen que consejo para criar sus fondos personales.

Enlace auditivo

Pronunciación y ortografía

Ejercicios de ortografía

I. *Adding Accent Marks When Adding Syllables*

A. As you know, infinitives in Spanish are stressed on the final syllable: **en-con-<u>trar</u>, res-pon-<u>der</u>, in-sis-<u>tir</u>**. When a single pronoun is added to the end of an infinitive, a written accent mark is not needed: **ha-<u>blar</u>-le, <u>ver</u>-las**. However, if *two* pronouns are added, the form must be written with an accent mark: **<u>dár</u>-me-lo, de-<u>cír</u>-se-los**.

   Listen to the following sentences and write the missing words. Write an accent mark on the appropriate syllables when a pronoun has been added to an infinitive.

   1. Tengo tu _____ y quiero _____ ahora.

   2. Aquí está mi _____. Voy a _____.

   3. Eloy tiene mis _____. Necesito _____.

   4. Me haces _____ tontas. No tengo que _____.

   5. Este es mi _____. Quiero _____.

B. Whenever one or more pronouns are added to the end of a present participle (verb forms ending in **-ando** and **-iendo/-yendo**), an accent mark must be added to the stressed syllable: **es-tu-<u>dián</u>-do-lo, ha-<u>cién</u>-do-las, dur-<u>mién</u>-do-se**.

   Listen and write the following sentences with present participles and pronouns. Write an accent mark on the appropriate syllables when a pronoun has been added to a present participle. Remember that some forms of the verb **estar** also require a written accent mark.

   1. ¿La _____? _____ _____ en este momento.

   2. La _____ no se lava. ¿Por qué _____ _____?

   3. ¿Los _____? Luis y Marta _____ _____ ahora.

   4. Sí, yo tengo las _____. _____ _____ en su lugar.

   5. Ese es mi _____, ¿ _____ _____? ¡Gracias!

II. *Punctuation in Spanish*

A. Spanish uses many of the same punctuation marks that English does: **coma** (comma), **punto** (period), **dos puntos** (colon), **punto y coma** (semicolon), **puntos suspensivos** (ellipsis), **signo de interrogación** (question mark), and **signo de admiración** (exclamation mark). You will also see some punctuation marks that you won't see in English. For example, Spanish often indicates dialogue with a long dash.* In addition, angular quotation marks, also called *comillas* (« »), are used instead of quotation marks to set off words.

   Most punctuation marks that are the same for Spanish and English are used in the same way for both languages. But remember that in Spanish, questions and exclamations have an inverted mark (¿, ¡) at the beginning of the question or exclamation and a regular mark (?, !) at the end. The first question or exclamation mark may be placed within the sentence, right before the beginning

---

*In the section that follows (**III**), you will learn about the use of the long dash (—), often called an em dash, for dialogue in Spanish.

of the actual question or exclamation: **Después de la excursión, ¡qué rica cena nos preparó Marcela! Y tú, ¿qué crees?** Note that in Spanish the adverbs and pronouns typically referred to as interrogatives (**adónde, cómo, cuándo, cuánto, cuánto/a, dónde, por qué, qué, quién**) have an accent mark in both questions and exclamations: **¿Cuánto cuesta esta bufanda? ¿Solo treinta pesos? ¡Qué ganga!**

Listen to these questions and exclamations. Write the missing words and question and exclamation marks in the appropriate places, according to the context.

1. Y _____ sobrina, ¿_____ vive _____?

2. _____ fui a una _____ de segunda y ¡_____ barato está todo _____!

3. ¡_____ gente hay _____ en el _____!

4. Estefanía, ¿_____ piensas _____ en tu _____?

5. Y esas _____, ¿_____ _____ _____?

B. Rules for capitalization in Spanish are slightly different than in English. In Spanish, only names are capitalized; that is, the names of countries or other geographical areas, businesses, people, pets, and holidays start with a capital letter: **Argentina, el parque Chapultepec*, el restaurante Botín*, el cine Maremagnum*, el Día de la Independencia, Estefanía Rosales Tum.** Titles of movies and books use a capital letter for the first word only, unless there is a name in the title: **la novela *Cien años de soledad*, la novela *La breve y maravillosa vida de Oscar Wao*, la película *El secreto de sus ojos*, la película *Soldados de Salamina*.** Recall that, unlike English, Spanish does not use capital letters for days of the week, months, languages, nationalities or religions: **jueves, febrero, ruso, guatemaltecas, budista.**

Listen and write the sentences you hear. Pay attention to which words need to be capitalized in Spanish and which ones do not.

1. _____ amigo _____ nació el quince de _____.

2. _____ es _____ y después de clases pensamos ir al _____ donde ponen la película _____ _____ _____ _____ _____.

3. En mi familia somos _____ y celebramos la _____, pero mi cuñada es _____ y ella siempre nos invita a celebrar la primera _____ del _____ en su casa.

4. ¿_____ leído la novela _____ _____ _____ de _____ Allende?

5. Los _____ nos gusta salir a cenar en el _____ _____ _____. Allí sirven comida _____ y _____.

6. _____ el mes de _____ en _____. Visitamos _____ y _____. En _____ por supuesto hablamos _____, pero en _____ casi todos hablaban bien el _____ y no pudimos aprender mucho _____.

---

*Note that there is no consensus among native speakers regarding the capitalization of names of urban spaces: parks, plazas, streets, avenues, and boulevards. Many people will capitalize the word **parque** in **Parque Chapultepec**. However, the *Diccionario panhispánico de dudas de la Real Academia Española* (*DRAE*) states that in the case of words such as **parque, plaza, paseo,** only the actual proper name is capitalized: **parque del Retiro, plaza Cinco de Mayo, paseo de la Revolución.** This textbook follows the punctuation style set by the *DRAE*, but as you read Spanish you will see both styles.

III. *Writing Dialogue in Spanish*

As you've probably noticed, Spanish marks dialogue differently than English. Writing style in English calls for the use of quotation marks. Note these marks in the following conversation.

"I can't find the new bookstore," said Omar to his wife Marcela on the phone, from his car. "Are you sure it's downtown?"

"No, it isn't downtown," Marcela replied. "It's in our neighborhood."

"Now you tell me!" he exclaimed.

"I'm sorry, dear," she observed, "but you never asked me where it was."

Instead of quotation marks, Spanish typically uses a long dash (often referred to as an *em dash*, and sometimes written as two hyphens) before each spoken line of dialogue.

—Hola, ¿cómo te llamas?

—Me llamo Claudia Cuéllar Arapí. ¿Y tú?

—Me llamo Eloy Ramírez Ovando.

Long dashes are also used to mark and enclose the narrator's comments. Look at the first dialogue, now in Spanish, and note the use of the long dashes.

—No puedo encontrar la nueva librería —le dijo Omar a su esposa Marcela por teléfono, desde el carro—. ¿Estás segura de que está en el centro?

—No, no está en el centro —contestó Marcela—. Está en nuestro vecindario.

—¡Ahora me lo dices! —exclamó él.

—Lo siento, querido —observó ella—, pero nunca me preguntaste dónde estaba.

A long dash indicates the beginning of the narrator's interjection and is set off from the preceding dialogue by a word space (that is, one space, or the amount of space between words). This helps to define the portion that is not dialogue. (**—¡Ahora me lo dices! —exclamó él.**)

Another long dash is used to close off the narrator's comment to indicate that the person continues speaking. Punctuation following the dash depends on the context. If the utterance is interrupted with the narrator's interjection but continues, the dash after the narrator's comment is followed by a comma. (**—Lo siento, querido —observó ella—, pero nunca me preguntaste dónde estaba.**) But if the comment by the narrator is at the end of the speaker's sentence and followed by more dialogue by the same speaker, then the dash is followed by a period. (**—No, no está en el centro —contestó Marcela—. Está en nuestro vecindario.**)

Finally, if the narrator's comment is at the end of the sentence and is followed by another speaker, there is no final dash. (**—¡Ahora me lo dices! —exclamó él.**) The new speaker's dialogue starts a new line preceded by a dash.

Now read the following conversation between Eloy Ramírez and Lucía Molina and insert the long dashes where they are needed.

Lucía, ¿puedes ir de compras conmigo mañana?   le preguntó Eloy a su amiga.

Sí, claro   respondió ella   . Ya sabes que siempre encuentro los mejores precios.

¡Es verdad!   exclamó Eloy   . Tienes un talento especial para encontrar gangas.

Gracias   dijo Lucía.

Entonces, paso por tu casa temprano   sugirió él   , a las diez de la mañana. ¿Está bien?

Sí, claro   contestó ella   . ¡Pero las diez no es muy temprano!

Actividades auditivas

A. En la tienda de ropa. Estefanía Rosales Tum y su hermana menor, Viviana, están en una tienda de ropa. Pronto va a ser el cumpleaños de Viviana y Estefanía le quiere regalar un vestido nuevo. Escucha su conversación.

Vocabulario de consulta

la cremallera	zipper
hacen juego	they match
atuendo	attire

Indica las palabras correctas para completar cada oración.

1. A Viviana le gustó el vestido **(azul de rayas blancas / blanco de rayas azules / negro de rayas blancas)**. Se probó la talla ocho primero y el vestido **(le quedó muy apretado / le quedó muy bien / le quedó grande)**.

2. Luego la empleada le llevó un vestido en **(talla ocho / talla doce / talla diez)** y ella se lo probó. Sentía que le quedaba suelto de la espalda porque no **(se subió la cremallera totalmente / era su talla / se lo puso correctamente)**.

3. Estefanía le dice a Viviana que ella le va a regalar **(el vestido y el saco / el vestido y unos zapatos / el vestido y una bolsa)** por su cumpleaños pero que no **(tiene tiempo / tiene dinero / tiene paciencia)** para comprarle otra cosa.

4. Viviana le dice a Estefanía que no se preocupe porque su madre le va a regalar **(unos zapatos / unos aretes / unos pantalones)** y ella ha ahorrado y se va a comprar **(la bolsa / la chaqueta / la falda)**.

5. Viviana está contenta porque Estefanía va a **(viajar con ella / asistir a su fiesta de cumpleaños / celebrar la Navidad con ella)** este año. Dice que las dos van a **(bailar mucho / cantar mucho / comer mucho)** esa noche.

B. Planes para una venta de zaguán. Estefanía y Franklin se casan dentro de poco y han alquilado un apartamento más grande. Ahora hablan de qué van a vender o regalar porque tienen muchas cosas duplicadas. Escucha su conversación.

Vocabulario de consulta

cosas duplicadas	duplicated items, things that are the same
deshacernos	to get rid of
lo demás	the rest
lo que nos haga falta	whatever we need (lack)
por todos lados	everywhere
dentro de dos semanas	within two weeks
la tuya	yours (*referring to* your table)

Completa cada oración con palabras de la lista. **OJO:** Hay palabras extra.

dinero	en la sala	por todos lados	una buena cama
donación	madera	regalar	una mesa grande
duplicados	moderna	sábado quince	vender
elegante	objetos pequeños	sábado veinte	venta de zaguán

1. Estefanía y Franklin hablan de un problema. Tienen _____ de muchas cosas. Para resolverlo, van a hacer una _____.

2. Estefanía prefiere _____ las cosas extra que tienen porque quiere tener más _____ para comprar lo que les haga falta.

3. Franklin quiere comprar un sillón cómodo. Pero Estefanía prefiere comprar _____.

4. Estefanía dice que es difícil caminar por el apartamento porque hay tantas cosas

_____.

5. Van a anunciar la venta de zaguán en el *Pennysaver* para el _____.

6. Según Estefanía, deben quedarse con la mesa de Franklin, la de _____, porque es

hermosa y _____.

7. Franklin va a escribir el anuncio y Estefanía va a poner todos los _____ en el estudio.

Videoteca

Amigos sin Fronteras

Episodio 14: ¡Me gusta regatear!

Resumen. Franklin, Ana Sofía y Claudia están en casa de Claudia, buscando en Craigslist algunas cosas que necesitan. Pero no las encuentran en línea, sino (*but rather*) en la publicación *Pennysaver* (*print and online publication for classified ads*). Luego, van a la cochera (el garaje) de una casa donde se venden los objetos que buscan y allí regatean con el dueño hasta conseguir un buen precio. Al final, consiguen lo que necesitan y practican el regateo.

SEGMENTO 1

Preparación para el video

Vocabulario de consulta

me urge	I really need to
Ya llevo una hora	I've spent an hour already
como dices tú	as you say
modestia aparte	modesty aside
Lo imprimo	I'll print it
Soy todo un caballero	I'm a true gentleman
en el camino	on the way over

A. ¡Comencemos! Contesta estas preguntas sobre las compras y el regateo.

1. *Las compras:* Contesta tres o cuatro de estas preguntas. Si tú no lo has hecho, habla sobre la experiencia de alguien a quien tú conozcas. ¿Compras muebles, aparatos eléctricos, libros o ropa de segunda mano con frecuencia? ¿Qué es lo último que has comprado de segunda mano? ¿Por cuánto lo compraste? ¿Para quién era? ¿Dónde lo compraste? ¿Usaste Craigslist, eBay, *Pennysaver* o lo compraste en una venta de zaguán? ¿Cómo fue tu experiencia en esa última compra?

_____

_____

_____

2. *El regateo:* ¿Has regateado alguna vez? ¿Dónde fue? ¿Cuánto pedían y qué precio pagaste tú finalmente? ¿Te gusta regatear? ¿Eres bueno/a a la hora de regatear?

_____

_____

_____

Comprensión del video

B. **La idea principal.** Indica la idea principal del segmento.

☐ Franklin sabe regatear muy bien.

☐ El *Pennysaver* y Craiglist son dos formas de comprar cosas de segunda mano.

☑ Ana Sofía y Claudia quieren comprar dos cosas de segunda mano para sus apartamentos.

©McGraw-Hill Education/Klic Video Productions

C. **Compras.** ¿Quién compra qué y cuánto piden? ¿Son buenos estos estudiantes para regatear? Completa la tabla con la información del video.

	¿Quién quiere comprar algo?	¿Qué necesita?	¿Cuánto piden?	¿Es bueno/a para regatear?
Persona 1	Silya	Aná S.	_____ dólares	☑ Sí ☐ No
Persona 2	TV	Claudia	_____ dólares	☐ Sí ☑ No

D. **Regateos.** Empareja las cláusulas para formar oraciones que describan cómo se sienten los amigos del club hacia el regateo, según el video.

___d___ **1.** Es muy posible que Claudia ...

___a___ **2.** Es probable que Ana Sofía ...

___b___ **3.** Claudia cree que ...

___c___ **4.** ¡Qué bueno que Franklin ...

a. regatee el precio de la silla.

b. no puede pagar más de ciento treinta dólares por el televisor.

c. acompañe a Claudia y a Ana Sofía a regatear!

d. no regatee para conseguir un precio más bajo.

E. **Detalles.** Completa cada oración con palabras de la lista, según este segmento del video. **OJO:** Hay palabras extra.

① aparatos eléctricos
② el anuncio con el precio
③ el anuncio dice OBO
④ el precio
⑤ el tamaño
⑥ Estados Unidos
⑦ Guatemala
⑧ le duele la espalda
⑨ la suya está muy vieja
⑩ muebles
⑪ una imagen
⑫ van a un mercado al aire libre

1. Ana Sofía necesita una silla para su escritorio porque __8__.

2. Franklin le recomienda a Ana Sofía que use el *Pennysaver* para buscar __10__.

3. Franklin supone que Ana Sofía va a poder regatear porque __3__.

4. A Claudia le gusta __5__ del televisor, pero no __4__.

5. Franklin decide imprimir __2__ del televisor nuevo y así usarlo al regatear.

SEGMENTO 2

Preparación para el video

Vocabulario de consulta

de alta definición	high definition
de todos modos	anyway
conseguí	I got
oportuno	**apropiado**

F. ¡Comencemos! Contesta las preguntas.

¿Compras tú cosas en ventas de zaguán o de cochera? ¿Qué ventajas tiene comprar así? Si compras algo en estas ventas, ¿pagas lo que te piden o regateas? ¿Por qué?

_____

_____

_____

G. Expresiones. Completa cada oración con las palabras o expresiones de la lista. Consulta el **Vocabulario de consulta,** si quieres.

a) **anuncio**   c) **de alta definición**   e) **recién casados**

b) **cuánto quiere por eso**   d) **qué bien nos salió todo**

1. Compramos un televisor _____ *c* _____.

2. Cuando quiero saber el precio de algo, pregunto:
   «¿_____ *b* _____?».

3. Cuando unos _____ *e* _____ se mudan juntos, es posible que tengan muchas cosas duplicadas.

4. Cuando alguien quiere vender algo, puede poner un
   _____ *a* _____ en Craigslist, en eBay o en el *Pennysaver*, por ejemplo.

5. Cuando conseguimos lo que queríamos, decimos:
   «¡_____ *d* _____!».

Comprensión del video

H. Orden de los eventos. Ordena los siguientes eventos (1–4), según aparecen en el segmento.

____*2*____ El vendedor les explica por qué vende el televisor.

____*3*____ Finalmente, Franklin consigue un buen precio por el televisor.

____*4*____ Claudia invita a sus amigos a su casa para ver una película.

____*1*____ Ana Sofía regatea el precio de una silla.

I. Precios y regateos. Escucha con atención los precios de estos artículos y completa la tabla con el precio original (cuando es nuevo), la primera oferta y el precio final después del regateo. Usa los precios de la lista.

40   70   140   170   200   214

	precio original (nuevo)	primera oferta	precio final
la silla	_____ dólares	_____ dólares	_____ dólares
el televisor	_____ dólares	_____ dólares	_____ dólares

J. Detalles. Contesta las siguientes preguntas según este segmento del video.

1. ¿De dónde es el vendedor? Es _en el cochera_

2. ¿En qué condiciones está el televisor del señor? Está _usado_

3. Según (*according to*) el vendedor, ¿quién se va a enojar con él si vende el televisor más barato de lo que decía el anuncio del *Pennysaver*? _su esposa_

4. ¿Por qué vende el televisor el señor de la venta de garaje? Porque cuando _ellos_ se mudaron juntos, vieron que tenían varias cosas duplicadas.

Mi país

Guatemala

SEGMENTO 1

Preparación para el video

Vocabulario de consulta

chapina	guatemalteca
cestas	baskets
abreviatura	abbreviation
fachada	façade, front of a building
ganador(a)	winner
Premio Nobel de la Paz	Nobel Peace Prize
diseño	design

A. ¡Comencemos! ¿Qué sabes de Guatemala? Contesta las preguntas.

1. ¿Cómo se llama la capital de Guatemala? _Ciudad de guatemala_

2. En este capítulo has visto que algunas mujeres guatemaltecas llevan una blusa típica de Guatemala. ¿Cómo se llama esa prenda de ropa? _huipiles_

3. ¿Qué materia estudias si estás interesado en aprender acerca de (*about*) las personas en la sociedad, su cultura y sus tradiciones?

   a. antropología   b. biología   c. química

4. ¿Qué grupo cultural tiene una gran influencia en Guatemala?

   a. taínos   b. arahuacos   c. mayas

B. Vocabulario. Empareja cada palabra o frase con el sinónimo o descripción correspondiente. Consulta el **Vocabulario de consulta,** si quieres.

_____ 1. chapina	a.	el frente de un edificio o casa
_____ 2. quiché	b.	telas
_a_ 3. la fachada	c.	dibujo
_g_ 4. un viaje virtual	d.	una mujer de Guatemala.
_b_ 5. textiles	e.	la persona que gana algo
_c_ 6. diseño	f.	el nombre de una lengua maya
_e_ 7. ganador(a)	g.	un viaje que no es real, por ejemplo, usando la tecnología

Comprensión del video

C. Temas del segmento. Indica seis temas que aparecen en este segmento del video.

☑ el mercado de Chichi

☐ festividades guatemaltecas

☑ la iglesia San Andrés Xecul

☐ la influencia de la cultura maya en Guatemala

☑ la naturaleza en Guatemala

☐ los huipiles

☑ Rigoberta Menchú

☐ rituales mayas

☑ una pirámide maya

☑ Xela

D. Leyendas. Empareja cada imagen con la leyenda correspondiente.

a. la iglesia San Andrés Xecul

b. mercado de Chichi

c. Rigoberta Menchú, ganadora del Premio Nobel de la Paz en 1992

d. huipiles

e. Xela, la segunda ciudad más grande de Guatemala

_____e_____ 1.

_____a_____ 2.

_____d_____ 3.

_____c_____ 4.

_____b_____ 5.

1-3, 5 ©McGraw-Hill Education/Klic Video Productions; 4: ©incamerastock/Alamy Stock Photo

E. Algunos detalles. Empareja cada nombre con las descripciones correspondientes, según el video. **OJO:** Hay más de una respuesta para tres de los nombres.

a. Es la segunda ciudad más grande de Guatemala.

b. Es normal regatear en su mercado.

c. Es un nombre maya quiché.

d. Ganó un Premio Nobel de la Paz.

e. Lleva un huipil muy colorido.

f. Se pueden comprar artículos de muchos materiales y comida típica.

g. Tiene un mercado muy famoso.

h. Su abreviatura es Xela.

i. Sus diseños nos dicen de dónde son.

_a c h_____ **1.** Quetzaltenango (3)

_d e_____ **2.** Rigoberta Menchú (2)

_i_____ **3.** huipiles (1)

_b f g_____ **4.** Chichicastenango (3)

F. Más detalles. Completa cada oración.

1. Otra forma de llamar a una mujer ___guatemalteca_____ es chapina.

2. Una de las materias que más le gustan a Estefanía es la
_____

3. La cultura maya está presente en la vida diaria de los guatemaltecos: vemos mujeres con cestas en la _____, con ropa típica o con un bebé en la ___spada_____.

4. La ciudad más grande de Guatemala es ___gc_____.

5. Estefanía quiere ___casarse_____ con Franklin en Xela.

6. Lo más interesante de la iglesia de San Andrés de Xecul son los ___colores_____ de la fachada.

SEGMENTO 2

Preparación para el video

Vocabulario de consulta

profundo	deep
el volcán (volcanes)	volcano(es)
pintoresco(s)	picturesque
la belleza	the beauty
la colonia española	period of Spanish colonization
a pesar de	in spite of
terremoto	earthquake
impresionante	impressive
templos	temples

G. ¡Comencemos! Contesta las preguntas.

1. ¿Dónde está Guatemala?

    a. en Sudamérica   (**b.**) en Centroamérica   **c.** en Norteamérica

2. Mira el mapa del principio del capítulo. ¿Cómo se llama un lago que hay al sur de Guatemala?

    el lago _____

H. ¿Natural o hecho por el ser humano? Coloca cada palabra de la lista en la categoría correspondiente. Consulta el **Vocabulario de consulta,** si quieres.

a la ciudad   c el palacio   e la selva   g el terremoto
b el lago   d la pirámide   f el templo   h el volcán

De la naturaleza	Del ser humano
b e g h	a c d f

Comprensión del video

I. Orden de las ideas. Estefanía habla de tres atracciones guatemaltecas en este segmento del video. Escribe el orden de 1 a 3. **OJO:** Hay ideas extra. Márcalas con X.

____2____ Antigua

_____ Cuidad de Guatemala

____3____ el lago Atitlán

____1____ huipiles

_____ Mixco

_____ Tikal

J. De viaje

Parte 1. Escribe el nombre de los lugares debajo de las fotos.

a) **el lago Atitlán**   b) **Antigua (x2)**   c) **Tikal**

1. _____ *b* _____

2. _____ *c* _____

3. _____ *b* _____

4. _____ *a* _____

1-4: ©McGraw-Hill Education/Klic Video Productions

Parte 2. Ahora imagínate que eres un guía turístico en Guatemala y llevas a los turistas a los lugares de la **Parte 1.** Lee las expresiones y escribe el lugar correspondiente.

1. _____ *c* _____: «¡Qué bueno que aún haya tantas construcciones de la cultura maya! ¡Pasen y miren!»

2. _____ *b* _____: «Cuando quieran ver una ciudad colonial, vengan a esta ciudad.»

3. _____ *a* _____: «Les recomiendo que pongan atención a los volcanes que rodean este lago.»

4. _____ *b* _____: «A los turistas siempre les parece muy interesante que haya tanto color en Semana Santa.»

K. Detalles.
Empareja cada lugar con las descripciones correspondientes, según este segmento del video.

a. Durante su celebración religiosa de Semana Santa hay mucho color y música.

b. Es el más profundo de Centroamérica.

c. Es muestra del mundo prehispánico.

d. Es una parte central del mundo maya.

e. Está dentro de una selva.

f. Está rodeado de volcanes y pueblos pintorescos.

g. Fue la capital de Guatemala durante la colonia española.

h. Hay arquitectura colonial.

i. Hubo un terremoto en 1773.

j. Tiene palacios, templos y pirámides.

_*b a f*_ **1.** El lago Atitlán   _*a g h*_ **2.** Antigua   _*c, d*_ **3.** Tikal
       i   *j*

¡A leer!

¿Sabías que.. ?

Un mercado de palabras

El dinero

¿Sabías que hay varias palabras para **dinero** en español? En muchos países de América Latina se usa el nombre de un metal valioso para referirse al dinero: la plata. En México y Perú el dinero también puede ser **lana,*** mientras que en Guatemala, El Salvador y Honduras se dice **pisto*** y en Argentina, **guita.*** En España una persona que tiene mucha plata, **está forrada,**[a] mientras que en México dicen que un hombre rico es **billetudo,** es decir, tiene muchos billetes. Y si una persona es tacaña, en muchos países se dice que es **codo**[†] o, en Guatemala, es **garra.**[b]

Los mercados

Al ir de compras muchos hispanos prefieren un mercado al aire libre. México tiene los tianguis, grandes mercados con puestos que venden de todo. Los puestos del mercado tienen diferentes nombres según el país: en Argentina y Uruguay son **mercaditos,** en Colombia son **chuzos** y en Guatemala les llaman **champas.** Es divertido ir de puesto en puesto viendo todo lo que está a la venta: ropa, artesanía, joyas, flores, dulces y más. A mucha gente le gusta buscar gangas o regatear para conseguir un buen precio. ¡Cuidado no seas demasiado codo!

La ropa y la mercancía

Al hablar de la ropa y la mercancía, el vocabulario varía un poco de un país a otro. El suéter es **jersey** en España y **buzo** en Argentina y Uruguay. La camiseta también tiene variantes: **playera** en México, **polera** en Chile y **remera** en Argentina. Después de bañarnos nos ponemos la bata y las zapatillas, o **pantuflas.**[c] Las sandalias pueden ser **caites** en Guatemala, **huaraches** en México y **chanclas** en otras partes. La prenda de ropa que quizás más nombres tenga es la chaqueta. ¡Hay por lo menos siete maneras de decir esta palabra! En México es **chamarra,** en Colombia **chompa,** en Perú **casaca** y en Argentina y Uruguay **campera;** en España es **cazadora** y en Guatemala **chumina.**

El español, como otros idiomas, ha adoptado palabras de otras lenguas. Del persa está **chal** y del francés están **pantufla** y **brasier.** El inglés influye mucho en el vocabulario actual de la ropa con palabras como **pans** que en México quiere decir **pantalones** para hacer gimnasia y viene de la palabra *pants* en inglés. Y hay muchas otras palabras de ropa que vienen del inglés: **el suéter, los tenis, el top, los bluyines, el pantijós** (que en español es **pantimedias**) y **el shor.**

El mundo doméstico

En las palabras para muebles y aparatos domésticos también notamos diferencias. El refrigerador —que a veces se abrevia a **refri** o **frigo**— es **nevera** en partes de México y **heladera** en muchos países de América del Sur. Luego hay palabras dobles como **tostador/tostadora, congelador/congeladora, refrigerador/refrigeradora:** algunas regiones usan la forma masculina que termina en **-r,** mientras que otras usan la forma femenina con **-ra.** Pero a veces se refiere a cosa distintas, por ejemplo, el secador seca el pelo, pero la secadora seca la ropa.

Bueno, si gastamos mucho dinero en remeras o playeras, suéteres o buzos, chanclas o sandalias, chompas o chamarras, una nueva nevera o un nuevo refrigerador, no nos queda ni un centavo y estamos pelados.[d] O como dicen en Guatemala, ¡estamos gafos!

[a]*Literally, lined or padded*   [b]*Literally, claw (n.); grasp (n.)*   [c]*house slippers*   [d]*broke*

(Continúa.)

_____

*The words **lana** (*wool*), **pisto** (*ratatouille*), and **guita** (*string*) all mean *dough* when used as slang.

[†]**Codo** literally means *elbow*. This expression, accompanied by a gesture of tapping one's elbow, refers to stingy people. Some believe this imitates someone who guards money in a fist, close to the chest, thus exposing the elbow.

Comprensión

1. ¿Qué otras palabras se usan para **dinero** en algunos países de habla hispana?

   a. pisto, plata, verdes   **b.** lana, pisto, plata   **c.** oro, plata, cupón

2. ¿Cómo se puede llamar a una persona tacaña?

   a. codo   **b.** cuello   **c.** suelto

3. ¿Qué palabras para ropa tienen su origen en el francés?

   a. chal y suéter   **b.** tenis y bluyines   **c.** brasier y pantufla

4. ¿Cómo se dice **camiseta** en Argentina?

   a. remera   **b.** playera   **c.** polera

5. Si gastamos mucho dinero y ya no nos queda un centavo podemos decir..

   a. ¡Estamos fritos!   **b.** ¡Estamos muertos!   **c.** ¡Estamos pelados!

Conexión cultural

La artesanía maya

Vocabulario de consulta

antepasados	ancestors
lazos	ties
tejido	fabric
tejer	weave
pieza	(woven) piece
rescatar	rescue, preserve
caluroso	hot
prueba	proof
complacer	to please

Una mujer maya tejiendo en su telar de cintura

©Education Images/UIG via Getty Images

Si visitamos los mercados en la zona maya —Chiapas y Yucatán en el sur de México, Guatemala, Honduras y Belice— vamos a encontrar una variedad de hermosas artesanías de colores alegres. Hay cerámica de elegantes diseños, joyería, textiles, huipiles bordados, cinturones tejidos, adornos para el pelo, cojines bordados y muchas cosas más. Todas llevan hermosos diseños mayas de personas, animales o plantas. Esta tradición de las artesanías viene de los **antepasados** mayas. Los artesanos guatemaltecos tienen una gran creatividad que revela fuertes **lazos** con la cultura de esta región, una cultura de más de 3.000 años. En general mantienen los diseños tradicionales y usan las antiguas técnicas. Los textiles —telas de algodón— son los que llaman más la atención. Una leyenda guatemalteca dice que el **tejido** es un regalo que la diosa Ixchel, diosa de la luna, les dio a las mujeres mayas. Ella les dio los telares de cintura* y les dijo qué símbolos debían **tejer** para decorar sus telas.

Las **piezas** antiguas revelan un rico simbolismo y contienen referencias místicas a la visión maya del cosmos. La mayoría de esas piezas puede admirarse en diferentes museos de la región maya. En relación con la ropa, un museo especialmente interesante es el museo Ixchel del Traje Indígena en Guatemala. Para los fundadores es importante **rescatar** estos atributos culturales indígenas porque la sociedad está cambiando muy rápido a causa de la globalización y los grupos indígenas van perdiendo sus tradiciones e identidad. En el museo, uno puede admirar huipiles y otras prendas tradicionales de los siglos XIX y XX. Debido al clima húmedo y **caluroso** de la región, no se han conservado muchas piezas más antiguas. El museo ofrece información sobre el cambio de la ropa desde el siglo XIV y dibujos de prendas antiguas, muchas basadas en los diseños de la cerámica que afortunadamente sí se ha conservado.

---

*Los telares de cintura (literally, *waist looms*) are portable looms that women hold steady by tying one end to a post and the other to their waist.

En resumen, hoy en día el pueblo maya ya no construye templos ni centros ceremoniales, pero la artesanía que produce es **prueba** de su gran creatividad. A través de ella, los artesanos mantienen lazos con su pasado y su cultura. El pueblo maya conserva las técnicas perfeccionadas a través de generaciones de artesanos. Pero estas técnicas también expresan otras ideas que han resultado del mestizaje cultural producido por la colonización europea/española (1492–1821) y por otras influencias extranjeras. Estas últimas llegan con el turismo y la cultura popular, especialmente la de Estados Unidos. Entonces, muchas de las piezas que se venden hoy en los mercados, aunque se parecen a las tradicionales y siguen siendo hermosas, con frecuencia aluden a personajes de la cultura popular, tal vez por el deseo de **complacer** al cliente.

Comprensión. Indica la respuesta correcta.

1. Según la leyenda, ¿qué les dio la diosa de la luna a las mujeres mayas?

    a. Les dio las telas de algodón.
    b. Les dio los telares de cintura.
    c. Les dio las técnicas de artesanía.

2. No hay textiles muy antiguos –de más de trescientos años, por ejemplo– en el museo Ixchel porque...

    a. el museo no pudo comprarlos.
    b. el museo se enfoca en textiles de hoy en día.
    c. el clima de la región los destruyó.

3. Los mayas están perdiendo su tradición y su identidad porque..

    a. los niños y los jóvenes no conocen su cultura.
    b. la sociedad está cambiando rápidamente.
    c. prefieren ser modernos.

4. ¿De dónde vienen los dibujos que nos muestran ahora cómo era la ropa maya de los siglos XVI, XVII y XVIII?

    a. Vienen de los diseños que hay en la cerámica antigua.
    b. Vienen de los diseños de los textiles tradicionales.
    c. Vienen de una leyenda guatemalteca.

5. A causa del turismo, muchas de las piezas que se venden hoy en los mercados aluden a..

    a. animales y plantas mayas.
    b. personajes de la cultura popular.
    c. personas de la historia maya.

Galería

Guatemala

Esta es la iglesia de San Andrés Xecul, que se encuentra en el departamento (*political region*) de Totonicapán. La fachada de esta iglesia, adornada con muchísimos colores, ¡parece estar hecha de dulces! Tiene un diseño similar al de los huipiles que llevan las mujeres de esta zona.

El quetzal es símbolo nacional de Guatemala y es un pájaro sagrado (*sacred*) en la tradición maya. Además, es la moneda nacional de Guatemala. También llamado «pájaro serpiente», el quetzal se caracteriza por su plumaje (*feathers, plumage*) verde, su pecho rojo y una cola (*tail*) muy larga. ¡Es un pájaro muy hermoso!

Rigoberta Menchú, activista indígena guatemalteca, es de familia maya-quiché y ganó el Premio Nobel de la Paz en 1992. Se le menciona en el *Libro Guinness de los récords* como la ganadora más joven de este premio y la primera indígena en ganarlo. Menchú ha dedicado su vida a la lucha (*struggle*) por la justicia social y los derechos (*rights*) de los indígenas.

El lago de Atitlán, en el departamento de Sololá, es el más profundo (*the deepest*) del mundo. Este lago es un atractivo turístico con deportes acuáticos como la pesca, la natación y el buceo. Alrededor del lago Atitlán hay tres volcanes —el volcán Atitlán, el Tolimán y el San Pedro— y sus colores son espectaculares.

A. **Comprensión.** Primero escribe el nombre que corresponde al detalle. Luego, apunta otro detalle descriptivo.

1. el más profundo del mundo _____: _____

2. pájaro de pecho rojo _____: _____

3. con una fachada muy adornada y colorida _____: _____

4. de familia maya-quiché _____: _____

B. **Un toque personal.** Imagínate que estás nadando o pescando en el lago Atitlán. Observa los tres volcanes que te rodean y describe tu impresión. ¿Te gusta esa vista? ¿Qué efecto tiene en tu estado de ánimo (*mood*)?

Nuestro porvenir 15

¡A escribir!

Las metas personales

Lee *Gramática 15.1*

A. Las metas personales. Lee las metas personales de algunos amigos del club. Escribe una pregunta sobre sus planes futuros usando las palabras entre paréntesis.

> MODELO: Juan Fernando quiere participar en el concurso Fortachón Costarricense.
> (ganar el concurso)
> —¿*Ganará el concurso?*

1. El año próximo, Juan Fernando piensa hacer un viaje en motocicleta por toda Latinoamérica. (hacer el viaje solo o con otra persona)

   — Hará _____

2. En los próximos meses Radamés grabará su primer disco con Cumbancha. (ser famoso)

   — Será _____

3. El próximo verano, Franklin y Estefanía se casarán. (tener dos o tres hijos)

   — Tendrán _____

4. Sebastián quiere ser un gran cocinero. (poder lograrlo)

   — Podrá _____

5. Omar y Marcela piensan viajar a California. (ir a Berkeley para conocer a los amigos del club en persona)

   — Irán _____

6. Eloy quiere continuar practicando español y ser un médico famoso. (tener muchos pacientes hispanos)

   — Tendrá _____

7. Ana Sofía tiene novio en España, pero ahora ella está muy contenta en Berkeley. (querer seguir con su novio)

   — Querrá _____

B. Hablemos del porvenir. Juan Fernando habla por Skype con algunos amigos del club sobre sus planes para el porvenir. Completa la conversación con la forma apropiada del futuro de los siguientes verbos: **abrir, casarse, empezar (×2), hacer (×2), ir, participar, querer, tener, venir, viajar.**

JUAN FERNANDO: ¿Qué _harán_¹ (ustedes) cuando acaben de estudiar en la universidad?

ELOY: Pues yo _abriré_² un consultorio con algún compañero y, tan pronto como pueda, _empezaré_³ a hacer investigaciones para producir vacunas contra el SIDA. ¿Y tú qué, _harás_,⁴ Juan Fernando?

JUAN FERNANDO: Bueno, antes de terminar mis estudios en la universidad, _participaré_⁵ en el concurso Fortachón Costarricense. Después voy a hacer un viaje en motocicleta por toda Latinoamérica. ¿Y ustedes qué planes tienen, Franklin y Estefanía?

FRANKLIN: Bueno, como sabes, en un par de meses _casaremos_⁶ en Guatemala y después _empezaremos_ a⁷ tener hijos, ¿verdad, Estefanía?

ESTEFANÍA: Sí, _tendremos_⁸ varios hijos. A los dos nos gustan mucho las familias grandes.
querremos

JUAN FERNANDO: Ana Sofía, ¿y tú qué planes tienes?

ANA SOFÍA: Pues, cuando termine de estudiar inglés, quiero estudiar administración de empresas en UC Berkeley, pero también _iré_⁹ por Latinoamérica. Quiero conocer todos los países de los amigos del club.

JUAN FERNANDO: ¿_Vendrán_¹⁰ (ustedes) a Costa Rica a visitarme? ¡Mi país es pura vida!

ANA SOFÍA: Yo sí, seguro que _viajaré_¹¹ ¡Tengo ya muchas ganas!

ELOY: Yo también tengo muchas ganas pero no tengo mucho dinero, así que ¡_empezaré_¹² a ahorrar hoy mismo!

ESTEFANÍA: A Franklin y a mí nos encanta viajar; posiblemente vayamos en unos años.

Cuestiones sociales

Lee *Gramática 15.2*

C. La realidad de hoy y del futuro. La siguiente tabla presenta algunas cuestiones sociales típicas de muchos países. Completa las ideas con oraciones de la lista para explicar qué ocurre con esas cuestiones hoy en día y lo que se espera en el futuro. Pon atención al uso del indicativo y del subjuntivo.

a. hay muchas personas sin casa.
b. la sociedad respete los derechos civiles de todos los ciudadanos.
X *las personas puedan trabajar y pagar los préstamos que tengan para conservar sus casas.*
X *mucha gente está perdiendo su casa por la crisis económica.*
e. muchas personas no son conscientes de la necesidad de reciclar.
f. muchas personas no tienen seguro médico.
g. no haya tantas personas viviendo en la calle.
h. no se puede respirar aire puro.
i. se pueda respirar aire puro.
j. todo ciudadano tenga seguro médico.
k. todo el mundo sepa que es necesario reciclar el papel, el cartón, el vidrio y el plástico.
l. una parte de la sociedad aún no respeta los derechos civiles de otras personas.

	La realidad es que vivimos en un lugar donde...	Pero en el futuro, queremos vivir en un lugar donde...
La crisis económica	*mucha gente está perdiendo su casa por la crisis económica.*	*las personas puedan trabajar y pagar los préstamos que tengan para conservar sus casas.*
El aire (contaminado)	1. ___h___	2. ___i___
Los desamparados	3. ___a___	4. ___g___
El seguro médico	5. ___f___	6. ___j___
Los derechos civiles	7. ___l___	8. ___b___
El reciclaje	9. ___e___	10. ___k___

D. **Grupos activistas.** Completa las dos propuestas (*proposals*) de estos grupos activistas con la forma apropiada de las palabras de la lista.

empezar
~~ocurrir~~
~~saber~~
separar
~~ser~~
~~tirar~~
~~usar~~

ACTIVISTAS PRO MEDIO AMBIENTE

Tenemos que proteger la Tierra antes de que <u>sea</u> demasiado tarde. Por ello, es necesario que los ciudadanos<u>sepan</u>[1] lo siguiente.

- Cuando las personas <u>tiren</u>[2] la basura, es importante que la <u>separen</u>[3] en diferentes contenedores[a] de reciclaje para plástico, papel, cartón, vidrio y otros materiales reciclables.
- La comida orgánica es muy beneficiosa para el planeta porque se cultiva sin que los agricultores <u>usen</u>[4] pesticidas.
- La contaminación del aire empeorará a menos que todos nosotros _____[5] a tomar las medidas[b] necesarias. *empecemos*
- La construcción de reactores nucleares debe evitarse para que no <u>ocurra</u>[6] otro accidente como el de Fukushima.

[a]*containters* [b]*measures*

~~deber~~
haber (haya)
ir
~~llegar~~
necesitar
poder

ACTIVISTAS PRO DERECHOS CIVILES

El respeto a los ciudadanos y a sus derechos es muy importante para nosotros. Por eso,[a] nuestra propuesta ofrece lo siguiente.

- Buscaremos soluciones para salir de la crisis económica para que <u>haya</u>[7] menos desamparados.
- Crearemos guarderías gratuitas o de precios bajos para que los niños de edad preescolar _____[8] recibir cuidado hasta que sus padres *pued* <u>lleguen</u>[9] a recogerlos.
- Les daremos seguro médico a todos los ciudadanos de modo que todos <u>vayan</u>[10] a un hospital o a un consultorio médico cuando lo <u>necesiten</u>.[11]
- No creemos que <u>deba</u>[12] existir discriminación sexual en el trabajo. Tenemos que exigir que los sueldos de hombres y mujeres sean iguales.

[a]*Por... Because of that*

La tecnología

Lee *Gramática 15.3, 15.4*

E. ¿Qué harías?

Parte 1. Completa cada oración con la forma apropiada del condicional del verbo entre paréntesis.

a. _____*Usaría*_____ (*Yo:* **Usar**) el programa Photoshop para arreglar la foto y luego se la
_____*enviaría*_____ (*yo:* **enviar**) por correo.

b. _____Compraríamos_____ (*Nosotros:* **Comprar**) un buen programa de antivirus y lo
_____Instalaríamos_____ (*nosotros:* **instalar**) inmediatamente.

c. _____Deberían_____ (*Ellos:* **Deber**) usar los medios sociales. Así
_____Podrían_____ (*ellos:* **poder**) subir las fotos y los videos a Facebook y a
Instagram.

d. _____Guardaría_____ (*Yo:* **Guardar**) una copia de respaldo en varios lugares.

e. Le _____pondría_____ (*yo:* **poner**) un nombre de usuario y una contraseña a mi
información.

f. Se la _____mandaría_____ (*yo:* **mandar**) en un archivo adjunto.

Parte 2. Ahora, empareja cada pregunta a continuación (1-5) con una de las oraciones de
Parte 1 (a-f).

MODELO: ___*a*___ ¿Qué harías para arreglar una foto que quieres mandarle a tu familia? (*Usaría
el programa Photoshop para arreglar la foto y luego se la enviaría por correo.*)

___f___ 1. ¿Qué harías si quisieras mostrarle a tu amigo una novela que estás escribiendo?

___d___ 2. ¿Qué harías para estar seguro/a de no perder por accidente un documento digital
importante?

___e___ 3. Si tienes documentos personales en tu computadora que no quieres compartir con tu
hermano/a, quien también usa la misma computadora, ¿qué harías?

___c___ 4. Si unos amigos quieren compartir fotos y videos con otros amigos, ¿qué deberían hacer?

___b___ 5. ¿Qué harían ustedes para evitar que entren virus en la computadora?

F. ¡Tu celular ya no tiene batería! Ana Sofía está de vacaciones en Costa Rica y visita a su amigo Juan Fernando. Completa la conversación con la forma correcta del condicional o del imperfecto de subjuntivo de cada verbo entre paréntesis.

ANA SOFÍA: Juan Fernando, _¿podrías_ **(poder)** tomarme una foto aquí con mi móvil, por favor?

JUAN FERNANDO: Por supuesto. ¿Preparada? ¡Oh, no! Tu celular no tiene batería.

ANA SOFÍA: ¿De verdad? Si _tuviera_ **(yo: tener)[1]** otra batería o el cargador[a] no _habría_ **(haber)[2]** problema.

JUAN FERNANDO: No te preocupes. Aquí tengo yo mi celular. Ojalá salga bien la foto. Si mi celular _fuera_ **(ser)[3]** más moderno, la foto _saldría_ **(salir)[4]** mejor.

ANA SOFÍA: No te preocupes, tómamela así. ¿Estoy bien aquí para la foto? A ver... ¡Patata!*

Juan Fernando le toma la foto a Ana Sofía.

JUAN FERNANDO: ¡Mira, Ana Sofía! ¡No salió muy bien esta foto! Está oscura.[b]

ANA SOFÍA: Tranquilo, luego la arreglaremos con la aplicación del teléfono.

JUAN FERNANDO: Si _tuviera_ **(yo: tener)[5]** esa aplicación, yo mismo te _arreglaría_ **(arreglar)[6]** la foto.

ANA SOFÍA: No hay problema, se lo diré a Eloy. Si él _estuviera_ **(estar)[7]** aquí ahora, seguro que nos _enseñaríamos_ **(él: enseñar)[8]** a hacerlo.

JUAN FERNANDO: Ojalá _estuviera_ **(él: estar)[9]** aquí con nosotros.

ANA SOFÍA: Sí, ojalá. Pero ahora sí, ¡tómame otra foto aquí! Quiero que se vea el volcán por detrás. ¡Patata!

[a]charger [b]dark

---

*Los españoles usan esta expresión cuando se toman una foto, su versión de «*Say cheese!*».

El futuro del planeta

Lee *Gramática 15.5*

G. Problemas del medio ambiente. Mira estas imágenes de algunos problemas del medio ambiente. Lee las oraciones y complétalas con las palabras de la lista. Pon atención a las imágenes y a quién va dirigido cada mensaje.

1 **la agricultura orgánica**
2 ***los agujeros de la capa de ozono***
3 **pesticidas**
4 **los ríos y los océanos contaminados**
5 **salud**
6 **la sequía**

7 **desperdiciar el agua**
8 ***les preocupa***
9 **nos urge**
10 **reciclar**
11 **te dan rabia**
12 **usar envases reusables**

MODELO: Miren *los agujeros de la capa de ozono*.

¿No *les preocupa* el calentamiento global?

¿Qué ves en esta imagen? ¿No _____ 11 _____¹

ver _____ 4 _____²?

Ya no llueve y _____ 6 _____³ se ha convertido en un gran problema. No debemos

_____ 7 _____.⁴

A todos nosotros _____ 9 _____⁵ cuidar el planeta. Para ello, hay que _____ 10 _____⁶ el papel, el plástico y el vidrio, y siempre

_____ 12 _____,⁷ bolsas de lona y vasos de vidrio.

Cuida el planeta y tu cuerpo fomentando

_____ 1 _____.⁸ Así reducirás el uso de

_____ 3 _____⁹ y protegerás tu

_____ 5 _____.¹⁰

H. Los amigos del club y el planeta. Lee las opiniones de varios amigos del club sobre problemas sociales y las acciones que se pueden tomar para resolverlos. Luego, escribe lo que dice cada amigo combinando una oración de cada lista. Pon atención a las palabras en negrita.

OPINIONES	ACCIONES
a **me urge** empezar a usar la energía solar porque es mucho más limpia y eficiente que la energía nuclear.	*f* Por eso, participamos en campañas para que los ciudadanos usen transporte público y ayuden a reducir la cantidad de esmog que se produce.
b **le parece** muy necesario proteger el medio ambiente.	*g* Por eso, con frecuencia va a su trabajo en autobús en vez de manejar y usa energía renovable.
c **te preocupa** el problema de la lluvia ácida?	*h* Por eso, les gusta participar en la creación de reservas para proteger el hábitat de estas especies y quieren que se impongan fuertes restricciones para la caza de estas especies animales.
d **les llaman la atención** todas las especies que hay en peligro de extinción y **les da rabia** que se destruya la fauna del planeta.	*i* ¿Piensas que si la gente usara más carros eléctricos y medios de transporte público, se podría reducir la cantidad de humo tóxico que emiten los carros?
e **nos afecta** y **nos molesta** la contaminación del aire.	*j* Por eso, quiero instalar paneles solares en la futura casa que tengamos Franklin y yo.

1. A Omar _____ b _____ g _____
   _____
   _____

2. A Sebastián y a Daniel _____ d _____ h _____
   _____
   _____

3. XIOMARA: A Nayeli y a mí _____ e _____ f _____
   _____
   _____

4. ESTEFANÍA: A mí _____ a _____ j _____
   _____
   _____

5. JUAN FERNANDO: Eloy, ¿a ti _____ c _____ i _____
   _____
   _____

En resumen

I. **Mensajes electrónicos.** Los amigos del club han recibido estos mensajes electrónicos. Ayúdales a contestarlos. **OJO:** Comienza cada mensaje con **Estimado/a** y termina con **Atentamente** o **Gracias.** Lee el modelo.

MODELO:

Para: Eloy Ramírez Ovando <eramo@berkeley.edu>
De: nanotecnologia@yahoo.com
Asunto: Curso: El uso de la nanotecnología en la medicina

Estimado futuro Dr. Ramírez Ovando:

Sabemos que usted será un médico famoso. ¿Quisiera ser el más famoso del mundo y curar todo tipo de enfermedades? Compre este curso que le enseñará a usar la nanotecnología para curar enfermedades como el cáncer.

Atentamente,

Dr. Saucedo

Para: nanotecnologia@yahoo.com
De: Eloy Ramírez Ovando <eramo@berkeley.edu>
Asunto: RE: Curso: El uso de la nanotecnología en la medicina

Estimado Dr. Saucedo:

Gracias por su mensaje, pero tengo serias dudas sobre ese curso. Si se pudiera usar la nanotecnología para curar enfermedades como el cáncer, ya habría muchos médicos usando esa técnica. ¿Usted la usa? ¿Podría decirme si ya la ha usado?

Gracias,

Eloy Ramírez Ovando

Para: Sebastián Saldívar Calvo <sebaschef@berkely.edu>
De: tvfuturo@gmail.com
Asunto: Ya llegó el televisor del futuro chef

Estimado Sr. Sebastián Saldívar:

¿Quisiera usted ser el futuro gran chef de América? Tenemos lo que usted necesita: un televisor que transmite el olor de las comidas. También ofrecemos una serie de videos con las mejores recetas de todos los países. Con este televisor, tendrá el éxito en sus manos. Si quiere probarlo, respóndanos a este correo y, por solo $3.500,00, podrá disfrutar de este gran aparato.

Atentamente,

Sr. Martínez

Gerente General, TV del Futuro

(Continúa.)

Para: tvfuturo@gmail.com
De: Sebastián Saldívar Calvo <sebaschef@berkely.edu>
Asunto: RE: Ya llegó el televisor del futuro chef

Para: Estefanía Rosales Tum <anthroestef@berkeley.edu>
De: energiaverde@hotmail.com
Asunto: Una nueva fuente de energía en su casa

Estimada Srta. Rosales Tum:

¿Quisiera usted tener en su casa una fuente de energía limpia y buena para el medio ambiente? Sabemos que sí, así que nosotros le ofrecemos la solución. Nuestra empresa instala paneles solares en el área de California a precios competitivos. Además de usar una fuente de energía verde y ayudar al planeta, su presupuesto también se verá afectado positivamente. Llámenos y le daremos un precio estimado. Además le enviaremos una revista con consejos para conservar el medio ambiente.

Atentamente,

David Guillamón

Presidente, Energía Verde, S.A.

Para: energiaverde@hotmail.com
De: Estefanía Rosales Tum <anthroestef@berkeley.edu>
Asunto: RE: Una nueva fuente de energía en su casa

Exprésate

Escríbelo tú

Cuestiones ambientales urgentes

Piensa en una cuestión ambiental que te parezca urgente, como por ejemplo, alguna especie animal en peligro de extinción o el calentamiento global. Escribe una breve composición sobre el tema. Explica el problema, luego di dónde ocurre, cuáles son sus causas principales y cuáles son las consecuencias. Para terminar, sugiere qué se puede hacer para mitigar o resolver el problema.

_____
_____
_____
_____
_____
_____
_____
_____
_____
_____

Enlace auditivo

Pronunciación y ortografía

Ejercicios de ortografía

I. Accent Marks on Future and Conditional Tenses

The future tense uses accent marks on the stressed vowel of the last syllable of all forms except for the **nosotros/as** form: **saldré, saldrás, saldrá,** *saldremos,* **saldréis, saldrán.** All conditional verb forms use an accent mark on the first **í** of the ending: **haría, harías, haría, haríamos, haríais, harían.**

Listen and write the following future and conditional verb forms, placing an accent where needed.

1. _____   9. _____
2. _____   10. _____
3. _____   11. _____
4. _____   12. _____
5. _____   13. _____
6. _____   14. _____
7. _____   15. _____
8. _____

II. Accent Review (Part 3)

A. Remember that words that end in a vowel are naturally stressed on the next-to-last syllable. When they are stressed on the last syllable, they must carry a written accent on the stressed vowel. The singular first- and third-person preterite forms of regular verbs* end in vowels and are stressed on the last syllable; don't forget to use accent marks when writing them: **decidí, llegué; durmió, se despertó.**

Listen to the sentences and write the missing words, adding an accent mark to the past-tense verb form when necessary.

1. _____ por la mañana _____ mi cuarto y _____ mis _____.

2. Mi mamá _____ _____ temprano, _____ café y _____.

3. Mis hermanas _____ muchas _____ en su _____.

4. Mi hermano _____ un nuevo _____ en su computadora, _____ un _____ y _____ _____ a YouTube.

5. Mi papá _____ _____ del trabajo y _____ todos al cine.

6. _____ una nueva película que a mí no _____ _____ mucho, pero que a mis _____ les _____.

7. Mi madre _____ más tarde del trabajo y mi padre _____ _____ a _____ la cena.

8. _____ con la familia y luego _____ los platos _____ mi hermano _____ el _____.

9. Mis amigos _____ a un _____ pero yo _____ investigaciones en línea y _____ un _____ para mi clase de historia.

10. Luego, _____ una hora _____ mi Facebook y _____ _____ a la una de la mañana.

B. In the imperfect tense, the first-person plural, or **nosotros/as**, form of **-ar** verbs always has a written accent mark: **estudiábamos, cantábamos, jugábamos.**[†] The first-person plural forms of the irregular verbs **ser** and **ir** also have accent marks: **éramos, íbamos.** For regular **-er** and **-ir** verbs, all of the imperfect forms have an accent mark: **comía, vivías, corríamos.**

Listen to the following narrative and write the verb forms. Use accent marks when necessary.

Cuando yo _____[1] ocho años, mi hermano y yo _____[2] con frecuencia, pero también _____[3] mucho tiempo juntos. Como yo _____[4] el mayor, _____[5] más juguetes que mi hermano y él siempre _____[6] jugar con los míos. Yo _____[7] que él _____[8] mis juguetes y por eso _____[9] tratos[a] con él: me _____[10] sus dulces y él _____[11] jugar con todas mis cosas. Los dos _____[12] videojuegos y _____[13] la computadora casi todos

[a]deals

_____

*For more practice with accents on regular preterite verb forms, you may wish to review the **Ejercicios de ortografía II** in **Capítulo 8** of this *Cuaderno de actividades.*

[†]For more practice with accents on regular imperfect verb forms, you may wish to review the **Ejercicios de ortografía II** in **Capítulo 10** of this *Cuaderno de actividades.*

los días cuando _____ [14] niños, pero también _____ [15] mucho y

_____ [16] en bici. Todos los veranos _____ [17] de viaje con nuestros padres y

siempre _____ [18] dos semanas en el campo con los abuelos. Por las tardes, a veces

_____ [19] al río a pescar o nadar; otros días nos _____ [20] en casa y

_____ [21] con los juguetes. Lo mejor de todo... ¡no _____ [22] tarea!

C. Remember to include accent marks on all but the first-person plural (**nosotros/as**) form of the future tense and on all forms of the conditional.

   Listen to the sentences and write the missing words, adding an accent mark to any conditional forms and to future forms when necessary. Don't forget to use question marks and exclamation marks when required and that question words always have a written accent.

1. Marcela, _____ _____ hora _____ _____ tus parientes?

2. Mis sobrinos _____ muy cansados y _____ _____

   temprano, pero mis cuñados _____ _____ a hablar un rato con

   _____.

3. _____, si no pasaras tanto tiempo _____ tu Facebook,

   _____ más tiempo para estudiar.

4. _____ sé papá, pero _____, _____ _____

   tener muchos amigos!

5. _____ _____ el año que viene y luego mi _____ y yo

   _____ de _____ _____ a Puerto Rico.

D. Remember that some one-syllable Spanish words sound the same but have different meanings depending on whether they have a written accent mark. (See **Capítulo 12, Ejercicios de ortografía I.**) Some of the most frequently used word pairs of this type are **de/dé, el/él, mi/mí, se/sé, si/sí, te/té,** and **tu/tú.** The word **más** (*more*) always uses an accent mark.*

   Listen to the sentences and write the missing words, adding accent marks to words when the meaning requires one. Remember to use question marks and exclamation marks when necessary and that all question words have a written accent.

1. Buenos días. _____ _____ Lucía?

2. _____, Lucía Molina. _____ _____.

3. _____ _____ con _____ chico del traje gris?

4. No, no vengo con _____ _____ _____.

5. No _____. _____ lo _____, Sebastián?

6. ¿No es _____ _____, Estefanía?

7. _____ verdad! Es _____ _____, Damián. ¡Hola, Damián!

8. _____, chica! _____ me presentas a _____ amigos, los _____ a

   _____ un café.

9. _____, Damián, pero _____ sabes que prefiero _____,

10. _____ bien, café o _____, lo que

---

*Originally the word **más** (*more*) formed a pair with the unaccented word **mas** (*but*). However, the use of **mas** (*but*) is hardly heard in everyday conversations. It is mostly used in print media and literary texts.

E. Remember that the unstressed vowels **i** and **u** normally form a diphthong with the vowels **a, e,** and **o: iu, ua, ue, ui, uo, ai** or **ay, ei, oi** or **oy, au, eu,** and **ou.*** When they do not form a diphthong (that is, the **i** or **u** is stressed and the vowels are in different syllables), the stressed **i** or **u** has a written accent mark: **rí-o, con-ti-nú-o, le-ís-te, ac-tú-a.**

Listen and write the following words. Remember to write an accent mark over the **i** or **u** to signal that it is stressed.

1. _____   6. _____
2. _____   7. _____
3. _____   8. _____
4. _____   9. _____
5. _____   10. _____

F. Remember that an accent mark is needed on affirmative commands† and present participles‡ if one or more pronouns are added, and on infinitives if two pronouns are added. Listen to the sentences and write the missing words, adding accent marks where necessary on affirmative commands.

1. _____ y _____, hijo. Ya es _____.

2. _____ _____. Ya son las ocho.

3. _____ estas _____ y _____ _____ los guantes.

4. _____ mañana. _____ _____ _____ esta tarde.

5. ¿Las _____ de la petición? _____ estoy _____.

6. ¿Los _____ para la guardería? Voy a _____ ahora.

7. ¿El _____ de inmigración? Estoy _____ en este _____.

8. Por favor, _____ esta carpeta (*file folder*) a la _____.

9. Por _____, voy a _____ en seguida (*right away*).

10. _____ tu _____, por favor.

---

*For more practice with diphthongs and separating diphthongs, you may wish to review the **Ejercicios de ortografía II** in **Capítulo 6** and **Ejercicios de ortografía I** in **Capítulo 13** of this *Cuaderno de actividades.*
†The one-syllable commands **de, di, haz, pon, ten, ve, ven** do not use an accent mark if only one pronoun is added (**Dele la lista**), but do need one if two pronouns are added (**Póntelos**). For more practice with accent marks on affirmative commands, review the **Ejercicios de ortografía III** in **Capítulo 11** of this *Cuaderno de actividades.*
‡For more practice with accent marks on present participles, review the **Ejercicios de ortografía I** in **Capítulo 14** of this *Cuaderno de actividades.*

Actividades auditivas

A. Sin fiesta no hay futuro. Xiomara, Radamés, Camila, Jorge y Eloy conversan en un café sobre sus planes para el futuro. Escucha la conversación.

Vocabulario de consulta

fama	fame
informática	computer science
exige	(it) demands

Empareja cada estudiante o frase con el plan correspondiente.

_____ **1.** Xiomara   **a.** quisiera tener un buen trabajo en informática.

_____ **2.** Camila   **b.** quiere seguir tocando música toda la vida.

_____ **3.** Radamés   **c.** escribirá varios libros.

_____ **4.** Eloy   **d.** invente una nueva manera de comunicarnos.

_____ **5.** Jorge   **e.** estará contenta cuando tenga su trabajo de psicóloga.

_____ **6.** Eloy espera que Jorge   **f.** ganen mucho dinero.

_____ **7.** A Xiomara le parece muy   **g.** curará a los enfermos y descubrirá nuevas medicinas.
bien que los doctores

B. ¡Si todo fuera tan fácil! Franklin, Estefanía, Lucía y Rodrigo conversan sobre algunos de los problemas de la sociedad moderna. Escucha la conversación.

Vocabulario de consulta

armas de fuego	firearms
muertes	deaths
vulnerables	vulnerable
se quedó sin	was left without

Empareja cada problema con las razones por las que los consideran serios.

PROBLEMA

_____ **1.** las armas de fuego

_____ **2.** los niños desamparados

_____ **3.** el desempleo

_____ **4.** los agujeros de la capa de ozono

LO CONSIDERAN SERIO PORQUE...

a. causan muchas muertes.

b. esto causa que las personas no tengan qué comer.

c. hay casi un millón en Estados Unidos.

d. las personas pierden sus casas.

e. mucha gente no quiere aceptar que hay un gran peligro.

f. necesitan protección.

g. son fáciles de conseguir.

h. son muy vulnerables.

i. un día se acabará el oxígeno.

Videoteca

Amigos sin Fronteras

Episodio 15: Una larga siesta

Resumen. En el centro estudiantil, Sebastián, Claudia, Nayeli y Eloy conversan sobre la tecnología y lo mucho que los jóvenes dependen de sus aparatos electrónicos. Nayeli propone que todos pasen un día sin sus aparatos, pero Eloy está muy cansado y estresado por sus exámenes. Él no reacciona a la idea de Nayeli porque se queda dormido. Entonces tiene un sueño muy interesante.

SEGMENTO 1

Preparación para el video

Vocabulario de consulta

mantenerme despierto	to stay awake	**me entretiene**	it entertains me
te concentrás	you focus (**vos** form)	**malos modales**	bad manners
Me distraigo	I get distracted	**un ratito**	a little while (*diminutive of* **un rato**)
esclavo	slave		
capaz	capable, able	**una siestecita**	una siesta pequeña

A. ¡Comencemos! Completa las siguientes opiniones de un estudiante universitario con palabras del **Vocabulario de consulta. OJO:** Hay palabras extra.

1. Pienso que las personas que textean y usan el teléfono mientras están almorzando con su familia o amigos tienen muy _____.

2. Cuando tengo exámenes no duermo mucho y por la tarde necesito _____.

3. _____ fácilmente cuando hago la tarea enfrente de la televisión.

4. A veces me siento _____ de la tecnología porque no puedo estar lejos de mis aparatos electrónicos.

5. Normalmente tomo mucho café para _____, especialmente en el tiempo de exámenes.

6. La tecnología me ayuda con las clases y también _____.

Comprensión del video

B. La idea principal. Indica la idea principal del segmento.

☐ Los amigos de Eloy quieren pasar un día sin aparatos electrónicos, pero Eloy dice que él no puede hacer eso.

☐ Eloy está muy cansado y sus amigos le sugieren que duerma más. Además proponen que ninguno de ellos use sus aparatos electrónicos por un día.

☐ Nayeli está muy preocupada por Eloy porque él toma mucho café y se pone nervioso.

C. Algunas ideas generales. Empareja las frases para formar oraciones que resumen algunas ideas generales de este segmento del video.

_____ 1. A Eloy le urge...

_____ 2. Nayeli se preocupa porque...

_____ 3. Claudia le sugiere a Eloy...

_____ 4. Sebastián piensa que...

_____ 5. Eloy cree que...

a. él no depende de los aparatos electrónicos más que sus amigos.

b. Eloy se volvería loco si no tuviera sus aparatos electrónicos.

c. Eloy está haciendo muchas cosas a la vez.

d. comprar más café.

e. que se concentre solo en el libro.

D. Detalles. Completa cada oración con palabras de la lista. **OJO:** Hay palabras extra.

| duerma | juegue | pasen | se despierte | termine |
| estudie | no hace | planea | tenga | toque |

1. Eloy dice que no va a poder dormir hasta que _____ sus exámenes.

2. Eloy se distrae cuando _____ varias cosas a la vez.

3. Claudia sugiere que todos _____ un día entero sin aparatos electrónicos.

4. Nayeli le sugiere a Eloy que _____ un ratito.

5. Los amigos de Eloy desean que él _____ un sueño agradable.

SEGMENTO 2

Preparación para el video

Vocabulario de consulta

Colgaron	They hung up	**jalarlo**	pull it
profundamente	soundly	**atarlo**	tie it up
bien (difícil)	**muy (difícil)**	**¡Estás chiflado!**	You're nuts!
Estoy muy a la moda.	I'm wearing the latest fashion.	**una broma**	a prank, a joke
		de mal gusto	in bad taste
bromeando	joking	**Te noto muy raro**	You're acting kind of weird
¡Caray!	Dang! (*Mex., coll.*)	**un ensayo**	a (research) paper
mitad	half	**a máquina**	on the typewriter
el alquiler	rent	**pesadilla**	nightmare
nave espacial	spaceship		

E. ¡Comencemos! Contesta las siguientes preguntas.

1. ¿Cuál ha sido la peor pesadilla que has tenido? ¿Qué pasó en tu pesadilla?

_____

2. Si pudieras viajar por el tiempo, ¿a qué época viajarías? ¿Por qué? ¿A quién te gustaría ver? ¿Qué aspectos serían diferentes (ropa, pelo, medios de comunicación, aparatos electrónicos,...) a la actualidad?

_____

F. Sinónimos. Empareja cada definición con la expresión correspondiente.

_____ 1. un sueño malo

_____ 2. el dinero que se paga cuando alquilas una casa / un apartamento

_____ 3. Escribes esto para tus clases.

_____ 4. medio de transporte que se usa para viajar a otro planeta

_____ 5. ½

_____ 6. ¡Estás loco!

_____ 7. llevar el estilo de ropa del momento

_____ 8. una manera de escribir

a. un ensayo

b. mitad

c. estar a la moda

d. ¡Estás chiflado!

e. una pesadilla

f. a máquina

g. el alquiler

h. una nave espacial

Comprensión del video

G. Orden de algunas ideas. Ordena de 1 a 4 las ideas que aparecen en este segmento del video.

_____ Eloy no recordaba que viviera con Nayeli.

_____ Eloy comprendió que todo había sido una pesadilla.

_____ Eloy le preguntó a Nayeli por varios aparatos electrónicos, pero ella no sabía de qué estaba hablando Eloy.

_____ Nayeli le pidió a Eloy que contestara el teléfono.

H. La tecnología. Indica la respuesta que mejor complete cada oración, según este segmento del video.

1. **(La televisión / La radio / El teléfono)** que suena está al lado de Eloy.

2. Eloy dijo que necesitaba buscar alguna información **(en la biblioteca / en su libro / en línea)**.

3. Nayeli y Eloy pagan los gastos por mitad: el alquiler, **(las cuentas / los muebles / la universidad)** y la comida.

4. Eloy necesita su **(celular / computadora / I-Pad)** para hablar con un compañero de clase.

5. El televisor de Nayeli no es muy grande y es **(nuevo / caro / de segunda mano)**.

6. Eloy se sorprende de que ellos no tengan **(alta definición / cable / Netflix)**.

7. Nayeli tenía que escribir un ensayo de **(literatura / química / historia)** a máquina.

I. No recuerdo y no entiendo. En el video, Eloy no podía creer algunas cosas que le estaban pasando. Empareja las oraciones para explicar lo que pasó en cada caso.

Eloy le preguntó a Nayeli si...	Él no recordaba que...
_____ **1.** él había ido de visita a la casa de Nayeli.	**a.** eran *roomies*.
_____ **2.** ellos vivían juntos.	**b.** eran compañeros de apartamento y que no estaba visitándola.

Eloy le preguntó a Nayeli si...	Nayeli no entendía...
_____ **3.** todo era una broma.	**c.** para qué quería un cable.
_____ **4.** sabía dónde estaba su teléfono.	**d.** de qué broma hablaba.
_____ **5.** no tenía televisión ni cable.	**e.** por qué lo buscaba en sus bolsillos.

J. Pasado vs. presente. En su sueño, Eloy viaja por el tiempo y habla con Nayeli de cosas tecnológicas que ella no comprende. ¿Cómo completaría cada oración Eloy y Nayeli en ese sueño?

la antena	*el celular*	**en la biblioteca**	**la máquina de escribir**
el cable	**la computadora**	**en línea**	**el teléfono de casa**

	Eloy	Nayeli
«Buscaré unos datos...	_____¹,»	_____⁵,»
«Llamaré a mi compañero de clase con...	_____²,»	_____⁶,»
«Veré varios canales en la televisión usando...	_____³,»	*la antena* ,»
«Escribiré un ensayo con...	_____⁴,»	_____⁷,»

K. ¿Qué es? Indica quién dice cada oración: Nayeli **(N)** o Eloy **(E)**. Luego, indica a qué se refiere la palabra subrayada, según el video.

_____ **1.** «No lo vas a encontrar en tus bolsillos.»   _____

_____ **2.** «Estoy de acuerdo; dependo mucho de ella.»   _____

_____ **3.** «La tengo en mi dormitorio.»   _____

_____ **4.** «¡Ella lleva un disfraz de Halloween!»   _____

Mi país

Costa Rica

SEGMENTO 1

Preparación para el video

Vocabulario de consulta

¡Pura vida!	Life is good! (*popular expression in Costa Rica*)	**monos**	monkeys
		perezosos	sloths
terremoto	earthquake	**ranas**	frogs
los ticos	**los costarricenses**	**el ecoturismo**	ecotourism
la flora y la fauna	flora and fauna (plants and animals)	**tirarme en tirolina**	to ride a zipline
		las aguas termales	hot springs

A. ¡Comencemos! Contesta las preguntas. Consulta el mapa, si quieres.

1. ¿Cómo se llama la capital de Costa Rica? _____

2. ¿Dónde está Costa Rica?

    a. en Norteamérica   **b.** en Centroamérica   **c.** en Sudamérica

3. ¿Dónde tiene costas Costa Rica? Indica todas las respuestas correctas.

    a. en el océano Pacífico   **c.** en el Caribe

    b. en el océano Índico   **d.** en el mar Mediterráneo

B. Hablemos de la naturaleza. Escribe cada palabra de la lista en la categoría correcta. Consulta el **Vocabulario de consulta,** si quieres.

el huracán	**el mono**	**el perezoso**	**el terremoto**
la iguana	**la montaña**	**la rana**	**la tormenta**
la inundación	**el parque natural**	**la selva**	**el volcán**

formaciones geológicas y lugares	animales	fenómenos naturales

Comprensión del video

C. Las ideas del segmento. Indica las ideas que aparecen en este segmento del video.

  ☐ **1.** museos   ☐ **7.** parques nacionales

  ☐ **2.** dónde está Costa Rica   ☐ **8.** festivales de verano

  ☐ **3.** playas   ☐ **9.** restaurantes famosos

  ☐ **4.** desiertos   ☐ **10.** animales

  ☐ **5.** celebraciones religiosas   ☐ **11.** el número de personas en Costa Rica

  ☐ **6.** volcanes   ☐ **12.** reciclaje

D. Leyendas. Escribe la frase de la lista que mejor describe cada imagen de Costa Rica.

el humo del volcán Irazú	**un mono**	**playas de arena blanca**	**el volcán Poás**
una iguana	**un perezoso**	**una rana**	**Reserva Biológica Bosque Nuboso Monteverde**

1. _____ 2. _____ 3. _____

4. _____ 5. _____ 6. _____

7. _____ 8. _____

1–8: ©McGraw-Hill Education/Klic Video Productions

E. Respetar y disfrutar de la naturaleza. Completa la tabla con palabras de la lista, según el video.

Animales   Actividades divertidas en la naturaleza   Nombres (x2)

Datos interesantes   Actividades importantes para cuidar la naturaleza

volcanes	1. _____ • el volcán Arenal • el volcán Poás • el volcán Irazú	4. _____ • el volcán Arenal: uno de los más altos de Centroamérica • el volcán Irazú: le sale humo con frecuencia
parques nacionales	2. _____ • Parque Manuel Antonio • la Reserva Biológica Bosque Nuboso Monteverde	5. _____ • monos • perezosos • iguanas • ranas
ecoturismo	3. _____ • reciclaje • respeto de la flora y la fauna	6. _____ • tirarse en tirolina • montar a caballo • bañarse en aguas termales

F. Detalles. Contesta las siguientes preguntas, según el video. Consulta el **Vocabulario de consulta,** si quieres.

1. ¿Por qué dice Juan Fernando que él es diferente de los otros amigos del club?

Porque él vive en _____.

2. En Costa Rica se usa mucho una expresión para indicar que algo es muy bueno. ¿Cuál es esa expresión?

_____

3. ¿Cómo es la arena de las playas que muestra Juan Fernando?

_____

4. ¿Cuál es otro nombre para los costarricenses?

_____

5. ¿Qué dos fenómenos naturales nombra Juan Fernando, de los cuales no debemos tener miedo si los vemos?

Ver salir _____ del volcán Irazú y notar un pequeño

_____.

SEGMENTO 2

Preparación para el video

Vocabulario de consulta

precolombino	Pre-Columbian (before Christopher Columbus' arrival)
una fuente	source
gallo pinto	Costa Rican dish (a combination of black beans and rice)
casado	Costa Rican dish whose basic ingredients are white rice, black beans and meat (thus it resembles the bride in white and the groom in black)

G. ¡Comencemos! Contesta las siguientes preguntas.

1. Piensa en los mercados hispanos. ¿Qué cosas puedes comprar en un mercado? Marca las respuestas correctas.

☐ fruta   ☐ carros   ☐ buzones   ☐ ropa   ☐ productos de cerámica

☐ verdura   ☐ artesanías   ☐ café   ☐ pesticidas   ☐ paneles solares

2. Tradicionalmente, ¿de qué color es el traje de la novia en una boda? _____

3. ¿Y de qué color es el traje el del novio? _____

Comprensión del video

H. La idea principal. Marca la idea principal de este segmento del video.

☐ Juan Fernando habla de la importancia de la producción del café.

☐ Juan Fernando conversa sobre su futura boda.

☐ Juan Fernando presenta algunos lugares de su ciudad.

☐ Juan Fernando muestra el mercado principal de San José.

I. **Lugares.** Empareja cada imagen de San José con su nombre y descripción.

a. Hay artesanías, comida y café.

b. Hay muchas exhibiciones de arte precolombino.

c. Mercado Central

d. Museo Nacional de Costa Rica

e. Paseo Colón

f. una avenida más importante de la capital

_____ **1.** _____ **2.** _____ **3.**

1-3: ©McGraw-Hill Education/Klic Video Productions

J. **Comidas costarricenses.** Escribe el nombre de cada plato costarricense, según en el video.

arroz con pollo
casado
empanadas
gallo pinto

1. _____ **2.** _____

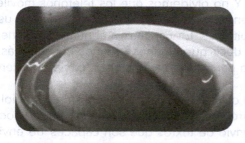 

3. _____ **4.** _____

1-4: ©McGraw-Hill Education/Klic Video Productions

K. **Detalles.** Completa cada oración según este segmento del video.

1. A Juan Fernando le gustaría tener su farmacia en el _____.

2. El Museo Nacional de Costa Rica es uno de los lugares favoritos del

_____ de Juan Fernando.

3. El Mercado Central es el lugar favorito de la _____ y de los

_____ de Juan Fernando.

4. El _____ es una fuente económica muy importante para Costa Rica.

5. Un plato costarricense, el _____, tiene los mismos colores que los

trajes de los novios en la boda.

¡A leer!

¿Sabías que... ?

La comunicación digital

¿Sabías que hay unos 380.000.000 de usuarios de Internet en el mundo hispano? En 2015, el número llegó casi al 55 por ciento de la población en Latinoamérica y el Caribe. Cada año aumenta[a] el número de usuarios, sobre todo entre las edades de dieciocho y treinta y cinco años. En países como España, Chile, Argentina y Uruguay, el porcentaje de los ciudadanos con acceso al Internet es muy alto: en España el 82 por ciento de la población usa el Internet, en Chile y Uruguay más del 64 por ciento lo utiliza, mientras que en Argentina la tasa de usuarios llega casi al 70 por ciento. En algunas partes de Centroamérica la participación en la red mundial[b] es más baja, entre 15 y 45 por ciento. Pero en Costa Rica casi el 60 por ciento de los hogares ya tiene acceso a Internet.

Mucho se ha hablado sobre la brecha digital[c] entre los países más industrializados y los países en vías de desarrollo.[d] Esta estratificación digital ocurre por la falta de acceso a las conexiones de banda ancha[e] y también por el analfabetismo[f] digital o por factores bien conocidos como la pobreza o la falta de electricidad. Sin embargo, cada día avanza más la inclusión digital en el mundo hispano.

Los medios sociales son muy populares. Entre los más destacados están Facebook y Twitter; de hecho en el mundo, más de 1.800 millones de personas usan Facebook de forma activa. En servicios de mensajería[g] destaca Whatsapp, siendo México uno de los países que más usa este servicio de mensajería. En España, la red más usada de Internet es Whatsapp, con más del 40 por ciento de los usuarios, seguido de Facebook con más de 30 por ciento.

Si quieres ver videos de música u otros temas, seguramente entras en YouTube, que cuenta con millones de usuarios por todo el mundo hispano. Y no olvidemos que los teléfonos móviles se han convertido en la tecnología más usada, pues en muchos países de habla hispana el uso de servicio celular excede el 50 por ciento de los habitantes. En España ya el número de líneas celulares superó el número de habitantes; eso quiere decir que algunos usuarios poseen más de un teléfono móvil y no lo utilizan solo para hablar sino para distintas funciones, como por ejemplo, para conectarse al Internet.

La popularidad del texteo como parte del servicio celular ha influido mucho en el español que se usa en el Internet, tanto en los mensajes electrónicos como en las páginas de red social. Algunos chicos han desarrollado[h] tal destreza[i] en el envío de textos que son capaces[j] de enviar mensajes enteros desde el bolsillo de sus pantalones para evitar que los maestros o los padres los vean. A ver si podemos descifrar este mensaje de texto: **q acs st fínd aki npn stoy n kls 100pre dfcl asdc t yamo bss.** Pues esta persona escribió: *¿Qué haces este fin de semana? Aquí no pasa nada; estoy en clase, siempre difícil. Al salir de clase te llamo. Besos.*

[a]*increases*   [b]*red... world net (World Wide Web)*   [c]*brecha... digital divide*   [d]*países... developing countries*
[e]*de... broadband*   [f]*illiteracy*   [g]*messenger*   [h]*han... have developed*   [i]*tal... such skill*   [j]*capable*

PALABRAS COMÚNMENTE USADAS EN EL LENGUAJE DEL TEXTEO EN ESPAÑOL	
Hla	Hola
Kntm	Cuéntame
Dim	Dime
q qrs?	¿Qué quieres?
Tq	te quiero
a2	Adiós

El texteo es ya un código aparte. Alguna gente piensa que ese código degrada el lenguaje; otras personas lo ven como una incorporación valiosa al lenguaje. Un detalle más: ¿Sabías que hay libros de gramática en español recientes que incorporan el lenguaje del texteo en sus lecciones? Como ves, ¡el texteo ya está siendo considerado parte de la gramática española! Junto con el e-mail, los videos de YouTube y los medios sociales, forma parte íntegra de la nueva comunicación digital en todo el mundo.

A. Comprensión. Indica la respuesta correcta.

1. ¿Qué países tienen mejor acceso al Internet?

   a. Colombia, Chile, España, México
   b. Argentina, Chile, Uruguay, España
   c. Chile, España, Panamá, Venezuela
   d. Colombia, Guatemala, España, Paraguay

2. ¿Cuál es el medio social o el servicio de mensajería más usado en España?

   a. Tuentidad
   b. Tuvida
   c. Whatsapp
   d. MySpace

3. ¿En qué país se superó la cantidad de líneas celulares a los habitantes?

   a. Chile
   b. Argentina
   c. España
   d. Colombia

B. El texteo. Empareja estas palabras con su versión en texteo.

_____ **1.** hla
_____ **2.** kntm
_____ **3.** dim
_____ **4.** q qrs?
_____ **5.** tq
_____ **6.** 100pre
_____ **7.** bss
_____ **8.** aki
_____ **9.** acs
_____ **10.** a2

a. haces
b. siempre
c. adiós
d. hola
e. cuéntame
f. besos
g. te quiero
h. ¿Qué quieres?
i. dime
j. aquí

Conexión cultural

La inmigración nicaragüense en Costa Rica

Vocabulario de consulta

una tercera parte	one-third
ha dado la bienvenida	have welcomed
ha tratado de	has tried to
acuerdo	agreement
permiso	permit
soportar	to tolerate, to put up with
cosechas	crops
política	policy
huían	fled
culpan	blame
males	wrongs
hecho	fact
mano de obra	labor
disminuir	diminish

©Glow Images, Inc/Getty Images

Muchos de los recogedores (*pickers*) de café en Costa Rica son nicaragüenses.

Se estima que en Costa Rica hay entre 600.000 y 800.000 inmigrantes de Nicaragua, de los cuales **una tercera parte** está en el país ilegalmente. Muchos de estos inmigrantes abandonan su país para buscar trabajo. Costa Rica resulta ser el destino ideal, pues está cerca, ofrece fácil entrada y tiene una economía mucho más estable y próspera que la de Nicaragua.* Para los nicaragüenses, Costa Rica es un país rico, un lugar de oportunidades y futuro.

Costa Rica siempre les **ha dado la bienvenida** a los inmigrantes. Además de los nicaragüenses, a este país emigran colombianos, panameños, chinos y estadounidenses. El gobierno costarricense **ha tratado de** abrir sus puertas a Nicaragua, firmando un **acuerdo** en 1998 para permitir la entrada de inmigrantes con **permiso** para trabajar en la agricultura. Pero la llegada masiva de nicaragüenses está cambiando la actitud de los costarricenses hacia el país vecino. Muchos se sienten invadidos y llaman a los nicaragüenses, con resentimiento, «turistas perpetuos». Los nicaragüenses tienen que **soportar** la discriminación de un sector de la población costarricense y vivir al margen de la sociedad, pero siguen llegando a Costa Rica. Allí trabajan en **cosechas** de café y plátano, hacen labores domésticas o buscan empleo en fábricas de grandes compañías como Intel, Procter and Gamble y Abbot Laboratories.

Se entiende la reacción negativa de muchos costarricenses, pues se podría decir que la inmigración nicaragüense se ha convertido en una crisis para Costa Rica. Como resultado, el gobierno ha tenido que volver a evaluar su **política** hacia la inmigración. Fue así que en 2006 se estableció una nueva ley que le da más autoridad al gobierno para deportar a los inmigrantes.

---

*El ingreso anual medio (*average yearly income*) de Nicaragua es de casi 11.000 dólares estadounidenses, en comparación con el de Costa Rica, que es de 36.000 dólares.

Los nicaragüenses no han emigrado a Costa Rica siempre por razones económicas; también ha habido motivos políticos. Durante la década de los setenta, muchos **huían** del gobierno opresivo y corrupto de Anastasio Somoza (1967–1979). Luego, en los ochenta, había gente que se iba de Nicaragua por no estar de acuerdo con las ideas comunistas del gobierno revolucionario sandinista (1979–1990). Otros abandonaron el país durante este período para escapar de los conflictos políticos entre los sandinistas y los contrarrevolucionarios.

La población nicaragüense en Costa Rica ha contribuido de manera significativa a la economía y a la cultura del país. Según el censo más reciente, esta población es muy joven: el 50% tiene entre veinte y cuarenta años; el 25% tiene menos de veinte años. Las estadísticas muestran que hay básicamente tres grupos de inmigrantes recientes de Nicaragua en Costa Rica: 1) el grupo migratorio, compuesto por los que llegan para trabajar en la agricultura y solo se quedan un año; 2) el grupo semipermanente de aquellos que llegan a Costa Rica sin su familia para hacer una variedad de trabajos y vuelven de visita a su país una vez al año; 3) el grupo permanente, inmigrantes que llegan con su familia para trabajar y se quedan a vivir en Costa Rica.

Costa Rica depende de la **mano de obra** nicaragüense, sin la cual la economía costarricense sufriría enormemente. La nueva ley de inmigración afecta las condiciones de vida de los inmigrantes de Nicaragua, haciéndolos más vulnerables a abusos de todo tipo. Hay menos protección, menos garantía de seguridad para esta gente y más dificultad a la hora de entrar de forma legal. En consecuencia, ya se observa una disminución de la inmigración nicaragüense en Costa Rica, y esto posiblemente tenga un impacto negativo en la economía de Costa Rica. ¿Qué efecto tendrá la ausencia gradual de nicaragüenses en la sociedad costarricense? Según la opinión de los expertos, Costa Rica lamentará esta ausencia.

A. Comprensión. Empareja cada oración con información correspondiente.

_____ **1.** El nombre que algunos costarricenses usan para llamar a los nicaragüenses

_____ **2.** Los trabajos típicos que los nicaragüenses hacen en Costa Rica: cosechan café y plátano, ...

_____ **3.** Algunas de las razones por las que los nicaragüenses salen de su país

_____ **4.** Los tres tipos de inmigrantes nicaragüenses en Costa Rica

a. económicas

b. el grupo migratorio

c. hacen labores domésticas

d. el grupo permanente

e. turistas perpetuos

f. el grupo semipermanente

g. trabajan en fábricas

h. políticas

B. Pregunta. ¿Qué opinas de la inmigración? ¿Tienen derecho de emigrar las personas que no pueden encontrar trabajo en su país? ¿Si no pudieras conseguir trabajo en tu país, emigrarías a otro?

_____

_____

Galería
Costa Rica

El parque nacional Tortuguero es uno de los refugios más importantes del mundo. Protege tortugas marinas en peligro de extinción, como la tortuga verde, y es hábitat de otras especies animales, como el manatí y el pez gaspar (*tropical gar*). Tiene una gran diversidad de flora y fauna gracias a la variedad de hábitats: playas, ríos, lagos, lagunas y selvas tropicales.

El río Celeste en el parque nacional Volcán Tenorio, tiene un color azul celeste espectacular, debido a reacciones químicas entre el agua y los minerales del volcán. Aquí se pueden hacer muchas actividades, como caminatas por la naturaleza y visitas a aguas termales y géiseres.

El volcán Poás tiene dos cráteres. En el principal hay una laguna con agua caliente y en el otro hay una laguna de agua fría. Los volcanes costarricenses son espectaculares y muy visitados por los turistas en Costa Rica.

La playa Ostional se ubica en la región de Guanacaste, en la costa del Pacífico. A esta playa llega a anidar (*nest*) el mayor número de tortugas lora del planeta. Es un evento natural maravilloso. Ver este fenómeno es ¡pura vida!

A. Comprensión. Indica dos aspectos de cada lugar, según las leyendas.

_____ **1.** parque nacional Tortuguero

_____ **2.** parque nacional Volcán Tenorio

_____ **3.** el Volcán Poás

_____ **4.** la playa Ostional

a. En este lugar anidan muchas tortugas lora.

b. Es uno de los sitios más visitados por los turistas.

c. Está en Guanacaste, en la costa del Pacífico.

d. Hay una variedad de hábitats.

e. Se protegen muchas especies de tortugas marinas.

f. También se puede visitar sus aguas termales y géiseres.

g. Tiene dos cráteres con una laguna cada uno.

h. Allí están el Río Celeste y su catarata.

B. Un toque personal. Imagínate que trabajas haciendo promoción turística de Costa Rica. Selecciona dos de los cuatro lugares que aparecen en las fotos y escribe una oración promocional para cada lugar. Por ejemplo: **Si vienes..., disfrutarás de / verás / podrás..., ¡Te esperamos!**

_____

_____

Expansión gramatical

This **Expansión gramatical** is intended to help expand your knowledge of Spanish grammar at a more advanced level. The topics covered are often encountered during a second-year course, but you may want to explore some of them on your own. Your instructor may also want to cover these areas after finishing *Tu mundo*. Answers to the exercises in this section are included in the Answer Key at the back of this *Cuaderno de actividades*.

The grammar that you have studied in *Tu mundo* is by no means all the grammar that you will need to know in order to read, write, and speak Spanish with native fluency, but don't be discouraged. You can already communicate with native speakers on a wide array of topics, and your ability to understand spoken and written material will allow you to interact comfortably with the Spanish-speaking world. Advanced grammatical competence does not come as much from learning rules and completing exercises as it does from communicating with Spanish speakers in person, reading, listening to the radio, watching TV, and interacting with Spanish speakers through social media. All of these activities are powerful ways to acquire grammar in a meaningful context. Many non-native speakers of Spanish become lifelong learners, continually adding to their repertoire of vocabulary and grammatical knowledge, all the while enjoying their contact with the Spanish-speaking world. **¡Buen viaje!**

1. Indicating to Whom Something Belongs: Possessive Pronouns

A. When speaking about possession, one can use either a possessive adjective (**mi, tu, nuestro/a, vuestro/a, su**) or possessive pronoun (**mío/a, tuyo/a, nuestro/a, vuestro/a, suyo/a**). Note that possessive pronouns change their form to show gender and number.

¿No tienes suéter? Te presto **el mío.** *You don't have a sweater? I'll lend you mine.*

¿Olvidaron sus galletitas? **Las nuestras** *Did you (pl.) forget your cookies?*
 están en la mesa. *Ours are on the table.*

B. When a possessive pronoun replaces a specific noun, Spanish speakers usually use a definite article (**el, la, los, las**) with the pronoun.

Tus botas son más elegantes que las mías. *Your boots are more elegant than mine.*

The definite article is generally omitted after a form of **ser.** However, the article may be used after **ser** for emphasis.

Las botas elegantes son **tuyas.** *The elegant boots are yours.*

Las botas más elegantes son **las tuyas.** *The most elegant boots are yours (as opposed to belonging to someone else).*

C. In Spanish one possessive pronoun (**el suyo**) corresponds to the English possessive pronouns *yours* (singular or plural), *his, hers,* and *theirs.* Therefore, out of context, the sentence **El suyo no ha llegado** could correspond to all of the following English meanings: *His / Hers / Theirs / Yours (sing. or pl.) hasn't arrived.* Normally, in conversation, context will tell you to what and to whom **suyo/a/os/as** refers. As an alternative to **suyo,** you may use the article followed directly by **de** plus the name of the person: **El de Marta no ha llegado.** (*Marta's hasn't arrived.*)

Ejercicio 1

Claudia encuentra varias cosas en el salón de clase. Ella le pregunta a Eloy de quién son. Escribe las respuestas de Eloy siguiendo (*following*) los modelos. El dueño / La dueña del objeto se indica entre paréntesis.

MODELOS: CLAUDIA: ¿De quién son estos libros? ¿Son tuyos? (Eloy)

ELOY: Sí, son *míos*.

CLAUDIA: ¿De quién son estos libros? ¿Son de los estudiantes? (la profesora)

ELOY: No, no son *suyos*. Son de *la profesora*.

1. CLAUDIA: ¿De quién es esta chaqueta? ¿Es tuya? (Eloy)

ELOY: _____

2. CLAUDIA: ¿De quién es este cuaderno? ¿Es mío? (Claudia)

ELOY: _____

3. CLAUDIA: ¿De quién son estas sudaderas? ¿Son de Rodrigo y Lucía? (Rodrigo y Lucía)

ELOY: _____

4. CLAUDIA: ¿De quién es este reloj? ¿Es de Sebastián? (Daniel)

ELOY: _____

5. CLAUDIA: ¿De quién son estas mochilas? ¿Son de Camila y Nayeli? (Camila y Nayeli)

ELOY: _____

6. CLAUDIA: ¿De quién es este diccionario? ¿Es nuestro? (nosotros)

ELOY: _____

7. CLAUDIA: ¿De quién son estos bolígrafos? ¿Son del profesor? (Lucía)

ELOY: _____

8. CLAUDIA: ¿De quién es esta patineta? ¿Es de Radamés? (Rodrigo)

ELOY: _____

9. CLAUDIA: ¿De quién es este libro de texto? ¿Es tuyo? (Eloy)

ELOY: _____

10. CLAUDIA: ¿De quién son estos papeles? ¿Son míos? (el profesor)

ELOY: _____

2. Asking and Answering Questions: Patterns in the Preterite

A. Four common question-and-answer patterns in the preterite include **yo** or **nosotros/as** verb forms in the answer. If the question refers to *you* (*singular*), then your answer will use the **yo** form of the verb. If the question refers to *you and others,* then your answer will use the **nosotros/as** form of the verb.

INFORMAL SINGULAR

—¿Saliste anoche? *Did you go out last night?*

—Sí, salí. / No, no salí. *Yes, I did (go out). / No, I didn't (go out).*

POLITE SINGULAR

—¿Durmió (usted) anoche? *Did you sleep last night?*

—Sí, dormí. / No, no dormí. *Yes, I did (sleep). / No, I didn't (sleep).*

INFORMAL AND POLITE PLURAL (LATIN AMERICA); POLITE PLURAL (SPAIN)

—¿Se despertaron temprano ustedes? *Did you wake up early?*

—Sí, nos despertamos temprano. / *Yes, we did (wake up early). / No, we didn't (wake*
No, no nos despertamos temprano. *up early).*

INFORMAL PLURAL (SPAIN)

—¿Comisteis (vosotros) anoche? *Did you eat last night?*

—Sí, comimos. / No, no comimos. *Yes, we did (eat). / No, we didn't (eat).*

B. If the question refers to people other than the speaker and the person being spoken to (**él, ella, ellos, ellas, mi madre, el profesor,** etcétera), the verb form in the question and answer will usually be the same.

Ejercicio 2

Contesta las preguntas con **sí** o **no** según lo que se indica entre paréntesis.

> MODELO: Ayer, ¿compraste un coche? (sí)
>
> *Sí, compré un coche.*

Ayer,...

1. ¿fuiste a un concierto? (sí) _____

2. ¿cenaste con tus padres? (no) _____

3. ¿escribiste un email? (sí) _____

4. ¿te lavaste el pelo? (sí) _____

5. ¿leíste una revista? (no) _____

La semana pasada, ¿tú y tus amigos...

6. hicieron un viaje? (no) _____

7. vieron una película buena? (sí) _____

8. salieron juntos? (sí) _____

9. dieron una fiesta? (no) _____

10. sacaron muchas fotografías? (no) _____

3. Using Regional Pronouns: *vos* and *vosotros/as* Forms

A. The subject pronouns **tú** and **usted(es)** are used by the majority of Spanish speakers and are recognized by everyone. However, as you know, Spanish has two other pronouns that are equivalent to English *you*: **vos** (*informal, singular*) and **vosotros/as** (*informal, plural*).

In some countries, particularly Argentina, Uruguay, Paraguay, and most of Central America, speakers prefer to use the subject pronoun **vos** and its verb forms when speaking with friends and family. **Vos** is also used by many speakers in parts of Colombia, Chile, and Ecuador. If you travel to areas where **vos** is used, everyone will accept that you use **tú** and **usted** because you are a foreigner, but if you stay in one of those countries for any length of time, you will probably find yourself using **vos** and its verb forms with your friends.

B. Except for the present indicative and subjunctive, the **vos** verb forms are almost identical to the **tú** verb forms.

In the present indicative, use the endings **-ás** for **-ar** verbs, **-és** for **-er** verbs, and **-ís** for **-ir** verbs. Stem vowels do not change: **querés, podés, dormís.** Note in the examples that follow that, unlike the pronoun **tú,** the pronoun **vos** is commonly used in place of someone's name.

¿Qué **querés** comer **vos**?	*What do you want to eat?*

The affirmative **vos** commands are formed with the infinitive minus the final **-r: terminá, comé, escribí.**

Vení con nosotros.	*Come with us.*

The subject pronoun **vos** remains unchanged when it follows a preposition.

Voy con **vos** al centro.	*I'm going downtown with you.*
El regalo es para **vos.**	*The gift is for you.*

All other pronouns, as well as the possessive adjectives, are the same as the **tú** forms.

C. The subject pronouns **tú** and **ustedes** are recognized and used by all speakers of Spanish. However, in Spain, speakers distinguish between informal and formal *you* in the plural. They use **vosotros/as** as an informal plural pronoun and **ustedes** as a formal plural pronoun. Just as with the pronoun **tú,** the pronoun **vosotros/as** is frequently omitted unless there is a subject change or emphasis is needed.

Here are the **vosotros/as** forms of most of the verb tenses presented in *Tu mundo*.

PRESENT (INDICATIVE): habláis, coméis, recibís

PRESENT PROGRESSIVE: estáis + hablando/comiendo/recibiendo

PRESENT PERFECT: habéis + hablado/comido/recibido

PAST (PRETERITE): hablasteis, comisteis, recibisteis

IMPERFECT: hablabais, comíais, recibíais

FUTURE: hablaréis, comeréis, recibiréis

CONDITIONAL: hablaríais, comeríais, recibiríais

PRESENT SUBJUNCTIVE: habléis, comáis, recibáis

IMPERFECT SUBJUNCTIVE: hablarais, comierais, recibierais

AFFIRMATIVE COMMANDS: hablad, comed, recibid

Speakers who use the **vosotros/as** form of address also use the corresponding pronouns: **vosotros/as** (subject, object of preposition), **vuestro/a/os/as** (possessive), and **os** (all other object pronouns).

Espero que **os divirtáis (vosotros)** en la playa.	*I hope you enjoy yourselves at the beach.*
Vuestro perro está en nuestro jardín.	*Your dog is in our garden.*

Ejercicio 3

Lee la conversación entre dos amigos en Argentina. Luego, imagínate que las dos personas que hablan son de México. Haz los cambios necesarios para cambiar las formas verbales de **vos** por las de **tú**.

—¿Vas a quedarte en casa esta noche vos?

—No, pienso salir al cine. ¿Y vos?

—No sé.

—¿Por qué no venís conmigo?

—¿Qué pensás hacer después del cine?

—Dar una vuelta por el centro. ¿Querés?

—¿Tenés coche?

—Claro que sí. ¿Qué decís?

—De acuerdo. ¿A qué hora pasás a buscarme?

—A las ocho.

— _____

— _____

— _____

— _____

— _____

— _____

— _____

— _____

— _____

— A las ocho.

Ejercicio 4

Lee la conversación entre dos amigos en Madrid. Luego, imagínate que las dos personas que hablan son de México. Haz los cambios necesarios para cambiar las formas verbales de **vosotros/as** por las de **ustedes**. **OJO:** También hay que decidir qué hacer con los pronombres.

CHICA 1:   ¿Qué pensáis hacer esta noche?

CHICA 2:   No sé. ¿Qué queréis hacer vosotros?

CHICO 3:   ¿Qué os parece ir al cine? Hay una nueva película francesa que tengo ganas de ver.

CHICA 1:   A vosotros os gustan las películas francesas, pero a mí no. Me aburren. ¿No os gustaría salir a bailar?

CHICO 3:   Pero vosotras sabéis que bailo muy mal. ¡No, gracias! ¿Qué tal si hacemos una fiesta en casa?

CHICA 2:   ¡Excelente idea! Vosotros dos invitáis a vuestros amigos y yo invito a los míos. ¿A qué hora?

CHICA 1:   ¿Qué os parece si empezamos a las diez?

CHICA 1:   _____

CHICA 2:   _____

CHICO 3:   _____

CHICA 1:   _____

          _____

CHICO 3:   _____

          _____

CHICA 2:   _____

          _____

CHICa 1:   _____

4. The Passive Voice

A.   The passive voice in Spanish, as in English, is constructed with the verb **ser** followed by a past participle. (For a review of how to form regular and irregular past participles, see **Gramática 11.1** in the *Tu mundo* textbook.) Most tenses of **ser** may be used, but the past tense is most common. The agent that performs the action is expressed in a phrase beginning with **por.**

El museo **fue diseñado por** Gehry.   *The museum was designed by Gehry.*

B.   In passive constructions, both the verb form of **ser** and the past participle must agree in number and gender with the subject of the sentence. Note that the passive voice with **ser** is not commonly seen in Spanish and it is used mostly in reporting and by news media.

La cas**a** fue construid**a** por mi abuelo.   *The house was built by my grandfather.*

Los tac**os** fueron preparad**os** por Nayeli.   *The tacos were prepared by Nayeli.*

Ejercicio 5

Cambia las oraciones de la voz pasiva a una declaración (*statement*) directa en voz activa.

> MODELO: La motocicleta fue reparada por Eloy.
> Eloy *reparó* la motocicleta.

1. El partido fue ganado por el equipo colombiano.

_____

2. El incendio fue apagado por los bomberos.

_____

3. Nayeli y Sebastián fueron atacados por un loco.

_____

4. Ese cuadro (*painting*) fue pintado por Picasso.

_____

5. Los exámenes fueron calificados (*graded*) por el profesor Sotomayor.

_____

5. Narrating Past Experiences: The Present Perfect and the Pluperfect

The present perfect (**pretérito perfecto**) (see **Gramática 11.1** in the *Tu mundo* textbook) refers to events that occurred (and those that have not yet occurred) at some unspecified point in the past in relation to the present moment. Both Spanish and English use the present tense of the auxiliary verb (**haber** and *to have*) and a past participle to express this idea. Remember that regular past participles end in **-ado** or **-ido**.

Another perfect tense that you may often hear is the pluperfect (past perfect or **pluscuamperfecto**). The pluperfect describes an action that preceded another action in the past. (Essentially, it is the past of the past.) This tense uses the auxiliary verb **haber** in the imperfect tense: **había, habías, había, habíamos, habíais, habían.**

PRESENT PERFECT

Ellos no **han vuelto**.

They have not returned.

PLUPERFECT

Ellos todavía no **habían vuelto** cuando yo llegué.

They had not returned yet when I arrived.

PRESENT PERFECT

Hemos visto las pirámides aztecas tres veces.

We have seen the Aztec pyramids three times.

PLUPERFECT

Como no **habíamos visto** las pirámides mayas, hicimos un viaje a Guatemala.

Since we had not seen the Mayan pyramids, we took a trip to Guatemala.

Remember that pronouns must be placed before the auxiliary verb **haber.**

No **nos hemos acostado** todavía.

We haven't gone to bed yet.

¿Ya **te habías vestido** cuando tus amigos llegaron?

Had you already gotten dressed when your friends arrived?

Ejercicio 6

Indica todas las respuestas lógicas.

1. A los siete años yo ya...

    a. había terminado la escuela primaria.
    b. había asistido al kínder.
    c. había aprendido a caminar.
    d. había visitado el consultorio de un médico.

2. A los nueve años yo ya...

    a. había manejado un camión.
    b. había viajado por avión.
    c. había tenido gripe varias veces.
    d. había estudiado en la universidad.

3. Hoy cuando llegamos a clase, mis compañeros y yo ya...

    a. habíamos escrito la composición.
    b. habíamos desayunado.
    c. nos habíamos peinado.
    d. le habíamos entregado la tarea al profesor.

4. Cuando mi amigo llegó a la universidad hoy, todavía no...

    a. había hecho la tarea.
    b. se había levantado.
    c. se había vestido.
    d. había leído la lección para hoy.

5. A los ocho años mis hermanitas ya...

    a. habían tenido varicela.
    b. habían escalado varias montañas.
    c. habían ido a la escuela.
    d. habían ganado un millón de dólares.

Ejercicio 7

Completa las oraciones con el pretérito perfecto o el pluscuamperfecto del verbo entre paréntesis.

1. Cuando mis padres llegaron, mis amigos y yo ya _____ (limpiar) la casa.

2. Como Claudia y Camila nunca _____ (subir) a la torre Eiffel, ellas decidieron ir de vacaciones a París.

3. Xiomara no _____ (ver) nunca el acueducto en Segovia. Algún día le gustaría ir a España.

4. A los veintidós años Omar Acosta ya _____ (casarse) con Marcela pero su primer hijo todavía no _____ (nacer).

5. Son las diez de la noche y Sebastián todavía no _____ (hacer) su tarea.

6. Antes de acostarse, Camila ya _____ (ducharse), pero se le olvidó lavarse los dientes.

7. Lucía todavía no _____ (viajar) a España. Espera hacer un viaje allí el año que viene.

8. Cuando Omar y Marcela regresaron del concierto, los niños ya _____ (acostarse).

6. *Por/Para*: Summary

As you know, **por** and **para** have a variety of meanings and can correspond to English prepositions such as *for, by, through,* and *in order to.*

A. Here is a summary of the most common meanings of **por** and **para**. (For a more complete review of some of these uses of **por** and **para**, see **Gramática 11.2** and **14.1** in the *Tu mundo* textbook.)

por *(for, by, through)*

SUBSTITUTION FOR / ON BEHALF OF

Mientras el presidente estuvo en el hospital, el vicepresidente tomó varias decisiones **por** él.	*While the president was in the hospital, the vice president made several decisions for him.*

IN EXCHANGE FOR / PAYING

¡Pagué más de doscientos dólares **por** mi libro de química!	*I paid more than two hundred dollars for my chemistry book!*

MOVEMENT BY, THROUGH(OUT), OR ALONG A PLACE

Cuando manejamos a Arenal, pasamos **por** muchos pueblos pequeños.	*When we drove to Arenal, we passed through many small towns.*

MEANS / MANNER (TRANSPORTATION)

Yo nunca he viajado **por** tren; siempre he viajado **por** avión.	*I have never traveled by train; I have always traveled by plane.*

LENGTH OF TIME (MAY BE OMITTED)

Anoche estudié la gramática **(por)** dos horas.	*Last night I studied grammar for two hours.*

GENERAL TIME OR AREA

por la mañana, **por** la tarde, **por** la noche **por** la playa, **por** el parque, **por** la ciudad, **por** aquí	*in the morning, in the afternoon at night by / on the beach, near / by the park, around the city, around here*

PER

Me pagan por página.	*They pay me per page.*

BECAUSE OF / DUE TO

Le dieron el puesto **por** su experiencia.	*They gave her the job because of her experience.*

para *(for; in order to)*

RECIPIENT

Aquí hay un regalo **para** ti.	*Here is a gift for you.*

EMPLOYER

Me gustaría trabajar **para** las Naciones Unidas.	*I would like to work for the United Nations.*

DESTINATION

El presidente de Colombia salió ayer **para** Madrid. No sé por qué fue **para** allá.	*The president of Colombia left for Madrid yesterday. I don't know why he's going over there.*

DEADLINE

Tenemos que terminar el trabajo **para** el miércoles.	*We have to finish the work by Wednesday.*

TELLING TIME

Son diez **para** las ocho.   It's ten to eight.

PURPOSE / GOAL / USE

Es necesario estudiar **para** sacar   It is necessary to study in order to get
buenas notas.   good grades.

La sartén se usa **para** freír.   Skillets are used for frying.

OPINION

Para mí no es nada interesante.   For me (In my opinion), there's nothing
                                                interesting about it.

COMPARISON

Es alto **para** su edad.   He's tall for his age. (When compared to
                                                others his age, he's tall.)

B. Note that **por** is used with **aquí** and **allí** to mean *around* or *in a general area*. **Para** is often used
with **acá** and **allá,** instead of **aquí** and **allí,** to indicate destination.

—¿Quién es el muchacho que   Who is the guy coming this way?
viene **para acá**?

—Es Ricky, el hermanito de Eloy.   That's Ricky, Eloy's little brother.

—Vamos a sorprenderlo. ¡Escóndete   Let's surprise him. You hide over there and
por allí y yo me escondo **por aquí**!   I'll hide over here!

Ejercicio 8

Completa las oraciones con **por** y **para,** según las siguientes reglas. Luego apunta la regla que
seguiste.

POR	**PARA**
1. substitution for / on behalf of	**9.** recipient
2. in exchange for / paying	**10.** employer
3. movement by, through(out), or along a place	**11.** destination
4. length of time (may be omitted)	**12.** deadline
5. general time or area	**13.** telling time
6. means / manner (transportation)	**14.** purpose / goal / use
7. *per*	**15.** opinion
8. because of / due to	**16.** comparison

MODELOS: Voy a la fiesta de Ángela *por* (5) la tarde.

No me quedo *por* (4) mucho tiempo porque tengo que trabajar mañana.

1. ¿Cuándo sales _____ (_11_) Machu Picchu?

2. ¿Qué es mejor, viajar _____ (_6_) tren o viajar _____ (_6_) avión?

3. Me encanta caminar _____ (_5_) la playa, pero mis hermanos prefieren caminar _____ (_5_)
el bosque o la selva.

4. ¿Necesitas manejar _____ (_14_) ir al supermercado o está cerca de tu casa?

5. Viajé _____ (_3_) toda España porque estuve allí _____ (_5_) dos meses.

6. ¿Es _____ (_13_) el próximo lunes el informe sobre la selva amazónica?

7. ¡Ay, es tarde! Ya son veinte _____ (_13_) las dos.

8. Mi tío es programador y trabaja _____ (_10_) la compañía Apple de España.

9. Hoy es el cumpleaños de Estefanía. Franklin compró un reloj _____ (_9_) ella.

10. El ladrón escapó _____ (_3_) la ventana.

11. Regresé a la tienda y cambié el suéter _____ (_2_) una blusa de seda.

12. ¿Cuánto pagaste _____ (_2_) ese móvil?

13. ¿ _____ (_9_) quién son estos anillos?

14. Salimos hoy _____ (_11_) Argentina. Tenemos que estar en Buenos Aires _____ (_4_) el nueve de julio.

15. Me gustaría sacar muy buenas notas en todas mis clases. Esta noche debo estudiar _____ (_5_) seis horas.

16. No te preocupes. Si te enfermas, yo puedo trabajar _____ (_1_) ti.

17. El niño es inteligente _____ (_16_) su edad.

18. En general prefiero ducharme _____ (_5_) la mañana.

19. Me gusta mi empleo en la biblioteca. Me pagan doce dólares _____ (_7_) hora y puedo estudiar cuando no hay mucha gente.

20. El champú se usa _____ (_14_) lavarse el pelo.

7. Hypothesizing about the Past: Si hubiera _____ -do... habría _____ -do

In both English and Spanish, contrary-to-fact (hypothetical) statements in the present and the past consist of two clauses: an *if*-clause (**si**-clause) and a *then*-clause (conclusion), which can be in any order.

If I did something (but I don't), (then) I would . . .

I would . . . if I did something (but I don't).

If I had done something (but I didn't), (then) I would have . . .

I would have . . . if I had done something (but I didn't).

Recall that a hypothetical situation in the *present* is expressed in Spanish with the past subjunctive in the *if*-clause and a conditional verb in the conclusion. (See **Gramática 15.4B** in the *Tu mundo* textbook for a review of how to express contrary-to-fact situations in the present.)

Si fuera más alta, **jugaría** al básquetbol.   *If I were taller, I'd play basketball.*

However, to express a hypothetical situation in the *past* in Spanish, the verb in the *if*-clause is in the pluperfect (past perfect) subjunctive, which is formed with the past subjunctive form of the auxiliary verb **haber (hubiera, hubieras, hubiera, hubiéramos, hubierais, hubieran)** followed by the past participle of the main verb. The verb in the conclusion, or *then*-clause, is in the conditional perfect: the conditional form of **haber (habría, habrías, habría, habríamos, habríais, habrían)** followed by the past participle of the main verb. Note that the past participle form is part of the verb and always ends in **-o**; it does not function as an adjective when it forms a perfect tense.

> **CONTRARY-TO-FACT SITUATION IN THE PAST**
>
> *if*-clause = past subjunctive of **haber** + past participle
> *then*-clause = conditional of **haber** + past participle

Si **hubiera ganado** las elecciones, el candidato **habría hecho** varios cambios para mejorar la situación económica.

If he had won the election, the candidate would have made various changes to improve the economic situation.

Si el gobierno **hubiera protegido** la selva tropical, **se habrían salvado** varias especies de pájaros.

If the government had protected the rain forest, several species of birds would have been saved.

Ejercicio 9

Lee las opiniones de estos ciudadanos y completa las oraciones con la forma correcta del verbo **haber**.

> MODELO: UN OBRERO Si *hubiera* ganado el candidato popular, no *habríamos* tenido tantos problemas políticos.

1. UNA AMA DE CASA: Si (nosotros) _____ conservado la electricidad, los precios no _____ subido.

2. UN ECONOMISTA: Si la tasa de la natalidad mundial no _____ aumentado tanto en el último siglo, no _____ habido tanta escasez (*shortage*) de recursos estos últimos años.

3. UN INGENIERO: Si este puente se _____ construido de cemento reforzado, no se _____ caído durante el terremoto.

4. UNA TRABAJADORA SOCIAL: Menos jóvenes se _____ metido en pandillas si el gobierno _____ gastado más en la educación.

5. UN POLICÍA: Si se _____ legalizado la cocaína, muchas personas se _____ hecho (*would have become*) drogadictas.

6. UNA ECOLOGISTA: Nosotros no _____ sufrido una crisis de energía si el gobierno _____ proporcionado más fondos para la energía renovable.

7. UNA MADRE ORGULLOSA: Si mi hijo no _____ estudiado tanto, nunca se _____ graduado de la Facultad de Medicina.

8. UN MAESTRO: Si nosotros _____ gastado menos en el presupuesto militar, _____ ahorrado lo suficiente para pagarles la educación universitaria a muchos jóvenes pobres.

8. The Perfect Tenses: Summary

A. The perfect tenses in both Spanish and English are formed with the auxiliary verb **haber** (*to have*) and a past participle. You have already studied one of these tenses, the present perfect. (See **Gramática 11.1** for the present-tense forms of **haber** and lists of regular and irregular past participles.)

Nunca **he viajado** a Brasil.   *I have never been to Brazil.*

B. The pluperfect (past perfect) indicative is used to indicate an action that preceded another action in the past. It consists of an imperfect form of **haber** (**había, habías, había, habíamos, habíais, habían**) plus a past participle.

¡Perdimos el vuelo! Cuando llegamos   *We missed the flight! When we*
al aeropuerto, el avión ya   *arrived at the airport, the plane*
había salido.   *had already left.*

C. In **Expansión gramatical 7** you were introduced to two other perfect tenses: the conditional perfect (**habría llegado**) and the past perfect subjunctive (**hubiera llegado**) in hypothetical (contrary-to-fact) statements.

Si los demócratas **hubieran ganado**   *If the Democrats had won the election, they*
las elecciones, **habrían proporcionado**   *would have allotted more funds for*
más fondos para el bienestar social.   *social welfare.*

D. The present perfect subjunctive is often used to indicate a completed action in sentences of subjective reaction or doubt. It consists of a present subjunctive form of **haber (haya, hayas, haya, hayamos, hayáis, hayan)** plus a past participle.

¡Qué bueno que el partido conservador   *How (It's) great that the conservative party (has)*
haya ganado las elecciones!   *won the election!*

Ejercicio 10

Completa las oraciones con una forma del verbo auxiliar **haber** en el indicativo (**he, has, ha, hemos, habéis, han**) o en el subjuntivo (**haya, hayas, haya, hayamos, hayáis, hayan**) y el participio pasado del verbo entre paréntesis.

> MODELOS: Los obreros siempre *se han opuesto* (**oponerse**) a las reducciones en los sueldos.
>
> Es una lástima que los obreros no *hayan protestado* (**protestar**) cuando les redujeron el sueldo.

1. —Eloy, ¿ _____ (**ver**) la película *Mar adentro*?

   —Ay no, Ana Sofía. No la _____ (**ver**) todavía.

   —Pues, es una lástima que no la _____ (**ver**) porque es excelente.

2. —Y tú, Nayeli, ¿ _____ (**leer**) la novela *La hija de la fortuna*?

   —No, porque no _____ (**tomar**) un curso de literatura latinoamericana.

3. —¿Sebastián todavía no _____ (**volver**) del cine?

   —No, ni tampoco _____ (**hacer**) la tarea.

   —¡Imposible! No creo que _____ (**irse**) sin hacerla.

4. —Radamés, ¿cuántas veces _____ (**llegar**) tarde a la clase este semestre?

   —Ni una vez este semestre. ¿Por qué, Claudia?

   —Hmmm... ¿y cuántas mentiras _____ (**decir**)?

   —¿Crees que soy mentiroso, Claudia?

   —No, Radamés, pero dudo que me _____ (**decir**) la verdad.

Answer Key

¡BIENVENIDOS!

¡A ESCRIBIR!

A. 4, 1, 5, 3, 2

B. **1.** Cómo está **2.** Buenas **3.** Cómo se llama **4.** Hola **5.** Mucho gusto **6.** Qué tal
7. Muy **8.** gracias

C. **1.** Buenos días **2.** gracias **3.** Regular **4.** Nos vemos **5.** Adiós

D. **1.** g **2.** f **3.** e **4.** a **5.** b **6.** d **7.** c

E. **1.** Dense la vuelta **2.** Caminen **3.** Levanten la mano. **4.** Salten. **5.** Corran. **6.** Miren hacia arriba.

F. ***Los colores:*** amarillo, anaranjado, azul, blanco, café, gris, morado, negro, rojo, rosado, verde, violeta
La ropa: abrigo, blusa, botas, bufanda, camisa, camiseta, corbata, chaqueta, falda, gorro, pantalones,
saco, sandalias, sombrero, traje, vaqueros, vestido, zapatos

G. **1.** d **2.** f **3.** c **4.** e **5.** b **6.** a

H. **1.** treinta bolígrafos **2.** quince tizas **3.** cuarenta marcadores **4.** dos borradores **5.** cuarenta
y ocho cuadernos **6.** veinticuatro libros

ENLACE AUDITIVO

uno, dos, tres, ...

CAPÍTULO 1

¡A ESCRIBIR!

A. **1.** c **2.** a **3.** d **4.** b

B. **Parte 1.** **1.** e **2.** c **3.** f **4.** b **5.** d **6.** a **Parte 2.** 3, 5, 1, 2, 6, 4

C. **1.** Hola **2.** Me llamo **3.** Igualmente **4.** días **5.** Cómo estás **6.** Muy bien, ¿y tú?
7. te presento a mi amiga **8.** gusto

D. (*Order of responses will vary.*) **Expresiones para saludar:** Hola; Buenos días; Buenas tardes; Buenas noches **Expresiones para hablar de cómo está una persona:** Muy bien, gracias, ¿y tú?; Regular, ¿y tú?; No muy bien, un poco cansado/a **Expresiones para presentar:** Mucho gusto; Encantado/a; Igualmente **Expresiones para despedirse:** Adiós; Chao; Hasta luego

E. 1. Patricia Ramírez Ovando **2.** Antonio Ramírez del Valle **3.** Eduardo Antonio Ramírez Ovando **4.** Eloy Ramírez Ovando **5.** Estela Ovando Hernández **6.** Ricardo Alberto Ramírez Ovando

F. 1. Raquel **2.** Carmen **3.** Luis **4.** Javier **5.** Clara **6.** Domingo

G. 1. familia, hijos **2.** hijos, hija **3.** madre **4.** padre **5.** hermanos, hermana

H. Parte 1. (*Order of responses will vary.*) **1.** una bufanda, un gorro, unos pantalones cortos, una sudadera, unos zapatos de tenis blancos **2.** unas sandalias, un vestido **3.** una corbata, unos zapatos grises, un sombrero, un traje muy elegante **4.** unas botas, una camiseta, una chaqueta, unos vaqueros azules **Parte 2. 1.** El hombre **2.** quince, setenta y cinco **3.** La niña **4.** treinta y cinco dólares, ochenta y nueve **5.** El niño **6.** veinte, cero **7.** La mujer **8.** ciento once, sesenta y cinco

I. 1. d **2.** a **3.** c **4.** e **5.** b

J. *Answers will vary.*

EXPRÉSATE

Escríbelo tú *Answers will vary.*

ENLACE AUDITIVO

Ejercicios de ortografía 1. ¿Cómo? **2.** ¿Qué? **3.** ¿Quién? **4.** ¿Cuántos? **5.** ¿Cuál?

Actividades auditivas

A. 1. 15 **2.** 142 **3.** 68 **4.** 35 **5.** 16 **6.** 250 **7.** 32

B. 1. (Se llama) Camila (Piatelli) **2.** (Se llama) Rodrigo (Yassín) **3.** (Se llama) Nayeli **4.** (Se llama) Camila **5.** Hay doce.

VIDEOTECA

Amigos sin Fronteras

A. 1. a **2.** c **3.** *Answers will vary.* **4.** *Answers will vary.* **5.** *Any three:* Vamos, Tú puedes, Dale, A la izquierda, ¡Qué nervios!, ¡Arriba!, Gol, ¡Ay, Dios mío!, equipo

B. Eloy y Claudia se conocen.

C. 1. España **2.** Paraguay **3.** chicano **4.** rojo

D. 1. el rojo **2.** la camiseta **3.** fútbol **4.** Paraguay **5.** California

E. 1. d **2.** e **3.** g **4.** f **5.** c **6.** a **7.** b

F. Eloy y Claudia deciden formar un club.

G. *Eloy:* Ramírez, biología, 5-1-0-5-5-5-3-9-3-2, eramo@berkeley.edu; ***Claudia:*** Cuéllar, economía, 5-1-0-5-5-5-1-7-6-4

Mi país

A. 1. c **2.** a **3.** b

B. La cultura hispana está muy presente en Estados Unidos.

C. 1. d **2.** b **3.** a **4.** c

D. 1. México **2.** California **3.** Los Ángeles

E. **1.** *In any order:* azul, rojo, blanco   **2.** Puerto Rico

F. *Answers will vary.*

G. Hay muchas celebraciones hispanas en Estados Unidos.

H. **1.** cubana   **2.** Los Ángeles   **3.** Nueva York   **4.** hispanos famosos

I. ***El festival de la Calle Ocho:*** Florida, Cuba, Bailan salsa y merengue; ***La Parada Puertorriqueña:*** Nueva York, Puerto Rico, Los colores blanco, rojo y azul invaden la celebración; ***Cinco de Mayo:*** Los Ángeles y otros sitios, México, mucha comida

¡A LEER!

¿Sabías que... ?   **1.** c   **2.** b   **3.** a

Conexión cultural   **1.** Ellen Ochoa   **2.** Junot Díaz, Oscar Hijuelos   **3.** puertorriqueña   **4.** colombiana

Galería

A. **1.** Cuba   **2.** *Either or both of the these:* El Salvador, Guatemala

B. *Answers will vary.*

CAPÍTULO 2

¡A ESCRIBIR!

A. **1.** c   **2.** d   **3.** e   **4.** a   **5.** b   **6.** f

B. **1.** CO   **2.** SC   **3.** SC   **4.** SC   **5.** CO   **6.** SC   **7.** CO   **8.** CO   **9.** SC   **10.** CO

C. **1.** los ojos   **2.** los pies   **3.** el cuello   **4.** la nariz   **5.** la cara   **6.** los hombros   **7.** la cabeza

D. **1.** e   **2.** d   **3.** a   **4.** g   **5.** b   **6.** h   **7.** f   **8.** c

E. **1.** d   **2.** f   **3.** b   **4.** e   **5.** c   **6.** a

F. **1.** el fútbol   **2.** el béisbol   **3.** el ciclismo   **4.** la natación   **5.** el tenis

G. **Parte 1.** **1.** d   **2.** a   **3.** e   **4.** b   **5.** c   **6.** f   **Parte 2.** **1.** C   **2.** F, A Ana Sofía le gusta mucho ir a conciertos con los amigos.   **3.** F, A Camila y a Eloy les gusta textear.   **4.** F, A Sebastián y a Ángela les gusta mucho cocinar en casa.   **5.** F, A Xiomara le gusta leer novelas latinoamericanas.

H. **1.** Soy de Paraguay   **2.** de dónde es   **3.** soy de Los Ángeles   **4.** es de México   **5.** son de Ecuador

I. **1.** Paraguay   **2.** México   **3.** Costa Rica   **4.** Argentina   **5.** Colombia   **6.** Guatemala   **7.** Chile

J. *Answers will vary.*

EXPRÉSATE

Escríbelo tú. *Answers will vary.*

ENLACE AUDITIVO

Ejercicios de ortografía

I. A. **1.** el niño   **2.** la niña   **3.** la señorita   **4.** el señor   **5.** la compañera de clase

B. **1.** ella   **2.** amarillo   **3.** llama   **4.** apellido   **5.** ellos

C. **1.** ocho   **2.** mucho   **3.** chaqueta   **4.** muchacha   **5.** chico

II. **1.** habla   **2.** hombres   **3.** hola   **4.** hasta luego   **5.** Honduras   **6.** hermano   **7.** ahora   **8.** hospital

Actividades auditivas

A. los brazos = 1; la boca = 2; las manos = 3; las piernas = 4; la cabeza = 5; los pies = 6; los hombros = 7; el estómago = 8; la nariz = 9; el cuello = 10

B. **1.** cinco **2.** andar en bicicleta **3.** sábados **4.** estudiar **5.** hijo **6.** julio **7.** Colombia **8.** viajar

VIDEOTECA

Amigos sin Fronteras

A. **1.** c **2.** d **3.** a **4.** b **5.** e

B. Nuevos miembros para el club

C. **1.** preguntas **2.** mensajes electrónicos (emails) **3.** cuatro **4.** club

D. *Nayeli:* dieciocho años, mexicana, historia *Radamés:* veinticuatro años, cubanos, música *Sebastián:* dieciocho años, peruano *Ana Sofía:* veinte años, inglés

E. **1.** b **2.** b, c

F. **1.** amigo **2.** Puerto Rico **3.** profesor **4.** español de primer año

G. caminen, cierren los ojos, levanten la mano, pongan el lápiz en el pupitre

H. **1.** dos **2.** amiga **3.** Murcia (España) **4.** rápido

I. **1.** español **2.** Paraguay **3.** español **4.** Franklin

Mi país

A. Asunción

B. **1.** b **2.** f **3.** a **4.** c **5.** d **6.** e

C. Argentina, Bolivia, Brasil

D. **1.** las Cataratas del Iguazú **2.** Itaipú **3.** el Salto Cristal

¡A LEER!

¿Sabías que... ? **1.** c **2.** d

Conexión cultural **1.** b **2.** b **3.** c **4.** a **5.** b

Galería

A. **1.** Misión Jesuítica de la Santísima Trinidad **2.** la Danza de las Botellas

B. *Answers will vary.*

CAPÍTULO 3

¡A ESCRIBIR!

A. **Parte 1.** **1.** f **2.** d **3.** e **4.** a **5.** c **6.** b **Parte 2.** **1.** Los libros de literatura son de Xiomara. **2.** El estudiante de veterinaria tiene un perro. **3.** Eloy tiene dos perros. **4.** Son de Ana Sofía. **5.** El libro de español es de la estudiante.

B. **Parte 1.** **1.** Rosa **2.** Luis **3.** Mario **4.** Ana **5.** Ricardo **6.** Marta **7.** Mateo **8.** Lucía **9.** Raúl **10.** Isabel **11.** Manuel **12.** Elisa **Parte 2.** **1.** Tienen tres hijos. **2.** Tienen dos hijos. **3.** Tienen siete nietos. **4.** Tienen dos primos. **5.** Tiene una tía soltera.

C. **Parte 1.** *¿Qué hora es?* **1.** j **2.** i **3.** f **4.** c **5.** g **6.** b **7.** h **8.** e *¿A qué hora es la fiesta?* **9.** d **10.** a **Parte 2.** **1.** Son las seis y media de la mañana. **2.** Es la una menos cuarto de la tarde.

3. Estudio a las ocho de la noche.   **4.** Me gusta andar en bicicleta a las nueve de la mañana.   **5.** Es a mediodía.   **6.** Es a las diez menos cuarto de la noche; Es a las nueve y cuarenta y cinco de la noche.

D.   1. Es a las seis de la mañana.   **2.** Es a las ocho de la mañana.   **3.** Es a las diez y media de la noche.   **4.** Es a las siete y media de la noche.   **5.** Es a las doce menos cuarto de la mañana; Es a las once y cuarenta y cinco de la mañana.   **6.** Es a la una de la tarde.

E.   1. d   **2.** f   **3.** a   **4.** b   **5.** e   **6.** c

F.   1. escuchas   **2.** visitan   **3.** beben   **4.** bebemos   **5.** das   **6.** juego   **7.** practicas   **8.** levanto   **9.** sales   **10.** regresas

G.   Parte 1.   1. Está nublado.   **2.** Hace sol.   **3.** Llueve.   **4.** Hace viento.   **5.** Nieva.
Parte 2.   1. Hace sol y hace fresco.   **2.** Hace calor y está nublado.   **3.** Hace sol y hace frío.
4. Hace frío y llueve.   **5.** Hace fresco y llueve.

H.   1. hacen   **2.** hacen   **3.** asisten   **4.** salen   **5.** acampan   **6.** viajan   **7.** visitan   **8.** hacen   **9.** hacemos   **10.** comemos   **11.** charlamos   **12.** hacemos   **13.** viajamos   **14.** pasamos   **15.** toca   **16.** toca   **17.** asistimos   **18.** bailamos   **19.** cantamos   **20.** tocan

I. *Answers will vary.*

EXPRÉSATE

Escríbelo tú. *Answers will vary.*

ENLACE AUDITIVO

Ejercicios de ortografía

I.   1. borrador   **2.** hora   **3.** señor   **4.** correcto   **5.** rojo   **6.** bailar   **7.** pizarra   **8.** carro   **9.** caro   **10.** enero

II.   1. yo   **2.** silla   **3.** mayo   **4.** cuello   **5.** hay   **6.** llegar   **7.** muy   **8.** playa   **9.** amarillo   **10.** llama   **11.** a pllido   **12.** urguayo   **13.** llueve   **14.** hoy   **15.** estoy   **16.** callado   **17.** oye   **18.** ellas   **19.** soy   **20.** lleva

Actividades auditivas

A.   1. conversan   **2.** octubre; parques   **3.** Sergio   **4.** gemelos; ocho   **5.** Cuba; Estados Unidos   **6.** Julián; Eliana   **7.** cinco   **8.** solteros   **9.** novia

B.   1. a las 6:30   **2.** tres   **3.** Nayeli   **4.** una   **5.** los martes, jueves y domingos   **6.** estudia y monta a caballo   **7.** los domingos

VIDEOTECA

Amigos sin Fronteras

A.   1. c   **2.** *Answers will vary.*   **3.** *Answers will vary.*

B. Los amigos del club hablan sobre qué hacer el viernes por la noche.

C.   1. b   **2.** d   **3.** a   **4.** c

D.   1. en la casa de Sebastián   **2.** jugar juegos de mesa

E. Los amigos del club se preparan para jugar juegos en la casa de Sebastián.

F.   1. b   **2.** d   **3.** a   **4.** c

G.   6, 3, 2, 5, 4, 1

H.   1. b   **2.** a   **3.** c   **4.** d

I. Claudia y Ana Sofía pierden su turno en Cranium.

J.   1. Cranium   **2.** chicos   **3.** enero   **4.** hemisferios   **5.** pizza

Mi país

A. **1.** c **2.** d **3.** b **4.** a

B. Camila se presenta y habla un poco de Argentina y Uruguay.

C. **1.** b **2.** c **3.** e **4.** a **5.** d

D. **1.** Argentina **2.** Argentina **3.** tomar mate **4.** tango

E. **1.** argentina **2.** Uruguay **3.** agua caliente **4.** la misma bombilla **5.** tango **6.** Hillary Clinton **7.** ciento cincuenta

F. **1.** *Answers will vary.* **2.** b **3.** b

G. 3, 4, 1, 2

H. **1.** h **2.** g **3.** c **4.** f **5.** e **6.** d **7.** a **8.** b

I. **1.** g **2.** b **3.** e **4.** a **5.** f **6.** d **7.** c

J. Tres lugares interesantes de Buenos Aires: la Avenida Nueve de Julio, la Plaza de Mayo y la Casa Rosada Dos lugares naturales: las Cataratas del Iguazú y el Glaciar Perito Moreno; Tres lugares y/o eventos interesantes de Uruguay Punta del Este, Colonia del Sacramento (una ciudad histórica) y el famoso carnaval.

K. **1.** la Avenida Nueve de Julio **2.** en la Casa Rosada **3.** casi trescientas cataratas **4.** en el Glaciar Perito Moreno **5.** en Colonia del Sacramento **6.** en el carnaval

¡A LEER!

¿Sabías que... ? **1.** b **2.** c

Conexión cultural **1.** Argentina, Paraguay, Uruguay **2.** guaraníes **3.** calabaza **4.** digestión **5.** agua caliente **6.** buenas relaciones sociales

Galería

A. **1.** el tango **2.** en Patagonia

B. *Answers will vary.*

CAPÍTULO 4

¡A ESCRIBIR!

A. **1.** duermo **2.** te despiertas **3.** me despierto **4.** despertarte **5.** Cierras **6.** Empiezo **7.** prendo **8.** leo **9.** Haces **10.** juego **11.** Comes **12.** Desayunas **13.** Almuerzas **14.** como **15.** Tomas **16.** tomo **17.** te duchas **18.** acostarte

B. **Parte 1.** **1.** d **2.** a **3.** b **4.** c **5.** f **6.** e **Parte 2.** **1.** Se levanta. **2.** cuatro horas **3.** Se despiertan. Se duchan. **4.** Se ponen el pijama. Se acuestan. **5.** Almuerza con los amigos, va al gimnasio (por una hora), cena y descansa.

C. **1.** Theresa May nació el dos de octubre de mil novecientos cincuenta y seis. Angela Merkel nació el diecisiete de julio de mil novecientos cincuenta y cuatro. Theresa May es mayor. **2.** Habla cuatro idiomas. **3.** Justin Trudeau nació en Canadá el veinticinco de diciembre de mil novecientos setenta y uno. **4.** Vladimir Putin es divorciado. Emmanuel Macron es casado. **5.** El menor es Emanuel Macron y el mayor es Vladimir Putin. **6.** Theresa May habla solamente un idioma. **7.** Seis hablan inglés, tres hablan francés. **8.** Shinzo Abe nació en Japón y habla japonés e inglés.

D. **1.** Hola, ¿habla usted inglés? **2.** ¿Cómo se llama usted? **3.** ¿Cuáles son sus apellidos? **4.** ¿De dónde es usted? **5.** ¿Cuál es su fecha de nacimiento? **6.** ¿Cuál es su dirección? **7.** ¿Cuál es su estado civil? **8.** ¿Cómo se llama su esposa? **9.** ¿Tiene hijos? **10.** ¿Y dónde están sus hijos? **11.** ¿De quién es esa maleta? **12.** ¿Por qué viajan usted y su esposa a Estados Unidos?

E. **1.** quiero ir a la montaña pero mi esposo prefiere ir a la playa. **2.** siempre quieres comer en casa, pero yo a veces prefiero comer en un restaurante. **3.** siempre quiere ver videos en YouTube, pero tú prefieres ir al cine. **4.** queremos ir de compras, pero ellos prefieren descansar y leer un libro interesante. **5.** quieren viajar por Europa, pero mis hermanos y yo preferimos visitar países de Latinoamérica.

F. **1.** quieren **2.** preferimos **3.** quieren **4.** quiere **5.** prefiere **6.** Quiero **7.** quieren **8.** prefiero **9.** prefiero **10.** Quieren

G. **1.** tiene ganas de leer un buen libro en el parque **2.** piensa escuchar su música favorita **3.** va a ver las tortugas de las islas Galápagos **4.** va a tomar fotos en Mitad del Mundo **5.** van a bailar en un concierto de Cumbancha **6.** piensan limpiar la casa **7.** tienen ganas de visitar a la familia de Estefanía en Guatemala

H. **1. a.** Va a ir a la casa de su madre **b.** Piensa pasear y jugar con los perros de su madre. **c.** Tiene ganas de pasear por el parque con sus hijos. **2. a.** Van a ir a la escuela. **b.** Piensan estudiar y jugar con sus amigos. **c.** Tienen ganas de estar en el parque y jugar al fútbol con su padre. **3. a.** Van a ir al hospital. **b.** Piensan visitar a un amigo. **c.** Tienen ganas de hacer la tarea con sus hijos y jugar videojuegos con ellos.

I. *Answers will vary but all verbs should be in first person singular:* me despierto, me levanto, me quito el pijama, me ducho, me afeito, me lavo el pelo, me seco, me pongo la ropa, me peino, desayuno, salgo

J. *Answers will vary.*

EXPRÉSATE

Escríbelo tú. *Answers will vary.*

ENLACE AUDITIVO

Ejercicios de ortografía

I. **1.** los ojos **2.** argentino **3.** joven **4.** rojo **5.** jugar **6.** recoger **7.** vieja **8.** generalmente **9.** anaranjado **10.** bajo **11.** gente **12.** el traje **13.** generosa **14.** las hijas **15.** jueves

II. **1.** ¿Cuándo **2.** ¿Qué **3.** ¿Por qué **4.** ¿Dónde **5.** ¿Cómo **6.** ¿Quiénes **7.** ¿Cuántos **8.** ¿Cuál

III. **1.** marzo **2.** Claudia **3.** domingo **4.** Rusia **5.** española **6.** chino **7.** Francia **8.** lunes **9.** cubana **10.** julio **11.** mexicano **12.** Omar **13.** italiano **14.** septiembre **15.** Paraguay

Actividades auditivas

A. **Parte 1.** **1.** los dos **2.** Camila **3.** los dos **4.** Omar **5.** Omar **6.** Omar **Parte 2.** **1.** a **2.** h **3.** j **4.** b **5.** e **6.** f

B. **1.** b **2.** a **3.** c **4.** b **5.** a **6.** b **7.** a **8.** a **9.** a **10.** b

VIDEOTECA

Amigos sin Fronteras

A. **1.** b **2.** *Answers will vary.* **3.** ¡Viva!, ¡Ándale, chamaca!

B. **1.** Eloy y Ana Sofía **2.** Radamés **3.** Claudia **4.** Claudia **5.** Claudia

C. **1.** Eloy, Claudia, Radamés, Ana Sofía, Omar **2.** *Answers will vary.*

D. Omar habla con sus amigos del club y les informa de su viaje en marzo.

E. 3, 4, 6, 5, 1, 2

F. **1.** b **2.** e **3.** a **4.** c **5.** f **6.** d

G. **1.** a **2.** c

H. Los amigos juegan al fútbol y deciden formar un equipo.

I. **1.** Eloy **2.** Eloy **3.** los viernes **4.** Picante

Mi país

A. **1.** Colombia **2.** Perú **3.** Quito

B. **1.** d **2.** a **3.** a

C. **1.** Quito **2.** Los Andes **3.** 3.000 metros **4.** Los españoles **5.** teleférico

D. **1.** b **2.** a

E. **1.** c **2.** b **3.** d, **4.** e **5.** f **6.** a

¡A LEER!

¿Sabías que... ? **1.** b **2.** d

Conexión cultural **1.** Charles Darwin **2.** del nombre de las tortugas gigantes que habitan allí
3. Encantadas, Archipiélago del Ecuador, Archipiélago de Colón **4.** por la (índole) naturaleza
volcánica de las islas y porque hay pocos insectos para polinizar las plantas

Galería

A. **1.** *Any three of these:* niños, hombre, tortuga, árbol, mujer, sombrero, camiseta **2.** en Mitad del Mundo

B. *Answers will vary.*

CAPÍTULO 5

¡A ESCRIBIR!

A. **1.** a **2.** g **3.** d **4.** m **5.** i **6.** c **7.** h **8.** b **9.** e **10.** f **11.** k **12.** j **13.** l

B. **1.** b: Este día los niños salen de sus casas con un disfraz, van de casa en casa y piden dulces.
2. a: El cuatro de julio, yo siempre lo celebro con mi familia, me pongo ropa roja, azul y blanca, y por
la noche salgo al parque a ver los fuegos artificiales. **3.** c: Este día de febrero, yo siempre le doy
flores y una tarjeta a Estefanía, me pongo ropa elegante para estar con mi novia y salgo a cenar con
ella a un restaurante elegante. **4.** e: Omar, tú sales con tus hijos y le compras un regalo a Marcela
por ser una madre excelente, y luego la invitas a comer a su restaurante favorito, ¿no?
5. d: Ese día de diciembre mi familia y yo cenamos en casa de mi abuela con mis primos y tíos, nos
ponemos ropa nueva y celebramos el fin de un año y el comienzo de otro con doce uvas.

C. **1.** el jugo de naranja **2.** el yogur (el cereal, el pan tostado) **3.** la ensalada de lechuga y
tomate **4.** el pescado **5.** la fruta **6.** la leche **7.** el cereal **8.** los espaguetis **9.** el helado de
fresa **10.** los refrescos **11.** los huevos revueltos **12.** el tocino **13.** la hamburguesa **14.** las papas
fritas **15.** el pastel

D. **1.** planearla **2.** verduras **3.** las **4.** vitaminas **5.** calorías **6.** La **7.** Las **8.** mucha fibra
9. mucho azúcar **10.** los **11.** lo **12.** lo

E. **1.** están enamorados **2.** están cansados **3.** está enfermo **4.** están aburridos **5.** tiene sueño
6. tienen hambre

F. **1.** tiene sueño **2.** tiene frío **3.** tiene miedo **4.** tiene hambre **5.** tiene sed **6.** están muy
contentas **7.** está deprimida **8.** están muy ocupados **9.** están cansados **10.** están muy contentos
11. está deprimida **12.** está muy contenta

G. **1.** juegan, b **2.** estudia, e **3.** anda, g **4.** se encuentran, h **5.** duerme, c **6.** se despierta, a
7. escucha, d **8.** llama, f

H. **1.** Me quedo en casa para leer mis apuntes de clase. Estudio mucho. **2.** Doy un paseo. Hago ejercicio al aire libre. **3.** Hablo por teléfono con mis amigos. Miro videos en mi cuarto. **4.** Duermo un poco antes de la fiesta. Me pongo ropa nueva. **5.** Compro un regalo para él/ella. Compro una tarjeta de cumpleaños.

I. *Answers will vary.*

J. *Answers will vary.*

EXPRÉSATE

Escríbelo tú. *Answers will vary.*

ENLACE AUDITIVO

Ejercicios de ortografía

I. **1.** abuela **2.** cabeza **3.** evento **4.** febrero **5.** novio **6.** abril **7.** primavera **8.** habla **9.** llevo **10.** libro

II. **A.** **1.** suéter **2.** lápiz **3.** fácil **4.** difícil **5.** fútbol

B. **1.** estómago **2.** teléfono **3.** periódico **4.** miércoles **5.** simpática **6.** rápido **7.** dólares **8.** América **9.** película **10.** idéntico **11.** tímida **12.** sábado **13.** música **14.** décimo **15.** México

Actividades auditivas

A. **1.** E **2.** N **3.** E **4.** E **5.** N **6.** E

B. **1.** tenis **2.** prisa **3.** preocupada **4.** novelas **5.** gimnasio **6.** ejercicio

VIDEOTECA

Amigos sin Fronteras

A. **1.** b **2.** a

B. Claudia y Radamés planean ir a la fiesta de cumpleaños de Nayeli.

C. **1.** invita **2.** cumpleaños **3.** sorpresa **4.** Eloy **5.** el sábado **6.** va a tocar **7.** una *fan* **8.** una canción **9.** las cuatro

D. **1.** *Answers will vary.* **2.** cheese **3.** *Answers will vary.* **4.** *Answers will vary.* **5.** *Any three:* Claudia, Radamés, Nayeli, Eloy, Franklin

E. **1.** d **2.** a **3.** f **4.** e **5.** b **6.** g **7.** c

F. **1.** los zapatos **2.** su madre; su padre **3.** Los Ángeles, Miami **4.** no duerme mucho

G. **1.** Porque extraña a su familia (a sus padres y a sus hermanos). **2.** Nayeli y Radamés **3.** «Las mañanitas»

Mi país

A. **1.** b **2.** b **3.** b **4.** San Salvador **5.** azul y blanco

B. *Answers will vary.*

C. **1.** c **2.** f **3.** e **4.** b **5.** d **6.** a

D. **1.** e **2.** c **3.** b **4.** d **5.** a

E. **1.** a **2.** a **3.** El lago de Managua y el lago de Nicaragua **4.** El lago de Nicaragua

F. *Answers will vary.*

G. **1.** Momotombo **2.** Managua, Nicaragua **3.** Pacífico, Caribe **4.** Managua, Granada

H. 1. ecoturismo, volcanes **2.** el volcán Momotombo **3.** lago Managua **4.** una ciudad colonial **5.** la costa del Caribe **6.** la costa del Pacífico **7.** la costa del Caribe

I. 1. b **2.** d **3.** a **4.** c

J. En Honduras no hay volcanes pero las ruinas mayas son muy interesantes.

K. 1. no hay volcanes **2.** la capital de Honduras **3.** otro nombre para Tegucigalpa **4.** las ruinas mayas **5.** jeroglíficos **6.** la Isla de Roatán

¡A LEER!

¿Sabías que... ? 1. c **2.** b

Conexión cultural 1. d **2.** b **3.** c **4.** a

Galería

A. 1. El Salvador **2.** Nicaragua **3.** Honduras

B. *Answers will vary.*

CAPÍTULO 6

¡A ESCRIBIR!

A. 1. geografía **2.** historia **3.** anatomía **4.** literatura **5.** psicología **6.** matemáticas **7.** química (farmacéutica)

B. 2, 4, 7, 9, 11, 12, 13

C. Parte 1. 1. d **2.** a **3.** e **4.** f **5.** b **6.** c **Parte 2. 1.** nos, le **2.** le, me **3.** te, les **4.** nos, nos

D. 1. está escribiendo en la pizarra **2.** estamos charlando sobre el examen **3.** está hablando por teléfono con su mejor amiga sobre su fin de semana **4.** está texteando a sus amigos **5.** los novios están durmiendo una siesta **6.** está leyendo una revista sobre carros

E. 1. saben **2.** saben **3.** sabe **4.** sabe **5.** saben **6.** saben **7.** sabes **8.** sé **9.** sabemos **10.** sabes

F. 1. saben **2.** sé **3.** puedo **4.** sabe **5.** puedo **6.** puedo **7.** sabes **8.** puedes **9.** sé **10.** sabemos/podemos **11.** podemos **12.** podemos **13.** pueden **14.** podemos

G. 1. necesita preparar las lecciones, calificar la tarea, arreglar el salón de clase y enseñar a los niños. **2.** tengo que tomarle la presión al paciente, darle la medicina a una paciente, escuchar a la paciente y tomar apuntes para dárselos al médico, informar al médico y atender a los pacientes cuando llaman. **3.** debes pasear a los perros, darles medicinas a los animales cuando la necesitan, bañar a los animales y jugar con el gato que está enfermo. **4.** tenemos que lavar los platos, limpiar las ventanas, pasar la aspiradora y lavar la ropa.

H. 1. enfermero/a **2.** tomarles la presión a los pacientes **3.** profesor(a) **4.** enseñar en una academia **5.** mecánico **6.** reparar carros y autobuses **7.** peluquero/a **8.** cortar el pelo **9.** ingeniero/a **10.** diseñar estructuras grandes **11.** abogado/a **12.** defender a los acusados

I. 1. f **2.** g **3.** a **4.** h **5.** d **6.** e

EXPRÉSATE

Escríbelo tú. *Answers will vary.*

ENLACE AUDITIVO

Ejercicios de ortografía

I. 1. cara **2.** ¿Cuánto cuesta? **3.** poco **4.** parque **5.** ¿Qué es? **6.** ¿Quién está aquí? **7.** corto **8.** chaqueta **9.** cosa **10.** aquí

II. **A.** **1.** economía **2.** todavía **3.** Lucía **4.** geografía **5.** librería **6.** día **7.** anatomía **8.** biología **9.** policía **10.** tío

B. **1.** gradúo **2.** Raúl **3.** ataúd **4.** reúnen **5.** continúo **6.** actúo

Actividades auditivas

A. **1.** supervisor **2.** instalando **3.** reparando **4.** techo **5.** cables **6.** plomero

B. **1.** c **2.** d **3.** a **4.** b **5.** c **6.** a **7.** c **8.** c

VIDEOTECA

Amigos sin Fronteras

A. **1.** b **2.** a

B. **1.** c **2.** a **3.** b

C. **1.** El tío de Daniel **2.** un teatro **3.** le gustan, tiene espacio **4.** tiene frío **5.** Sebastián **6.** los disfraces

D. *Answers will vary*

E. **1.** a **2.** d **3.** e **4.** c **5.** f **6.** g **7.** b

F. 3, 5

G. **1.** h **2.** e **3.** g **4.** c **5.** b

H. **1.** *Any three of the following*: hawaianos, de terror, deportistas, princesa, policía, bombero **2.** Porque princesa no es una profesión y ella es una chica con profesión **3.** Por lo menos una canción de Elvis

I. **1.** músico famoso **2.** juez **3.** chef **4.** enfermera **5.** están contentos

J. **1.** Nayeli, Eloy, Franklin y Estefanía **2.** Lo van a invitar a su restaurante favorito **3.** Van a comer **4.** Sebastián; No

Mi país

A. **1.** b **2.** e **3.** a **4.** f **5.** c **6.** d

B. *Norte de Chile:* San Pedro de Atacama, Valle de la Luna *Centro de Chile:* Santiago, Valparaíso, Viña del Mar

C. **1.** f **2.** a **3.** i **4.** h **5.** b **6.** e **7.** j **8.** g **9.** c **10.** d

D. **1.** b **2. a.** pingüinos **b.** león marino **c.** ballena azul

E. 1, 2, 4, 6

F. **1.** a **2.** a **3.** d **4.** b **5.** c **6.** a

¡A LEER!

¿Sabías que... ? **1.** b **2.** c **3.** a

Conexión cultural **1.** c **2.** c **3.** d **4.** c **5.** b **6.** d **7.** c **8.** b

Galería

A. **1.** poetas **2.** esculturas, Isla de Pascua **3.** casas, Chiloé

B. *Answers will vary.*

CAPÍTULO 7

¡A ESCRIBIR!

A. **1.** menos alacenas que **2.** tantas sillas como **3.** tan elegante como **4.** tantos cuadros modernos como **5.** más camas grandes que **6.** tantas ventanas panorámicas como

B. **1.** seiscientos treinta y cuatro mil balboas **2.** cuatrocientos dieciocho mil balboas **3.** trescientos noventa mil balboas **4.** novecientos noventa y nueve millones ochocientos cuarenta mil pesos colombianos **5.** quinientos ochenta y ocho millones novecientos noventa y nueve mil setecientos pesos colombianos **6.** trescientos sesenta y cinco millones seiscientos noventa y seis mil ochocientos dos pesos colombianos

C. **1.** Sabes **2.** Conoces **3.** Sabes **4.** Conoces **5.** Sabes **6.** Conoces **7.** Sabes **8.** Conoces **9.** Conoces **10.** Sabes **11.** Conoces **12.** Sabes

D. **1.** mercados **2.** panaderías **3.** cine **4.** tiendas de ropa **5.** discotecas **6.** bares **7.** gimnasios **8.** una oficina de correos **9.** un jardín muy pequeño **10.** apartamento **11.** edificio de varios pisos **12.** bibliotecas **13.** museos **14.** aeropuerto internacional

E. **1.** Tengo que **2.** debo **3.** tengo que **4.** necesito **5.** tengo que **6.** debe **7.** debes **8.** necesitas **9.** tenemos **10.** necesita **11.** Necesito **12.** tengo que

F. *El dormitorio:* ordenamos el dormitorio; tendemos la cama *La cocina:* lavamos los platos; preparamos el desayuno, la comida y la cena *El comedor:* desayunamos, almorzamos y cenamos; ponemos y quitamos la mesa *La sala:* jugamos a las cartas con amigos; jugamos juegos de mesa; pasamos tiempo con la familia y los amigos *El baño:* nos duchamos; nos lavamos el pelo; limpiamos los baños *Toda la casa:* desempolvamos; limpiamos las ventanas; pasamos la aspiradora y barremos el piso

G. **Parte 1.** **1.** practicó **2.** escribió **3.** recogió **4.** firmaron **5.** estudió **6.** charlaron **7.** tomaron **8.** organizaron **Parte 2.** perfecto

H. **1.** b **2.** d **3.** h **4.** f **5.** c **6.** g **7.** e **8.** a

I. *Answers will vary.*

EXPRÉSATE

Escríbelo tú. *Answers will vary.*

ENLACE AUDITIVO

Ejercicios de ortografía

I. **1.** portugués **2.** guitarra **3.** hamburguesa **4.** alguien **5.** siguiente **6.** Miguel **7.** juguete **8.** espaguetis

II. **A.** **1.** café **2.** está **3.** escribí **4.** allí **5.** hablé **6.** corrí **7.** volví **8.** cené **9.** preparé **10.** papá

B. **1.** sofás **2.** también **3.** francés **4.** alemán **5.** atención **6.** jamón **7.** japonés **8.** televisión **9.** sillón **10.** jabón

C. **1.** estación, estaciones **2.** japonés, japoneses **3.** canción, canciones **4.** opinión, opiniones **5.** inglés, ingleses

Actividades auditivas

A. *Condominios Mazurén:* **1.** condominios **2.** dormitorios **3.** baños **4.** sala **5.** cocina **6.** parque **7.** piscina **8.** Calle *Limpieza a Domicilio Victoria:* **1.** doméstico **2.** limpia **3.** muebles **4.** barremos **5.** quehaceres **6.** casa

B. **1.** R **2.** J **3.** X **4.** R **5.** X **6.** J **7.** X **8.** R

VIDEOTECA

Amigos sin Fronteras

A. **1.** *Answers will vary.* **2. a.** encima **b.** debajo **c.** al lado **3.** *Answers will vary.*

B. 4, 2, 5, 3, 1

C. en el dormitorio, en la mesita de noche, en el tocador, debajo del sofá

D. **1.** andar en bicicleta **2.** al cine **3.** Hace muy buen tiempo. **4.** un libro, el parque **5.** estresada
6. el sofá **7.** las llaves **8.** el patio

E. **1.** a, c **2.** *Answers will vary.*

F. *Answers will vary.*

G. **1.** c **2.** e **3.** b **4.** a **5.** d

H. **1.** estresada, preocupada **2.** limpia, estudia **3.** se sentaron **4.** su apartamento
5. las llaves, el patio

Mi país

A. **1.** h **2.** f **3.** d **4.** a **5.** c **6.** e **7.** g **8.** b

B. **1.** Bogotá **2.** Medellín, Cali y Barranquilla

C. **1.** Colombia **2.** Bogotá **3.** Medellín **4.** Cali **5.** Juan Valdéz **6.** Cartagena **7.** Gabriel García
Márquez **8.** Zipaquirá **9.** Barranquilla **10.** la zona cafetera

D. **1.** b **2.** e **3.** f **4.** c **5.** a **6.** d

E. **1.** Bogotá **2.** la Plaza de Bolívar **3.** el Palacio de Nariño **4.** una mina de sal **5.** playas

F. **1.** Ciudad de Panamá **2.** el Canal (Interamericano) de Panamá **3.** *left:* diseño natural, *right:* diseño
geométrico

G. 2, 3, 4, 5, 9, 12, 13, 14, 15, 16

H. **1.** noroeste **2.** el dólar (estadounidense) **3.** Ciudad de Panamá **4.** estrechas **5.** autobuses
6. actividad **7.** catorce **8.** grande; la frontera **9.** kuna **10.** molas; tela

¡A LEER!

¿Sabías que... ? **1.** c **2.** a

Conexión cultural. **1.** dulegaya **2.** Las mujeres **3.** Los kuna **4.** los españoles **5.** Panamá
6. aparatos eléctricos **7.** Los cayucos **8.** el clima

Galería

A. **1.** la cultura libanesa **2.** Rubén Blades **3.** Gabriel García Márquez

B. *Answers will vary.*

CAPÍTULO 8

¡A ESCRIBIR!

A. *Yo...* **1.** me desperté **2.** me quité el pijama **3.** fui a la universidad **4.** me puse la ropa
5. me duché *Mi amigo Eloy...* **1.** se levantó **2.** se quitó el pijama **3.** preparó el desayuno
4. se bañó **5.** desayunó

B.   1. me hicieron una fiesta sorpresa y me trajeron muchos regalos.   **2.** estuve en el concierto, hubo mucha gente y me puse ropa cómoda para poder bailar   **3.** pudiste hacer la tarea después de mi explicación o tuviste que pedirle ayuda a otro compañero?   **4.** vino a la universidad y y hablamos unos minutos pero no me dijo nada de ti.   **5.** quisimos ayudar a la comunidad hispana de esta zona y tradujimos varios documentos del inglés al español.

C.   1. Almorcé una ensalada con mi hermana en mi restaurante vegetariano favorito.   **2.** Jugué al fútbol con mis amigos en un parque cerca de la universidad.   **3.** Me afeité con cuidado en el baño después de ducharme.   **4.** se despertó a las siete de la mañana con la alarma de su teléfono pero no se levantó.   **5.** estudió tres horas sola en la biblioteca de la universidad.   **6.** hizo su tarea de inglés; uso su computadora en el sofá.

D.   1. vuelve, volvió   **2.** duerme, durmió   **3.** me despierto, me desperté   **4.** pierde, perdió   **5.** cuentan, contaron   **6.** mienten, mintieron   **7.** andamos, anduvimos   **8.** se cae, se cayó

E.   1. quisieron formar un grupo con amigos hispanohablantes; tuvieron mucho éxito con esa idea del club; supe del club   **2.** pudimos tener miembros que viven en sus países de origen; supimos su nacionalidad   **3.** conocimos por Skype a los hijos de Omar.   **4.** la conocimos en persona.   **5.** la pudimos planear en secreto.   **6.** ¡Tuvimos la victoria muy cerca! Pero el otro equipo jugó mucho mejor.   **7.** la quisimos ayudar y tradujimos varios documentos de interés.

F.   1. despierta   **2.** puedo   **3.** nos levantamos   **4.** oyó   **5.** despertó   **6.** se duchó   **7.** tuve   **8.** me vestí   **9.** salimos   **10.** fuimos   **11.** pusimos   **12.** manejamos   **13.** llegamos   **14.** pude   **15.** dijo

G.   1. Hace por lo menos medio año que dormí doce horas por la noche.   **2.** Hace un mes que Nayeli anduvo en bicicleta por la playa.   **3.** Hace un año que se murió mi mascota.   **4.** Hace dos meses que los amigos del club conocieron a Susan, la novia de Eloy.   **5.** Hace mucho tiempo que supe la verdad sobre Santa Claus.   **6.** Hace un año y tres meses que pudimos descansar en la playa por última vez.   **7.** Hace una semana que Jorge fue a la sinagoga.   **8.** Hace cuatro noches que Radamés y Cumbancha tocaron en La Peña por última vez.

H.   1. Hace dos meses (que) Eloy y sus amigos condujeron a Los Ángeles, California. / Eloy y sus amigos condujeron a Los Ángeles hace dos meses.   **2.** El verano pasado Camila viajó a Rosario, Argentina en autobús. / Camila viajó a Rosario, Argentina en autobús el verano pasado.   **3.** Ayer Nayeli y Claudia anduvieron en bicicleta por la playa. / Nayeli y Claudia anduvieron en bicicleta por la playa ayer.   **4.** Hace tres horas (que) Radamés anduvo a pie en el centro de Berkeley. / Radamés anduvo a pie en el centro de Berkeley hace tres horas.   **5.** Hace un año que Rodrigo viajó a la Isla Margarita en barco. / Rodrigo viajó a la Isla Margarita en barco hace un año.   **6.** Hace cinco semanas (que) Omar y su familia viajaron a las islas Galápagos en/por avión. / Omar y su familia viajaron en/por avión a las islas Galápagos hace cinco semanas.   **7.** Anteayer Radamés y su grupo Cumbancha condujeron al centro cultural La Peña. / Radamés y su grupo Cumbancha condujeron al centro cultural La Peña anteayer. / Anteayer Radamés y su grupo Cumbancha manejaron al centro cultural La Peña.   **8.** Ana Sofía y Sebastián fueron al museo en carro hace dos fines de semana. / Ana Sofía y Sebastián condujeron al museo hace dos fines de semana.

I. *Answers will vary.*

EXPRÉSATE

Escríbelo tú *Answers will vary.*

ENLACE AUDITIVO

Ejercicios de ortografía

I.   A.   1. pasar   **2.** sacaste   **3.** puse   **4.** descansar   **5.** responsable

B.   1. plaza   **2.** nariz   **3.** hizo   **4.** almorzar   **5.** izquierdo

C.   1. dice   **2.** celebra   **3.** ejercicio   **4.** concierto   **5.** entonces

II. A. **1.** comí **2.** estudié **3.** salí **4.** trabajé **5.** entendió **6.** llegó **7.** lavó **8.** corrí **9.** jugó **10.** terminó

B. **1.** hice **2.** puse **3.** pude **4.** quise **5.** dijo **6.** trajo **7.** vino **8.** dije **9.** tuve **10.** puso

III. A. **1.** sequé **2.** comunicaste **3.** toqué **4.** saco **5.** explicó

B. **1.** jugaste **2.** entregué **3.** regué **4.** pagó **5.** llego

C. **1.** crucé **2.** rezó **3.** rechazo **4.** comencé **5.** abrazamos **6.** hizo

D. **1.** creyeron **2.** siguió **3.** concluí **4.** destruyó **5.** incluyeron **6.** leí

E. **1.** me bañé **2.** hablé **3.** dije **4.** manejaste **5.** llegué **6.** tuviste **7.** levantó **8.** salió **9.** vino **10.** desayunamos **11.** hicimos **12.** quiso **13.** compraron **14.** se lavó **15.** leyó

F. **1.** quiso, lentes, perdió **2.** busqué, reloj, encontré **3.** jugó, llegó, tarde **4.** llegué, temprano, jugué **5.** pude, ayer, leyó **6.** busqué, periódico, llegó **7.** Dije, hermano, oyó **8.** empecé, tarea, empezó **9.** Busqué, lentes, llegamos **10.** pagué, cena, Pagó

Actividades auditivas

A. **1.** d **2.** a **3.** b **4.** c **5.** b **6.** c **7.** b **8.** a

B. **1.** Loreto, Baja California Sur **2.** Eloy, Ana Sofía **3.** trabajan **4.** Franklin, se cansó. **5.** tibia y cristalina **6.** pescado fresco **7.** Sierra de Guadalupe **8.** ballenas azules

VIDEOTECA

Amigos sin Fronteras

A. *Answers will vary.*

B. Claudia se va a quedar con sus abuelos en Paraguay; Nayeli dice que tiene un examen de biología y necesita estudiar.

C. **1.** c **2.** e **3.** a **4.** f **5.** d **6.** b

D. *Answers will vary.*

E. Nayeli y Radamés planean hacer una fiesta sorpresa y se lo dicen a sus amigos.

F. **1.** despedida **2.** texteó **3.** la casa de Radamés **4.** ocho

G. *Answers will vary.*

H. **1.** b **2.** c **3.** d **4.** a

I. 1, 3, 4, 2

J. **1.** AS **2.** C **3.** AS **4.** C **5.** C

K. *Answers will vary.*

L. **1.** e **2.** c **3.** b **4.** d **5.** a

M. **1.** ponerle atención en la película **2.** no le dijo la verdad **3.** el coche de Nayeli **4.** a Sebastián y a Franklin

Mi país

A. **1.** *Answers will vary.*

B. **1.** el Paseo de la Reforma **2.** el Museo Nacional de Antropología, en el Parque de Chapultepec **3.** el Zócalo **4.** la Catedral **5.** el Palacio Nacional **6.** las ruinas aztecas del Templo Mayor

C. **1.** d **2.** e **3.** b **4.** a **5.** c

D. **1.** Calendario azteca **2.** la Virgen de Guadalupe **3.** una gran bandera

E. **1.** aztecas, mayas **2.** la isla de Cancún

F. **1.** g, k, l **2.** a, c, i **3.** f, h, j **4.** b, d, e

G. **1.** Teotihuacán **2.** Chichén Itzá **3.** la isla de Cancún **4.** Guanajuato **5.** Oaxaca

H. **1.** Guanajuato **2.** Oaxaca **3.** Chichén Itzá **4.** Puebla

¡A LEER!

¿Sabías que... ?

A. **1.** a, f **2.** c

B. **1.** tomate **2.** aguacate **3.** chicle **4.** cacahuate **5.** coyote **6.** chile **7.** zacate **8.** guacamole **9.** tamal **10.** chocolate

Conexión cultural. **1.** Barrancas del Cobre; en la sierra Tarahumara / en Chihuahua **2.** el tren Chihuahua Pacífico; aproximadamente quince horas **3.** en la primavera o el otoño, porque ya pasaron las lluvias de verano. **4.** rarámuri o tarahumaras **5.** Se fueron para escapar de la esclavitud en las minas de plata de los españoles; las cuevas los protegen de las lluvias, los vientos y los animales.

Galería

A. **1.** El templo de Kukulkán **2.** El teatro Juárez, el Festival Cervantino **3.** El arco de piedra blanca en Cabo San Lucas **4.** Las mariposas monarca

B. *Answers will vary.*

CAPÍTULO 9

¡A ESCRIBIR!

A. **1.** el ceviche **2.** (*any order*) pescado crudo, jugo de limón **3.** el guacamole **4.** (*any order*) aguacate, chile, tomate **5.** la paella valenciana **6.** (*any order*) pollo, mariscos, verduras **7.** el picadillo **8.** (*any order*) carne molida, cebolla **9.** el gallo pinto **10.** (*any order*) arroz, frijoles **11.** la parrillada **12.** (*any order*) carne de cerdo, carne de ternera

B. **1.** les gusta **2.** te gusta **3.** me encanta **4.** nos gusta **5.** te gustan **6.** me encantan **7.** le gusta **8.** me gusta **9.** nos gustan **10.** les gustan

C. **1.** de una a dos porciones **2.** de una a dos porciones **3.** Sí, debo comerlo; dos porciones **4.** (*Order may vary*) derivados lácteos, nueces / semillas / aceitunas, hierbas / especias / ajo / cebolla **5.** (*Order may vary*) dulces, carne roja, carnes procesadas, huevos, legumbres, carne blanca, pescado/marisco, patatas. **6.** No, no debemos comerlos **7.** Sí, tengo que comerlos **8.** No, no hay que comerlas

D. **1.** d **2.** f **3.** a **4.** i **5.** j **6.** e **7.** h **8.** c **9.** b **10.** g

E. **1.** una taza **2.** dos tazas y media **3.** una cucharada **4.** una cucharadita **5.** media cucharadita **6.** una pizca **7.** media docena (seis) **8.** un kilo (un kilogramo) **9.** una botella de aderezo **10.** una lata

F. **1.** d **2.** e **3.** j **4.** f **5.** c **6.** i **7.** b **8.** h **9.** g **10.** a

G. **1.** a **2.** d **3.** f **4.** g **5.** c **6.** h **7.** b **8.** e

H. **1.** ¿Desean algo para tomar? **2.** ¿Están listos para pedir? **3.** (*any order*) Me trae... , por favor. / Me gustaría probar... / Quisiera pedir... , por favor. / Para mí... , por favor. Tráiganos... , por favor. **4.** ¿Qué me recomienda? **5.** ¡Buen provecho! **6.** ¿Nos trae la cuenta, por favor?

I. *Answers will vary.*

EXPRÉSATE

Escríbelo tú. *Answers will vary.*

ENLACE AUDITIVO

Ejercicio de ortografía. **1.** ¿Dónde está el restaurante? **2.** La dirección es Calle Décima, número veintidós. **3.** Buenas tardes, ¿tienen una reservación? **4.** No, no hicimos reservaciones. **5.** Aquí tienen el menú. ¿Qué quieren tomar? **6.** Ella quiere té con limón y yo prefiero café con azúcar. **7.** ¿Qué van a pedir? **8.** Yo quiero el sándwich de atún. **9.** Buena selección. **10.** Yo voy a pedir la sopa de espárragos y una porción de sandía. **11.** Yo también quiero sopa, pero prefiero la de brócoli. **12.** ¿Cómo vamos a pagar? **13.** ¡Con mi tarjeta de crédito, claro! **14.** ¿Te gustó la comida? **15.** Sí, y comí mucho.

Actividades auditivas

A. **1.** está muy lleno **2.** mamá **3.** frijoles y tortillas **4.** tres tacos **5.** en el restaurante **6.** toda la familia

B. **1.** a **2.** b **3.** a **4.** d **5.** d

VIDEOTECA

Amigos sin Fronteras

A. **1.** b **2.** c

B. **1.** c **2.** e **3.** d **4.** g **5.** f **6.** a **7.** b

C. Nayeli, Sebastián y Eloy van a un restaurante peruano. El mesero les recomienda una bebida típica peruana. Eloy quiere buscar información de platos peruanos en su teléfono.

D. **1.** Sebastián **2.** Nayeli **3.** El mesero **4.** Sebastián **5.** Los tres amigos **6.** Eloy

E. *Answers will vary.*

F. *México:* los chiles rellenos, las enchiladas, el guacamole, el ceviche *Perú:* el ceviche, las papas a la huancaína, el lomo saltado *España:* la paella valenciana, las tapas

G. **1.** d **2.** a. **3.** c **4.** b

H. Los tres amigos conversan y piden sus platos principales y un aperitivo.

I. **1.** el pollo **2.** arroz con pollo cubano **3.** refrescante **4.** el pescado, el limón **5.** probar **6.** mexicana **7.** se le olvidan algunos ingredientes, se le quema la comida **8.** similar **9.** el cilantro

J. **1.** ¿Nos trae la cuenta, por favor? **2.** ¡buen provecho! **3.** quedé lleno **4.** ¿Qué te pareció tu plato?

K. Los tres amigos comieron la deliciosa comida peruana y uno de ellos pagó la cuenta.

L. **1.** arroz con pollo **2.** ceviche **3.** lomo saltado **4.** papas a la huancaína **5.** salsa verde

M. **1.** d **2.** e **3.** a **4.** b **5.** c

N. **1.** verde **2.** el cilantro **3.** Sebastián **4.** tarjeta de crédito **5.** cilantro, diente

Mi país

A. **1.** c, d, f **2.** b **3.** a **4.** c

B. **1.** las islas flotantes de los uros **2.** Machu Picchu **3.** Coricancha, Cusco **4.** el Museo de Arte de Lima (MALI) **5.** la Plaza de Armas, Lima **6.** la Plaza de Armas, Cusco

C. 4, 3, 1, 2, 5

D. **1.** Lima, Cusco **2.** la catedral **3.** sus primos **4.** a la huancaína **5.** el queso **6.** precolombino **7.** mate de coca **8.** 11.500 **9.** sol **10.** totora

E. **1.** b **2.** c

F. **1.** d **2.** c **3.** a **4.** b

G. **1.** un barco **2.** la región andina **3.** 4.000 **4.** trucha a la plancha **5.** cholas **6.** bombín **7.** estado civil **8.** Carnaval de Oruro, líneas de Nazca, Cañón del Colca

¡A LEER!

¿Sabías que... ? **1.** d **2.** a **3.** b **4.** a. *ahuacatl*, náhuatl b. *mahís*, taíno c. *ejotl*, náhuatl d. *mandióg*, guaraní

Conexión cultural. **1.** b **2.** b **3.** c **4.** d **5.** b

Galería

A. **1.** c **2.** e **3.** b **4.** d, a, f

B. *Answers will vary.*

CAPÍTULO 10

¡A ESCRIBIR!

A. **1. a.** a mi madre **b.** a mi madre y a mi hermana **c.** conmigo **2. a.** a mi padre y a mi sobrino **b.** con mi hermano y con mi sobrino **c.** a mi padre y a mi hermano **3. a.** con mi padre **b.** con ellos, con mi padre y con mi madre **c.** con nadie

B. **1.** es la esposa de mi hermano **2.** son los padres de mi esposo/a **3.** es el esposo de mi hija **4.** es la esposa de mi hijo **5.** son los hijos de mi hermano/a **6.** es el hermano de mi padre/madre **7.** es la hija de mi madre/padre y su nuevo esposo/a **8.** es la hija d mi madrastra/padrastro con su ex esposo/a **9.** es la esposa de mi padre, pero no es mi madre **10.** es el esposo de mi madre, pero no es mi padre

C. **Parte 1.** **1.** madre **2.** padre **3.** cuñada **4.** hermano **5.** hermana **6.** sobrino **7.** sobrina **Parte 2.** **1.** Radamés **2.** Ánika **3.** Maily **4.** Mayra **5.** David **6.** Omara **7.** Tomás **8.** Iraida, Eliana; Eliana; Iraida **9.** Yovani, Danielito; Danielito, Yovani

D. **1.** tocaba la guitarra por las noches; la toco **2.** jugábamos al escondite después de las clases; lo jugamos **3.** iban al cine los sábados por la tarde; van **4.** lavaban el carro de Papi todos los fines de semana; lo lavan **5.** leía tiras cómicas todos los días; las lee **6.** jugaba al béisbol en la escuela; lo juego **7.** comíamos comida chatarra al menos una vez por semana; la comemos **8.** me ponía un disfraz de Elvis Presley en los carnavales; me lo pongo

E. **1.** usaba **2.** tenía **3.** practicaba **4.** escuchaban **5.** aplaudían **6.** decían **7.** iba **8.** era **9.** tomaba **10.** eran **11.** era **12.** Parecía **13.** venía **14.** daba **15.** éramos **16.** se llevaban

F. **1.** i **2.** j **3.** g **4.** a **5.** c **6.** h **7.** e **8.** f **9.** d **10.** b

G. **1.** Lo iba a pasear (Iba a pasearlo), pero Maily ya lo paseó. **2.** Lo iba a recoger (Iba a recogerlo), pero mi mamá lo recogió primero. **3.** Lo iba a cortar (Iba a cortarlo), pero el vecino tenía la máquina de cortar. **4.** La iba a sacar (Iba a sacarla), pero estaba lloviendo y no pude sacarla. **5.** Lo iba a regar (Iba a regarlo), pero no había agua. **6.** Las iba a cerrar (Iba a cerrarlas), pero tenía mucho calor y no las cerré. **7.** Los iba a desempolvar (Iba a desempolvarlos), pero no estaban sucios.

H. **1.** En esta foto mi familia y yo estábamos celebrando mi graduación de la escuela secundaria. *Claudia*: ¡Qué bueno poder ver esta foto de graduación! **2.** Aquí mis hermanas llevaban ropa típica afrocubana porque estaban participando en el festival internacional de la escuela. *Ana Sofía*: ¡Qué vestidos tan bonitos! **3.** Aquí estaba yo comprando una de mis guitarras favoritas. *Xiomara*: ¡Te veo muy feliz en esa foto, Radamés! Claro que la música a ti siempre te pone feliz. **4.** Un ejemplo más de nuestras vacaciones juntos: Aquí Julián y yo estábamos esquiando en Utah. *Franklin*: ¡No sabía que te gustaba la nieve ni el frío! **5.** Aquí estábamos jugando al Tetris mi hermana Iraida y yo.

Sebastián: ¿Tenías ese videojuego? ¡A mí me encantaba!   **6.** Aquí estaba volando mi papalote en el parque cerca de mi casa. *Nayeli*: ¡Ay, no! ¡Tu papalote quedó atrapado en un árbol!

I. *Answers will vary.*

EXPRÉSATE

Escríbelo tú. *Answers will vary.*

ENLACE AUDITIVO

Ejercicios de ortografía

I.   1. bigote   **2.** sobrino   **3.** joven   **4.** viejo   **5.** bonito   **6.** rubio   **7.** vivo   **8.** ventana   **9.** vez   **10.** por favor   **11.** suegro   **12.** deprimido   **13.** siglo   **14.** mango   **15.** limonada

II.   1. yo servía   **2.** Marcela dormía   **3.** Carlos peleaba   **4.** nosotros tomábamos   **5.** ellas corrían   **6.** yo montaba   **7.** tú tenías   **8.** usted quería   **9.** nosotras contábamos   **10.** ellos subían

Actividades auditivas

A.   1. b   **2.** b   **3.** c   **4.** c   **5.** a   **6.** b   **7.** b   **8.** b

B.   1. vieja   **2.** jugar en el parque; amigas   **3.** pelo; delgada; bonita (bonita; delgada)   **4.** grande; Guantánamo   **5.** programas de misterio en la radio   **6.** se parecen   **7.** jugaban al escondite en el parque   **8.** jugar al escondite

VIDEOTECA

Amigos sin Fronteras

A. *Answers will vary*

B.   1. d   **2.** a   **3.** e   **4.** b   **5.** c

C. Sebastián, Claudia, Ana Sofía y Radamés recuerdan su niñez.

D.   1. b   **2.** a, c   **3.** d

E.   1. La mamá de Sebastián   **2.** la gente   **3.** papa   **4.** la zapatería   **5.** se sentaba   **6.** mercado

F. *Answers will vary.*

G.   1. solitaria   **2.** ¡Salud!   **3.** los animales   **4.** reír   **5.** sociable

H. Ana Sofía bailaba flamenco y se ponía vestidos de sevillana. Claudia cambió mucho cuando entró a la universidad. Antes de la universidad, era una persona muy solitaria.

I.   1. R   **2.** AS   **3.** AS   **4.** C   **5.** S   **6.** C   **7.** C

J.   1. adolescente   **2.** bailaba   **3.** aburrida; seria   **4.** sociable   **5.** brindis

Mi país

A.   1. c   **2.** Cuba   **3.** c

B. 2, 4, 1, 3

C.   1. una playa de Varadero   **2.** unos campos de caña de azúcar   **3.** una casa en Trinidad   **4.** un grupo de música en vivo

D. *Varadero:* ver playas hermosas, palmeras y playas de arena blanca *Trinidad:* campos de caña de azúcar, las casas y los edificios tienen color pastel *Canchánchara, Trinidad:* tomar un café muy rico; escuchar música en vivo

E. **1.** a, b, c **2.** c **3.** a

F. una cantante famosa, La Habana, una fábrica de tabaco, el Malecón

G. **1.** c **2.** a **3.** d **4.** e **5.** b

H. **1.** Azúcar **2.** música, energía **3.** la plaza **4.** La Habana **5.** fábrica **6.** mar, carros, cincuenta **7.** música **8.** Carnaval

¡A LEER!

¿Sabías que... ? **1.** b **2.** d **3.** a **4.** c

Conexión cultural 8, 4, 2, 12, 1, 5, 10, 3, 6, 9, 11, 7

Galería

A. **1.** e **2.** d. **3.** f **4.** c. **5.** a **6.** b

B. *Answers will vary.*

CAPÍTULO 11

¡A ESCRIBIR!

A. **1.** He estado **2.** orilla **3.** Habéis vuelto **4.** ha estado **5.** selva **6.** ha hecho **7.** montañas **8.** desiertos **9.** bosques **10.** has visto **11.** he visto **12.** has ido **13.** he ido **14.** hemos estado **15.** costa

B. **1.** e **2.** f **3.** c **4.** d **5.** b **6.** i **7.** a **8.** h

C. **1.** Hice la reserva en línea ayer por la tarde, pero no la he traído conmigo. **2.** Sí, aquí está mi DNI. **3.** Tengo el carnet de conducir de España. **4.** Necesito un coche para siete personas. **5.** Mejor de marchas, por favor. **6.** La verdad, lo prefiero de gasoil. **7.** No, gracias, tengo mi propio seguro. **8.** Por una semana, por favor. **9.** Hoy salgo para Valencia pero voy a viajar por toda España y necesito kilómetros ilimitados. **10.** Pero ¿tengo que pagar el coche con esta tarjeta de crédito? **11.** ¿Tengo que pagar extra si uso la tarjeta de crédito? **12.** No, señor, creo que no tengo más preguntas.

D. **1.** c **2.** e **3.** b **4.** a **5.** d **6.** i **7.** f **8.** g **9.** h **10.** j

E. *De la plaza de toros Maestranza a la universidad:* 3, 1, 4, 2 *Del Archivo de Indias a la plaza de España:* 5, 1, 4, 2, 3 *Del puente de San Telmo a la Giralda:* 7, 6, 4, 1, 5, 3, 2

F. **1.** Vengan **2.** Piensen **3.** vean **4.** Hagan **5.** escojan **6.** comiencen **7.** sáquenlo **8.** Busquen **9.** estén **10.** sepan **11.** pónganle **12.** sean **13.** Conozcan **14.** vayan **15.** Empiecen **16.** Vuelvan

G. **1.** b **2.** c **3.** a **4.** h **5.** f **6.** d **7.** g **8.** e

H. **1.** viajaba **2.** conocía **3.** Tenía **4.** estaba **5.** estaba **6.** esperaba **7.** hablé **8.** hacían **9.** tuve **10.** hizo **11.** llegué **12.** facturé **13.** pasamos **14.** fuimos **15.** abordé **16.** crucé

I. *Answers will vary.*

EXPRÉSATE

Escríbelo tú. *Answers will vary.*

ENLACE AUDITIVO

Ejercicios de ortografía

I. 1. caro **2.** tierra **3.** perro **4.** carro **5.** pero **6.** carretera **7.** arriba **8.** primero **9.** maletero **10.** arrecife

II. 1. Qué, seco, desierto **2.** Cuánta, lluvia, Cuándo, sol **3.** Qué, selva, calurosa **4.** Cuántos, carros, Por qué, tráfico **5.** Cuánta, neblina, peligroso

III. 1. Cómpreme, boleto **2.** reservas, Hágalas **3.** Levántense **4.** (Dígale) **5.** Cuéntenos, viaje **6.** Páguenlas, efectivo **7.** Pónganlos, maleta **8.** Tráigame, itinerario **9.** equipaje, Llévenlo **10.** Sáquenlos, denme, pasaportes

Actividades auditivas

A. 1. diez días **2.** Madrid **3.** Velázquez, El Greco y Goya **4.** Calle de Serrano **5.** Barrí Gotic / Barrio Gótico **6.** Barcelona **7.** la Sagrada Familia **8.** Granada

B. 1. Semana Santa **2.** de barro **3.** Costa Rica **4.** España **5.** leído, Barcelona **6.** Madrid **7.** cien, tren **8.** barato, estudiantes

VIDEOTECA

Amigos sin Fronteras

A. *Answers will vary.*

B. Sebastián ya ha hecho la maleta para el viaje, pero Nayeli no la ha hecho todavía. Claudia hizo la reserva del hotel en Santa Mónica.

C. 1. d **2.** a **3.** b **4.** e **5.** c

D. 1. b **2.** c **3.** d **4.** a **5.** f **6.** e

E. 1. mañana **2.** *Answers will vary:* vaqueros, camisas, zapatos cómodos, un traje de baño **3.** la playa **4.** Eloy **5.** texteó **6.** por la noche **7.** caro **8.** cómodos

F. 1. S **2.** NS **3.** NS **4.** S **5.** NS **6.** S

G. Arreglarte el pelo/Maquillarte/Afeitarte. Hacerte *selfies*. Dormir una siesta. Textear a tu amigo/a.

H. Los cuatro amigos paran en una gasolinera de camino a Los Ángeles. Ana Sofía narra un evento que le ocurrió el día anterior con Sebastián.

I. 1. c **2.** e **3.** d **4.** b **5.** a

J. 1. regular **2.** no tiene licencia de manejar **3.** arreglarse el pelo **4.** un edificio **5.** a la playa

K. 1. c **2.** d **3.** b **4.** a

L. *Answers will vary.*

M. 1. Sebastián **2.** Eloy **3.** Ana Sofía **4.** Sebastián **5.** Ana Sofía **6.** Nayeli

Mi país

A. 1. a, c **2.** b, c **3.** Madrid

B. Ana Sofía habla de las actividades que hizo con sus amigos Ángela y Álex en Madrid.

C. 1. c **2.** e **3.** d **4.** f **5.** a **6.** b **7.** g

D. **1.** el Rastro **2.** a Plaza Mayor **3.** la Plaza del Sol **4.** el Retiro **5.** el restaurante Botín
6. el Centro de Arte Reina Sofía

E. **1.** dos **2.** un mercado **3.** metro **4.** la Plaza Mayor **5.** cinco **6.** obras

F. los árabes

G. **1.** b **2.** a **3.** c

H. Ángela y Alex viajaron a Sevilla en tren. Los tres amigos viajaron a Barcelona.

I. **1.** c **2.** b **3.** f **4.** a **5.** e **6.** d

J. **1.** tren **2.** ciudad **3.** grande **4.** jardines **5.** paella, pescado **6.** parque, casas, basílica
7. calle, almacén **8.** avión

¡A LEER!

¿Sabías que... ? **1.** d **2.** a **3.** b **4.** b

Conexión cultural. **1.** Andalucía **2.** moros, judíos, gitanos **3.** el dolor y el sentimiento de los
gitanos **4.** Paco de Lucía, El Lebrijano, Camarón de la Isla y Enrique Morente **5.** (Recibió) la
influencia de otros estilos musicales **6.** Barcelona, hip hop, reggae **7.** Sara Baras
8. Los Ángeles, sus raíces mexicoamericanas con la cultura de Andalucía.

Galería

A. **1.** b, h **2.** c, e **3.** d, g **4.** a, f

B. *Answers will vary.*

CAPÍTULO 12

¡A ESCRIBIR!

A. **1.** Son partes del cuerpo que sirven para caminar, saltar, correr y bailar. **2.** Es una parte del
cuerpo que sirve para comer todo tipo de comida, hablar, cantar, silbar y besar. **3.** Son partes del
cuerpo que sirven para tocar, comer alguna comida, escribir y tocar la guitarra. **4.** Es una parte
del cuerpo que sirve para oler, respirar, estornudar e inhalar. **5.** Es un órgano interno que sirve para
mandar la sangre por todo el cuerpo. **6.** Son órganos internos que sirven para oír, escuchar y poner
atención.

B. **1.** muela **2.** las encías **3.** sangre **4.** el codo **5.** la muñeca **6.** el hígado **7.** el corazón
8. costillas **9.** pulmones **10.** la garganta **11.** los oídos **12.** La rodilla **13.** las caderas **14.** el
tobillo **15.** pestaña

C. **1.** e: te pongas, salgas **2.** d: beba, coma **3.** a: se queden, tomen **4.** c: des, hagan,
hablen **5.** b: se ponga, ponga, use

D. **1.** tenga la nariz tapada **2.** te cortes **3.** tengan los ojos rojos y secos **4.** les duelan las
muelas **5.** tengan alergias **6.** te duela el oído **7.** te duela la cabeza **8.** les duela la
garganta **9.** tengas un resfriado fuerte y tos **10.** tengan un esguince en el tobillo **11.** tengas fiebre
12. tengan gripe

E. **1.** Acuéstese aquí para escucharle el corazón a su bebé. **2.** Quítese la chaqueta y deme el brazo
para ponerle la vacuna. No se ponga nerviosa. **3.** Muéstreme la receta que le dio el médico; no me
pague todavía. **4.** Deme los documentos de su seguro médico. **5.** Dígame qué pierna le duele.
6. Dígame qué muela le duele. **7.** Explíqueme qué síntomas tiene, para ver si son los síntomas
de la gripe. **8.** Abra el ojo y no se mueva. **9.** Cuénteme qué siente. ¿Por qué está enojado?

F. **1.** cardiólogo **2.** intente **3.** diagnostique **4.** les aconseje **5.** enfermeros **6.** les pongan **7.** les tomen **8.** atiendan **9.** cirujano **10.** se ponga **11.** haga **12.** les pida **13.** psiquiatra **14.** trate **15.** recete

G. **1.** se le rompieron **2.** se me olvidó (se me quedó) **3.** Se me rompió **4.** se me perdió **5.** se les acabaron **6.** se les descompuso

H. **Parte 1.** 5, 3, 1, 2, 4 **Parte 2.** 10, 7, 6, 9, 8

I. *Answers will vary. Possible answers:* **1.** presionen el puente de la nariz con el pulgar, que mantengan la presión y luego que la quiten. **2.** Les sugiere que se cubran la cara con las dos manos, que pongan un poco de presión y que se den un masaje en las sienes. **3.** Puedes agarrarte el pie y presionarlo con los pulgares y luego darse un masaje vigoroso por la planta del pie. **4. a.** Presionen el área debajo de los ojos hacia arriba. Mantengan la presión tres segundos. Presionen hacia abajo. Repítanlo tres veces. **b.** Pónganse un dedo en cada sien. Apliquen presión ligera por dos minutos. Hagan esto tres veces al día. **c.** Pongan los dedos índices en los oídos. Muévanlos adelante y atrás con un poco de presión. **5. a.** Póngase las palmas de las manos a los lados de la cabeza y presione la cabeza. Mueva los dedos por el cráneo (la calavera). Presione y repita. **b.** Agárrese el área afectada entre el pulgar y los dedos y haga un poco de presión. Presione firmemente. **c.** Mire arriba, a la izquierda, abajo y a la derecha. Haga de una a tres movimientos seguidos.

EXPRÉSATE

Escríbelo tú. *Answers will vary.*

ENLACE AUDITIVO

Ejercicios de ortografía

I. **1.** Tu; tú **2.** Te; té **3.** Sí; si **4.** Mi; mí **5.** de **6.** sé; se **7.** dé; de **8.** si; sí **9.** tu **10.** tú; mi; si; él

II. **1.** busque, estetoscopio **2.** traduce, tradúzcame, documento **3.** explique, tratamiento **4.** recojas, farmacia **5.** empiecen, dolores, practique **6.** entregues, informe **7.** consiga, resultados, sangre, comuníquese **8.** operación, comiencen **9.** empecemos, pronto **10.** cirujano, llegue

Actividades auditivas

A. 7, 5, 1, 4, 2, 6, 3, 8

B. *Nombre:* Franklin Sotomayor Sosa *Síntomas:* congestión, estornudos, fiebre, insomnio, tos, dolor de cabeza, dolor en los pulmones *Diagnóstico:* bronquitis, una infección (seria) en la garganta *Recomendaciones:* no trabajar por dos o tres días, beber muchos líquidos, descansar, quedarse en cama *Receta:* antibiótico, tomar una cápsula cada cuatro horas. *Preocupación del paciente:* Los estudiantes no van a poder tomar su examen

VIDEOTECA

Amigos sin Fronteras

A. *Answers will vary.*

B. **1.** c **2.** d **3.** a **4.** b

C. Sebastián está enfermo y llama a dos buenos amigos para que lo ayuden.

D. 4, 2, 3, 1

E. **1.** fiebre, cabeza, tos **2.** diez **3.** remedio **4.** abuela

F. 1. R **2.** S **3.** S **4.** R **5.** S **6.** S **7.** S **8.** S **9.** R **10.** R **11.** S **12.** R **13.** R **14.** R **15.** S

G. 1. c **2.** d **3.** b **4.** a

H. *Answers will vary.*

I. 1. c **2.** d **3.** b **4.** a

J. 1, 3, 4, 8, 12

K. 1. P **2.** M **3.** P **4.** P **5.** P **6.** P **7.** M **8.** M **9.** M **10.** M

L. Eloy examina a su amigo Sebastián. Franklin le lleva a Sebastián el jarabe de cebolla y rábano y una rama de buganvilia. Eloy y Franklin tienen clase.

M. 1. congestionados **2.** ciento dos **3.** una inyección **4.** tres horas **5.** se sienta **6.** catarros

Mi país

A. 1. c **2.** c **3.** a, b

B. 1, 5, 4, 3, 2

C. 1. Caracas: La capital tiene edificios altos como las torres de El Silencio. **2.** Maracaibo: Es una ciudad petrolera. **3.** el archipiélago Los Roques: Hay más de trescientas islas, con playas, corales y peces preciosos. **4.** desierto Médanos de Coro: Es un lugar increíble, con dunas de arena muy bonitas.

D. 1. c **2.** e **3.** a **4.** b **5.** f **6.** d

E. 1. tengan, protéjanse **2.** tomen, pónganse

F. Mérida

G. *Answers will vary.*

H. Mérida es una ciudad colonial y universitaria. En el Parque Nacional está la catarata más alta del mundo y varios tepuyes.

I. 1. c **2.** a **3.** b

J. 1. una zona colonial de Mérida **2.** el teleférico **3.** la heladería Coromoto **4.** la catarata Salto Ángel **5.** los tepuyes

K. 1. C **2.** M **3.** M **4.** C **5.** C **6.** M

¡A LEER!

¿Sabías que...? 1. d **2.** a **3.** b **4.** a. azúcar b. almohada c. algodón d. jarabe e. aceite f. alberca g. almanaque

Conexión cultural

A. 1. c **2.** d **3.** a **4.** b

B. 1. c **2.** b **3.** a **4.** d

Galería

A. 1. Parque Nacional Médanos de Coro **2.** el Parque Nacional Canaima **3.** teleférico **4.** Isla Margarita

B. *Answers will vary.*

CAPÍTULO 13

¡A ESCRIBIR!

A. **1.** (*Any order, any number of items*) nos besamos; nos comprendemos; nos tomamos de la mano; nos queremos mucho   **2.** (*Any order*) se enojan; se golpean; se gritan; se insultan; se pelean   **3.** (*Any order*) se comunican por Skype; se envían emails; se escriben por Facebook; se hablan por teléfono; se textean

B. **1.** estamos   **2.** estamos   **3.** estamos   **4.** es   **5.** es   **6.** es   **7.** está   **8.** está   **9.** son   **10.** es **11.** están   **12.** es   **13.** es   **14.** soy   **15.** estoy

C. **1.** ¡Que te las traiga mi hermana!   **2.** ¡Que lo recoja mami!   **3.** ¡Que las tienda mi hermana!   **4.** ¡Que lo saque a pasear mi hermana!   **5.** ¡Que la saque mi hermana!   **6.** ¡Que vaya ella sola!

D. **1.** llegues   **2.** llega   **3.** te laves   **4.** lávatelas   **5.** riegues   **6.** riégalas   **7.** comas   **8.** come **9.** recojas   **10.** recoge   **11.** juegues   **12.** juega   **13.** hagas   **14.** hazla

E. **1.** c: comiencen   **2.** d: busquen   **3.** a: se respeten   **4.** e: planeen   **5.** b: digan

F. **1.** ¡Mi hermana Janira era tan traviesa! Siempre estaba subiéndose a los árboles. Le encantaba hacer eso. *Ángela*: Franklin, ¿y tú también te subías? *Franklin*: A veces, pero no tanto como mi hermana.   **2.** ¡Mi foto favorita! Mira cómo nos divertíamos mi primo Pedro y yo durante el bautizo de mi hermana Janira. ¡Estábamos haciendo caras locas los dos! *Nayeli*: ¿Cuántos años tenían tu primo y tú en esa foto, Franklin? *Franklin*: Los dos teníamos seis años aproximadamente. Nos gustaba mucho jugar juntos pero mi primo vivía en otra ciudad, en Caguas, y solo nos veíamos de vez en cuando. **3.** Es la boda de mi primo Pedro. Lo mejor de esta foto: la cara de felicidad al ponerse los anillos. Yo creo que mi primo nunca ha estado tan feliz en su vida. Fue un gran día para él. *Claudia:* Parece que fue un gran día para todo ustedes. Me imagino que todos estaban muy contentos. *Ana Sofía:* ¡Qué suerte que pudiste estar allí con ellos! Y pronto vamos a celebrar ese mismo momento contigo y con Estefanía.   **4.** Aquí estábamos saliendo de la boda de mi tía Lili. Janira y yo estábamos muy enojados porque queríamos ir a jugar al parque que había enfrente de la iglesia, pero nuestros padres no nos lo permitieron. *Lucía:* ¿Querían jugar en el parque con la ropa nueva? *Franklin:* Sí claro, lo importante para nosotros era jugar; para mí, con ocho años y para mi hermana con tres, la ropa no era un problema. Pero al final no jugamos. Mis padres no nos dejaron.

G. **1.** eran   **2.** no fue nada grave   **3.** no lo he hecho nunca más   **4.** me relajaba   **5.** estaba **6.** apagué   **7.** se levantaban   **8.** se enojó   **9.** castigó

H. **1.** hablaba, he hablado, hablé   **2.** me portaba, se portó, se ha portado   **3.** castigaban, hemos castigado, castigamos   **4.** escuchábamos, hemos escuchado, escuché   **5.** había, hubo, hay

I. **Parte 1.** **1.** d   **2.** b   **3.** c   **4.** a   **Parte 2.** *Answers will vary.*

EXPRÉSATE

Escríbelo tú. *Answers will vary.*

ENLACE AUDITIVO

Ejercicios de ortografía

I. **1.** frío   **2.** media   **3.** día   **4.** energía   **5.** farmacia   **6.** oír   **7.** cuidado   **8.** divorcio   **9.** anuncia **10.** se gradúa   **11.** negocios   **12.** suegro   **13.** país   **14.** se peina   **15.** hacía

II. A. **1.** Cómo, novio   **2.** Cuándo, cita, director   **3.** Dónde, lugar, boda   **4.** Quién, gastos   **5.** qué, vestido, suegra   **6.** Qué, anillo, caro   **7.** Qué, moderna, iglesia   **8.** Por qué, se textean, ceremonia **9.** Cuántas, hay, fiesta   **10.** Qué, cariñosa, hermanita

B. **1.** varón   **2.** modales   **3.** así   **4.** comunican   **5.** mamá   **6.** padrino   **7.** castigo   **8.** estrés **9.** salgan   **10.** ojalá

C. **1.** pastel **2.** amistad **3.** difícil **4.** niñez **5.** dólar **6.** fútbol **7.** móvil **8.** valor **9.** juventud **10.** útil

D. **1.** simpática **2.** íntimo **3.** típico **4.** característica **5.** matrícula **6.** fantástico **7.** clásico **8.** católicos **9.** gramática **10.** América

E. **1.** psicología **2.** librería **3.** Raúl **4.** cafetería **5.** continúa **6.** había **7.** todavía **8.** mío **9.** día **10.** gradúa

F. **1.** cura, habló, después, boda **2.** comadre, me, llamó, estaba, contesté **3.** ahijada, se, graduó, se, puso, abrió, compré **4.** Quise, boda, vecino, pude, tuve, que **5.** hijo, me, desobedeció, le, quité

G. **1.** De, niños, peleábamos **2.** nos, separaba, nos, pedíamos, perdón **3.** De, niña, leía, prefería **4.** abuelo, videojuegos, existían **5.** éramos, nos, texteábamos

H. **1.** Llévale, director **2.** Báñate, acuéstate, tarde **3.** Explícales, instrucciones, explícamelas **4.** Entrégueme, por, favor **5.** Despiértense, pónganse, la, ropa, comienzan

Actividades auditivas

A. **1.** Descansa **2.** Habla **3.** Explícale **4.** Pídele **5.** Busca **6.** Disfruta

B. **1.** g **2.** e **3.** d **4.** c **5.** a **6.** h **7.** b **8.** f

VIDEOTECA

Amigos sin Fronteras

A. **1.** los novios, la luna de miel **2.** solteros, casados **3.** bisabuelos

B. **1.** c **2.** d **3.** e **4.** b **5.** a

C. Franklin, Radamés, Nayeli y Claudia conversan sobre los planes de boda de Franklin.

D. **1.** Franklin **2.** Estefanía **3.** Radamés **4.** Radamés **5.** Nayeli **6.** Claudia

E. **1.** c **2.** e **3.** a **4.** g **5.** b **6.** d **7.** f

F. 1, 2, 4, 5, 6, 7, 10, 11

G. **1.** d **2.** a **3.** b **4.** c **5.** e

H. **1.** S **2.** S **3.** B **4.** S **5.** S **6.** S **7.** B **8.** B **9.** B **10.** B **11.** S **12.** B

I. 3, 1, 2

J. **1.** c **2.** a **3.** b **4.** d

K. **1.** c **2.** d **3.** i **4.** h **5.** g **6.** b **7.** e **8.** a

Mi país

A. **1.** San Juan **2.** Cuba, la República Dominicana, Puerto Rico **3.** el béisbol

B. **1.** San Juan **2.** el Parque Nacional el Yunque **3.** el Museo del Deporte

C. **1.** Y **2.** SJ **3.** SJ **4.** Y **5.** Y **6.** SJ **7.** SJ

D. *La luna de miel:* **1.** c **2.** e **3.** b *La capital:* **1.** f **2.** d **3.** b **4.** e *La naturaleza:* **1.** d **2.** b **3.** c

E. *Answers will vary.*

F. Franklin y Estefanía van a visitar República Dominicana, sus playas y su capital.

G. **1.** c, i **2.** b, d, f, h **3.** a, e, g

H. **1.** República Dominicana **2.** crucero **3.** taínos **4.** descansar

¡A LEER!

¿Sabías que... ? **1.** b **2.** a **3.** c **4.** huracán, cigarro, maíz, iguana, papaya, guayaba, manatí, canoa, barbacoa

Conexión cultural

1. e **2.** g **3.** h **4.** f **5.** a **6.** b **7.** d **8.** c

Galería

A. **1.** el Alcázar de Colón **2.** Puerto Plata **3.** el Castillo de San Felipe del Moro **4.** el Yunque **5.** el Castillo de San Felipe del Moro **6.** el Yunque **7.** Puerto Plata **8.** el Alcázar de Colón

B. *Answers will vary.*

CAPÍTULO 14

¡A ESCRIBIR!

A. **1.** b: para **2.** c: Por **3.** a: por **4.** b: para **5.** c: por **6.** a: por **7.** b: Para **8.** a: Por **9.** b: para **10.** d: para **11.** c: para **12.** a: por

B. **1.** Para pedirle a Estefanía que se case conmigo, compré un anillo de compromiso de oro blanco y diamantes por mil cuatrocientos cincuenta dólares. **2.** Para cortarle el pelo a mi perro Chulis, compré unas tijeras de acero inoxidable por quince dólares. **3.** Para no tener frío cuando vaya a esquiar, compré una chaqueta de lana por sesenta y siete dólares. **4.** Para surfear en las playas de California, compré una tabla de surfeo de fibra de vidrio por quinientos dólares. **5.** Para caminar cómodamente, compré unos zapatos cómodos de cuero por ciento veinte dólares. **6.** Para mandarles a mis padres un regalo, compré una caja de cartón por tres dólares.

C. **1.** b **2.** e **3.** f **4.** a **5.** g **6.** c **7.** d

D. 2, 5, 4, 6, 1, 8, 3, 9, 7 *Cinco minutos después:* 14, 13, 12, 10, 11

E. **1.** Sí, por favor, córtemela en filetes. **2.** Sí, claro, se los envuelvo ahora mismo. **3.** Pónganoslas de chocolate y vainilla, por favor. **4.** Sí, me lo dio anoche. **5.** No, todavía no nos los han traído. **6.** Está poniéndoselo ahora mismo. **7.** Por favor, tráigamelos en un número más grande. **8.** Sí, por favor, envuélvanosla.

F. **1.** La **2.** lo **3.** les **4.** me **5.** Le **6.** se lo **7.** Me lo **8.** se lo **9.** Le **10.** nos lo **11.** Se lo **12.** me lo

G. **1.** dárselo **2.** seis mil setecientos cincuenta quetzales **3.** sea **4.** quince mil cuatrocientos cuarenta quetzales con treinta y cinco centavos **5.** la compren **6.** comprarla **7.** se lo van a comprar (van a comprárselo) **8.** cincuenta y ocho mil quetzales

H. **Parte 1.** **1.** (*Any order*) Casi nunca mira en la sección de las ofertas ni la mercancía barata. Gasta más de lo que puede pagar con su sueldo. Pide préstamos para comprar cosas que no necesita. Quiere comprar coches y otros artículos de lujo que no son necesarios. Siempre compra a crédito y muchas veces no puede pagar al final del mes. **2.** (*Any order*) Ahorra dinero para las emergencias de la vida. Compra lo que realmente necesita y es indispensable. Compra solamente las cosas que necesita y las paga en efectivo. Intenta gastar solo lo necesario y ahorrar el resto. **Parte 2.** **1.** un comprador compulsivo pague las tarjetas de crédito completamente todos los meses **2.** un comprador responsable está más tranquilo mentalmente que un comprador compulsivo **3.** un comprador responsable prefiera pagar en efectivo en vez de usar tarjetas de crédito **4.** el historial de crédito de un comprador compulsivo sea bueno **5.** un comprador responsable los paga a tiempo / un comprador responsable paga los préstamos a tiempo

I. *Answers will vary.*

EXPRÉSATE

Escríbelo tú. *Answers will vary.*

ENLACE AUDITIVO

Ejercicios de ortografía

I. A. 1. dinero, dártelo **2.** raqueta, prestártela **3.** herramientas, pedírselas **4.** preguntas, contestártelas **5.** cuñado, presentártelo

B. 1. blusa, estoy, planchándola **2.** licuadora, estás, lavándola **3.** regalos, están, escogiéndolos **4.** tijeras, Estoy, poniéndolas **5.** anillo, Estás, limpiándolo

II. A. 1. tu, ¿dónde, ella? **2.** Ayer, tienda, ¡qué, allí! **3.** ¡Cuánta, hoy, mercado! **4.** ¿cuánto, gastar, boda? **5.** herramientas, ¿de, quién, son?

B. 1. Mi, Jorge, abril **2.** Hoy, viernes, cine Luna, *Mamá se fue de viaje* **3.** cristianos, Navidad, judía, noche, Jánuca **4.** Has, *Hija de la fortuna*, Isabel **5.** sábados, restaurante, Plato Picante, mexicana, peruana **6.** Pasamos, mayo, Europa, España, Alemania, España, español, Alemania, inglés, alemán.

III. —Lucía, ¿puedes ir de compras conmigo mañana? —le preguntó Eloy a su amiga. —Sí, claro —respondió ella—. Ya sabes que siempre encuentro los mejores precios. —¡Es verdad! —exclamó Eloy—. Tienes un talento especial para encontrar gangas. —Gracias —dijo Lucía. —Entonces, paso por tu casa temprano —sugirió él—, a las diez de la mañana. ¿Está bien? —Sí, claro —contestó ella—. ¡Pero las diez no es muy temprano!

Actividades auditivas

A. 1. blanco de rayas azules, le quedó muy apretado **2.** talla diez, se subió la cremallera totalmente **3.** el vestido y el saco, tiene dinero **4.** unos zapatos, la bolsa **5.** asistir a su fiesta de cumpleaños, bailar mucho

B. 1. duplicados, venta de zaguán. **2.** vender, dinero **3.** una buena cama **4.** por todos lados **5.** sábado quince **6.** madera, elegante **7.** objetos pequeños

VIDEOTECA

Amigos sin Fronteras

A. *Answers will vary.*

B. Ana Sofía y Claudia quieren comprar dos cosas de segunda mano para sus apartamentos.

C. *Persona 1:* Ana Sofía, una silla, ochenta dólares, sí *Persona 2:* Claudia, un televisor, doscientos dólares, no

D. 1. d **2.** a **3.** b **4.** c

E. 1. le duele la espalda **2.** muebles **3.** el anuncio dice OBO **4.** el tamaño, el precio **5.** el anuncio con el precio

F. *Answers will vary.*

G. 1. de alta definición **2.** Cuánto quiere por eso **3.** recién casados **4.** anuncio **5.** Qué bien nos salió todo

H. 2, 3, 4, 1

I. *la silla:* 200. 40. 70; *el televisor:* 214, 170, 140

J. 1. de México **2.** en buenas condiciones **3.** su esposa **4.** su esposa y él

Mi país

Guatemala

A. **1.** Ciudad de Guatemala **2.** el huipil **3.** a **4.** c

B. **1.** d **2.** f **3.** a **4.** g **5.** b **6.** c **7.** e

Comprensión del video

C. el mercado de Chichi, la iglesia San Andrés Xecul, la influencia de la cultura maya en Guatemala, los huipiles, Rigoberta Menchú, Xela

D. **1.** e **2.** a **3.** d **4.** c **5.** b

E. **1.** a, c, h **2.** d, e **3.** i **4.** b, f, g

F. **1.** guatemalteca **2.** antropología **3.** cabeza, espalda **4.** Ciudad de Guatemala **5.** casarse
6. colores

G. **1.** b. **2.** Atitlán

H. *De la naturaleza:* el lago, la selva, el terremoto, el volcán *Del hombre:* la ciudad, el palacio, la pirámide, el templo

I. 2, X, 1, X, X, 3

J. **Parte 1.** **1.** Antigua **2.** Tikal **3.** Antigua **4.** el lago Atitlán **Parte 2.** **1.** Tikal **2.** Antigua
3. el lago Atitlán **4.** Antigua

K. **1.** b, f **2.** a, g, h, i **3.** c, d, e, j

¡A LEER!

¿Sabías que... ? **1.** b **2.** a **3.** c **4.** a **5.** c

Conexión cultural **1.** b **2.** c **3.** b **4.** a **5.** b

Galería

A. *One detail for each answer.* **1.** el lago de Atitlán: Está en el departamento de Sololá / Alrededor del lago hay tres volcanes. / Es el lago más profundo del mundo. **2.** el quetzal: Es un símbolo nacional. / Tiene plumaje verde y una cola larga. / Lo llaman «pájaro serpiente». / Es un pájaro sagrado en la tradición maya. / El quetzal es la moneda de Guatemala. **3.** la iglesia de San Andrés Xecul: La fachada parece estar hecha de dulces. / El diseño de la fachada es como el huipil. / Está en el departamento de Totonicapán. **4.** Rigoberta Menchú: Ganó el Premio Nobel de la Paz en 1992. / Es la ganadora más joven del Premio Nobel de la Paz. / Es la primera indígena en ganar el Premio Nobel de la Paz. / Ha dedicado su vida a la lucha por la justicia social y los derechos de los indígenas.

B. *Answers will vary.*

CAPÍTULO 15

¡A ESCRIBIR!

A. **1.** —¿Hará el viaje solo o con otra persona? **2.** —¿Será famoso? **3.** —¿Tendrán dos o tres hijos? **4.** —¿Podrá lograrlo? (¿Lo podrá lograr?) **5.** —¿Irán a Berkeley para conocer a los amigos del club en persona? **6.** —¿Tendrá muchos pacientes hispanos? **7.** —¿Querrá seguir con su novio?

B. **1.** harán **2.** abriré **3.** empezaré **4.** harás **5.** participaré **6.** nos casaremos **7.** querremos
8. tendremos **9.** viajaré **10.** Vendrán **11.** iré **12.** empezaré

C. **1.** no se puede respirar aire puro. **2.** se pueda respirar aire puro. **3.** hay muchas personas sin casa. **4.** no haya tantas personas viviendo en la calle. **5.** muchas personas no tienen seguro médico.   **6.** todo ciudadano tenga seguro médico.   **7.** una parte de la sociedad aún no respeta los derechos civiles de otras personas.   **8.** la sociedad respete los derechos civiles de todos los ciudada-nos.   **9.** muchas personas no son conscientes de la necesidad de reciclar.   **10.** todo el mundo sepa que es necesario reciclar el papel, el cartón, el vidrio y el plástico.

D.   1. sepan   **2.** tiren   **3.** separen   **4.** usen   **5.** empecemos   **6.** ocurra   **7.** haya   **8.** puedan
9. lleguen   **10.** vayan   **11.** necesiten   **12.** deba

E.   Parte 1. b. Compraríamos, instalaríamos   **c.** Deberían, podrían   **d.** Guardaría   **e.** pondría
f. mandaría   **Parte 2. 1.** f   **2.** d   **3.** e   **4.** c   **5.** b

F.   1. tuviera   **2.** habría   **3.** fuera   **4.** saldría   **5.** tuviera   **6.** arreglaría   **7.** estuviera   **8.** enseñaría
9. estuviera

G.   1. te dan rabia   **2.** los ríos y los océanos contaminados   **3.** la sequía   **4.** desperdiciar el agua
5. nos urge   **6.** reciclar   **7.** usar envases reusables   **8.** la agricultura orgánica   **9.** pesticidas   **10.** salud

H.   1. le parece muy necesario proteger el medio ambiente. Por eso, con frecuencia va a su trabajo en autobús en vez de manejar y usa energía renovable.   **2.** les llaman la atención todas las especies que hay en peligro de extinción y les da rabia que se destruya la fauna del planeta. Por eso, les gusta participar en la creación de reservas para proteger el hábitat de estas especies y quieren que se impongan fuertes restricciones para la caza de estas especies animales.   **3.** nos afecta y nos molesta la contaminación del aire. Por eso, participamos en campañas para que los ciudadanos usen transporte público y ayuden a reducir la cantidad de esmog que se produce.   **4.** me urge empezar a usar la energía solar porque es mucho más limpia y eficiente que la energía nuclear. Por eso, quiero instalar paneles solares en la futura casa que tengamos Franklin y yo.   **5.** te preocupa el problema de la lluvia ácida? ¿Piensas que si la gente usara más carros eléctricos y medios de transporte público, se podría reducir la cantidad de humo tóxico que emiten los carros?

I.   *Answers will vary.*

EXPRÉSATE

Escríbelo tú. *Answers will vary.*

ENLACE AUDITIVO

Ejercicios de ortografía

I.   1. pondrías   **2.** aprenderemos   **3.** irían   **4.** escribirá   **5.** habrá   **6.** haremos   **7.** se casarán
8. comeréis   **9.** tendrían   **10.** ganarán   **11.** visitarías   **12.** volverán   **13.** verás   **14.** podremos
15. viviré

II.   A.   1. Ayer, limpié, organicé, papeles   **2.** se levantó, tomó, salió   **3.** jugaron, horas, cuarto
4. instaló, programa, grabó, video, lo subió   **5.** regresó, temprano, fuimos   **6.** Vimos, me gustó, hermanas, encantó   **7.** volvió, le ayudó, preparar   **8.** Cené, lavé, mientras, barrió, piso   **9.** fueron, concierto, hice, escribí, informe   **10.** pasé, actualizando, me acosté

B.   1. tenía   **2.** peleábamos   **3.** pasábamos   **4.** era   **5.** tenía   **6.** quería   **7.** sabía   **8.** prefería
9. hacía   **10.** comía   **11.** podía   **12.** jugábamos   **13.** usábamos   **14.** éramos   **15.** leíamos
16. andábamos   **17.** salíamos   **18.** pasábamos   **19.** íbamos   **20.** quedábamos   **21.** jugábamos
22. hacíamos

C.   1. ¿a qué, se acostarán   **2.** estarán, se acostarán, se quedarán, nosotros   **3.** Hija, leyendo, tendrías   **4.** Ya, entonces, ¡no podría   **5.** Me casaré, esposo, iremos, luna de miel

D.   1. ¿Te llamas   **2.** Sí, Mucho gusto   **3.** Igualmente, ¿Vienes, el   **4.** él, ¿Quién es?   **5.** sé, ¿Tú, conoces   **6.** tu pariente   **7.** ¡Es, mi primo   **8.** ¡Hola, Si, tus, invito, tomar   **9.** Perfecto, tú, el té
10. Está, té, tú quieras

E.   1. país   **2.** actúan   **3.** período   **4.** tío   **5.** espía   **6.** guía   **7.** oíste   **8.** continúa   **9.** energía
10. mío

F. **1.** Báñate, acuéstate, tarde **2.** Levántense todos **3.** Pónganse, chaquetas, No se pongan **4.** Llámame, No me llames **5.** copias, Ya, preparándoselas **6.** fondos, pedírselos **7.** documento, guardándolo, momento **8.** llévale, asistente **9.** supuesto, llevársela **10.** Préstame, computadora

Actividades auditivas

A. **1.** c **2.** e **3.** b **4.** g **5.** a **6.** d **7.** f

B. **1.** a, g **2.** c, f, h **3.** b, d **4.** e, i

VIDEOTECA

Amigos sin Fronteras

A. **1.** malos modales **2.** una siestecita **3.** Me distraigo **4.** esclavo **5.** mantenerme despierto **6.** me entretiene

B. Eloy está muy cansado y sus amigos le sugieren que duerma más. Además proponen que ninguno de ellos use sus aparatos electrónicos por un día.

C. **1.** d **2.** c **3.** e **4.** b **5.** a

D. **1.** termine **2.** no hace **3.** pasen **4.** duerma **5.** tenga

E. *Answers will vary.*

F. **1.** e **2.** g **3.** a **4.** h **5.** b **6.** d **7.** c **8.** f

G. 2, 4, 3, 1

H. **1.** El teléfono **2.** en línea **3.** las cuentas **4.** celular **5.** de segunda mano **6.** cable **7.** historia

I. **1.** b **2.** a **3.** d **4.** e **5.** c

J. **1.** en línea **2.** el celular **3.** el cable **4.** la computadora **5.** en la biblioteca **6.** el teléfono de casa **7.** la máquina de escribir

K. **1.** N: el celular / el teléfono / el móvil **2.** E: la tecnología **3.** N: La televisión **4.** E: Nayeli

MI PAÍS

A. **1.** San José **2.** b **3.** a, c

B. *formaciones geológicas y lugares:* el parque natural, el volcán, la montaña, la selva *animales:* el mono, el perezoso, la iguana, la rana *fenómenos naturales:* el huracán, el terremoto, la inundación, la tormenta

C. 2, 3, 6, 7, 10, 12

D. **1.** playas de arena blanca **2.** el volcán Poás **3.** el humo del volcán Irazú **4.** Reserva Biológica Bosque Nuboso Monteverde **5.** un mono **6.** un perezoso **7.** una iguana **8.** una rana

E. **1.** Nombres **2.** Nombres **3.** Actividades importantes para cuidar la naturaleza **4.** Datos interesantes **5.** Animales **6.** Actividades divertidas en la naturaleza

F. **1.** Costa Rica / su país **2.** ¡Pura vida! **3.** blanca **4.** ticos **5.** humo, terremoto

G. **1.** fruta, verdura, artesanías, café, ropa, productos de cerámica **2.** blanco **3.** negro

H. Juan Fernando presenta algunos lugares de su ciudad.

I. **1.** e, f **2.** b, d, **3.** a, c

J. **1.** gallo pinto **2.** arroz con pollo **3.** empanadas **4.** casado

K. **1.** Paseo Colón **2.** padre **3.** madre, hermanos **4.** café **5.** casado

¿Sabías que... ?

A. 1. b **2.** c **3.** c

B. 1. d **2.** e **3.** i **4.** h **5.** g **6.** b **7.** f **8.** j **9.** a **10.** c

Conexión cultural

A. 1. e **2.** c, g **3.** a, h **4.** b, d, f

B. *Answers will vary.*

Galería

A. 1. d, e **2.** f, h **3.** b, g **4.** a, c

B. *Answers will vary.*

EXPANSIÓN GRAMATICAL

Ejercicio 1. **1.** Sí es mía. **2.** Sí, es tuyo. **3.** Sí, son suyas. **4.** No, no es suyo. Es de Daniel. **5.** Sí son suyas. **6.** Sí, es nuestro. **7.** No, no son suyos. Son de Lucía. **8.** No, no es suya. Es de Rodrigo. **9.** Sí, es mío. **10.** No, no son tuyos. Son del profesor.

Ejercicio 2. **1.** Sí, fui a un concierto. **2.** No, no cené con mis padres. **3.** Sí, escribí un email. **4.** Sí, me lavo el pelo. **5.** No, no leí una revista. **6.** No, no hicimos un viaje. **7.** Sí, vimos una película buena. **8.** Sí, salimos juntos. **9.** No, no dimos una fiesta. **10.** No, no sacamos muchas fotografías.

Ejercicio 3. —¿Vas a quedarte en casa esta noche? —No, pienso salir al cine. ¿Y tú? —No sé. —¿Por qué no vienes conmigo? —¿Qué piensas hacer después del cine? —Dar una vuelta por el centro. ¿Quiees? —¿Tienes coche? —Claro que sí. ¿Qué dices? —De acuerdo. ¿A qué hora pasas a buscarme?

Ejercicio 4. ¿Qué piensan hacer esta noche? / No sé. ¿Qué quieren hacer ustedes? / ¿Qué les parece ir al cine? Hay una nueva película francesa que tengo ganas de ver. / A ustedes les gustan las películas francesas, pero a mí no. Me aburren. ¿No les gustaría salir a bailar un rato? / Pero ustedes saben que bailo muy mal. ¡No, gracias! ¿Qué tal si hacemos una fiesta en casa? / ¡Excelente idea! Ustedes dos invitan a sus amigos y yo invito a los míos. ¿A qué hora? / ¿Qué les parece si empezamos a las diez?

Ejercicio 5. **1.** El equipo colombiano ganó el partido. **2.** Los bomberos apagaron el incendio. **3.** Un loco atacó a Nayeli y Sebastián. **4.** Picasso pintó ese cuadro. **5.** El profesor Sotomayor calificó los exámenes.

Ejercicio 6. **1.** b, c, d **2.** b, c **3.** a, b, d **4.** a, d **5.** a, c

Ejercicio 7. **1.** habíamos limpiado **2.** habían subido **3.** ha visto **4.** se había casado; había nacido **5.** ha hecho **6.** se había duchado **7.** ha viajado **8.** se habían acostado

Ejercicio 8. **1.** para (11) **2.** por (6), por (6) **3.** por (3), por (3) **4.** para (11) **5.** por (3), por (4) **6.** para (11) **7.** para (13) **8.** para (10) **9.** para (9) **10.** por (3) **11.** por (1 or 2) **12.** por (2) **13.** Para (9) **14.** para (11), para (12) **15.** por (4) **16.** por (1) **17.** para (16) **18.** por (5) **19.** por (7) **20.** para (14)

Ejercicio 9. **1.** hubiéramos, habrían **2.** hubiera, habría **3.** hubiera, habría **4.** habrían, hubiera **5.** hubiera, habrían **6.** habríamos, hubiera **7.** hubiera, habría **8.** hubiéramos, habríamos

Ejercicio 10. **1.** has visto, he visto, hayas visto **2.** has leído, he tomado **3.** ha vuelto, ha hecho, se haya ido **4.** has llegado, has dicho, hayas dicho